Triage in der Pandemie

Herausgegeben von
Tatjana Hörnle, Stefan Huster
und Ralf Poscher

Triage in der Pandemie

Herausgegeben von

Tatjana Hörnle, Stefan Huster
und Ralf Poscher

2., erweiterte Auflage

Mohr Siebeck

ISBN 978-3-16-163812-1 / eISBN 978-3-16-163813-8
DOI 10.1628/978-3-16-163813-8

Die Deutsche Nationalbibliothek verzeichnet diese Publikation in der Deutschen Nationalbibliographie; detaillierte bibliographische Daten sind über http://dnb.dnb.de abrufbar.

Das Buch wurde von Gulde Druck gesetzt, in Tübingen auf alterungsbeständiges Werkdruckpapier gedruckt und gebunden.

Printed in Germany.

Inhaltsverzeichnis

Einleitung VII

Teil 1:

Darf oder muss der Gesetzgeber Triage regeln?

Steffen Augsberg
Regelbildung für existentielle Auswahlentscheidungen 3

Ralf Poscher
Die Abwägung von Leben gegen Leben. Triage und Menschenwürdegarantie 41

Stefan Huster
Wer hat Angst vor der Triage? Ähnlichkeiten und Unterschiede zu anderen Priorisierungsentscheidungen und ihre normative Bedeutung 83

Teil 2:

Was ist durch strafrechtliche Normen festgelegt?

Armin Engländer
Die Pflichtenkollision bei der Ex-ante-Triage . . 111

Tatjana Hörnle
Ex-post-Triage: Strafbar als Tötungsdelikt? . . . 149

Teil 3: Welche Inhalte sollten Regelungen haben?

Dieter Birnbacher
Triage-Entscheidungen im Kontext der Corona-Pandemie – die Sicht eines Ethikers . . . 189

Till Zimmermann
Kontraktualistische Überlegungen: Auf welche Zuteilungskriterien würden wir uns unter dem „Schleier des Nichtwissens“ einigen? 221

Weyma Lübbe
Effizienter Ressourceneinsatz in einer Pandemie und das Kriterium der klinischen Erfolgsaussicht. Prämissen und Fehlschlüsse 257

Bijan Fateh-Moghadam/Thomas Gutmann
Gleichheit vor der Triage. Rechtliche Rahmenbedingungen der Priorisierung von COVID-19-Patienten in der Intensivmedizin . . 291

Elisa Hoven
Berücksichtigung von Lebensalter und Lebenserwartung 335

Teil 4: Die Entwicklung der Rechtslage seit 2021

Stefan Huster/Tatjana Hörnle
Vom Bundesverfassungsgericht zum Gesetzgeber und wieder zurück 373

Autoren 397

Einleitung

I. Die Diskussion um Triage

Die schnelle Ausbreitung der COVID-19-Pandemie im Jahr 2020 führte in manchen Ländern dazu, dass zeitweise nicht alle Schwererkrankten künstliche Beatmung und andere Formen der intensivmedizinischen Behandlung erhalten konnten. Auch in der Zukunft muss mit globalen Pandemien gerechnet werden, die zu einer Überforderung der medizinischen Akutversorgung führen können. Sobald Abhilfe durch organisatorische Maßnahmen wie eine Verlegung von Patienten nicht (mehr) möglich ist, sind Auswahlverfahren erforderlich, um zu entscheiden, wer bei unzureichenden Ressourcen intensivmedizinische Behandlung erhält – und wer nicht. Der ursprünglich aus der Militär- und Katastrophenmedizin stammende Begriff der Triage[1] wird auch für solche Verfahren im Kontext einer Pandemie verwendet.

Triage ist in hohem Maß rechtfertigungsbedürftig. Die Organisation intensivmedizinischer Versorgung ist in modernen Staaten eine zentral wichtige Staatsaufgabe. Die nicht hinreichend gerechtfertigte Weigerung, eine lebensgefährlich erkrankte Person zu behandeln, gilt als Missachtung eines aus psychologischer, ethischer und rechtlicher Sicht fundamental wichtigen Teilhabeanspruchs. Unstreitig ist, dass Auswahlentscheidungen die-

---

[1] *V. Schmidt*, Zeitschrift für Soziologie 25 (1996), 419.

ser Tragweite nicht der Ad-hoc-Entscheidung und dem persönlichen Ermessen der individuellen Behandelnden überlassen werden können. Allgemeine Regeln mit Vorgaben zu Kriterien und Verfahren sind aus verschiedenen Gründen erforderlich. In Situationen, die Triage erfordern, müssen komplexe ethische Wertungen angestellt werden. Auch über kollektive Interessen an einer effizienten und gerechten Verteilung begrenzter Ressourcen ist jedenfalls nachzudenken. Den Behandelnden ist es weder möglich noch zumutbar, derartige komplizierte und umstrittene Abwägungen in ihre patientenzentrierte Arbeitsweise einzubeziehen. Selbst wenn über die Kriterien grundsätzlich Einigkeit bestünde, ist zur psychischen und praktischen Entlastung der unter großem Zeitdruck Stehenden eine normative Vorstrukturierung und praxistaugliche Hilfestellung sinnvoll. Der Aspekt der Rechtssicherheit für die Entscheidenden, die strafrechtliche oder haftungsrechtliche Konsequenzen treffen könnten, spricht ebenfalls für allgemeine Regeln. Schließlich steht das Vertrauen der Allgemeinheit in das Gesundheitswesen auf dem Spiel, das besonders gefährdet würde, wenn Entscheidungen als höchstpersönliche oder gar willkürliche Entscheidungen über Leben und Tod wahrgenommen würden. Nach chaotischen Zuständen in Norditalien und heftigen Beschwerden von Angehörigen und Behandlungspersonal wurde die dortige Situation als Gefährdung des sozialen Konsensus eingestuft.[2]

Während man schwerlich ernsthaft in Frage stellen kann, *dass* es Regeln für Triage geben sollte, war und ist alles Weitere umstritten. Umstritten ist bereits, wem die

---

[2] S. zum Vergleich der Reaktionen in Frankreich einerseits, Italien andererseits *Orfali*, Bioethical Inquiry 17 (2020), 675, 676.

Aufgabe der Regelsetzung obliegt. Eine Option ist, dies medizinischen Fachgesellschaften zu überlassen. Fachgesellschaften haben schnell auf die COVID-19-Pandemie reagiert und Leitlinien formuliert.[3] In manchen Ländern werden solche professionsinternen Vorgaben als ausreichend angesehen, während in anderen die Festsetzung von Auswahlkriterien für Triage als öffentliche Angelegenheit, als politisches Thema und als Aufgabe für das Recht gilt. In Frankreich wurde öffentlich wenig über Praktiken und Regeln für Triage in der COVID-19-Pandemie debattiert.[4] In Deutschland gab es keine Berichte über praktizierte Triage; es scheint, dass eine Bewältigung der Pandemie mit Verlegungen in andere Krankenhäuser möglich war. Nichtsdestotrotz (oder vielleicht, weil keine Rücksicht auf Behandelnde in konkret fassbarer Not zu nehmen war) wurde das Thema Gegenstand öffentlicher Aufmerksamkeit. Triage war schon im März 2020 Gegenstand einer Ad-hoc-Empfehlung des Deutschen Ethikrats.[5] In der deutschen Rechtswissenschaft entwickelte sich schnell eine Debatte, die nicht durchgängig von der Bereitschaft geprägt war, Medizinern und medizinischen Fachgesellschaften die Regelung von Triage zu überlassen. Unklar ist in diesem Zusammenhang auch, ob und inwieweit sich die Triage mit anderen Knappheitsentscheidungen inner- und außerhalb des Ge-

---

[3] S. die klinisch-ethischen Empfehlungen verschiedener deutscher Fachgesellschaften (https://www.divi.de/register/aktuelle-informationen) sowie rechtsvergleichend *Jöbges* u. a., bioethics 2020, https://doi.org/10.1111/bioe.12805, jeweils zuletzt abgerufen am 20.12.2020.

[4] *Orfali* (Fn. 2), 675.

[5] *Deutscher Ethikrat*, Solidarität und Verantwortung in der Corona-Krise. Ad-Hoc-Empfehlung v. 27.3.2020.

sundheitswesens parallelisieren lässt. Es spricht viel dafür, dass sie – selbst im Vergleich zu Entscheidungen über die Verteilung von Transplantationsorganen, deren Knappheit ebenfalls weder zu leugnen noch durch zusätzliche finanzielle Ressourcen zu beheben ist – einen Sonderfall darstellt, der sich nur sehr begrenzt in die allgemeine Diskussion über Priorisierung einordnen lässt.[6]

Anliegen dieses Bandes ist es, die zentralen Aspekte und Fragen dieser rechtswissenschaftlichen Diskussion, einschließlich einiger vorgelagerter Prämissen, zu strukturieren und Argumente für unterschiedliche Positionen zu sammeln. Seit dem Erscheinen der Erstauflage wurden Zuteilungskriterien gesetzlich geregelt, nämlich in § 5c IfSG, in Kraft seit dem 14. Dezember 2022. Wir haben uns zu einer Zweitauflage entschieden, in die die Beiträge aus der Erstauflage unverändert aufgenommen wurden und in der die jetzige Rechtslage in einem Nachtrag am Ende des Bandes erläutert wird. Die Grundlagenfragen, über die vor der Regelung in § 5c IfSG debattiert wurde, sind nach wie vor aktuell. Im jetzt geltenden Recht ist manches unklar und vor allem sind zentrale Punkte nach wie vor rechtspolitisch, strafrechtlich und verfassungsrechtlich stark umstritten (s. den *Nachtrag*). Aus verfassungsrechtlicher Sicht ist eine wesentliche Frage, ob der Gesetzgeber berechtigt oder sogar verpflichtet war, die Auswahlkriterien für Triage festzusetzen, oder ob die Verfassung eine unübersteigbare Hürde für derartige Festlegungen bedeuten müsste. Drei Beiträge in unserem Band (*Steffen Augsberg, Ralf Poscher, Stefan Huster*) befassen sich mit diesem Komplex. In der Strafrechtswissenschaft wird darüber debattiert, was sich aus den Rechtfer-

[6] Vgl. *Lübbe*, EthikMed 13 (2001), 148 ff.

tigungsgründen des Allgemeinen Teils ergibt (damit befassen sich *Armin Engländer* und *Tatjana Hörnle*), was immer noch Relevanz hat, weil die strafrechtlichen Rechtsfolgen im IfSG nicht eindeutig geklärt wurden. Für die medizinethische und anhaltende rechtspolitische Diskussion zu § 5c IfSG ist auf metaethische Überlegungen zur Begründung von Normen (*Till Zimmermann*) und ethische Überlegungen (*Dieter Birnbacher, Weyma Lübbe*) einzugehen. Es ist nach wie vor umstritten, ob die Erfolgsaussicht der medizinischen Behandlung ein verfassungsrechtlich erlaubtes Auswahlkriterium darstellt (dazu *Bijan Fateh-Moghadam/Thomas Gutmann*). Die Beschwerdeführer einer Verfassungsbeschwerde und Behindertenverbände hatten schon 2020 argumentiert, dass ein Abstellen auf Überlebenswahrscheinlichkeit unter Einbeziehung des allgemeinen Gesundheitszustands zur faktischen Benachteiligung von Behinderten und Vorerkrankten führen könne,[7] und es wurde eine zweite, nunmehr gegen § 5c Abs. 2 S. 1 IfSG gerichtete Verfassungsbeschwerde erhoben, über die zum Zeitpunkt des Erscheinens der zweiten Auflage noch nicht entschieden ist. Ein kontroverser Punkt in rechtspolitischen Debatten war und ist, ob bei ähnlicher Dringlichkeit der Behandlung und ähnlichen Erfolgsaussichten das Lebensalter und die Lebenserwartung der Patienten das maßgebliche Auswahlkriterium sein dürfen (dafür spricht sich *Elisa Hoven* aus, im deutschen Recht untersagt nunmehr § 5c Abs. 1 IfSG die Berücksichtigung des Lebensalters).

---

[7] Im Dezember 2020 wurde ein entsprechender Eilantrag abgelehnt (Beschluss vom 16. Juli 2020, 1 BvR 1541/20). Danach wurde in der Hauptsache entschieden, s. zum Beschluss vom 16. Dezember 2021 (BVerfGE 160, 79 ff.) den Nachtrag zur Entwicklung der Rechtslage in diesem Band (Teil 4).

II. Zusammenfassung des Inhalts der einzelnen Beiträge

Steffen Augsberg untersucht, wie das Verfassungsrecht existentielle, also unmittelbar lebensrelevante Allokationsentscheidungen vorstrukturiert. Dem Grundgesetz sei ein basaler Gleichbehandlungsgrundsatz zu entnehmen, der mit Blick auf menschliches Leben quantitative wie qualitative Bewertungen untersage. Hieraus folge in „normalen" Triagekonstellationen die Verpflichtung, knappe Ressourcen prioritär dort einzusetzen, wo sie zur Lebensrettung dringend benötigt werden. In extremen Situationen, wie der bei COVID-19-Behandlungen befürchteten Konkurrenz (ex ante und ex post) um Beatmungsplätze, führe indes eine Differenzierung anhand der Dringlichkeit nicht weiter. Hier folge aus der verfassungsrechtlichen Vorgabe der Lebenswertindifferenz eine Grenze auch für den parlamentarischen Gesetzgeber. Weil sie notwendig eine Be- und Abwertung menschlichen Lebens beinhalteten, dürften positive Auswahlkriterien nicht rechtsverbindlich vorgeschrieben werden. Das schließe es aber nicht aus, negative Kriterien (Diskriminierungsverbote) zu normieren. Zudem bedeute die innerrechtliche Gestaltungsgrenze nicht notwendig ein pauschales Regelungsverbot auch für nichtstaatliche Akteure. Hier wirft der Beitrag Fragen nach dem Verhältnis von rechtlichen und nichtrechtlichen Vorschriften auf und erläutert, wie diese beantwortet werden können. In einem nächsten Untersuchungsschritt werden die Ergebnisse mit Einwänden konfrontiert. Hier wird argumentiert, dass weder ein rechtsfreier Raum vorliege noch aus Schutzpflicht-, Rechtssicherheits- oder Parlamentsvorbehaltsgründen die gesetzliche Normierung positiver Auswahlkriterien zwingend erforderlich sei.

Der Beitrag von *Ralf Poscher* konzentriert sich auf die Bedeutung der Menschenwürdegarantie für Triage. Diese Diskussion sei auch wichtig, weil sie zu einem besseren Verständnis der Menschenwürdegarantie und ihrem Verhältnis zum Grundrecht auf Leben beitragen könne. Zunächst verweist *Poscher* auf die Wurzeln des vorgeblichen Verbots einer Abwägung von Leben gegen Leben, um dann aufzuzeigen, wie bislang in der Diskussion um die Triage versucht wird, das Verbot zu umschiffen. Die Versuche überzeugten nicht und gäben Anlass, das angenommene verfassungsrechtliche Abwägungsverbot zu hinterfragen. Dabei stehe zunächst nicht die Menschenwürde im Vordergrund, sondern ein Blick auf das Grundrecht auf Leben. Zur Menschenwürdegarantie wird rekapituliert, wie diese anhand eines Verständnisses dogmatisch rekonstruiert werden könne, das den Kern der Konzeption der Rechtsprechung des Bundesverfassungsgerichts aufgreife. Auf dieser Grundlage zeige sich, dass längst nicht alle Abwägungen von Leben gegen Leben, die den Anforderungen der Verhältnismäßigkeit im Hinblick auf das Grundrecht auf Leben genügen, mit einer Menschenwürdeverletzung verbunden sind. Dies gelte auch für die Triage. Triagekriterien, die auf der Abwertung des Würdestatus einzelner Betroffener beruhen, verstießen gegen die Menschenwürdegarantie, aber nicht alle der diskutierten Priorisierungen beruhten auf einer solchen Abwertung. Anders als dies etwa der Deutsche Ethikrat annimmt, geht *Poscher* davon aus, dass die Menschenwürdegarantie einer staatlichen Regelung der Triage nicht entgegensteht.

Stefan Huster befasst sich mit der Frage, inwieweit Triage Ähnlichkeiten und Unterschiede zu anderen Priorisierungsentscheidungen aufweist und welche normative Bedeutung dies hat. Er analysiert die rechtswissenschaftliche Diskussion vor dem Hintergrund der Fragestellung, ob und inwieweit sich Triage mit anderen Knappheitssituationen parallelisieren lässt. Zahlreiche juristische Stellungnahmen scheinen das zu unterstellen, wenn sie sich gegen ausdrückliche Triageregeln aussprechen, weil sie befürchten, dass damit ein problematischer Konsequentialismus Eingang in die Rechtsordnung finde. *Huster* weist dagegen darauf hin, dass Triage eine tragische Dilemmasituation darstellt, deren Kriterien schon deshalb nicht verallgemeinert werden können. Er geht davon aus, dass der Gesetzgeber nicht unbedingt in der Pflicht stehe, weil der Staat über die Ressourcen der Intensivversorgung gar nicht selbst verfüge; vielmehr sei es auch möglich, die Triageentscheidungen innerhalb eines weiten rechtlichen Rahmens den Ärzten und ihren Fachgesellschaften zu überlassen. Soweit es dadurch zu unterschiedlichen Entscheidungen komme, bilde das legitimerweise den Pluralismus der moralischen Überzeugungen in unserem Gemeinwesen ab.

Im Beitrag von *Armin Engländer* geht es um die strafrechtliche Beurteilung einer Kollision von ärztlichen Behandlungspflichten bei der Ex-ante-Triage vor Inkrafttreten des § 5c IfSG (der insoweit aber auch keine Klarheit gebracht hat, s. den Nachtrag, Teil 4, zur Entwicklung der Rechtslage nach 2021). Nach den Grundsätzen der rechtfertigenden Pflichtenkollision handelt rechtmäßig, wer bei verschiedenrangigen Pflichten die höherrangige Pflicht und bei gleichrangigen Pflichten zumindest eine der Pflichten erfüllt. Im letzteren Fall darf und muss die verpflichtete Person selbst entscheiden, welcher Pflicht sie nachkommen möchte. *Engländer* untersucht drei Problemkreise: wann kollidierende Behandlungspflichten gleichrangig sind; ob es Negativkriterien gibt, also Faktoren, auf die die Entscheidung nicht gestützt werden darf; und ob mit einer Gesetzesänderung ein Verfahren vorgegeben werden soll, das bei Gleichrangigkeit die zu befolgende Pflicht konkretisiere. Gleichrangigkeit kollidierender Behandlungspflichten liege bei Ex-ante-Triage vor, wenn eine intensivmedizinische Behandlung bei beiden Patienten indiziert und gleichermaßen medizinisch dringlich sei. Ansichten, die nach geltendem Recht weitere Faktoren berücksichtigen wollen, weist er zurück. Selbst wenn ein Arzt aus diskriminierenden oder sonst rechtlich unzulässigen Motiven handle, sei für die Beurteilung nach den allgemeinen strafrechtlichen Kriterien eine Rechtfertigung anzunehmen, weil lediglich ein Motivunwert, aber kein Handlungs- und Erfolgsunwert vorliege. Abschließend plädiert *Engländer* dafür, dass der Gesetzgeber den Zufallsentscheid als Ausprägung reiner Verfahrensgerechtigkeit einführen solle.

Tatjana Hörnle befasst sich mit den möglichen strafrechtlichen Folgen von Ex-post-Triage (Abbruch einer Behandlung zugunsten von Patienten mit besserer Erfolgsaussicht). Zunächst geht sie der Frage nach, ob Staatsanwaltschaften und Gerichte Ex-post-Triage als rechtswidrigen Totschlag einordnen würden. Der Ausgang eines solchen Verfahrens sei schwierig zu prognostizieren. Ex-post-Triage könnte als rechtswidrig eingeordnet werden, wenn rechtfertigender Notstand geprüft und verneint wird, und es bestehe das Risiko einer Verurteilung wegen Totschlags, wenn eine Entschuldigung verneint würde. Rechtssicherheit für die Entscheidenden in der Intensivmedizin bestehe nicht. (Dies gilt nach wie vor, da die strafrechtlichen Konsequenzen einer Missachtung von § 5c Abs. 2 S. 4 IfSG unklar sind, s. dazu den

Nachtrag zur Entwicklung der Rechtslage seit 2021, Teil 4). *Hörnle* plädiert dafür, Ex-post-Triage genauso wie Ex-ante-Triage zu behandeln und beides nach den Regeln der rechtfertigenden Pflichtenkollision zu prüfen.

Dieter Birnbacher untersucht Triage-Entscheidungen aus der Sicht eines Ethikers. Triage-Regelungen sind ein etablierter Teil der Katastrophenmedizin, jedoch seien diese Regeln auf Kapazitätsengpässe bei den Behandlungsmöglichkeiten für schwere Ausprägungen der COVID-19-Pandemie nur bedingt übertragbar. Das Kriterium der Dringlichkeit verliere seine dilemmaauflösende Kraft. *Birnbacher* verteidigt aus ethischer Sicht die Empfehlungen der medizinischen Fachgesellschaften, übt allerdings auch Kritik an der Undeutlichkeit dieser Empfehlungen für den umstrittenen Fall einer Verfahrens- (oder Ex-post-)Triage. Er argumentiert, dass bereits die Metakriterien der Transparenz und der Kontextadäquatheit, zu der u. a. auch die Übereinstimmung mit den Kernnormen des ärztlichen Ethos gehört, die Wahl der ethisch angemessenen Triage-Kriterien auf wenige Alternativen einengt. Einseitige Lösungsvorschläge, sei es auf utilitaristischer, sei es auf streng egalitaristischer Basis, seien mit diesen Metakriterien nur unvollkommen vereinbar und scheinen darüber hinaus weder praktikabel noch hinreichend akzeptiert zu sein. Allein der Weg einer Austarierung der Kriterien der klinischen Erfolgsaussicht und der Vermeidung von Diskriminierung erscheine gangbar.

Till Zimmermann untersucht, welche Zuteilungskriterien auf der Basis einer kontraktualistischen Gerechtigkeitstheorie zu begründen sind. Antworten auf die Frage, wie knappe, aber überlebenswichtige Ressourcen gerecht zu verteilen sind, verweisen nicht erst seit der Covid-19-Pandemie auf vertragstheoretische Modelle der Normbegründung. Besonders häufig wird auf die Gerechtigkeitstheorie von *John Rawls* zurückgegriffen, die im Kern aus einem Gedankenexperiment besteht, bei dem es darum geht, auf welche Regeln sich rationale Personen unter fairen Verhandlungsbedingungen einigen würden. Zur Herstellung jener fairen Bedingungen müssen die Kontrahenten Regeln aushandeln, ohne zu wissen, welche Position sie später einnehmen werden („Schleier des Nichtwissens"). In Bezug auf die Corona-Triage haben zahlreiche Autoren entweder unter ausdrücklicher Berufung auf *Rawls* oder mit einem vergleichbaren Normbegründungsmodell Vorschläge für die Zuteilung knapper intensivmedizinischer Ressourcen unterbreitet. *Zimmermann* weist darauf hin, dass sich die Vorschläge zum Teil fundamental unterscheiden, etwa hinsichtlich der Frage, ob die Lebenserwartung eines Patienten bei der Zuteilungsentscheidung eine Rolle spielen dürfe oder gerade nicht. Als hierfür ursächlich erwiesen sich feine Unterschiede in der Versuchsanordnung des Gedankenexperiments. Einfluss auf das Ergebnis hätten vor allem zwei Punkte, nämlich wie risikobereit die Verhandlungspartner seien und wie informationsundurchlässig der Nichtwissensschleier sei. *Zimmermann* folgert, dass *Rawls* selbst knappe Beatmungsgeräte wohl nach dem Zufallsprinzip verteilt hätte.

Weyma Lübbe analysiert Prämissen und Fehlschlüsse, die im Zusammenhang mit dem Kriterium der klinischen Erfolgsaussicht stehen. Ihr Beitrag exponiert drei Fehlschlüsse, die in der Diskussion über effizienzorientierte Verteilungskriterien bei Ressourcenknappheit verbreitet seien. Begründet wurde das Allokationskriterium der klinischen Erfolgsaussicht mit dem Ziel, möglichst viele beatmungspflichtige Patienten zu retten („Maximierungsregel"). *Lübbe* führt aus, dass die Annahme, diese Verpflichtung begründe gerade dieses Allokationskriterium, aus der Perspektive von Klinikern zwar naheliegend, aber tatsächlich fehlschlüssig sei (klinisch-ethischer Fehlschluss). Mit Blick auf die Frage, wie die Maximierungsregel allenfalls begründet werden könnte, argumentiert sie anschließend, dass der scheinbar einfache Schluss vom gleichen Wert jedes einzelnen Lebens auf die Vorzugswürdigkeit der Rettung der größten Anzahl nicht zulässig sei (Aggregationsfehlschuss). Weiter wird ausgeführt, dass und warum die Ansicht, Thesen zur Vorzugswürdigkeit von Rettungsoptionen implizierten stets Thesen zum Wert der jeweils Geretteten, irrig sei (konsequentialistischer Fehlschluss). Ein letzter Abschnitt setzt die Maximierungsregel mit der Forderung der Gleichachtung aller Betroffenen ins Verhältnis. *Lübbe* erläutert, dass und inwiefern die These, die Maximierungsregel sei im Falle der aktuellen Pandemie mit dieser Forderung vereinbar, einer wesentlich genaueren Prüfung bedürfe, als verbreitet rezipierte erste Stellungnahmen zum Triage-Problem sie für nötig erachtet haben.

Bijan Fateh-Moghadam und *Thomas Gutmann* betonen in ihrem Beitrag, dass die Frage, ob, und wenn ja, nach welchen Kriterien COVID-19-Patienten hinsichtlich des Zugangs zu lebensrettenden Beatmungsplätzen bevorzugt oder benachteiligt werden dürfen, durch das Recht zu beantworten sei und nicht durch einen außerrechtlichen ethischen Diskurs oder die Einstellungen, moralischen Intuitionen oder institutionellen Interessen der handelnden Ärztinnen und Ärzte. Die materiellen Vorgaben des Grundgesetzes seien eindeutig: Wenn jedes Leben gleich wertvoll und jedes Lebensrecht gleich stark sei und gleichen Schutzanspruch genieße, sei jede materielle Differenzierung zwischen Personen untersagt. Die anwendbaren Kriterien müssten notwendigerweise formaler Natur sein, d.h. Kriterien, die „ohne Ansehen der Person“ funktionierten. Die Autoren leiten den Grundsatz einer radikal egalitären, unmittelbar durch den Würdesatz des Art. 1 Abs. 1 GG vermittelten Lebenswertindifferenz für Triage-Entscheidungen verfassungsrechtlich her, ordnen ihn rechts- und moralphilosophisch ein und gehen seiner Bedeutung für den strafrechtlichen Rahmen der Triage nach.

Elisa Hoven befasst sich mit der Frage, ob das Lebensalter und die Lebenserwartung für die Entscheidung zwischen mehreren Patienten eine Rolle spielen darf. In der Rechtswissenschaft stößt dieses Auswahlkriterium meist auf Ablehnung. *Hoven* erörtert zunächst die Akzeptanz des Lebensalters als Auswahlkriterium in der Bevölkerung. Grundlage ist eine repräsentative Bevölkerungsumfrage, deren Ergebnis ist, dass die Mehrheit der Menschen jüngere Patienten und insbesondere Kinder vorrangig behandeln würde. In einem zweiten Schritt setzt sich *Hoven* mit den grundlegenden Einwänden gegen das Lebensalter als Differenzierungskriterium auseinander. Sie legt dar, dass weder die Menschenwürde noch das Gebot der Gleichbehandlung einer Berücksichtigung des Lebensalters widersprächen. Kern des Beitrages bildet die Argumentation für die Einbeziehung des Lebensalters in die ärztliche Entscheidung. Diskutiert werden zwei Ansatzpunkte: die verbleibende Lebenserwartung eines Patienten auf der einen und die bereits gelebten Jahre auf der anderen Seite. *Hoven* kommt zu dem Schluss, dass die Priorisierung deutlich jüngerer Patienten konsequente Folge einer fairen Verteilung des Rechtsguts Leben sei. Da aus Gerechtigkeitserwägungen jeder Mensch die gleichen Chancen auf Lebenserfahrungen erhalten soll, sei derjenige vorrangig zu behandeln, dem das Rechtsgut Leben noch nicht in demselben Umfang zur Verfügung stand wie dem anderen.

Stefan Huster und *Tatjana Hörnle* gehen in einem Nachtrag zur Erstauflage auf die Entscheidung des Bundesverfassungsgerichts vom 16. Dezember 2021 und das sich anschließende Gesetzgebungsverfahren zu § 5c IfSG ein. Sie kritisieren die Unklarheit der jetzigen strafrechtlichen Rechtslage und schildern verfassungsrechtliche Bedenken.

Teil 1

Darf oder muss der Gesetzgeber Triage regeln?

Regelbildung für existentielle Auswahlentscheidungen

Steffen Augsberg*

I. Allokation gesundheitsrelevanter Güter als staatliche Aufgabe

Entgegen teilweise geäußerten Befürchtungen folgt aus der Corona- keine Staatskrise.[1] Auch wenn aus verfassungsnormativer Perspektive nicht zu leugnende Probleme bestehen – vieles ist in grundrechtlicher wie in bundesstaatlicher und demokratischer Hinsicht durchaus bedenklich –,[2]

---

* Prof. Dr. *Steffen Augsberg* hat als Mitglied des Deutschen Ethikrates dessen Ad-hoc-Empfehlung „Solidarität und Verantwortung in der Corona-Krise", abrufbar unter: https://www.ethikrat.org/fileadmin/Publikationen/Ad-hoc-Empfehlungen/deutsch/ad-hoc-empfehlung-corona-krise.pdf (Abruf 8.12.2020) sowie das Gemeinsame Positionspapier der Ständigen Impfkommission, des Deutschen Ethikrates und der Nationalen Akademie der Wissenschaften Leopoldina „Wie soll der Zugang zu einem COVID-19-Impfstoff geregelt werden?", abrufbar unter: https://www.ethikrat.org/fileadmin/Publikationen/Ad-hoc-Empfehlungen/deutsch/gemeinsames-positionspapier-stiko-der-leopoldina-impfstoffpriorisierung.pdf (Abruf 8.12.2020), mitformuliert.

1 Vgl. nur *Kersten/Rixen*, Der Verfassungsstaat in der Corona-Krise, 2020, passim; siehe auch *Hase*, JZ 2020, 697; *ders.*, JZ 2020, 1107.

2 Vgl. erneut nur *Kersten/Rixen* (Fn. 1), v. a. 52 ff., 106 ff., 113 ff. Im Übrigen wird bisweilen in der Sache nachvollziehbare Kritik in mas-

ist insgesamt festzuhalten, dass sich die durch das Grundgesetz etablierten Herrschafts- und Herrschaftskontrollverfahren bewährt haben. Auch in der Ausnahmesituation der Pandemie bedurfte und bedarf es keines Ausnahmezustands(denkens).[3] Wohl aber zwingt das krisenhaft zugespitzte Geschehen dazu, erneut und vertieft über ältere Problemkonstellationen zu reflektieren, und es sind neue, jedenfalls in dieser Dramatik bislang nicht praxisrelevante Herausforderungen zu bewältigen. Dazu gehört etwa der Umgang mit Ungewissheit[4] und dem, was man gemein-

---

siv zuspitzte Formulierungen gekleidet, die Assoziationen an die späte Weimarer Republik und den Nationalsozialismus hervorrufen, vgl. etwa *Heinig*, https://verfassungsblog.de/gottesdienstverbot-auf-grundlage-des-infektionsschutzgesetzes/ (Abruf 8.12.2020): befürchtete Verwandlung „von einem demokratischen Rechtsstaat in einen faschistoiden Hygienestaat"; *Kingreen*, SZ v. 25.3.2020: „Hindenburg-Klausel"; *Lepsius*, https://verfassungsblog.de/vom-niedergang-grundrechtlicher-denkkategorien-in-der-corona-pandemie/ (Abruf 8.12.2020): „Niedergang grundrechtlicher Denkkategorien"; *ders.*, FAZ v. 25.4.2020: „Deutschland aus der Deutschstunde"; *Möllers*, Tagesspiegel v. 12.4.2020, abrufbar unter https://www.tagesspiegel.de/politik/verfassungsrechtler-christoph-moellers-zu-corona-wir-leben-in-einem-quasi-grundrechtsfreien-zustand/25734468.html (Abruf 8.12.2020): „quasi grundrechtsfreien Zustand"; *Volkmann*, https://verfassungsblog.de/der-ausnahmezustand/ (Abruf 8.12.2020): „Der Ausnahmezustand". Das Multiautoren-Team der erstaunlich scharfen Replik auf *Hase*, JZ 2020, 697, (*Heinig/Kingreen/Lepsius/Möllers/Volkmann/Wißmann*, JZ 2020, 861) hält diese offenkundig überschießende Rhetorik auch im Abstand von einigen Monaten für weder besonders erläuterungs- noch korrekturbedürftig.

[3] Vgl. zum Hintergrund etwa *Steffen Augsberg*, in: Arndt u.a. (Hrsg.), Freiheit – Sicherheit – Öffentlichkeit, 2009, 17 ff.

[4] Vgl. im vorliegenden Kontext v.a. *Hase*, JZ 2020, 1107; *Trute*, GSZ 2020, 93, die beide u.a. übertriebene Erwartungen an den Verhältnismäßigkeitsgrundsatz kritisieren. Positiver hierzu (zumindest in Abgrenzung zur pauschalen „Feststellung einer epidemischen Lage von nationaler Tragweite") *Gärditz*, MedR 2020, 741, 744. Siehe

und oftmals leichthin als „akzeptiertes Risiko“ bezeichnet.[5] Betroffen sind zumal und in spezifischer Weise Verteilungsverfahren.[6] Im Zusammenhang mit den besonderen Anforderungen der pandemischen Lage sind hierzu in jüngster Vergangenheit etwa Vorgaben zur Verteilung der zumindest initial vermutlich tatsächlich knappen[7] Impfstoffe angedacht worden.[8] Das schließt an Überlegungen an, die im Gesundheitskontext unter den Schlagworten

---

ferner allgemein etwa die Beiträge in: Ino Augsberg (Hrsg.), Ungewissheit als Chance. Perspektiven eines produktiven Umgangs mit Unsicherheit im Rechtssystem, 2009.

[5] Vgl. dazu aus juristischer Sicht etwa *Klafki*, Risiko und Recht. Risiken und Katastrophen im Spannungsfeld von Effektivität, demokratischer Legitimation und rechtsstaatlichen Grundsätzen am Beispiel von Pandemien, 2017; *dies.*, Recht und Politik im Gesundheitswesen 23 (2017), 112; aus philosophischer Perspektive siehe v. a. *Gethmann*, in: Mittelstraß (Hrsg.), Enzyklopädie Philosophie und Wissenschaftstheorie, Band 7, 2018, 153 ff.; *Nida-Rümelin/Rath/Schulenburg*, Risikoethik, 2012.

[6] Vgl. als systematisierenden Überblick *Ferdinand Wollenschläger*, Verteilungsverfahren. Die staatliche Verteilung knapper Güter: Verfassungs- und unionsrechtlicher Rahmen, Verfahren im Fachrecht, bereichsspezifische verwaltungsrechtliche Typen- und Systembildung, 2010.

[7] Zur Unterscheidung von echter Knappheit und bloßer Begrenztheit siehe *Raspe*, Pharmazeutische Zeitung v. 10.1.2012, abrufbar unter: https://www.pharmazeutische-zeitung.de/ausgabe-022012/begrenzte-mittel-gerecht-verteilen/ (Abruf 8.12.2020).

[8] Vgl. zuletzt das – auf Bitten des Gesundheitsministers erstellte – Positionspapier von STIKO/DER/Leopoldina, Wie soll der Zugang zu einem COVID-19-Impfstoff geregelt werden? Siehe zuvor schon *Klafki*, https://verfassungsblog.de/wer-bekommt-den-knappen-covid-19-impfstoff/ (Abruf 8.12.2020); *dies.*, in: Pünder/dies. (Hrsg.), Risiko und Katastrophe als Herausforderung für die Verwaltung, 2016, 105 ff.; *Witte*, Recht und Gerechtigkeit im Pandemiefall. Bevorratung, Verteilung und Kosten knapper Arzneimittel im Falle eines Seuchenausbruchs, 2013, 113 ff.

Priorisierung/Posteriorisierung, Rationalisierung und Rationierung schon länger kontrovers behandelt[9] und gerade für die komplexen Situationen am Lebensende diskutiert[10] werden. Ungeachtet aller vorhandenen inhaltlichen Differenzen besteht insoweit Einigkeit, dass das Recht hier eine entscheidende Rolle spielt. Denn zwar werden Allokationsentscheidungen in freiheitlichen Gemeinwesen regelhaft nicht durch den Staat getroffen, sondern gesellschaftlich gefunden. Angesichts der mit Infektionserkrankungen wie Covid-19 verbundenen realen Gefahren nicht nur für einzelne betroffene Bürger, sondern auch die Gesamtgesellschaft erscheint es allerdings aus sozialstaatlichen wie aus Schutzpflichtüberlegungen heraus angemessen, Verteilungsvorgaben über Impfstoffe nicht einfach dem Markt zu überlassen. „Der Schutz der Bevölkerung vor dem Risiko der Erkrankung ist in der sozialstaatlichen Ordnung des Grundgesetzes eine Kernaufgabe des Staates."[11] Damit kann dieser auch gesundheitsrelevante[12] Verteilungsvorgaben an sich ziehen, ggf. muss er dies sogar tun. Priorisierungsentscheidungen über Corona-Impfstoffe etwa haben derart erhebliche Auswirkungen auf die

---

[9] Vgl. etwa *Witte*, MedR 2015, 491; allgemein *Schmitz-Luhn*, Priorisierung in der Medizin. Erfahrungen und Perspektiven, 2015; *Weilert/Steffen Augsberg*, in: Weilert (Hrsg.), Gesundheitsverantwortung zwischen Markt und Staat. Interdisziplinäre Zugänge, 2015, 391 ff., jeweils m. w. N. Siehe hierzu näher *Huster*, in diesem Band, S. 83 ff.

[10] Vgl. dazu die Beiträge in: Duttge/Zimmermann-Acklin (Hrsg.), Gerecht sorgen – Verständigungsprozesse über den Einsatz knapper Ressourcen bei Patienten am Lebensende, 2013.

[11] Vgl. BVerfGE 123, 186, 242. Siehe auch *Witte* (Fn. 8), 124 ff.; *Kersten/Rixen* (Fn. 1), 73.

[12] Hierzu zählt das BVerfG auch „Risikovorsorge gegen Gesundheitsgefährdungen", so BVerfGE 121, 317, 356.

Grundrechte der begünstigten/priorisierten wie der (zunächst) zurückgestellten Personen, dass aus verfassungsrechtlichen wie aus ethischen Gründen eine parlamentsgesetzliche Festlegung geboten ist. Gerade weil dem Grundgesetz in inhaltlicher Hinsicht allenfalls knappe verteilungsrelevante Vorgaben zu entnehmen sind, ist auf eine strikte Einhaltung der formellen und institutionellen Voraussetzungen für das staatliche Handeln zu achten.[13]

II. Triage als Anwendungsfall dieser Verteilungsregelungslogik?

Muss das nicht auch für die Triage[14] gelten?[15] Müssen nicht ebenso bzw. erst recht die elementaren, im Wortsinne existentiellen Auswahlentscheidungen, die im Zusammenhang mit Covid-19-Behandlungen erforderlich werden können, diesen rechtsstaatlichen Verteilungsmaßgaben unterstellt werden? Was spricht umgekehrt dagegen, auch hier die allgemeinen Anforderungen in Ansatz zu bringen? Oder, um es mit dem Bundesverfassungsgericht zu formulieren: „Sollte die Triage in Deutschland gesetzlich geregelt werden? Welche Vor- und Nachteile wären damit verbunden?“[16] Wenn eine gesetzliche Regelung nicht in Betracht

---

[13] Das ist die juristische Kernaussage des o.g. Positionspapiers von STIKO, DER und Leopoldina. Näher etwa *Witte* (Fn. 8), 146 ff.

[14] Zu Begriffsverständnissen siehe etwa *Iverson/Moscop*, Annals of Emergency Medicine 49/3 (2007), 275.

[15] Vgl. hierzu frühzeitig *Brech*, Triage und Recht. Patientenauswahl beim Massenanfall Hilfebedürftiger in der Katastrophenmedizin. Ein Beitrag zur Gerechtigkeitsdebatte im Gesundheitswesen, 2008, v. a. 73 ff.

[16] BVerfG, Az.: 1 BvR 1541/20, Schreiben an „sachkundige Dritte“ v. 28.9.2020, Frage 9.

kommt: Wer sollte dann die Regelbildung übernehmen, und wie verhält sich diese zum Recht? Diesen Fragen widmen sich die folgenden Ausführungen. Ihnen liegt die Ausgangsthese zugrunde, dass es innerrechtliche Gründe geben kann, die eine nähere rechtliche Ausgestaltung – im Sinne einer umfassenden juridischen Kolonialisierung bestimmter Lebensbereiche – verhindern. Das gilt in einem umfassenderen, rechtstheoretischen,[17] aber auch in einem ganz konkreten, verfassungsnormativ begründeten Verständnis: Das Grundgesetz normiert Gestaltungsgrenzen auch für den parlamentarischen Gesetzgeber. Deshalb geht es gerade nicht darum, sich rechtlicher bzw. rechtsetzender Verantwortung zu entziehen, sondern darum, die Grenzen der zulässigen Regelungsverantwortung zu bestimmen. Dies wird verkannt, wenn ohne nähere Begründung behauptet wird: „für gewöhnlich werden politisch brisante Allokationsfragen – wie etwa die katastrophenmedizinische Triage oder auch die Vergabe knapper Organe – zu ethisch ‚tragischen', rechtlich unregelbaren Materien deklariert und sodann medizinischen Sachverständigen überlassen (hierfür ausdrücklich der Deutsche Ethikrat in seiner ersten ad-hoc-Empfehlung zur Corona-Krise im Hinblick auf die katastrophenmedizinische Triage)."[18] Das nebulöse „für gewöhnlich" ist hier ebenso unzutreffend wie die konkret dem Deutschen Ethikrat untergeschobene Position. Zwar finden sich in der Tat im juristischen Schrifttum Versuche, komplexe und diffizile Probleme zu

---

[17] Vgl. dazu jetzt die Beiträge in: Ino Augsberg/Steffen Augsberg/Heidbrink (Hrsg.), Recht auf Nicht-Recht. Rechtliche Reaktionen auf die Juridifizierung der Gesellschaft, 2020.

[18] *Klafki*, https://verfassungsblog.de/wer-bekommt-den-knappen-covid-19-impfstoff/ (Abruf 8.12.2020) ; ähnlich *Gärditz*, ZfL 2020, 381, 386.

umgehen, indem sie als ohnehin unlösbare und deshalb zu ignorierende „Aporien" eingestuft werden.[19] Zudem ist in der Tat ein gewisser Trend erkennbar, ethische Entscheidungsmuster und Gremien in das Recht zu integrieren und Entscheidungselemente zu delegieren.[20] Allerdings greift es doch deutlich zu kurz, hieraus auf einen allgemeinen, umfassenden Trend zu schließen. Im Gegenteil werden selbstverständlich die allermeisten, auch tragischen, Verteilungsentscheidungen in einem rechtlich formal wie inhaltlich vorstrukturierten System getroffen. Das gilt auch und gerade für das Gesundheitswesen.[21] Hier gibt es sogar Beispiele dafür, wie mittels gesetzlicher Regelungen Kompromisse erreicht werden, die verfassungsrechtliche Problem(lösungs)debatten unterlaufen.[22] Statt erkennbar übersimplifizierender Pauschalierungen bedarf es deshalb im Einzelfall der Analyse, warum wie regulatorisch eingegriffen wurde – oder eben nicht.[23]

---

[19] Vgl. *Lindner*, ZfL 2015, 10, 14ff. Dagegen schon *Gärditz*, ZfL 2014, 42; jetzt auch *Steffen Augsberg*, medstra 2020, 323.

[20] Vgl. dazu allgemein etwa *Ammann*, Medizinethik und medizinethische Expertengremien im Licht des öffentlichen Rechts. Ein Beitrag zur Lösung von Unsicherheiten im gesellschaftlichen Umgang mit lebenswissenschaftlichen Fragestellungen aus rechtswissenschaftlicher Perspektive, 2012, v.a. 319ff.; aktuell *Akademie für Ethik in der Medizin e. V.*, Ethik in der Medizin 32 (2020), 195; zur Bedeutung für das Konzept innerrechtlicher Verrechtlichungssperren siehe *Steffen Augsberg*, in: Ino Augsberg/ders./Heidbrink (Hrsg.), Recht auf Nicht-Recht (Fn. 17), 143, 150ff.

[21] Vgl. statt vieler nur *Wollenschläger* (Fn. 6), 504ff.; siehe ferner etwa *Kersten/Rixen* (Fn. 1), 75ff.

[22] Siehe hierzu am Beispiel des ESchG etwa *Steffen Augsberg* (Fn. 20), 146ff.

[23] Vgl. in diese Richtung gehend am Beispiel der PID *Kersten*, in: Rosenau (Hrsg.), Ein zeitgemäßes Fortpflanzungsmedizingesetz für Deutschland, 2013, 97ff.

Dessen eingedenk wird nachfolgend zunächst in einem eine eigene ältere Argumentation ergänzenden Abschnitt dargelegt, welche Gründe für eine Beschränkung des Handlungsrahmens sprechen und welche Folgen mit ihr verbunden sind (dazu III.). Das beschränkt sich aus Platz, v.a. aber aus Kompetenzgründen auf die verfassungsrechtliche Bewertung; für die intensive strafrechtliche Debatte kann auf die zahlreichen bereits vorhandenen[24] und die in diesem Band enthaltenen Beiträge von *Engländer* und *Hörnle* verwiesen werden. Einbezogen wird allerdings im nächsten Schritt die (auch strafrechtliche) Kritik an dieser Argumentation. Sie wird systematisch gegliedert und auf ihre Stichhaltigkeit hin analysiert (dazu IV.). Ein knappes Fazit beschließt den Beitrag (dazu V.).

III. Argumentative Annäherung, Abgrenzung und Auseinandersetzung

1. Ausgangspunkt: Gestaltungsgrenzen des demokratischen Gesetzgebers

Den Ausgangspunkt der nachfolgenden Überprüfung bilden Überlegungen, die ursprünglich Ende März 2020 entwickelt wurden,[25] in die Ad-hoc-Empfehlung des Deut-

---

[24] Siehe etwa *Ast*, ZIS 2020, 268; *Duttge*, medstra 2020, 193; *Engländer/Zimmermann*, NJW 2020, 1398; *Gaede/Kubiciel/Saliger/Tsambikakis*, medstra 2020, 129; *Hoven*, JZ 2020, 449; *dies./Hahn*, JA 2020, 481; *Jäger/Gründel*, ZIS 2020, 151, 155ff.; *Rönnau/Wegner*, JuS 2020, 403; *Sowada*, NStZ 2020, 452; *Sternberg-Lieben*, MedR 2020, 627; *Walter*, GA 167 (2020), 656.

[25] Unmittelbar beteiligt waren zunächst aus juristischer Perspektive die Ratsmitglieder *Reinhard Merkel*, *Wolfram Höfling* und *Steffen Augsberg*.

schen Ethikrates „Solidarität und Verantwortung in der Corona-Krise“ Eingang fanden und später aus straf- wie verfassungsrechtlicher Sicht noch einmal ausgearbeitet und stärker konturiert wurden.[26] Von Anfang an stand dabei die Überzeugung im Mittelpunkt, dass das Grundgesetz eine basale Gleichbehandlungspflicht statuiert, die qualitativ oder quantitativ begründeten Differenzierungen zwischen Menschen entgegensteht. Demnach ist es namentlich unzulässig, in einer besonderen, konflikthaften Situation, in der eine Auswahlentscheidung dergestalt getroffen werden muss, dass die Entscheidung für den einen Menschen mit Sicherheit den Tod des anderen bedeutet, materiale Selektionskriterien zu bilden und zu verwenden. Die kontrafaktische Annahme normativer Gleichheit aller Menschen (im Sinne einer tatsächliche Unterschiede ignorierenden Gleichwertigkeit[27]) impliziert damit ein striktes Differenzierungsverbot, das auch den Gesetzgeber erfasst und diesem folglich enge Bindungen auferlegt. Das ist im Folgenden näher zu begründen (dazu 1.) und in seinen Konsequenzen zu erläutern (dazu 2.).

a) Verfassungsrechtliche Grundlagen

Das deutsche Verfassungsrecht prädeterminiert die mögliche Regelung von Triage-Situationen in zweifacher, negativer wie positiver Hinsicht. Es enthält, erstens, verbindliche Vorgaben, über die sich auch der Gesetzgeber nicht hinwegsetzen kann. Zweitens verbietet es die Verwendung bestimmter, mit seinen Grundentscheidungen nicht zu

[26] Vgl. *Merkel/Steffen Augsberg*, JZ 2020, 704; siehe auch *Merkel*, FAZ v. 4.4.2020, 11 f.

[27] Vgl. hierzu näher *Steffen Augsberg*, VVDStRL 78 (2019), 7, 12 ff. m. w. N.

vereinbarender Kriterien. Diese doppelte Bewegung bedingt eine spezifische Positionierung gegenüber dem Problem, wie weit die Triage-Situation gesetzgeberischer Gestaltung und sonstiger Regelsetzung zugänglich ist.

Die normative Grundlage ist indes nicht ganz einfach zu bestimmen. Eine Reihe von Grundrechten ist einschlägig und wirkt schutzverstärkend zusammen. Zentrale Bedeutung besitzen neben der Menschenwürdegarantie aus Art. 1 Abs. 1 GG, die u. a. eine egalitäre Basisgleichheit aller Menschen umfasst,[28] insbesondere das Recht auf Leben, Art. 2 Abs. 2 GG, das allgemeine Persönlichkeitsrecht, Art. 2 Abs. 1 i. V. m. Art. 1 Abs. 1 GG,[29] sowie die Gleichheitspostulate des Art. 3 GG. Hieraus ergibt sich das für das Grundgesetz zentrale Leitprinzip der Lebenswertindifferenz. Demnach ist jede unmittelbare oder mittelbare Unterscheidung nach dem Lebenswert unzulässig; Be- und Abwertungen sind untersagt.[30] Die Verpflichtung des Art. 2 Abs. 2 GG, das menschliche Leben zu achten und zu schützen, besitzt folglich weder eine qualitative noch eine quantitative Dimension. Jedes menschliche Leben ist als solches gleich wertvoll; die grundsätzliche Bedeutung des menschlichen Lebens verbietet es zudem, eine Addition vorzunehmen und mehrere „Lebenswerte“ als gegenüber einem einzelnen vorrangig zu behandeln.[31] Es

---

[28] Vgl. dazu nur BVerfGE 144, 20, 207 f.; *Höfling*, in: Sachs (Hrsg.), Grundgesetz. Kommentar, 8. Aufl. 2018, Art. 1 Rn. 35.

[29] So die gängige, namentlich auch vom BVerfG unterstützte grundgesetzliche Anknüpfung. Für eine Verortung nur in Art. 2 Abs. 1 GG hingegen *Höfling*, in: Sachs, GG (Fn. 28), Art. 1 Rn. 68.

[30] Vgl. etwa BVerfGE 115, 118, 158.

[31] Ähnlich verbietet auch Art. 2 EMRK Unterscheidungen und Abstufungen nach Wert oder Qualität des Lebens. Siehe etwa *Kopetzki*, in: dies./Mayer (Hrsg.), Biotechnologie und Recht, 2002, 31 m. w. N.

ist unmöglich und von Verfassung wegen unzulässig, Menschenleben quantitativ gegeneinander aufzuwiegen.[32] Namentlich genießt jedes menschliche Leben ohne Rücksicht auf seine Dauer den gleichen verfassungsrechtlichen Schutz. Jung oder alt, krank oder gesund – unterschiedliche Behandlungen sind mit Blick auf das Lebensrecht als „vitaler Basis“[33] aller Grundrechte nicht gestattet.

Das auf den unhinterfragten Eigenwert des Individuums[34] gegründete Wertesystem des Grundgesetzes steht somit in dieser Hinsicht[35] der Annahme gattungsinterner Differenzierungen entgegen. Diese zentrale grundrechtliche Vorgabe ist zugleich eine elementare Aufgabe: Sie ist im Sinne einer historisch-teleologischen Auslegung (auch) als normative Reaktion auf in der Vergangenheit liegende Ereignisse zu verstehen. Der besondere, egalitäre Schutz von Würde und Leben des Menschen erscheint demnach als besonders deutliche Absage an die nationalsozialistische Terrorherrschaft und die eng mit ihr verknüpfte Vorstellung unterschiedlicher Bewertungen menschlichen Lebens. Dass jedes menschliche Leben gleich viel wert ist, zählt zu den basalen normativen Lektionen, die aus der jüngeren deutschen Geschichte zu lernen sind. Allerdings wirken grundrechtliche Garantien nicht punktuell, sondern sie sind auf kontinuierliche Wirkung, „in die Zeit

---

[32] Siehe schon *Dreier*, JZ 2007, 261, 265; *Höfling/Steffen Augsberg*, JZ 2005, 1080, 1083, jeweils m. w. N.

[33] So bekanntlich BVerfGE 39, 1, 42 in Bezug auf die Menschenwürde.

[34] Vgl. schon BVerfGE 7, 377, 408, 411.

[35] Dass selbstredend mit Blick auf andere Lebensumstände und Rechtsgüter gerechtfertigte Ungleichbehandlungen möglich sind, stellt mithin dieses Prinzip keineswegs in Frage.

hinein offen"[36] und damit entwicklungsfähig konzipiert. Sie können deshalb nicht allein als Antwort auf spezifische historische Erfahrungen verstanden werden, sondern müssen auch aktuellen Herausforderungen gerecht werden. Das verweist auf die spezifischen Versprechungen und Zumutungen, die mit der sog. Bio-Politik verbunden sind. Der zugegebenermaßen bedeutungsvariante Begriff[37] wird oftmals mit den historischen, dem Selbstverständnis nach sogar „archäologischen"[38] Analysen *Michel Foucaults* verbunden. Das ist im vorliegenden Zusammenhang relevant, denn Foucault zufolge ist eine historische Entwicklung nachzuvollziehen: Auch wenn die Macht, über Leben und Tod bestimmen zu können, schon immer zum Kern der (staatlichen) Souveränität zählte,[39] haben erst die Möglichkeiten der modernen Medizin hier den entscheidenden Impuls geliefert. An die Stelle der archaischen Macht, „sterben zu machen und leben zu lassen" tritt die „sorgfältige Verwaltung der Körper und die rechnerische Planung des Lebens".[40] Wenn aber Leben und Sterben nicht mehr allein schicksalhaft erduldet, sondern (staatlicher) Steuerung zugänglich werden, verändern sich zentrale

[36] *Hesse*, Grundzüge des Verfassungsrechts der Bundesrepublik Deutschland, 20. Aufl. 1995, Rn. 23.

[37] Vgl. hierzu nur *Gehring*, Was ist Biomacht? Vom zweifelhaften Mehrwert des Lebens, 2006, sowie die Beiträge in: Geyer (Hrsg.), Biopolitik: Die Positionen, 2001.

[38] Siehe *Foucault*, Die Ordnung der Dinge. Eine Archäologie der Humanwissenschaften, 1974, v.a. 11 ff. Dazu z.B. *Habermas*, Der philosophische Diskurs der Moderne, 1985, 292 ff.

[39] Exemplarisch *Foucault*, Der Wille zum Wissen. Sexualität und Wahrheit I, 1977, 161 ff.

[40] *Foucault* (Fn. 39), 162, 167. Siehe umfassend *ders.*, Die Geburt der Biopolitik. Geschichte der Gouvernementalität II. Vorlesungen am Collège de France 1978/1979, 2004, v.a. 49 ff.

Koordinaten der Staat-Bürger-Beziehung. Auf den Punkt gebracht bedeutet das in einer Formulierung *Giorgio Agambens*: „In der modernen Biopolitik ist derjenige souverän, der über den Wert oder Unwert des Lebens als solches entscheidet.“[41] Vor diesem Hintergrund wird deutlich, wie wichtig es – auch und gerade heute – ist, daran festzuhalten, dass unser Verfassungsrecht nur mit dem „nackten Leben“[42] ausgestattete Un-Personen oder Un-Menschen nicht kennt und entsprechenden (Ab-)Qualifikationen widerstreitet. Wie die Menschenwürde insgesamt[43] fungiert dieses in ihr wurzelnde, lebens- und gleichheitsschutzbezogene Wertungsverbot als „absolute[s] Stoppsignal“.

Zu Recht ist in der Debatte darauf hingewiesen worden, dass die konkreten Konsequenzen dieser Maßgabe noch zu bestimmen sind: „Nicht jede hoheitliche Entscheidung, die tödliche Folgen in Kauf nimmt, ist immer zugleich eine Entwürdigung. Nicht jede sanktionslose Duldung von Lebenswerturteilen Privater verletzt zwingend das Schutzgebot des Art. 1 Abs. 1 Satz 2 GG, das – anders als das unbedingte (negatorische) Achtungsgebot des Art. 1 Abs. 1 Satz 1 GG – keine kompromisslose Pflicht zur staatlichen Intervention enthält. Und nicht jede Setzung von Prioritäten oder Posterioritäten mit Todesfolge rechnet unzulässig einen ‚Lebenswert‘ zu, auch wenn es Betroffene nachvoll-

---

[41] *Agamben*, Homo sacer. Die souveräne Macht und das nackte Leben, 2002, 151.

[42] Siehe etwa *Agamben*, Das Offene. Der Mensch und das Tier, 2002, 25.

[43] Vgl. dazu *Ladeur/Ino Augsberg*, Die Funktion der Menschenwürde im Verfassungsstaat. Humangenetik – Neurowissenschaft – Medien, 2008, 8 ff. (das Zitat auf S. 10). Siehe hierzu näher auch *Poscher*, in diesem Band, S. 41 ff.; *Gärditz*, ZfL 2020, 381, 382 ff.

ziehbar so empfinden mögen.“[44] Allerdings wird das beschriebene Konzept der Lebenswertindifferenz verkannt, wenn ein Verstoß nur im Fall einer (zusätzlichen) Würdeverletzung angenommen wird. Die Menschenwürde ist konstitutiv für das Verständnis des gleichen Wertes aller Menschen. Sie steht damit „einer – positiven wie negativen – Bewertung menschlichen Lebens entgegen, sodass sich jedenfalls Verteilungsentscheidungen nach Kriterien verbieten, die mit einem unterschiedlichen ‚Lebenswert‘ argumentieren.“[45] Umgekehrt liegt aber eine unzulässige Abwertungs- bzw. Abwägungssituation nicht erst dann vor, wenn (auch) eine menschenwürdewidrige Behandlung gegeben ist. Deshalb ist es zu eng, nur danach zu fragen, ob eine „Entscheidung nach prognostisch verbleibender Lebenszeit bei Behandlungserfolg wirklich ein diskriminierendes Lebenswert-Urteil enthält, das die Zurückgesetzten entwürdigt“.[46] Ähnliches gilt für die rhetorische Frage, ob schon in jeder gruppenbezogenen Typisierung eine entindividualisierende Diskriminierung liege. Vollends problematisch schließlich wird es, wenn ein am Zeitpunkt der Aufnahme orientiertes Behandlungsgeschehen als Selektion „nach der Zufälligkeit einer Patienteneingangs-Chronologie“ bezeichnet wird und die Frage aufgeworfen wird, ob nicht gerade im Verweis auf den Zufall eine Würdeverletzung liegen könne.[47] Selbstredend ist der Staat weder imstande noch normativ gehalten, jeder schicksalshaften Unbill entgegenzuwirken oder Ausgleichsmechanismen vorzuhalten; ein entsprechendes Unterlassen bedeutet kei-

[44] *Gärditz*, ZfL 2020, 381, 382.

[45] *Gärditz*, ZfL 2020, 381, 382 mit Verweis auf *Duttge*, medstra 2020, 193; *Merkel/Steffen Augsberg*, JZ 2020, 704, 705.

[46] *Gärditz*, ZfL 2020, 381, 382.

[47] *Gärditz*, ZfL 2020, 381, 382.

nen Menschenwürdeverstoß. Ohnehin ist die hier vertretene Position nicht identisch mit einer verfassungsrechtlichen Indifferenz dem Geschehen gegenüber; im Gegenteil formuliert das Grundgesetz deutliche Differenzierungs- und Diskriminierungsverbote, die über den staatlichen Bereich hinausgehend Beachtung verlangen. Demgegenüber wären mit positiven Auswahlkriterien inakzeptable normative Wirkungen verbunden: In einer tragischen Entscheidungssituation wie der Triage bedeuteten vorgegebene rechtliche Selektionsmaßstäbe nicht etwa nur eine Konkretisierung von Behandlungsansprüchen,[48] sondern sie implizierten notwendig eine qualifizierende, also bewertende Einordnung von Menschenleben. Wer festlegt, welche zwischen an sich (medizinisch) gleichrangig zu behandelnden Patienten bestehenden Unterschiede eine prioritäre, lebensrettende Behandlung rechtfertigen, bereitet interpersonelle Vergleiche und lebensrechtsrelevante Hierarchisierungen vor. Man kann das drehen, wie man will: Am Ende bedeutete diese Priorisierung der einen zugleich das Todesurteil für die anderen. Deshalb ist an der in der Ad-hoc-Empfehlung des Deutschen Ethikrates „Solidarität und Verantwortung in der Corona-Krise" niedergelegten Einschätzung festzuhalten, dass jede unmittelbare oder mittelbare staatliche Unterscheidung nach Wert oder Dauer des Lebens und jede damit verbundene staatliche Vorgabe zur ungleichen Zuteilung von Überlebenschancen und Sterberisiken in akuten Krisensituationen unzulässig sind. Lebenswertindifferenz bedeutet in der Tat, dass nicht nur Differenzierungen etwa aufgrund des Geschlechts oder der ethnischen Herkunft, sondern auch weitergehende, tendenziell einem vereinfacht-utilitaristi-

---

[48] So *Lübbe*, MedR 2020, 434, 438.

schen Maximierungsprinzip verpflichtete Klassifikationen untersagt sind.[49]

Es verfehlt die Komplexität und Schwierigkeit dieser verfassungsrechtlichen Grundannahme, wenn in straf- und zivilrechtlichen Veröffentlichungen zum Thema[50] zu ihrer Begründung allein auf entsprechende Passagen in der Entscheidung des Bundesverfassungsgerichts zum Luftsicherheitsgesetz verwiesen wird. Das suggeriert, es handele sich um eine eher vereinzelte, möglicherweise fehlgeleitete Stellungnahme des Gerichts. Zudem stellte sich, träfe dies zu, in der Tat die Frage, ob Unterschiede einfach zur Seite geschoben werden können, die zwischen der Verteilung knapper, lebensnotwendiger Ressourcen und der gezielten Tötung von Menschen bestehen.[51] Allerdings ist dieser gängige Erklärungsansatz mindestens unvollständig. Gerade in dem hier interessierenden Punkt setzt das Verfassungsgericht nämlich eine längere und ununterbrochene Rechtsprechungslinie fort.[52] So heißt es schon in der ersten Entscheidung zum Schwangerschaftsabbruch: „Die pauschale Abwägung von Leben gegen Leben, die zur Freigabe der Vernichtung der vermeintlich geringeren Zahl im Interesse der angeblich größeren Zahl führt, ist nicht vereinbar mit der Verpflichtung zum individuellen

---

[49] Siehe *Deutscher Ethikrat*, Solidarität und Verantwortung in der Corona-Krise, 3f. Ähnlich etwa *Gutmann*, in: Gethmann (Hrsg.), Lebenswelt und Wissenschaft (Deutsches Jahrbuch Philosophie), 2011, 309, 317 mit Fn. 52.

[50] Vgl. *Gaede/Kubiciel/Saliger/Tsambikakis*, medstra 2020, 129, 132; *Hoven*, JZ 2020, 449, 450; *Taupitz* MedR 2020, 440, 442f.; *Witte* MedR 2015, 491, 494. Siehe demgegenüber etwa *Brech* (Fn. 15), 250ff.

[51] *Gärditz*, ZfL 2020, 381, 382 mit Fn. 6.

[52] Siehe deshalb etwa in diesem Sinne – schon vor der BVerfG-Entscheidung zum LuftSiG – *Höfling/Steffen Augsberg*, JZ 2005, 1080 m.w.N

Schutz jedes einzelnen konkreten Lebens."[53] Menschliches Leben darf demzufolge „keiner irgendwie gearteten unterschiedlichen Bewertung oder gar zahlenmäßigen Abwägung unterworfen werden".[54] An dieser grundlegenden Positionierung hält das Bundesverfassungsgericht fest. Erst jüngst hat es sie bestätigt und fortgeführt. In seiner Entscheidung zur Verfassungswidrigkeit des § 217 StGB finden sich ausführliche Erörterungen zur „Verwurzelung des Rechts auf selbstbestimmtes Sterben in der Menschenwürdegarantie des Art. 1 Abs. 1 GG". In diesem Zusammenhang betont das Gericht, Art. 1 Abs. 1 GG schütze die Würde des Menschen, „wie er sich in seiner Individualität selbst begreift und seiner selbst bewusst wird. Maßgeblich ist der Wille des Grundrechtsträgers, der sich einer Bewertung anhand allgemeiner Wertvorstellungen, religiöser Gebote, gesellschaftlicher Leitbilder für den Umgang mit Leben und Tod oder Überlegungen objektiver Vernünftigkeit entzieht." Der Senat hebt ferner hervor, das Recht auf Selbsttötung bestehe „in jeder Phase menschlicher Existenz" und sei „insbesondere nicht auf schwere oder unheilbare Krankheitszustände oder bestimmte Lebens- und Krankheitsphasen beschränkt".[55] Im Rahmen der abschließenden rechtspolitischen Betrachtungen wird dieser Gedanke noch einmal aufgegriffen: Die verfassungsrechtliche Anerkennung des Rechts auf Selbsttötung verbiete es dem Gesetzgeber, eine „Beurteilung nach Maßstäben objektiver Vernünftigkeit" vorzunehmen und „die Zulässigkeit einer Hilfe zur Selbsttötung materiellen Kriterien zu unterwerfen, sie etwa vom Vorliegen einer unheilbaren oder

[53] BVerfGE 39, 1, 58.
[54] BVerfGE 39, 1, 59.
[55] BVerfG, NJW 2020, 905, 907.

tödlich verlaufenden Krankheit abhängig zu machen."[56] Dem liegt die überzeugende Einsicht zugrunde, dass die staatliche Positivbewertung der einen zwangsläufig die Abwertung der anderen Person mit sich bringt und dies in existentiellen (individuellen) Krisensituationen wegen des Grundsatzes der Lebenswertindifferenz verfassungsrechtlich untersagt ist.[57]

Festzuhalten bleibt damit, dass dieses Verbot einer wie auch immer gearteten Be- und Abwertung menschlichen Lebens ein Kernelement des deutschen Verfassungsrechtsdenkens und eine jüngst noch einmal prominent bestätigte Konstante der verfassungsgerichtlichen Rechtsprechung bildet. Es ist „krisenfest" in dem Sinne, dass unter der Geltung des Grundgesetzes die in ihm enthaltenen fundamentalen Prinzipien auch in Zeiten größter (innerer oder äußerer) Not nicht zur Disposition stehen. Dennoch gilt aus verfassungsrechtlicher Sicht gerade nicht *fiat iustitia et pereat mundus*. Im Gegenteil zeichnet es eine dauerhaft lebensfähige normative Ordnung aus, sich einerseits hinreichend flexibel zu zeigen, um neuen Entwicklungen und Gefährdungen zu begegnen, andererseits aber an bestimmten Grundentscheidungen im Einzelfall selbst angesichts möglicher dramatischer Konsequenzen festzuhalten, weil ihre Orientierungswirkung über den Einzelfall hinausreicht und hinausreichen muss. Die Ad-hoc-Empfehlung des Deutschen Ethikrates formuliert das zutreffend:

---

[56] BVerfG, NJW 2020, 905, 921.

[57] Wie hier *Wissenschaftliche Dienste des Deutschen Bundestages*, Ausarbeitung WD 3 – 3000 – 104/20 (Klinische Frailty Skala Bedeutung der Grundrechte für eine Triage-Entscheidung), abrufbar unter: https://www.bundestag.de/resource/blob/702174/53573d9d000dbb8255677e70873762ba/WD-3-104-20-pdf-data.pdf (Abruf 8.12.2020), 5f.

„Selbst in Ausnahmezeiten eines flächendeckenden und katastrophalen Notstands hat [der Staat] nicht nur die Pflicht, möglichst viele Menschenleben zu retten, sondern auch und vor allem die Grundlagen der Rechtsordnung zu garantieren."[58] Das lässt sich dahingehend präzisieren, dass das Beharren auf der Abwägungs- und Bewertungssperre gerade deshalb besondere Relevanz besitzt, weil es eine Erosion verhindert, die auch auf andere Regelungsbereiche ausgreifen könnte.[59]

b) Konsequenzen

Damit ist noch keine Aussage darüber getroffen, wie weit die Regelungsbegrenzung reicht, wessen Kompetenzen sie betrifft und welche Normierungen durch welchen Regelsetzer möglich bleiben. Nach der hier vertretenen Position besteht kein dringendes Regelungsbedürfnis, weil die vorhandenen Bestimmungen, insbesondere, aber keineswegs nur des Strafrechts, einen klaren Korridor für rechtlich zulässige Handlungsoptionen bilden. Das schließt aber weitergehende gesetzliche Vorgaben nicht in jedem Fall aus, und es bedeutet auch nicht, dass nur der Gesetzgeber zu einer entsprechenden Orientierungsleistung berufen oder imstande ist.

aa) Zunächst zum Gesetzgeber: Hier ist zu differenzieren. Unzulässig sind, wie gezeigt, gesetzliche Regelungen, die das menschliche Leben als solches einer wie auch immer gearteten Bewertung unterziehen. Deshalb bleibt es der Legislative verwehrt, materiale Kriterien zu entwi-

[58] *Deutscher Ethikrat*, Solidarität und Verantwortung in der Corona-Krise, 4.

[59] Vgl. zu dieser Tendenz, Ausnahmeszenarien zu normalisieren, *Steffen Augsberg* (Fn. 3), 17 ff.

ckeln (oder entwickeln zu lassen), anhand deren positiv entschieden werden könnte, wer in einer tragischen Entscheidungssituation prioritär zu behandeln wäre. „In existentiellen Konfliktsituationen wie beim Brett des Karneades vermag die Rechtsordnung nicht positiv zu entscheiden, wer leben soll und wer nicht.“[60] Dies festzuhalten, ist weder Ausdruck eines „agnostischen Standpunkt[s]“ noch eines problematischen Misstrauens gegenüber dem Gesetzgeber, dessen Regelungsfähigkeit in der Tat gerade im Gesundheitswesen keineswegs vorschnell verneint werden darf.[61] Es ist vielmehr Folge der oben beschriebenen spezifischen, verfassungsrechtsfundierten und verfassungsgerichtlich bestätigten Maßgaben; es setzt daher auch kein „fragwürdiges Signal“[62].

Im Übrigen ist keineswegs jegliche gesetzgeberische Tätigkeit ausgeschlossen. Mit Bedacht wird sowohl in der Ad-hoc-Empfehlung des Deutschen Ethikrats wie hier auf die Unterscheidung von positiven und negativen Auswahlkriterien Wert gelegt. Es ist vorstellbar, auf einfachgesetzlicher Ebene eine klarstellende und ggf. erweiternde Normierung verfassungsrechtlicher Nichtdiskriminierungsvorgaben umzusetzen; hier ist auch Raum für politische Debatten.[63] Eine solche Regelung müsste nicht notwendigerweise, könnte aber durchaus auch im Strafrecht erfol-

---

[60] *Dreier*, JZ 2007, 261, 267.

[61] Zutreffend *Gärditz*, ZfL 2020, 381, 385 f.; siehe etwa *Wenner*, in: Fachbereich Rechtswissenschaften der Goethe-Universität Frankfurt am Main (Hrsg.), 100 Jahre Rechtswissenschaft in Frankfurt. Erfahrungen, Herausforderungen, Erwartungen, 2014, 245 ff.

[62] *Gelinsky*, Brauchen wir ein Triage-Gesetz? Zur Verteilung von Überlebenschancen bei unzureichenden medizinischen Ressourcen, 2020, 5; ähnlich *Taupitz* MedR 2020, 440, 449 f.

[63] Vgl. *Gelinsky*, Brauchen wir ein Triage-Gesetz?, 5; zustimmend *Taupitz* MedR 2020, 440, 443.

gen, etwa im Sinne einer separaten, nicht den Tötungsdelikten zuzuordnenden Strafbarkeit spezifischer, offensichtlich diskriminierender Entscheidungen über die Zuteilung des lebensrettenden Geräts.[64] In strukturell vergleichbarer Form sind selbstredend auch nichtstrafrechtliche Regelungen möglich.[65]

bb) Zu klären bleibt damit das Verhältnis zu anderen, nicht-staatlichen Akteuren. Das bringt die große Bandbreite unterschiedlicher Regelbildungsmodelle ins Spiel, die neben der klassisch-hoheitlichen Rechtsetzung besteht.[66] Eingangs ist dabei auf ein Missverständnis hinzuweisen: Es verfehlt die hier vorgestellte Regelungslogik, diesen nicht-staatlichen Normen vorzuhalten, dass sie das für staatliche Rechtsetzung erforderliche Niveau demokratischer Legitimation nicht erreichen.[67] Natürlich tun sie das nicht. Im vorliegenden Kontext ist es jedoch gerade dieses spezielle Defizit, das überhaupt eine weitergehende Normierung ermöglicht. Denn nur so ist garantiert, dass die entsprechenden Festlegungen nicht als Recht auftreten können. Die grundlegende Verpflichtung des Rechts, keine Lebenswertdifferenzierung vorzunehmen, bleibt dadurch unberührt. Das bedeutet nicht, dass es ein „Gebot der Menschenwürde [ist], Entscheidungen über Leben und Tod der betroffenen Patienten an nicht demokratisch legi-

---

[64] Vgl. hierzu näher *Merkel/Steffen Augsberg*, JZ 2020, 704, 714.

[65] Vgl. *Gärditz*, ZfL 2020, 381, 387; näher *ders.* in: Beckmann u. a. (Hrsg.), GS für Tröndle, 2019, 729, 738 ff.

[66] Vgl. hierzu etwa *Steffen Augsberg*, in: Möslein (Hrsg.), Regelsetzung im Privatrecht, 2019, 95, 96 ff. m. w. N.

[67] Siehe etwa *Gärditz*, ZfL 2020, 381, 387, demzufolge „Organisationsmodelle partikularer Gruppenrepräsentation“ „von vornherein denkbar ungeeignet“ sind, „Opferlasten zu verteilen“.

timierte private Verbände auszulagern."[68] Es verweist nur auf die Grenzen rechtlicher Steuerung.

Ob und inwieweit aus der Lebenswertindifferenz des Rechts ein normebenenüberschreitend durchzusetzendes Verbot folgt, ist damit noch nicht gesagt. Hierzu ist zu betonen, dass es Entscheidungen geben kann, die aus rechtlichen Gründen untersagt sind, aber aus moralischer Perspektive dennoch zulässig oder sogar geboten erscheinen. Dies prinzipiell abzustreiten, käme einem rechtsstaatlich inakzeptablen Wertemonismus gleich, der neben dem Grundgesetz keine andere normative Orientierung akzeptiert.[69] Allerdings werden nicht-staatliche Regelungen nicht im normativen Vakuum gebildet. Verfassungsrechtliche Wertungen sind – zumindest im Wege einer mittelbaren Drittwirkung – zu beachten; im Übrigen können sie legislativ konkretisiert werden. Es wäre irrig, anzunehmen, die hier diskutierten Auswahlentscheidungen könnten allein anhand naturwissenschaftlich-medizinischer Kriterien getroffen werden.[70] Das ist ein aus dem Kontext der Organallokation bekanntes Fehlverständnis. Dennoch ist die disziplinäre Kompetenz nicht irrelevant.[71] In aller Vorsicht lässt sich hier eine graduelle Unterscheidung vornehmen: Je stärker Auswahlentscheidungen auf Gerechtigkeitsaspekte rekurrieren, desto strenger ist im Rahmen der möglichen, differenzierten Reaktionen des Rechts der Blick auf ihre rechtliche Zulässigkeit. Je näher sie hingegen an eine „genuin" medizinische Einschätzung rücken, des-

---

[68] *Engländer/Zimmermann*, NJW 2020, 1398, 1402 m.w.N.

[69] Ähnlich *Wissenschaftliche Dienste des Deutschen Bundestages*, Ausarbeitung WD 3 – 3000 – 104/20 (Fn. 57), 6.

[70] Zu Recht kritisch *Taupitz*, in: Klöpfer (Hrsg.), Pandemie als Herausforderung für die Rechtsordnung, 2011, 103, 109 m.w.N.

[71] Vgl. allgemein auch *Woopen*, MedR 2011, 232.

to eher ist Kontrollzurückhaltung geboten. Das lässt sich am Kriterium der Erfolgsaussicht veranschaulichen: Es bedeutet eine verfassungsnormativ nicht hinnehmbare Abwertung menschlichen Lebens, wenn allein das Alter oder die „Gebrechlichkeit“ als Differenzierungsmerkmal dienen.[72] Auch ein Abstellen auf langfristige Überlebenschancen ist inakzeptabel, weil es die Gesundheit/Krankheit zum entscheidenden Kriterium erhebt. Auf der anderen Seite ist aber – auch eingedenk der Vielschichtigkeit dieses Begriffs[73] – die Nähe zur Indikation normativ relevant. Deshalb lässt sich verfassungsrechtskonform die Erfolgsaussicht (nur) im Sinne eines Überlebens der konkreten Behandlungsmaßnahme rekonstruieren. Weil auch diese prognostische Einschätzung notwendig mit Wahrscheinlichkeiten operiert, ist indes genau darauf zu achten, dass sie nicht als versteckte Diskriminierung missbraucht wird.[74] Im Übrigen ist zu berücksichtigen, inwieweit Organisations- und Verfahrenselemente vorliegen, die der Rationalität und Nachvollziehbarkeit der Entscheidung dienen und Willkür und Diskriminierung entgegenwirken.

2. Vorfindliche und denkbare Gegenargumente

Die beschriebene Position hat Zustimmung gefunden, aber auch deutliche Kritik hervorgerufen. Manches ist oben bereits aufgenommen und verarbeitet worden. Andere Punk-

---

[72] Siehe hierzu schon *Merkel/Steffen Augsberg*, JZ 2020, 704, 709f.

[73] Vgl. dazu die Beiträge in: Dörries/Lipp (Hrsg.), Medizinische Indikation. Ärztliche, ethische und rechtliche Perspektiven. Grundlagen und Praxis, 2015.

[74] Insoweit ähnlich *Gärditz*, ZfL 2020, 381, 384; *Tolmein*, Verfassungsbeschwerde, Schriftsatz v. 12.6.2020, 69f.

te sind nunmehr auf ihre Überzeugungskraft hin zu überprüfen.

a) Das Argument des sog. rechtsfreien Raumes

Ein erstes Argument operiert – bewusst? – mit einer spezifischen Vagheit und Ungenauigkeit der verwendeten Begrifflichkeit. Sofern in einer strafrechtlichen Stellungnahme zum Thema ein Abschnitt unter die Überschrift „Triage als staats- bzw. regelungsfreier Raum?" gestellt wird,[75] signalisiert das Fragezeichen einerseits eine gewisse Offenheit für eine abweichende Einschätzung. Andererseits kann indes die Frage nur dann überhaupt sinnvoll gestellt werden, wenn der eigenen Auffassung nach ein solcher „staats- bzw. regelungsfreier Raum" zumindest partiell vorliegt. Dementsprechend wird im Text konkret kritisiert, die Ad-hoc-Empfehlung des Ethikrates lasse „offen, ob der Rechtsanwender alle Handlungsoptionen als gleichwertig – also gleichermaßen rechtmäßig bzw. gleichermaßen rechtswidrig – erachten soll". Ein „solcher rechts- und wertungsfreier Raum" sei „den entscheidenden Medizinern und den betroffenen Patienten [...] kaum zu vermitteln".[76] Das Argument leidet, das dürfte schon an dieser Stelle klar werden, zunächst daran, dass es ein selbsterrichtetes Potemkinsches Dorf mit rhetorischem Getöse einreißt. Ein bestimmter Mangel wird erst behauptet bzw. konstruiert, um auf dieser Basis Kritik zu üben und eine

---

[75] *Gaede/Kubiciel/Saliger/Tsambikakis*, medstra 2020, 129, 130.

[76] *Gaede/Kubiciel/Saliger/Tsambikakis*, medstra 2020, 129, 130. Ähnlich zugespitzt *Gärditz*, ZfL 2020, 381, 385: „frei schöpferisch ohne legislative Präformation nach apokryphen rechtsethischen Abwägungskriterien", dort, 386: „existentieller Konflikt in einem legitimatorischen Vakuum".

gesetzgeberische Aktivität einzufordern. Es ist allerdings von vornherein abwegig, zu unterstellen, in einem weitgehend verrechtlichten Gemeinwesen wie dem deutschen gäbe es weitreichende „staats- bzw. regelungsfreie" Räume.[77] Dementsprechend zielen etwa auch die kritisierten Aussagen des Ethikrats prinzipiell darauf ab, eine Einordnung in das Schema rechtmäßig/rechtswidrig vorzunehmen. Dies zu verkennen, setzt mindestens ein sehr selektives Lesen und Zitieren voraus.[78] Der Deutsche Ethikrat geht selbstredend nicht von der Irrelevanz oder vollständigen/weitgehenden Abwesenheit von Rechtsregeln aus. In der weiteren Debatte ist dementsprechend ganz richtig erkannt worden, dass in Triage-Situationen wie der Vergabe knapper Beatmungsplätze kein rechtsfreier Raum im engeren Sinne vorliegt:

> Zu beachten sind die Vorgaben des Grundgesetzes. Für die betroffenen Patienten sind vor allem der Schutz der Menschenwürde, das Recht auf Selbstbestimmung, das Recht auf Leben und körperliche Unversehrtheit, der Gleichheitsgrundsatz und damit die Diskriminierungsverbote sowie das Sozialstaatsprinzip relevant. Für das medizinische Personal sind in erster Linie die Grundrechte der Gewissensfreiheit und Berufsfreiheit zu nennen. Das Grundgesetz trifft allerdings keine Aussage dazu, wie Verteilungskonflikte generell und speziell im Fall unzureichender medizinischer Kapazitäten zu lösen sind. Im Wege einer Gesamtschau von Grundrechten und Grundprinzipien wird ein sogenannter derivativer Teilhabeanspruch angenommen.[79]

---

[77] Vgl. entsprechend denn auch *Gaede/Kubiciel/Saliger/Tsambikakis*, medstra 2020, 129, 132.

[78] Vgl. hierzu schon *Merkel/Steffen Augsberg*, JZ 2020, 704, 707 mit Fn. 30.

[79] *Gelinsky*, Brauchen wir ein Triage-Gesetz?, 4; siehe auch *Tolmein* (Fn. 74), 43 ff.; *Wissenschaftliche Dienste des Deutschen Bundestages*, Ausarbeitung WD 3 – 3000 – 104/20 (Fn. 57), 4 f.

Der damit nur angedeutete, komplexe verfassungsrechtliche Hintergrund ist zumal für das Verständnis der einschlägigen Strafrechtsnormen relevant. Schon das allein verdeutlicht, dass von einem „staats- bzw. regelungsfreien" Raum oder „legitimatorischen Vakuum" keine Rede sein kann. Daneben sind zahlreiche weitere rechtliche Determinanten einschlägig: Neben dem Verfassungs- und dem Strafrecht sind u.a. Vorgaben des Berufs-, Leistungserbringungs-, Versicherungs-, Vergütungs-, Haftungs- sowie des Krankenhausrechts zu beachten.

Was von der benannten Kritik bleibt, ist damit die in der Tat auch mit dem Begriff des rechtsfreien Raumes bezeichnete[80] Problematik, wie mit von der Rechtsordnung offengelassenen Handlungsspielräumen umzugehen ist. Das sollte dann aber deutlicher gefasst werden. Denn so unrichtig es ist, die Triagekonstellationen als gänzlich ungeregelt einzustufen, so problematisch ist es auch, sie pauschal mit anderen nicht *en détail* vorprogrammierten Entscheidungen gleichzusetzen. Das Argument des „rechtsfreien" Raumes läuft damit im Grunde leer. Es liefert im Gegenteil sogar ein Indiz dafür, dass die vom Ethikrat hervorgehobene Ergänzungsfunktion nichtrechtlicher Regeln dem Rechtssystem alles andere als unbekannt ist.[81]

---

[80] Vgl. etwa *Engisch*, ZgStW 108 (1952), 385; *Kaufmann*, in: FS für Maurach, 1972, 327ff.

[81] Vgl. etwa *Kaufmann*, in: FS für Maurach, 1972, 327, 330, der mit Blick auf die Fallkonstellation des „Bretts des Karneades" es für möglich erachtet, dass in Ermangelung eines „rational einsichtigen, allgemeinverbindlichen Entscheidungsmaßstabes" die rechtliche Regelung zugunsten einer „freien Gewissensentscheidung des einzelnen" zurückgenommen bleibt.

b) Das Schutzpflichtargument

Eng hiermit verwandt ist das Argument, ein „gänzlicher Verzicht auf normative Vorgaben" widerspreche der grundrechtlichen Schutzpflicht des Staates.[82] Dem lassen sich mindestens vier Punkte entgegenhalten: Erstens stimmt es wie gezeigt schlicht nicht, dass ein „gänzlicher Verzicht" vorliegt. Das wäre nur anzunehmen, wenn der Gesetzgeber ganz untätig geblieben wäre, also tatsächlich ein „rechtsfreier Raum" vorläge. Das ist aber wie gezeigt gerade nicht der Fall. Im Zusammenhang mit grundrechtsbasierten Schutzpflichten besteht zweitens bekanntlich ein erheblicher Einschätzungs- und Gestaltungsspielraum der insoweit primär adressierten Legislative. Prüfungsmaßstab ist das Untermaßverbot, das nur verletzt ist, wenn die staatlichen Organe gar nicht aktiv geworden oder die getroffenen Schutzmaßnahmen evident unzureichend sind.[83] Schon das dürfte hier nicht anzunehmen sein. Selbst wenn man aber, drittens, dies anders sieht und von einer bislang nicht ausreichend erfüllten Schutzpflicht ausgeht, ist nicht ersichtlich, warum hieraus eine Pflicht des Gesetzgebers folgen sollte, nicht nur negative, sondern auch positive Auswahlkriterien zu normieren.[84] Im Gegenteil kann sich, viertens, auch eine staatliche Schutzpflicht nicht pauschal gegen entgegenstehende verfassungsrechtliche Vorgaben durchsetzen. Eine Schutzpflicht *contra constitutionem*, die nur mittels eines Verfassungsverstoßes umzusetzen wäre, gibt es nicht.[85]

---

[82] *Gaede/Kubiciel/Saliger/Tsambikakis*, medstra 2020, 129, 130; ähnlich *Gärditz*, ZfL 2020, 381, 384 ff.; *Tolmein* (Fn. 74), 12 ff., 66 ff.

[83] Vgl. nur *Dietlein*, ZG 1995, 131.

[84] Offen insoweit *Tolmein* (Fn. 74), 76 f.

[85] Vgl. in diesem Sinne bereits *Höfling/Steffen Augsberg*, JZ 2005,

c) Das Rechtssicherheitsargument

Ähnliches gilt für den Verweis auf die erforderliche Rechtssicherheit.[86] Zwar bedeutete es unzweifelhaft für das beteiligte medizinische Personal zusätzliche Klarheit und Orientierung, wenn der Gesetzgeber selbst einschlägige Regelungen erließe. Das allein genügt aber noch nicht, um das Erfordernis einer parlamentsgesetzlichen Vorgabe zu begründen. Rechtssicherheit ist nicht das höchste, andere verfassungsrechtliche Wertungen stets übertrumpfende Gut; sie ist, rechtsphilosophisch formuliert, nur ein Bestandteil (neben der Gerechtigkeit und der Zweckmäßigkeit) der „Idee des Rechts".[87] Verfassungsrechtlich bezeichnet sie ein Subprinzip des Rechtsstaatsprinzips, das nicht *a priori* Vorrang gegenüber anderen verfassungsnormativen Erwägungen beanspruchen kann. Man braucht das nicht in polemischer Weise zuzuspitzen („Rechtssicherheit bringt auch der Schießbefehl!"), um die Relevanz dieser Feststellung zu verdeutlichen. Es genügt ein deutlich schlichteres und v.a. praxisrelevanteres Beispiel: Die fehlende gesetzliche Regelung des zuständigen (Landes-)Gesetzgebers berechtigt andere Parlamente keineswegs dazu, unter Außerachtlassen der verfassungsrechtlichen Kompetenzbestimmungen selbst tätig zu werden. Ein solches „Selbsteintritts-

---

1080, 1084; zustimmend *Roxin*, ZIS 2011, 552, 554; näher *Funke*, in: Drecktrah (Hrsg.), Die RAF und die Justiz. Nachwirkungen des „Deutschen Herbstes", 2010, 185ff.; zu problematischen Konsequenzen entsprechender Erosionen am Beispiel der „Rettungsfolter" etwa *Braun*, KritV 2005, 283.

[86] *Gaede/Kubiciel/Saliger/Tsambikakis*, medstra 2020, 129, passim.

[87] Vgl. *Radbruch*, Rechtsphilosophie, 3. Aufl. (1932), in: *ders.*, Gesamtausgabe, hrsg. von Kaufmann, Band 2, Rechtsphilosophie, 1993, 302ff.

recht" kennt das Grundgesetz aus guten Gründen nicht. Was für derartige formelle Vorgaben des Verfassungsrechts gilt, ist auch für materielle Beschränkungen nicht anders zu handhaben.

d) Das Wesentlichkeitsargument

Jedenfalls im Grundansatz überzeugender ist es demgegenüber, wenn teilweise auf die sog. Wesentlichkeitslehre verwiesen und hieraus eine gesetzgeberische Handlungspflicht abgeleitet wird.[88] Denn in der Tat darf der Gesetzgeber sich seiner spezifischen Verantwortung nicht durch eine unzureichend vorstrukturierte Delegation an untergesetzliche Normgeber entziehen. Vielmehr leitet das Bundesverfassungsgericht aus dem Rechtsstaats- und dem Demokratieprinzip die Forderung ab, alle „wesentlichen" Regelungen seien durch formelles Gesetz zu treffen.[89] Unter welchen Umständen und in welchem Umfang ein solcher Parlamentsvorbehalt besteht, „läßt sich nur im Blick auf den jeweiligen Sachbereich und auf die Eigenart des betroffenen Regelungsgegenstandes beurteilen"[90]. Dennoch ist weitgehend anerkannt, dass im grundrechtsrelevanten Bereich „wesentlich" in der Regel „wesentlich für die Verwirklichung der Grundrechte" bedeutet.[91] Folge-

[88] Vgl. etwa *Brech* (Fn. 15), 308 ff.; *Gelinsky*, Brauchen wir ein Triage-Gesetz?, 5 f.; *Kersten/Rixen*, Der Verfassungsstaat in der Corona-Krise, 83; *Engländer/Zimmermann*, NJW 2020, 1398, 1402; *Walter*, GA 167 (2020), 656, 657 f., jeweils m. w. N.

[89] BVerfGE 49, 89, 126 f. m. w. N.; 61, 260, 275; 77, 170, 231; 83, 130, 142.

[90] BVerfGE 98, 218, 251.

[91] BVerfGE 34, 165, 192; 40, 237, 248 ff.; 41, 251, 260 f.; 47, 46, 79; 49, 89, 126 f.; 95, 267, 307 f.

richtig dürften wenig Zweifel daran bestehen, dass (Verteilungs-)Regeln, die unmittelbare Auswirkungen auf das Leben-Dürfen bzw. Sterben-Müssen von Menschen haben, mit Blick auf die Rechtsgüter Leben und Gesundheit grundrechtswesentlich im beschriebenen Sinne sind.[92] „Die Wesentlichkeit der Triage-Problematik wird, so weit ersichtlich, auch nicht in Frage gestellt.“[93]

Allerdings verfehlte es die Funktion der Wesentlichkeitslehre, aus ihr einen allumfassenden Parlamentsvorbehalt abzuleiten, durch den die gewaltenteilende Ordnung des Grundgesetzes unterlaufen würde.[94] Das Rechtsstaatsprinzip verlangt Rationalität staatlichen Handelns. Gewaltenteilung bedeutet deshalb auch, „daß staatliche Entscheidungen möglichst richtig, das heißt von den Organen getroffen werden, die dafür nach ihrer jeweiligen Organisation, Zusammensetzung, Funktion und Verfahrensweise über die besten Voraussetzungen verfügen“.[95] Das gilt grundsätzlich auch für die Rechtsetzung. Das Spannungsfeld zwischen dem absoluten Postulat, wesentliche Entscheidungen nur dem Parlament zu gestatten, und dem Erfordernis optimaler Aufgabenerfüllung kennzeichnet das Gewaltenteilungsprinzip. Wesentlichkeitslehre und Effektivitätsgebot sind verfassungsnormativ fundierte Prinzipien, die gegeneinander abgewogen werden müssen. Diese allgemeine Überlegung lässt sich in unserem Sinne weiterführen: So richtig es ist, dass grundrechtswesentliche Entscheidungen prinzipiell durch den Gesetzgeber getrof-

---

[92] Ebenso *Gärditz*, ZfL 2020, 381, 384.

[93] *Gelinsky*, Brauchen wir ein Triage-Gesetz?, 5.

[94] Vgl. BVerfGE 49, 89, 125; 68, 1, 86 f.; 98, 218, 252.

[95] BVerfGE 49, 89, 125 f.; 68, 1, 86 f.; 98, 218, 252. Vgl. grundlegend *Küster*, AöR 75 (1949), 397.

fen werden sollen,[96] so eindeutig ist auch, dass dieser Grenzen zu beachten hat. Die Wesentlichkeitslehre berechtigt nicht dazu, sich über verfassungsnormative Anforderungen hinwegzusetzen, sondern muss zu diesen in ein angemessenes Verhältnis gesetzt werden. Insoweit kann erneut auf die Entscheidung des Bundesverfassungsgerichts zur Suizidassistenz verwiesen werden. Bei aller Unsicherheit über den Inhalt eines möglichen legislativen Schutzkonzepts besteht doch kein Zweifel daran, dass das Gericht das „Grundrecht auf selbstbestimmtes Sterben" unkonditioniert gewährleistet sieht und insbesondere das Anknüpfen an materielle Kriterien wie Alter oder Gesundheitszustand als Handlungsoption für den Gesetzgeber verwirft.[97] Das gilt im vorliegenden Zusammenhang entsprechend.[98]

e) Das Kohärenzargument

Ein weiteres gängiges Argument ist der Verweis auf die angebliche Üblichkeit verteilungsregelnder Gesetzesvorgaben und die daraus folgende Möglichkeit, wenn nicht Verpflichtung, dies auch im Kontext der Triage zu tun.[99] Dieses Argument baut auf den vorgenannten auf. Ihm liegt die im Allgemeinen zutreffende und zustimmungswürdige Annahme zugrunde, dass zwar Verteilungsaufgaben nicht stets einer gesetzlichen Grundlage bedürfen, diese aber um so dringlicher wird, je schwerwiegender die damit verbun-

---

[96] Siehe etwa mit Blick auf die mögliche (berufsbezogene) „Zuteilung von Lebenschancen" BVerfGE 33, 303, 345 f.; 45, 393, 399.

[97] Vgl. *Höfling*, ZME 66 (2020), 245, 253.

[98] I.E. übereinstimmend *Wissenschaftliche Dienste des Deutschen Bundestages*, Ausarbeitung WD 3 – 3000 – 104/20 (Fn. 57), 6.

[99] Vgl. etwa *Gärditz*, ZfL 2020, 381, 384; *Tolmein* (Fn. 74), 43 ff.

denen Grundrechtsaspekte sind.[100] Dennoch ist es *in concreto* aus zwei Gründen abzulehnen:

Zum einen ist das insoweit gerne als Vorbild herangezogene Transplantationsgesetz (TPG)[101] schon aufgrund der ihm inhärenten Unzulänglichkeiten ungeeignet, als Blaupause für Triagekonstellationen zu dienen. Im Gegenteil zeigt sich hier, wie schwierig und problembeladen selbst eine sehr vage formulierte gesetzliche Vorstrukturierung von Allokationsaufgaben ist.[102] Bekanntlich werden in § 12 Abs. 3 S. 1 TPG zwei Vorgaben, nämlich „Erfolgsaussicht und Dringlichkeit" miteinander verbunden. Schon das ist mehr als unglücklich:[103] Die beiden Kriterien stellen auf Ziele ab, die sich im Bereich der Organallokation widersprechen, weil gerade bei schwerstkranken Patienten, die besonders dringlich auf eine Transplantation angewiesen sind, die (kurz- wie langfristigen) Erfolgsaussichten tendenziell geringer sind als bei gesünderen Patienten. Da das Gesetz keine Hierarchie oder Gewichtung der Kriterien vorsieht, ist der Steuerungseffekt marginal. Erschwerend kommt hinzu, dass die genannten Kriterien mit einem „insbesondere" und dem Verweis auf „geeignete Patien-

---

[100] Vgl. nur *Höfling*, in: Feuerstein/Kuhlmann (Hrsg.) Rationierung im Gesundheitswesen, 1998, 143 ff., 151 f.

[101] Vgl. in diesem Sinne ausdrücklich etwa *Taupitz*, MedR 2020, 440, 443 ff.; *Lindner/Schlögl-Flierl*, Triage bei COVID-19 – Zur Allokation knapper Rettungsmittel aus ethischer und rechtlicher Perspektive, 2020, abrufbar unter: https://assets.uni-augsburg.de/media/filer_public/5f/f4/5ff4fc90-b29a-4812-a767-3221f6d32d87/zigessay2_triage_2020-07.pdf (Abruf 8.12.2020).

[102] Vgl. allgemein etwa *Schroth/Hofmann*, in: Jahrbuch für Recht und Ethik 24 (2016), 310.

[103] Vgl. zum folgenden deutlich schon *Gutmann*, in: Schroth/König/ders./Oduncu (Hrsg.), Transplantationsgesetz. Kommentar, 2005, § 12 Rn. 24 f.; *Höfling*, JZ 2007, 481.

ten" verknüpft werden. Das Nähere, also alles Wesentliche, wird folgerichtig in den Richtlinien der Bundesärztekammer festgeschrieben.[104] Das verfehlt die einschlägigen Vorgaben des Verfassungsrechts.[105] Die teilweise vorgetragenen Rechtfertigungsversuche[106] vermögen durchweg nicht zu überzeugen; im Übrigen sind auch die mit der Delegation verbundenen rechtspraktischen Vorteile stark zu relativieren.[107] In jedem Fall gilt mit Blick auf die vorliegende Fragestellung: Eine solche, verfassungsrechtlich zumindest höchstumstrittene Norm darf keineswegs in andere Regelungsbereiche hinein übernommen werden.[108]

Zum anderen ist es mindestens ungenau, wenn behauptet wird, im Organtransplantationswesen seien im Ver-

---

[104] „Umgekehrte Wesentlichkeitstheorie", so ebenso plakativ wie treffend *Höfling*, Rechtsgutachtliche Stellungnahme zu einigen Aspekten (der Prüfung) des Lebertransplantationsprogramms des Universitätsklinikums Essen, 2017, 23, abrufbar unter: https://www.uk-essen.de/fileadmin/Hauptklinik/PDF/Rechtsgutachtliche_Stellungnahme_Prof._Höfling.pdf (Abruf 8.12.2020). Siehe kritisch schon *Schmidt-Aßmann*, Grundrechtspositionen und Legitimationsfragen im öffentlichen Gesundheitswesen, 2001, 56 ff.

[105] Vgl. etwa *Steffen Augsberg*, in: Höfling (Hrsg.), Die Regulierung der Transplantationsmedizin in Deutschland, 2008, 45 ff.; *Bader*, Organmangel und Organverteilung, 2010, 173 ff.; *Gutmann* (Fn. 103), § 12 Rn. 21 ff., jeweils m. w. N. Dass diese Kritik auch den Gesetzgeber erreicht hat, zeigt der 2013 im neuen § 16 Abs. 3 TPG aufgenommene exekutive Genehmigungsvorbehalt.

[106] Vgl. etwa *Rosenau* in: Ahrens u.a. (Hrsg.), FS für Deutsch, 2009, 435 ff.

[107] Vgl. zu beidem *Steffen Augsberg*, Untergesetzliche Regelbildung im Recht der Organtransplantation, in: Hase (Hrsg.), Untergesetzliche Normgebung im Gesundheitsrecht, i. E.

[108] Ähnlich wie hier *Walter*, GA 167 (2020), 656, 666. Anders namentlich *Taupitz* MedR 2020, 440, 443, 445 ff. Wie sich das zu der Aussage verhält, dass „die ‚Dringlichkeit' grundsätzlich vor der ‚Erfolgsaussicht' rangieren muss" (a. a. O., 443), bleibt offen.

gleich zur Triagekonstellation „ähnliche Problemlagen und Überlegungen zu finden".[109] Ähnlich ja, aber eben doch nicht identisch, sondern an einer normativ entscheidenden Stelle gänzlich anders gelagert: Die Todeswahrscheinlichkeiten variieren und dürfen nicht gleichgesetzt werden.[110] Bei der Organallokation besteht zwar ein erhöhtes Sterberisiko, wenn ein benötigtes Organ an einen anderen Empfänger geht. Der „Tod auf der Warteliste" ist ein reales Phänomen.[111] Ihn als zwingende Folge einer bzw. jeder Nichtzuteilung darzustellen,[112] verzerrt indes die tatsächliche Lage und verfehlt die gebotene rechtliche Bewertung. Erinnert sei nur an zuletzt zutage getretenen Schwierigkeiten, bei Manipulationen bei der Organverteilung eine Strafbarkeit wegen eines (versuchten) Tötungsdelikts zu begründen.[113] Weil und soweit hierdurch ein bei unbeein-

---

[109] *Lindner/Schlögl-Flierl* (Fn. 101), 3.

[110] Aus dem gleichen Grund ginge (erst recht) der Verweis auf die Impfpriorisierung fehl; auch dort besteht dieser zentrale Unterschied. Siehe entsprechend das Positionspapier von STIKO/DER/Leopoldina, Wie soll der Zugang zu einem COVID-19-Impfstoff geregelt werden?, abrufbar unter: https://www.leopoldina.org/uploads/tx_leopublication/2020_Positionspapier_COVID-19-Impfstoff_final.pdf (Abruf 8.12.2020); siehe ferner *Wissenschaftliche Dienste des Deutschen Bundestages*, Ausarbeitung WD 3 – 3000 – 271/20 (Notwendigkeit einer gesetzlichen Regelung für die Priorisierung bestimmter Bevölkerungsgruppen bei der Verteilung eines Impfstoffs gegen COVID-19), abrufbar unter: https://www.bundestag.de/resource/blob/812018/5db8f2231b010893c0d6cce9b33c8d8e/WD-3-271-20-pdf-data.pdf (Abruf 8.12.2020), 8 ff.

[111] Vgl. dazu die Beiträge in: Breyer u. a. (Hrsg.), Organmangel: Ist der Tod auf der Warteliste unvermeidbar?, 2006.

[112] Vgl. in diesem Sinne aber *Lindner/Schlögl-Flierl* (Fn. 101), 3: „Knappe Organe müssen an kranke Patienten verteilt werden, die ohne das Spenderorgan sterben würden."

[113] Vgl. BGH, NJW 2017, 3249 ff.; dazu etwa *Rissing-van Saan/Verrel*, NStZ 2018, 57, 62 f.

flusstem, also nicht manipuliertem Ablauf des Geschehens nicht berechtigter Organempfänger Berücksichtigung findet, zugleich aber nicht hinreichend Spenderorgane zur Verfügung stehen, ist zwar eine erhebliche Gesundheitsgefährdung zu erwarten, realistisch sogar mit dem Versterben „übergangener“ Wartelistenplatzinhaber zu rechnen. Allerdings sind dabei unter Umständen so große zeitliche wie räumliche Abstände und eine solche Vielzahl zwischengeschalteter Entscheidungsvorgänge zu berücksichtigen, dass angesichts der „Unüberblickbarkeit bzw. Unbeherrschbarkeit dieser weitreichenden Kausalketten“ der erforderliche Zurechnungszusammenhang nicht mehr gewährleistet ist.[114] Entsprechend hat der BGH bereits das kognitive Vorsatzelement verneint, weil der Täter „schon wegen des ihm bekannten hohen Sterberisikos in oder unmittelbar nach der Transplantation und der weiteren Verwerfungen des Allokationsverfahrens nicht davon ausgehen [konnte], dass bei dem ihm unbekannten Patienten im Fall des Angebots bzw. der Zuteilung und dann der Übertragung der konkreten Leber mit einer an Sicherheit grenzenden Wahrscheinlichkeit eine Lebensverlängerung eintreten werde.“[115] Ganz anders liegen die Dinge bei der Verteilung überlebenswichtiger Beatmungsplätze: Hier bedeutete es ein nahezu sicheres Todesurteil, nicht berücksichtigt zu werden. Das schließt es nicht aus, bestimmte prozedurale Sicherungsmechanismen aus dem Transplantationsrecht zu übernehmen.[116] Eine materiell determinierte, unmittelbare Entscheidung über Leben und Sterben muss dem Staat jedoch versagt bleiben.

---

[114] Vgl. *Kudlich*, NJW 2013, 917, 918 m. w. N.

[115] BGH, NJW 2017, 3249, 3254.

[116] *Lindner/Schlögl-Flierl* (Fn. 101), 3, verweisen etwa auf das Mehr-Augen-Prinzip bei der Eingabe medizinischer Daten.

f) Das Unvermeidbarkeitsargument

Schließlich ließe sich argumentieren, das strikte Bewertungsverbot sei unrealistisch und unpraktikabel. Schon die Indikationsstellung, jedenfalls aber die Einordnung über die Dringlichkeit enthalte zwangsläufig eine Bewertung. Insgesamt könne man nicht einfordern, was nicht zu leisten sei. Dem ist zu entgegnen, dass Bewertung nicht gleich Bewertung ist. Niemand streitet ab, dass es alltäglich und immer wieder zu Bewertungen menschlicher Handlungen kommt. Allerdings dürfen Unterschiede in der systemischen Verortung der Bewertung und ihren Bezugsobjekten nicht übersehen werden. Rechtliche Gleichheit gewinnt allgemein ihre Bedeutung gerade vor dem Hintergrund natürlicher Ungleichheit. Vergleichsrelevante Gemeinsamkeiten wie Unterschiede werden vom Recht nicht einfach vorgefunden, sondern konstruiert.[117] Deshalb lässt sich die Gleichbehandlungspflicht mit Blick auf die normativ unterstellte Gleichwertigkeit des menschlichen Lebens an sich nicht dadurch relativieren, dass auf andernorts vorfindliche Differenzierungen verwiesen wird. Im Sinne des Dringlichkeitskriteriums unterschiedliche Gefährdungsgrade zu berücksichtigen, steht mithin nicht in Widerspruch zu dieser Annahme, sondern bestätigt die prinzipielle Gleichrangigkeit.

IV. Fazit

Nach alledem sollte deutlich geworden sein, dass die hier vertretene, auf der verfassungsgerichtlichen Rechtsprechung fußende Annahme einer Begrenzung des gesetz-

[117] Vgl. näher *Steffen Augsberg*, VVDStRL 78 (2019), 7, 20ff.

geberischen Handlungsspielraums durch die genannten Gegenargumente nicht ins Wanken gebracht wird. Eine erschöpfende und abschließende Bewertung ist in diesem Rahmen nicht möglich. Umgekehrt zeugt es jedoch von einer gewissen Naivität, jedenfalls von einem grenzenlosen Optimismus, wenn angenommen wird, seit Jahrtausenden philosophisch diskutierte Gerechtigkeitsprobleme ließen sich durch einen „Federstrich des Gesetzgebers" lösen. Gerade weil sich Triage-Konstellationen einfachen Zuordnungen entziehen und rechtlich nur partiell regelbar sind, weil basale normative Orientierungsmuster nicht aufgegeben werden dürfen, aber die Kosten dafür nicht unerheblich sind,[118] gewinnt die Prävention so große Bedeutung.[119] Mit den weise-verschmit(t)zten Worten *Odo Marquards*: „Vernünftig ist, wer den Ausnahmezustand vermeidet."[120]

---

[118] Vgl. hierzu auch *Walter*, GA 167 (2020), 656, 677.

[119] Ähnlich *Huster*, https://verfassungsblog.de/grenzen-der-solidaritaet/ (Abruf 8.12.2020).

[120] *Marquard*, Skepsis und Zustimmung, 1994, 7; *ders.*, Philosophie des Stattdessen, 2000, 107. Vgl. dazu auch *Hacke*, Philosophie der Bürgerlichkeit, 2006, 187.

Die Abwägung von Leben gegen Leben

Triage und Menschenwürdegarantie

Ralf Poscher

Die Corona-Pandemie hat auch im europäischen Ausland zu Engpässen bei der medizinischen Versorgung geführt. In Nord-Italien waren Krankenhäuser und Rettungskräfte gezwungen, unter den Covid-19-Patienten eine Auswahl für die intensivmedizinische Behandlung zu treffen. Sie mussten entscheiden, wer unter den Patienten mit einem Beatmungsgerät versorgt und wer seinem Schicksal, zumeist dem nahen Erstickungstod, überlassen wurde. Ähnliches droht in anderen Ländern und Regionen, wenn die Infektions- und Erkrankungszahlen exponentiell steigen und die Kapazität des Gesundheitssystems zur Behandlung von Intensivpflegebedürftigen überschritten wird.

Während sich die Rechtswissenschaft vor dem Auftreten der Corona-Pandemie kaum mit der Triage von Unfallopfern oder Patienten auseinandersetzte,[1] hat die Befürchtung, dass eine Triage bei Covod-19-Patienten notwendig werden könnte, das Thema auf die Tagesordnung gesetzt

---

[1] Eine seltene auf das Infektionsschutzrecht bezogene Ausnahme *Taupitz*, in: Kloepfer (Hrsg.), Pandemien als Herausforderung für die Rechtsordnung, 2011; für den Katastrophenfall *Brech*, Triage und Recht, 2008.

und neben einer Stellungnahme des Deutschen Ethikrats[2] auch eine ganze Reihe von wissenschaftlichen Beiträgen veranlasst. Deren Interesse gilt häufig in erster Linie den eventuellen Auswahlkriterien, die die Entscheidung über die Zuteilung von zu knappen medizinischen Ressourcen, besonders der intensivmedizinischen Beatmungsmöglichkeiten, steuern sollen. Doch eine ganze Reihe dieser Beiträge sieht auch, dass der Frage des *Wie* diejenige nach dem *Ob* vorgelagert ist. Obwohl das Ergebnis der Frage nach dem *Ob* der Triage selbstverständlich erscheint, stolpern Autoren häufig über ein dogmatisches Versatzstück zur Menschenwürdegarantie, nach dem Art. 1 Abs. 1 GG eine Abwägung von Leben gegen Leben verbieten soll. Die Triage verlangt aber gerade dies.

Der vorliegende Beitrag geht den Gründen für diese Irritation nach. Zum einen, um zu klären, welche Bedeutung die Menschenwürdegarantie für die Triage entfaltet, zum anderen, weil die Auseinandersetzung mit der Bedeutung der Menschenwürdegarantie für die Triage zu einem besseren Verständnis der Menschenwürdegarantie selbst und ihrem Verhältnis zum Grundrecht auf Leben beitragen kann. Denn das Ergebnis der Auseinandersetzung mit jenem dogmatischen Versatzstück, das in der Diskussion um die Triage Schwierigkeiten verursacht, entfaltet auch für andere Kontexte Bedeutung, in denen mit ihm argumentiert wird.

Im Folgenden wird zunächst kurz dargestellt, woher die Irritation stammt, die die Menschenwürdegarantie in der Diskussion um die Triage verursacht (I.). Dann soll auf eini-

---

[2] Ad-hoc-Empfehlung des Deutsschen Ethikrats „Solidarität und Verantwortung in der Corona-Krise", https://www.ethikrat.org/fileadmin/Publikationen/Ad-hoc-Empfehlungen/deutsch/ad-hoc-empfehlung-corona-krise.pdf (zuletzt abgerufen 14.12.2020).

ge Versuche eingegangen werden, das Problem eher zu umschiffen als aufzulösen, und darauf, warum diese Versuche nicht zufriedenstellend sind (II.). In einem dritten Schritt wird der „Leben-gegen-Leben“-Topos näher analysiert. Dabei soll zunächst nicht die Menschwürde im Vordergrund stehen, sondern das ebenfalls betroffene Grundrecht auf Leben (III.). Dieser Zugang ist durch die Überlegung motiviert, dass es zum Teil nicht ganz leicht ist, den Aspekt der Abwägung von Lebensrechten und den der Verletzung der Menschenwürdegarantie auseinanderzuhalten. Unsere Intuitionen bezüglich beider Aspekte können sich in Konstellationen, die nach einer Abwägung von Leben gegen Leben verlangen, leicht vermengen (IV.). Die Auseinandersetzung mit der Menschenwürdegarantie rekapituliert zunächst noch einmal, wie die Menschenwürdegarantie anhand eines Verständnisses dogmatisch rekonstruiert werden kann, das den Kern der Konzeption der Rechtsprechung aufgreift, ohne deshalb allen ihren konkreten Entscheidungen verpflichtet zu sein (IV.1). Auf dieser Grundlage wird schließlich aufgezeigt, welche Bedeutung die Menschenwürdegarantie neben dem Recht auf Leben für die Beurteilung der Triage entfaltet (IV.2). Ein Resümee, das die Ergebnisse für die Beurteilung der Triage und die Lehren aus der Auseinandersetzung mit der Triage für die Menschenwürdegarantie zusammenfasst, beschließt den Beitrag (V.).

I. Die Abwägung von Leben gegen Leben

Häufig wird das Verbot einer Abwägung von Leben gegen Leben mit der Entscheidung des Bundesverfassungsgerichts zum Luftsicherheitsgesetz in Verbindung gebracht.

Doch bereits in seiner ersten Entscheidung zum Schwangerschaftsabbruch hatte das Gericht ein Verbot der Abwägung von Lebensrechten postuliert:

„Die pauschale Abwägung von Leben gegen Leben, die zur Freigabe der Vernichtung der vermeintlich geringeren Zahl im Interesse der Erhaltung der angeblich größeren Zahl führt, ist nicht vereinbar mit der Verpflichtung zum individuellen Schutz jedes einzelnen konkreten Lebens. [...] Der Schutz des einzelnen Lebens darf nicht deswegen aufgegeben werden, weil das an sich achtenswerte Ziel verfolgt wird, andere Leben zu retten. Jedes menschliche Leben – auch das erst sich entwickelnde Leben – ist als solches gleich wertvoll und kann deshalb keiner irgendwie gearteten unterschiedlichen Bewertung oder gar zahlenmäßigen Abwägung unterworfen werden."[3]

In der Entscheidung zum Luftsicherheitsgesetz wurde das Verbot der Abwägung von Leben gegen Leben zwar von den Beschwerdeführern vorgetragen,[4] das Gericht selbst zog es jedoch nicht ausdrücklich heran. Hinsichtlich des Abschusses eines Passagierflugzeugs, das von Entführern nach dem Muster der Attentate vom 11. September 2001 eingesetzt werden soll, argumentiert es vielmehr unmittelbar mit der Menschenwürde der Passagiere:

„Auch der Staat, der in einer solchen Situation zur Abwehrmaßnahme des § 14 Abs. 3 LuftSiG greift, behandelt sie als bloße Objekte seiner Rettungsaktion zum Schutze anderer. Die Ausweglosigkeit und Unentrinnbarkeit, welche die Lage der als Opfer betroffenen Flugzeuginsassen kennzeichnen, bestehen auch gegenüber denen, die den Abschuss des Luftfahrzeugs anordnen und durchführen. Flugzeugbesatzung und -passagiere können diesem Handeln des Staates auf Grund der von ihnen in keiner Weise beherrschbaren Gegebenheiten nicht ausweichen, sondern

[3] BVerfGE 39, 1, 58 f.

[4] BVerfGE 115, 118, 127.

sind ihm wehr- und hilflos ausgeliefert, mit der Folge, dass sie zusammen mit dem Luftfahrzeug gezielt abgeschossen und infolgedessen mit an Sicherheit grenzender Wahrscheinlichkeit getötet werden. Eine solche Behandlung missachtet die Betroffenen als Subjekte mit Würde und unveräußerlichen Rechten. Sie werden dadurch, dass ihre Tötung als Mittel zur Rettung anderer benutzt wird, verdinglicht und zugleich entrechtlicht; indem über ihr Leben von Staats wegen einseitig verfügt wird, wird den als Opfern selbst schutzbedürftigen Flugzeuginsassen der Wert abgesprochen, der dem Menschen um seiner selbst willen zukommt.“[5]

Im Ergebnis laufen diese Erwägungen auf ein Verbot einer Abwägung von Legen gegen Leben für den konkreten Fall hinaus. Auch das einem nahen Tod geweihte Leben der Opfer der Entführung darf nicht gegen die u. U. viel größere Zahl der Opfer am Boden abgewogen werden. Das grundsätzliche Verbot einer Abwägung von Leben gegen Leben scheint in der Rechtsprechung des Bundesverfassungsgerichts fest etabliert.

In Situationen, die eine Triage unumgänglich machen, kann aber genau das erforderlich werden. Wenn existentielle Rettungsressourcen nicht ausreichen, um allen lebensgefährlich Verletzten oder Erkrankten zu helfen, müssen Lebensrechte gegeneinander abgewogen werden: Sei es, dass nach einem Großschadensereignis zulasten der Schwerstverletzten eine Verteilung der medizinischen Kapazitäten gewählt werden muss, bei der die meisten Opfer gerettet werden können; sei es, dass in einer Pandemie wie der jetzigen bei Überlastung der intensivmedizinischen Kapazitäten entschieden werden muss, wer von zwei Erkrankten eine potentiell lebensrettende Behandlung erhält und wer seinem Schicksal überlassen wird. Dieselben Fra-

[5] BVerfGE 115, 118, 154.

gen stellen sich aber auch bei anderen knappen Rettungresourcen: in der Bergnotrettung, wenn die Kapazitäten nur für die Suche nach einer Gruppe von Lawinenopfern ausreicht; in der Seenotrettung, wenn die Rettungsboje nur einer von mehreren Ertrinkenden geschickt werden kann.

Es wundert daher nicht, dass das Verbot einer Abwägung von Leben gegen Leben in der Diskussion um die Triage Irritationen auslöst. Diese beruhen nicht nur auf dem Rigorismus des Verbots, sondern vor allem darauf, dass es kaum hilfreich erscheint. Welche Handlungsanweisung soll aus ihm folgen? In den Szenarien, die in der Entscheidung zum Luftsicherheitsgesetz im Raum standen, folgt die klare Anweisung, dass der Abschuss von Passagierflugzeugen zu unterlassen ist. Auch wenn man die in dem Urteil getroffene Wertung nicht teilt,[6] weiß man genau, welches Verhalten sie verlangt. Doch was soll der Grundsatz den Rettungskräften und Medizinern in Überlastungssituationen zu tun heißen?

II. Ausweichstrategien

Soweit die mit dem Abwägungsverbot aufgeworfene Frage überhaupt angesprochen wird, finden sich unterschiedliche Strategien des Umgangs, die allerdings zumeist eher den Charakter einer Umgehung haben. *Reinhard Merkel* und *Steffen Augsberg* packen den Stier bei den Hörnern

[6] Die Entscheidung ist in der deutschen Diskussion häufig auf Ablehnung gestoßen, s. nur *Huster*, Merkur 2004, 1047; *Isensee*, in: Pawlik (Hrsg.), Festschrift für Günther Jakobs, 2007; *Herdegen*, in: Maunz/Dürig, 2018, Art. 1 Rn. 96; zustimmend etwa *Hong*, Der Menschenwürdegehalt der Grundrechte, 2019, 690ff., m.w.N. zur Diskussion.

und heben unter anderem hervor, dass es sich bei der Entscheidung des Bundesverfassungsgerichts zum Luftsicherheitsgesetz keineswegs um einen Ausrutscher handelt, sondern das grundsätzliche Abwägungsverbot in einer Rechtsprechungslinie liege, die bis zum ersten Urteil zum Schwangerschaftsabbruch zurückführt. An diesem Verbot werde gerade auch in Notlagen festgehalten:

> „Es ist ‚krisenfest' in dem Sinne, dass unter der Geltung des Grundgesetzes die in ihm enthaltenen fundamentalen Prinzipien auch in Zeiten größter (innerer oder äußerer) Not nicht zur Disposition stehen."

Mit den dann folgenden Überlegungen soll sich das Abwägungsverbot als flexibel genug erweisen, dass das Recht die Entscheidung dem Gewissen des behandelnden Mediziners überantworten darf:

> „Dennoch gilt aus verfassungsrechtlicher Sicht gerade nicht fiat iustitia et pereat mundus. Im Gegenteil zeichnet es eine dauerhaft lebensfähige normative Ordnung aus, sich einerseits hinreichend flexibel zu zeigen, andererseits aber an bestimmten Grundentscheidungen im Einzelfall selbst angesichts möglicher dramatischer Konsequenzen festzuhalten, weil ihre Orientierungswirkung über den Einzelfall hinausreicht und hinausreichen muss."[7]

Die nötige Flexibilität soll dadurch erreicht werden, dass der Staat einerseits den verfassungsrechtlichen Maßstab hochhält, indem er sich einer unmittelbaren Regelung der Triage enthält, und andererseits die Triage an Mediziner, deren Standesorganisationen oder andere gesellschaftliche Kräfte überantwortet.[8] Gegenüber dieser Strategie drän-

---

[7] *Merkel/Augsberg*, JZ 2020, 704, 706; vgl. auch *Augsberg*, in diesem Band, S. 20.

[8] *Merkel/Augsberg*, JZ 2020, 704, 713 f.; dahin geht auch die Ad-hoc-Empfehlung des Deutschen Ethikrats (Fn. 2).

gen sich gleich mehrere Fragen auf: Gibt die Konsequenz, dass ein Grundsatz scheinbar den Untergang der Welt in Kauf nimmt, Anlass, nach Strategien zu suchen, wie ihm ausgewichen werden kann oder Anlass zu kritischen Fragen an seinen scheinbaren Absolutheitsanspruch? Lässt sich die Triage tatsächlich privatisieren? Selbst wenn hintangestellt wird, dass es gerade auch staatliche Regelungen sind, die den Medizinern die Abwägung von Leben gegen Leben erlauben, dürfte eine ganze Reihe von ihnen in staatlichen oder kommunalen Kliniken arbeiten und unmittelbar an die Grundrechte gebunden sein.[9] Gleiches gälte, wenn Bundeswehrkrankenhäuser oder gar „Feldlazarette" zum Einsatz kämen.

Eine andere Lösung wird darin gesucht, nicht nur den Grundsatz, sondern auch seine Grundlage in Frage zu stellen. *Elisa Hoven* erinnert daran, dass das Urteil zum Luftsicherheitsgesetz von *Josef Isensee* als „die Unvernunft selbst"[10] bezeichnet wurde.[11] Überhaupt fände die Idee eines absoluten Menschenwürdeschutzes in anderen Ländern kaum eine Entsprechung und sei zumindest auf den ersten Blick nicht plausibel, bilde das Leben doch die notwendige Bedingung nicht nur für alle Freiheiten, sondern auch die Menschenwürde selbst.[12] Man wird diese revisionistischen Überlegungen nicht teilen müssen; darin dass das Verbot einer Abwägung von Lebensrechten zu ihnen Anlass gibt, kann aber auch ein Grund gesehen werden, das Abwägungsverbot zu hinterfragen.

Matthias Hong wiederum versucht es mit einer Differenzierung, die in der Menschenwürdegarantie selbst an-

---

[9] Darauf weist auch *Gärditz*, ZfL 2020, 381, 384.

[10] *Isensee*, in: (Fn. 6), 229.

[11] *Hoven*, JZ 2020, 449, 450.

[12] *Hoven*, JZ 2020, 449, 450 f. Fn. 17.

gelegt ist. Anders als *Hoven* verteidigt er ausdrücklich den Grundsatz, dass Leben nicht gegen Leben abgewogen werden dürfe, und auch die vom Bundesverfassungsgericht gezogene Konsequenz in der Entscheidung zum Luftsicherheitsgesetz. In der Verrechnung von Leben liege eine Verletzung der Menschenwürde.[13] Allerdings gelte dies nicht ohne Weiteres auch für die staatliche Pflicht zum Schutz der Menschenwürde.

> „Wenn es nicht um die aktive staatliche Tötung Unschuldiger geht, sondern etwa darum, knappe Rettungsressourcen zu verteilen, kann es also durchaus ein legitimes Ziel sein, mit den vorhandenen Mitteln die Zahl der geretteten Menschenleben zu maximieren. Das aus der Menschenwürde folgende Verbot, Leben gegen Leben abzuwägen, gilt beim Abwehrrecht auf Leben also umfassender als bei der Schutzpflicht für das Leben."[14]

Es bleibt aber unklar, warum dies so sein soll. Wenn sich mit der Verrechnung von Leben als solches eine Menschenwürdeverletzung verbände, wieso sollte diese nur bei der Entscheidung über eine Handlung, nicht aber bei der über ein Unterlassen zum Tragen kommen?[15] Dass der Staat mit dem Unterlassen ein legitimes Ziel verfolgt, unterscheidet es nicht vom Handeln. Auch bei einer Rettungs*handlung* verfolgt der Staat ein legitimes Ziel. Das hat auch das Bundesverfassungsgericht in der Entscheidung zum Luftsicherheitsgesetz nicht in Frage gestellt. Unklar bleibt zudem, ob die Unterscheidung von Abwehrrecht und Schutzpflicht für die Beurteilung von Ex-ante- und Ex-post-Triage von Bedeutung wäre. Würde der Staat bei der Ex-post-

---

[13] *Hong*, Verfassungsblog, 29.3.2020, 5 (zuletzt abgerufen 14.12. 2020).

[14] *Hong*, Verfassungsblog, 29.3.2020, 6 (zuletzt abgerufen 14.12. 2020).

[15] Vgl. auch *Fateh-Moghadam/Gutmann*, in diesem Band, S. 299 f.

Triage nicht mehr seine Schutzpflicht erfüllen, sondern gegen das Abwehrrecht verstoßen[16]? Sicher gibt es Unterschiede zwischen der Ex-ante- und der Ex-post-Triage. Doch sollten sie darin bestehen, dass in der einen eine Menschenwürdeverletzung liegt und in der anderen nicht?

III. Die Abwägung von Lebensrechten

Dass Leben nicht gegen Leben abgewogen werden darf, scheint zu implizieren, dass keine Art von Abwägung dazu führen kann, dass der Staat Leben nehmen darf. Denn wenn in der Abwägung nicht einmal entgegenstehende Lebensrechte eine Tötung oder die Vorenthaltung eines möglichen Schutzes zu rechtfertigen vermögen, welche Rechtsgüter sollten es dann können? Dass dies bereits aufgrund des positiv-rechtlichen Befunds der Verfassung so nicht richtig sein kann, hob auch das Bundesverfassungsgericht in seinem zweiten Abtreibungs-Urteil hervor. „Der Schutz des Lebens ist nicht in dem Sinne absolut geboten, daß dieses gegenüber jedem anderen Rechtsgut ausnahmslos Vorrang genösse; das zeigt schon Art. 2 Abs. 2 S. 3 GG."[17] Wenn aber der Schutz des Lebens keinen absoluten Vorrang genießt, dann muss sein Schutz mit anderen Rechtsgütern abgewogen werden und unterliegen können. Dass ausgerechnet das Lebensrecht anderer nicht zu diesen zulässigen Abwägungsgütern gehören sollte, leuchtet besonders auch deshalb nicht ein, weil das Gericht das Leben als den „Höchstwert"[18] der Verfassung auszeichnet.

---

16 Dazu *Hörnle*, in diesem Band, S. 169 ff.
17 BVerfGE 88, 203, 253 f.
18 BVerfGE 39, 1, 42.

Auch die Entscheidung zum Luftsicherheitsgesetz, die oft in diesem Zusammenhang angeführt wird, geht mitnichten von einem solchen Abwägungsverbot aus. Vielmehr stellt das Gericht ausdrücklich heraus, dass der Abschuss eines Flugzeugs, das ausschließlich von Terroristen besetzt ist, die es als Projektil gegen ein Ziel am Boden einsetzen wollen, verfassungsrechtlich zulässig wäre:

„Wer, wie diejenigen, die ein Luftfahrzeug als Waffe zur Vernichtung menschlichen Lebens missbrauchen wollen, Rechtsgüter anderer rechtswidrig angreift, wird nicht als bloßes Objekt staatlichen Handelns in seiner Subjektqualität grundsätzlich in Frage gestellt [...], wenn der Staat sich gegen den rechtswidrigen Angriff zur Wehr setzt und ihn in Erfüllung seiner Schutzpflicht gegenüber denen, deren Leben ausgelöscht werden soll, abzuwehren versucht. Es entspricht im Gegenteil gerade der Subjektstellung des Angreifers, wenn ihm die Folgen seines selbstbestimmten Verhaltens persönlich zugerechnet werden und er für das von ihm in Gang gesetzte Geschehen in Verantwortung genommen wird. Er wird daher in seinem Recht auf Achtung der auch ihm eigenen menschlichen Würde nicht beeinträchtigt."

Die Täter werden gerade als menschliche Subjekte ernst genommen, wenn auch als feindliche. Mit ihrer Tötung verbindet sich daher nach Ansicht des Bundesverfassungsgerichts keine Menschenwürdeverletzung. Dies bedeutet aber nicht, dass die Befugnis zur Tötung der Terroristen nicht auf einer Abwägung von Lebensrechten beruht. Durch die Entführung haben die Entführer ihre Lebensrechte nicht verwirkt. Sie dürften etwa nicht getötet werden, wenn mildere Mittel zur Abwendung ihres Angriffs zur Verfügung stünden. Ihre Tötung wäre in solchen Fällen ein verfassungswidriger, weil unverhältnismäßiger Eingriff in ihr Recht aus Art. 2 Abs. 2 GG. Lediglich wenn kein milderes Mittel zur Verfügung steht, ergibt sich aus einer Abwägung ihres Rechts auf Leben mit dem der potentiellen Opfer am Boden, dass ihr Lebensrecht in der Abwägung unterliegt.

Die Überlegungen des Bundesverfassungsgerichts zur Achtung der Menschenwürde der Täter und die allgemeine grundrechtliche Anforderung der Verhältnismäßigkeit machen deutlich, dass das Lebensrecht und die Menschenwürdegarantie bei Entscheidungen, bei denen Leben gegen Leben steht, selbstständig beurteilt werden müssen. Auch in anderen existentiellen Fällen kann die Abwägung der Lebensrechte von der Frage unterschieden werden, ob durch eine der möglichen Entscheidungen die Menschenwürdegarantie verletzt wird.

Dass zwischen Lebensrechten abgewogen werden muss, impliziert nicht, dass Art. 2 Abs. 2 GG immer ein bestimmtes Abwägungsergebnis vorschreibt. Der Verhältnismäßigkeitsgrundsatz dient vielmehr dazu, die Grundrechtsbindung zu effektivieren, indem die staatlichen Organe einer instrumentellen und normativen Rationalitätskontrolle unterworfen werden. Staatliche Grundrechtseingriffe dürfen sich weder instrumentell als ungeeignet oder nicht erforderlich erweisen noch darf die Schwere der mit ihnen verbundenen Beeinträchtigung in einem unangemessenen, disproportionalen Verhältnis zu ihrem Zweck und dem Grad seiner Förderung durch die Maßnahme stehen. Die Angemessenheitskontrolle beruht auf Wertungen, die intersubjektiv nur begrenzt stabil sind, es aber doch erlauben, jedenfalls gröbere Missverhältnisse in den Realisierungsgraden auch bei inkommensurablen Gütern zu identifizieren. Daneben dient die Verhältnismäßigkeitskontrolle im engeren Sinn auch als Rahmen, um für einzelne Grundrechte spezifische Maßstäbe zu entwickeln, die die Bindung der staatlichen Organe an die jeweils spezifische Freiheit weiter ausdifferenzieren.[19] Auch damit gibt die Abwägung der Grundrechtspositionen im Rahmen der Verhältnismäßigkeitskontrolle nicht für jeden Kollisionsfall ein bestimmtes Ergebnis vor. Selbst diejenigen, die den Maßstab im Sinn eines Optimierungsgebots missverstehen, räumen dem Staat Beurteilungs- und Gestaltungsspielräume ein.[20] Wenn also danach gefragt wird, welche Maßstäbe die Verfassung für eine Abwägung von Lebensrechten bereitstellt, so ist die Antwort nur eine negative: Sie schließt wesentlich diejenigen Abwägungen aus, die entweder instrumentell oder normativ irrational erscheinen.

Sich dies noch einmal zu vergegenwärtigen, ist mit Blick auf das Verhältnis von Ethik und Verfassungsrecht erhellend. Theorie und Empirie der Entscheidung in tragischen Extremsituationen lassen sich nicht insoweit für das Verfassungsrecht rezipieren, als dass sich postulieren ließe, dass deren Ergebnisse auch verfassungsrechtlich verbindlich sind. Einem solchen Durchgriff der Ethik auf das Verfassungsrecht steht dessen Positivität entgegen. Die Verfassung erhebt nicht den Anspruch, zu allen normativen Fragen eine positive Auskunft zu geben. Sie will Rahmenordnung sein, innerhalb derer auch wichtige normative Entscheidungen den politisch Verantwortlichen überlassen bleiben. Dass dies auch für Extremsituationen gilt, in

---

[19] Zu dieser Rekonstruktion des Verhältnismäßigkeitsgrundsatzes *Poscher*, Das Grundgesetz als Verfassung des verhältnismäßigen Ausgleichs, in: Herdegen/Masing/Poscher/Gärditz (Hrsg.), Handbuch des Verfassungsrechts, 2021, Rn. 44 ff.

[20] *Alexy*, Theorie der Grundrechte, 1986, 120 f.; *Sieckmann*, Regelmodelle und Prinzipienmodelle des Rechtssystems, 1990, 147 ff.; zur Kritik etwa *Jestaedt*, Grundrechtsentfaltung im Gesetz, 1999, 222 ff.; *Poscher*, Grundrechte als Abwehrrechte, 2003, 75 ff.; *Poscher*, Ratio Juris 33 (2020), 134, jeweils m. w. N.

denen Entscheidungen über Leben und Tod getroffen werden müssen, hat das Bundesverfassungsgericht in seiner *Schleyer*-Entscheidung deutlich gemacht.[21] Ob den Forderungen der Entführer des Arbeitgeberpräsidenten nachgegeben oder seine Ermordung in Kauf genommen werden sollte, gab das Grundgesetz nicht vor. Die Entscheidung musste politisch getroffen und verantwortet werden – eine Verantwortung, an der die Beteiligten schwer trugen.

Doch auch wenn Empirie und Theorie der Ethik der Verfassung keine Entscheidung vorgeben, bedeutet dies nicht, dass sie für die Beurteilung der Verhältnismäßigkeit staatlicher Abwägungen nicht informativ sein können. Jedenfalls *prima facie* spricht vieles dafür, dass ethische Wertungen, die empirisch weit verbreitet sind und sich auch theoretisch als kohärent erweisen, nicht dem verfassungsrechtlichen Verdikt der normativen Irrationalität unterfallen können. Dies muss zumindest für ethische Wertungen gelten, die auf Grundüberzeugungen beruhen, die mit denen des Grundgesetzes vereinbar sind oder ihnen sogar entsprechen. Staatliche Entscheidungen, die sich an weit verbreiteten moralischen Vorstellungen orientieren, welche sich im Einklang mit wesentlichen Wertungen der Verfassung kohärent rekonstruieren lassen, verfehlen die Grundsätze der instrumentellen und normativen Rationalität nicht derart, dass sie gegen die durch den Verhältnismäßigkeitsgrundsatz gestellten Anforderungen an die politisch zu verantwortende Abwägung verstoßen.

In der philosophischen Ethik wird die Abwägung von Lebensrechten zumeist anhand von tragischen Entscheidungsszenarien diskutiert, die von *Philippa Foot* anhand

[21] BVerfGE 46, 160ff.

eines Weichensteller-Szenarios entwickelt wurden.[22] *Foots* ursprüngliches Szenario wurde in der Folge in einer kaum noch überschaubaren Mannigfaltigkeit variiert.[23] Die relative Stabilität der mit manchen Szenarien verbundenen Intuitionen, aber auch die kulturellen Variationen in den Details lassen sich an den Ergebnissen des Moral-Machine-Experiments[24] ablesen, das von 2016 bis 2020 weltweit mehr als 40 Millionen Eingaben zu tragischen Entscheidungsszenarien im Straßenverkehr ausgewertet hat.[25]

Meist nicht ausdrücklich thematisiert werden Szenarien, in denen lediglich die Wahl zwischen einer kleinen und einer größeren Opfergruppe besteht, ohne dass hinsichtlich einer der beiden bereits ein Kausalverlauf festgelegt wäre. Es scheint wohl zu selbstverständlich, dass die größere Zahl an Opfern vermieden werden soll.[26] Die häufiger diskutierten Szenarien sind meist intrikater. Von diesen sind für den vorliegenden Zusammenhang besonders zwei Standardfälle von Interesse. In dem an *Foot* angelehnten Ausgangsszenario rast ein Zug auf dem Hauptgleis auf eine Gruppe von fünf Passanten zu, die bei der Weiterfahrt des Zuges erfasst und getötet würden. Ein Weichensteller könnte dieses Unglück verhindern, indem er den Zug auf ein Nebengleis lenkt, auf dem sich ein Gleisarbeiter befindet, der dann allerdings ums Leben käme. Selbst wenn die

---

[22] *Foot*, Oxford Review 5 (1967), 5, 8; eine Problematisierung dieser Wertung bei *Lübbe*, in diesem Band, S. 266 ff.

[23] Eine Übersicht über Szenarien und Lösungsansätze in der „Trolleyology"-Literatur bei *Bruers/Braeckman*, Philosophia 42 (2014), 251.

[24] https://www.media.mit.edu/projects/moral-machine/overview/.

[25] Ein Einblick in einige der Ergebnisse gibt *Awad/Dsouza/Kim/Schulz/Henrich/Shariff/Bonnefon/Rahwan*, Nature 563 (2018), 59.

[26] Vgl. aber *Foot*, Oxford Review 5 (1967), 5, 7, die hervorhebt, dass es selbstverständlich erscheint, die kleinere Zahl der Opfer zu wählen.

Zahlen bei einzelnen Experimenten und in einzelnen Ländern variieren, erachten zwischen 80 und 90 % der Befragten das Umlegen der Weiche auf das Gleis mit dem einen Gleisarbeiter für moralisch zulässig.[27] Kontrastiert wird das Szenario häufig mit einer Variante, in der der Zug nur dadurch aufgehalten werden kann, dass ein dicker Mann, der über dem Gleis, auf dem sich die Passanten befinden, auf einem Bahnübergang steht, auf das Gleis gestoßen wird, um den Zug durch seine Körpermasse rechtzeitig zum Stillstand zu bringen. Für dieses Szenario weisen die ethischen Intuitionen der Befragten ganz überwiegend in die andere Richtung. 90 % und mehr der Befragten erachten es für unzulässig, den dicken Mann für die Rettung der Gruppe von der Brücke zu stoßen.[28] Wie erklärt sich die unterschiedliche Bewertung der Lebensrechte in den beiden Szenarien?

Nicht selten wird versucht, die Unterschiede anhand von intentionalistischen Argumenten, die sich am Kausalverlauf orientieren, zu erklären. In dem Weichensteller-Szenario würde der Tod des Gleisarbeiters lediglich als Nebenfolge in Kauf genommen, was seine Tötung gegenüber der Konstellation des dicken Mannes legitimiere.[29] Doch entsprechende Erklärungen sind gleich aus mehreren Gründen nicht überzeugend. Zum einen kann die Rechtfertigung der Tötung nicht an den subjektiven Inten-

---

[27] Ursprüngliches Beispiel von *Foot*, Oxford Review 5 (1967), 5, 8; zu den Zahlen s. *Hauser/Young/Cushman*, in: Sinnott-Armstrong (Hrsg.), Moral Psychology, 2008, 287f.; *Cushman/Young/Hauser*, Psychological Science 17 (2006), 1082, 1083; *Bruers/Braeckman*, Philosophia 42 (2014), 251, 253.

[28] Ursprüngliches Beispiel von *Thomson*, The Monist 59 (1976), 204, 207f.; zu den Zahlen *Bruers/Braeckman*, Philosophia 42 (2014), 251, 253.

[29] *Pawlik*, JZ 2004, 1045, 1054f.; *Gramm*, DVBl. 2006, 653, 660; *Isensee*, in: (Fn. 6), 228.

tionen des Retters festgemacht werden, sondern muss sich aus der Abwägung der Lebensrechte der Betroffenen ergeben. Für die Bewertung des Verhaltens des Retters können auch seine Motive entscheidend sein, nicht aber für die Bewertung der Lebensrechte der Betroffenen. Dass der Weichensteller den Eisenbahnwagen auf den Gleisarbeiter lenkt, weil er ihm gegenüber Rachegefühle hegt, ist für die Bewertung seines Verhaltens, nicht aber für die Abwägung des Lebensrechts der Passanten mit dem des Gleisarbeiters von Relevanz. Auch die unterschiedlichen Kausalketten als solche können die Unterschiede nicht erklären. Die Kontingenz von Kausalketten ist kein normatives Argument.[30] Schließlich ist das Nebenfolgenargument auch einem Gegenargument ausgesetzt, das in der angelsächsischen Literatur als das „problem of closeness" diskutiert wird.[31] Je nachdem, wie nah vor dem Rettungsziel wir unsere Analyse fokussieren, umso mehr Aspekte des Geschehens erscheinen als bloße Nebenfolge der Handlung. Soweit das Argument in dem Weichensteller-Szenario darauf beruht, dass der Tod als Nebenfolge der Rettung zwar real eintritt, aber weder metaphysisch erforderlich noch erwünscht ist, so schützt es, wenn wir nur genau genug hinsehen, auch den dicken Mann nicht. Denn auch in diesen Fällen ist der Tod des Geopferten nicht erwünscht, und auch in diesen Fällen ist der Tod lediglich Folge kontingenter Umstände. Der Retter hat auch in diesen Fällen nicht die Intention, den dicken Mann zu töten, und würde die

---

[30] *Scanlon*, Moral Dimensions, 2010, 118; *Walen*, The Mechanics of Claims and Permissible Killing in War, 2019, 83.

[31] Eine frühe Auseinandersetzung mit dem Problem in der rechtstheoretischen Literatur bei *Hart*, Punishment and Responsibility, 1968, S. 113 ff.; einen Eindruck vom Stand der aktuellen Diskussion vermittelt etwa *Nelkin/Rickless*, Noûs 49 (2015), 376,

Möglichkeit enthusiastisch begrüßen, ihn durch einen Schutzanzug beim Aufprall vor Schaden zu bewahren. So betrachtet erscheint der Tod auch in seinem Fall als eine nicht intendierte Nebenfolge, die wie in den Weichensteller-Fällen lediglich kontingenten Umständen – wie dem Fehlen eines Schutzanzugs – geschuldet ist. Es ist kontingent, die Kontingenz im Weichensteller-Fall für beachtlich zu halten, die Kontingenz des fehlenden Schutzanzugs im Fall des dicken Mannes aber nicht.

Die wohl bislang am weitesten entwickelte normative Rekonstruktion unserer intuitiven Wertung der Lebensrechte der Betroffenen bietet *Alec Walen* in seinem jüngst erschienen Buch[32] zu erlaubten Tötungen in bewaffneten Konflikten, das auf einer jahrzehntelangen Beschäftigung mit der Diskussion um die sogenannten Trolley-Fälle beruht. Zunächst rekonstruiert *Walen* die unterschiedliche Bewertung der Lebensrechte der Passanten und des Gleisarbeiters, denn es ist auffällig, dass auch insoweit Unterschiede bestehen. In der Diskussion werden zumeist Beispiele mit zwei bis fünf Opfern auf dem Haupt- und einem Gleisarbeiter auf dem Nebengleis diskutiert. Das Lebensrecht des einzelnen potentiellen Opfers auf dem Hauptgleis scheint nicht dasselbe Gewicht zu haben wie das Leben des Gleisarbeiters. In Fällen, in denen auf dem Haupt- und auf dem Nebengleis dieselbe Anzahl von Opfern droht, wird regelmäßig kein rechtfertigender Grund für eine Umlenkung des Zuges gesehen. *Walen* erklärt dies nicht zuletzt damit, dass wir alle bis zu einem gewissen Grad unser eigenes Schicksal tragen müssen und es nicht

[32] *Walen* (Fn. 30); dazu *Poscher*, Jus Cogens 3 (2021), im Erscheinen.

beliebig auf andere abwälzen dürfen.[33] Der negative Anspruch des Gleisarbeiters, durch den Weichensteller nicht um sein Leben gebracht zu werden, überwiegt den positiven Anspruch des einzelnen Passanten auf dem Hauptgleis, dass der Weichensteller zu seiner Rettung tätig werde. Bei zwei bis fünf Opfern auf dem Haupt- und lediglich einem Opfer auf dem Nebengleis fällt die Wertung aber regelmäßig anders aus. Erst die größere Zahl der positiven Ansprüche der potentiellen Opfer auf dem Hauptgleis überwiegen den einen negativen Anspruch des Gleisarbeiters.[34] Der Grund liegt darin, dass der Gleisarbeiter nicht ganz so unbeteiligt am Schicksal der potentiellen Opfer auf dem Hauptgleis ist, wie es vielleicht zunächst scheinen mag. Sein negativer Anspruch darauf, dass der Weichensteller den Zug nicht auf sein Nebengleis umlenkt, ist mit erheblichen Externalitäten für die Opfer auf dem Hauptgleis verbunden. Befände er sich nicht auf dem Nebengleis, könnte der Weichensteller die Menschen auf dem Hauptgleis ohne Weiteres retten. Erst durch seine Anwesenheit geraten sie in die normative Gefahr, dass ihr Lebensrecht den Weichensteller nicht zu ihrer Rettung bestimmt. *Walen* kennzeichnet den Anspruch des Gleisarbeiters daher als restriktiv. Er beschränkt die Rettungsmöglichkeiten, die dem Weichensteller zur Verfügung stünden. Es ist gerade dieser externalistische Effekt, der dazu führt, dass das Lebensrecht des Gleisarbeiters bei einer ausreichenden Anzahl von Menschen auf dem Hauptgleis in der Abwägung der Lebensrechte unterliegen kann.[35] Positive Rettungsansprüche aus dem Lebensrecht wiegen etwas weni-

[33] *Walen* (Fn. 30), 102.
[34] *Walen* (Fn. 30), 84.
[35] *Walen* (Fn. 30), 85.

ger als negative restriktive, aber eine Mehrzahl positiver Ansprüche kann mehr Gewicht haben als ein einzelner negativer restriktiver.

Der restriktive Charakter des negativen Anspruchs des Gleisarbeiters ist auch ein entscheidender Unterschied zu dem Lebensrecht des dicken Mannes. Dessen Anwesenheit auf der Brücke kommt mit keinerlei Externalitäten für die Menschen auf dem Hauptgleis einher. Sie stünden in keiner Weise besser dar, wenn der dicke Mann nicht auf der Brücke stünde. Ihr Leben wäre ebenso verloren. Seine Anwesenheit schränkt die Rettungsmöglichkeiten nicht ein. Daher wiegt sein nicht-restriktiver Anspruch, nicht geopfert zu werden, ungleich schwerer als der negative restriktive des Gleisarbeiters.[36]

Die Rechtsprechung des Bundesverfassungsgerichts und jedenfalls weithin geteilte moralische Intuitionen, die sich auch systematisch rekonstruieren lassen, zeigen, dass wir in Situationen, in denen Leben gegen Leben abgewogen werden muss, eine ganze Reihe normativer Gewichtungen vornehmen:

- das Lebensrecht von Aggressoren wiegt weniger als das ihrer Opfer;
- in einer Situation, in der zwischen einer gleich positionierten größeren oder kleineren Anzahl von Opfern zu entscheiden ist, ist die kleinere Anzahl zu wählen;
- ein einzelner restriktiver negativer Anspruch, durch eine Rettungshandlung nicht getötet zu werden, wiegt mehr als ein einzelner positiver Anspruch, zulasten eines anderen gerettet zu werden;

[36] *Walen* (Fn. 30), 86.

- eine Mehrzahl von positiven Ansprüchen, gerettet zu werden, kann einen einzelnen restriktiven negativen Anspruch überwiegen;
- ein nicht-restriktiver negativer Anspruch wiegt ungleich mehr als ein restriktiver positiver oder negativer Anspruch.

Diese Wertungen sind nicht in dem Sinn für das Verfassungsrecht beachtlich, als dass sie dem Staat entsprechende Entscheidungen vorschreiben. Doch wenn staatliche Organe Lebensrechte in einer Weise abwägen, die sich an diesen Wertungen orientiert, kann ihnen kaum der Vorwurf gemacht werden, dass sie sich normativ irrational verhalten. Dies bedeutet nicht, dass das Verfassungsrecht nicht von gesellschaftlich weithin geteilten Wertungen abweichende Festsetzungen enthalten kann. Auch wenn ganz mehrheitlich Rettungsfolter für zulässig erachtet würde, wäre sie aufgrund von Art. 1 Abs. GG unzulässig. Doch im Rahmen der für das Lebensrecht entscheidenden Verhältnismäßigkeitsanforderung können Abwägungen, die sich an weithin geteilten und ethisch plausibel rekonstruierbaren Wertungen orientieren, nicht gegen den normativen Rationalitätsstandard verstoßen, dessen Wahrung der Grundsatz einfordert.

Auch bei der Triage kann es darum gehen, dass die Rettung eines Einzelnen gegen die Rettung einer Mehrzahl abgewogen werden muss. In der aktuellen pandemischen Situation sind Konstellationen denkbar, in denen etwa zwischen Patienten abgewogen werden muss, die die intensivmedizinischen Kapazitäten länger oder kürzer in Anspruch nehmen würden, so dass sich die Frage diachron stellen kann, ob ein oder mehrere Patienten gerettet werden sollen. Regelmäßig wird es aber eher um einen Unterschied in den Rettungswahrscheinlichkeiten gehen. Bei einigen Patienten kann die Lebensrettung durch eine intensivmedizinische Behandlung wahrscheinlicher sein als bei anderen. In diesen Konstellationen geht es um Wertungsmaßstäbe für die Verteilung zu knapper intensivmedizinischer Ressourcen auf Patienten mit unterschiedlichen Lebensrettungswahrscheinlichkeiten. Vieles spricht dafür, dass die obigen Wertungen sich auch auf Unterschiede in den Rettungswahrscheinlichkeiten übertragen lassen und auch durch die Übertragung nicht derart normativ irrational werden, dass sie an dem Maßstab der Verhältnismäßigkeit scheitern.

Das Szenario, für das das Bundesverfassungsgericht bereits eine Wertung getroffen hat, ist für die Triage wohl eher theoretischer Natur. Theoretisch ist allerdings denkbar, dass ein Terrorist eine Explosion verursacht, die so viele Opfer hat, dass eine Triage erforderlich wird und er auch selbst lebensgefährlich verletzt wird. In einem solchen theoretischen Fall würde die Wertung des Bundesverfassungsgerichts, die dem Leben der Opfer den Vorrang vor dem Leben des Aggressors einräumt, auch für einen Vorrang der Opfer bei der Triage sprechen.

Die Wertung, dass bei sonst gleichen Umständen eher die größere Zahl an Leben gerettet werden soll als die kleinere, spricht bei der Wahl zwischen gleichzeitig eintreffenden Erkrankten dafür, denjenigen den Vorrang einzuräumen, die erkennbar eine erheblich höhere Rettungschance haben. Verfassungsrechtlich schließt dies andere Entscheidungskriterien – oder auch ein Losverfahren – nicht aus, doch eine Entscheidung nach erheblichen Unterschieden in den Rettungschancen kann kaum dem Verdikt der normativen Irrationalität unterfallen, wie dies mit Rücksicht auf das Grundrecht aus Art. 2 Abs. 2 GG für eine Bewertung der Entscheidung als unverhältnismäßig erforderlich wäre.

Dem Weichensteller-Szenario könnte der Fall entsprechen, dass jemand bereits intensivmedizinisch versorgt wird und nun ein weiterer Patient eingeliefert wird, dessen Überleben ebenfalls von einer intensivmedizinischen Versorgung abhängt, ohne dass noch ein Platz für ihn zur Verfügung steht. Besteht für beide bei intensivmedizinischer Versorgung in etwa dieselbe Überlebenschance, entspricht dies dem Fall, dass auf dem Haupt- und dem Nebengleis jeweils nur eine Person in der Gefahr ist, erfasst zu werden. Der negative Anspruch desjenigen, der bereits intensivmedizinisch betreut wird, diese Hilfe nicht zugunsten eines anderen entzogen zu bekommen, wiegt danach etwas stärker als der positive Anspruch eines anderen mit denselben Rettungsaussichten. Dies würde unsere unterschiedlichen Intuitionen bezüglich einer Ex-ante- und einer Ex-post-Triage erklären. Derjenige, der später kommt, muss grundsätzlich sein Schicksal des Zuspätkommens selbst tragen, so wie die Person auf dem Hauptgleis ihr Schicksal nicht auf den Gleisarbeiter auf dem Nebengleis abschieben kann.

Wenn die Analogie zwischen der Anzahl der gefährdeten Leben und dem Ausmaß der Rettungschance trägt, dann könnte die Abwägung bei einer erheblichen Differenz in den Rettungschancen auch zulasten des bereits intensivmedizinisch versorgten Patienten ausfallen. Läge seine Rettungschance lediglich bei 20 %, diejenige des Neuaufgenommenen aber bei 80 %, so könnte der positive Anspruch des Patienten mit den wesentlich besseren Rettungschancen den restriktiven negativen Anspruch des bereits versorgten überwiegen. Die Ex-post-Triage erscheint daher auf der Grundlage der Abwägung der Lebensrechte nicht ausgeschlossen. Dies trägt dem Umstand Rechnung, dass auch die Belegung einer intensivmedizinischen Kapazität mit einer Externalität für den konkurrierenden Patienten einhergeht. Würde der Patient mit den erheblich schlechteren Rettungschancen den intensivmedizinischen Behandlungsplatz nicht bereits belegen, könnte der später eintreffende Patient mit den wesentlich besseren Rettungschancen den Platz nutzen.

Übertragen lässt sich auch die Wertung im Fall des dicken Mannes. Ein positiver Rettungsanspruch kann auch bei besten Rettungschancen nicht-restriktive negative Ansprüche darauf, nicht für andere geopfert zu werden, nicht überwiegen. Auch wenn sich die Rettungschancen eines Patienten durch Tötung und Verwendung eines lebenswichtigen Organs eines anderen Patienten mit geringeren Chancen erheblich steigern ließen, würde der nicht-restriktive negative Anspruch den restriktiven positiven überwiegen.

Die empirischen Befunde und theoretischen Überlegungen zu Entscheidungen, in denen Leben gegen Leben abgewogen werden muss, lassen sich nicht einfach in verfassungsrechtliche Vorgaben für den Umgang mit dem grundrechtlichen Lebensschutz transformieren. Sie geben aber doch wichtige Anhaltspunkte für die Beurteilung staatlicher Entscheidungen. Staatliche Entscheidungen, die sich an ihnen orientieren, können kaum gegen die normativen Rationalitätsanforderungen verstoßen, die der Verhältnismäßigkeitsgrundsatz an Eingriffe in das Recht auf Leben oder den staatlichen Schutz desselben stellt.

IV. Die Menschenwürdegarantie

Die vorstehenden Überlegungen bezogen sich zunächst nur auf das in Art. 2 Abs. 2 GG geschützte und in Art. 2 Abs. 2 S. 3 GG unter einen Gesetzesvorbehalt gestellte Lebensrecht der Betroffenen. Daraus, dass das Lebensrecht nicht verletzt wird, folgt noch nicht, dass auch eine Menschenwürdeverletzung ausgeschlossen ist. Auch wenn das Leben die biologische Voraussetzung des Genusses der Menschenwürde ist, liegt weder in jedem staatlich zu verantwortenden Tod eines Grundrechtsträgers ein Menschenwürdeverstoß noch schließt die Rechtfertigung eines Eingriffs in das Lebensrecht notwendig eine Verletzung der Menschenwürde aus. Selbst der Terrorist, der getötet werden darf, dürfte deshalb nicht zu Tode gefoltert werden – auch dann nicht, wenn sein Foltertod die einzige Möglichkeit zur Rettung seiner Opfer bieten würde. Das Recht auf Leben und die Menschenwürdegarantie sind zwei verschiedene Grundrechte, deren Wahrung und Verletzung nicht notwendig in Verbindung stehen. Doch was genau schützt die Menschenwürdegarantie?

1. Dogmatische Struktur

Für den vorliegenden Zusammenhang kann die dogmatische Struktur der Menschenwürdegarantie in Anlehnung an die Ausführungen des Bundesverfassungsgerichts in seiner Entscheidung zum Luftsicherheitsgesetz beschrieben werden. Für das Bundesverfassungsgericht ist entscheidend, dass der Abschuss der entführten Maschine die Passagiere in ihrem Status als Subjekte verletzt. „Eine solche Behandlung missachtet die Betroffenen als Subjekte mit Würde und unveräußerlichen Rechten." Auch wenn die Richtigkeit der Einschätzung des konkreten Falls zweifelhaft ist,[37] erfasst das darin zum Ausdruck gebrachte Verständnis der Menschenwürdegarantie die wesentlichen Aspekte ihrer dogmatischen Struktur.

Der Hinweis auf die Subjektstellung der Grundrechtsträger erfasst bündig die Ratio der Menschenwürdegarantie und ihren Schutzgegenstand. Art. 1 Abs. 1 GG erklärt die Menschenwürde für unantastbar. Die Unantastbarkeit gilt der Stellung des Menschen als Mitglied einer Spezies, deren Angehörige grundsätzlich zu einer Lebensführung als autonome Subjekte in der Lage sind. Sie sind nicht lediglich Objekte äußerer Anreize und innerer Triebstrukturen, sondern können sich in ein Selbstverhältnis setzen und als Subjekte über ihre Handlungen und den Lauf ihres Lebens (mit-)entscheiden. Die Würde, die ihnen aus diesem Status als autonomes Subjekt erwächst, kann ihnen niemand nehmen; sie ist unantastbar. Auch das Folteropfer verliert unter der Folter nichts von der Würde, die ihm Art. 1 Abs. 1 GG zuspricht.

Der Hinweis auf die Verletzung der Menschenwürdegarantie durch Missachtung weist auf die Pflicht hin, die für den Staat aus der Subjektstellung des Einzelnen folgt und die auch im Wortlaut von Art. 1 Abs. 1 S. 2 GG ausdrücklich angesprochen ist. Alle staatliche Gewalt muss den besonderen Status der Grundrechtsträger als autonome Subjekte achten und schützen. Die Menschenwürdegarantie ist ein relationales Grundrecht. Die Würde selbst ist unantastbar. „Sie kann keinem Menschen genommen werden. Verletzbar ist aber der Achtungsanspruch, der sich aus ihr ergibt."[38] Achtungs- und Schutzansprüche

---

[37] Dazu eingehender aus der hier eingenommenen Perspektive *Poscher*, Menschenwürde, in: Herdegen/Masing/Poscher/Gärditz (Hrsg.), Handbuch des Verfassungsrechts, 2021, Rn. 87 ff.

[38] BVerfGE 87, 207, 228.

können nur durch andere Subjekte verletzt werden. Daher ist es auch für Art. 1 Abs. 1 GG zutreffend, wenn die immanent soziale Natur der Menschenwürde hervorgehoben wird.[39] Der soziale Charakter der Menschenwürde schließt es aus, dass der aus ihr abgeleitete Achtungs- und Schutzanspruch durch das Schicksal, die Natur oder Tiere verletzt wird. Der Bär, der mit seinem menschlichen Opfer spielt, bevor er es qualvoll tötet, missachtet seine Menschenwürde nicht. Gleiches gilt für einen Tsunami oder eine unheilbare Krankheit. In der aktuellen Pandemie verbindet sich mit der Covid-19-Erkrankung als solcher daher keine Menschenwürdeverletzung. Eine Menschenwürdeverletzung kann sich vielmehr erst aus der Reaktion anderer Subjekte auf die Erkrankung ergeben.

Schließlich macht die kurze Bewertung des Bundesverfassungsgerichts auch deutlich, worin die Verletzung des Achtungsanspruchs begründet liegt. Die Missachtung, von der das Gericht spricht, bezieht sich nicht auf beliebige Eigenschaften der Grundrechtsträger. Durch sein überlegenes Spiel kann der Tennisprofi dem Amateur ihn bei jedem Ball in die Irre laufen lassen und eine demütigende Niederlage zufügen. Auch wenn die sportliche Demütigung erbarmungslos und der Verlierer erschüttert ist, liegt darin keine Missachtung seiner Menschenwürde.[40] Wie das Bundesverfassungsgericht zurecht hervorhebt, muss sich die Missachtung gerade auf den Status als autonomes Subjekt beziehen. Lediglich die Handlung, die den Status eines Grundrechtsträgers als autonomiefähiges Subjekt in Frage stellt, verletzt den Achtungs- und Schutzanspruch,

[39] Cp. *Etinson*, Philosophy & Public Affairs 48 (2020), 353, 365.

[40] Die Spezifik der Statusdemütigung hebt auch *Etinson*, Philosophy & Public Affairs 48 (2020), 353, 372, hervor.

dem die Garantie aus Art. 1 Abs. 1 GG gilt. Die Besonderheit der Missachtung liegt weniger in dem Grad der Kränkung,[41] als vielmehr in ihrem Gegenstand, wenn auch Leugnungen des Subjektstatus mit einer besonders schwerwiegenden Kränkung verbunden sind.

Paradigmatisch lässt sich dies am Beispiel der Folter verdeutlichen. Die Folter verletzt die Menschenwürde nicht deshalb, weil sie in die körperliche Unversehrtheit eingreift – das tut auch die strafprozessuale Blutentnahme wegen des Verdachts einer Trunkenheitsfahrt. Folter verletzt die Menschenwürde, weil sie die rationale Steuerungsfähigkeit durch die Zufügung unerträglicher Schmerzen umgeht. Der Mensch wird auf seine Körperlichkeit reduziert. Von einem zu Selbstbestimmung fähigen Subjekt wird er auf seine Kreatürlichkeit reduziert und zum bloßen Mittel der Informationsextraktion. Deshalb verletzt die Folter nicht nur die körperliche Unversehrtheit, sondern darüber hinaus den spezifischen Statusschutz aus Art. 1 Abs. 1 GG. Darin liegt die spezifische Missachtung.

2. Anwendung auf Triage

Was folgt aus dieser dogmatischen Rekonstruktion der Menschenwürdegarantie für die Beurteilung der Abwägung von Leben gegen Leben, die sich mit der Triage notwendig verbindet? Zunächst ist noch einmal zu betonen, dass das Bundesverfassungsgericht nicht in jeder Leben-gegen-Leben-Entscheidung einen Verstoß gegen die Menschenwürde sieht. Wie bereits oben erläutert hebt das Gericht zutreffend hervor, dass die Abwehr eines lebensbe-

---

[41] Dies betont etwa *Hörnle*, in: Grimm/Kemmerer/Möllers (Hrsg.), Human Dignity in Context, 2018, 573 ff.

drohlichen Angriffs, auch wenn sie den Tod der Angreiferin zur Folge hat, nicht mit einer Infragestellung ihres Status als autonomes Subjekt einhergehen muss. Sie kann als solches vielmehr sogar mit ihrer tödlichen Absicht besonders ernst genommen werden. In der Abwägung des Lebens der Angreiferin gegen das Leben des Opfers als solcher liegt keine Menschenwürdeverletzung.

Ebenso wurde der Regierung im *Schleyer*-Urteil kein Vorwurf daraus gemacht, dass sie den Schutz des Lebens des Arbeitgeberpräsidenten gegen den wirksamen Schutz der Bevölkerung vor weiteren Terroranschlägen abgewogen hat, die bei einer Erpressbarkeit des Staates gedroht hätten. Das Urteil hebt vielmehr hervor: „Wie die staatlichen Organe ihre Verpflichtung zu einem effektiven Schutz des Lebens erfüllen, ist von ihnen grundsätzlich in eigener Verantwortung zu gewährleisten.“[42] Im konkreten Fall schloss dies ein, dass die Abwägung zulasten des Lebensschutzes für den Arbeitgeberpräsidenten ausfiel.[43] Das Bundesverfassungsgericht sah in der Abwägung des Lebens des Arbeitgeberpräsidenten mit anderen vitalen Interessen keine Verletzung der Menschenwürde. Es ist auch nicht ersichtlich, worin die Menschenwürdeverletzung liegen sollte. Die Würde des Arbeitgeberpräsidenten wird durch die Entführer verletzt, die ihn nicht wie ein autonomes Subjekt, sondern wie einen beliebigen Tauschgegenstand behandeln, den sie sogar zu vernichten bereit sind, wenn ihrer Erpressung nicht nachgegeben wird. Mit der Entscheidung des Staates, ob dieser Erpressung nachgeben werden soll, verbindet sich jedoch keine Leugnung

---

[42] BVerfGE 46, 160, 164.

[43] Eine andere Entscheidung eines vergleichbaren Konflikts liegt etwa BVerfGE 46, 214, zugrunde.

seines Subjektstatus. Es wurde vielmehr alles sonst Mögliche unternommen, um den Arbeitgeberpräsidenten aus der Hand der Entführer zu befreien, weil der Staat sein Leben und seine Würde vor dem Angriff der Terroristen schützen wollte. Er wurde als autonomes Subjekt mit einem Recht auf Leben und Würde in die Abwägung eingestellt. Diese ging lediglich zu seinen Lasten und zugunsten der potentiellen Opfer aus, die eine Erpressbarkeit des Staates zur Folge gehabt hätte. Sein Leben und seine Würde wurden mit entsprechend gewichtigen Interessen abgewogen. In einer solchen Abwägung, in der vitale Rechte von Grundrechtsträgern nicht gleichzeitig geschützt werden können, liegt keine Leugnung ihres Subjektstatus.

Darin, dass Leben gegen Leben abgewogen wird, besteht auch nicht der Unterschied zwischen dem Weichensteller-Szenario und dem des dicken Mannes. In beiden Fällen werden die Lebensrechte der Betroffenen abgewogen, und zwar als Lebensrechte autonomer Subjekte. Darin liegt keine Negation ihres Subjektstatus.[44] Aufgrund ihres Status haben sie ein grundsätzlich gleiches Recht, das lediglich aufgrund ihrer unterschiedlichen Verstrickung in die Szenarien verschiedenes Gewicht erlangt. Auch in dem Szenario des dicken Mannes besteht die Verletzung seiner Menschenwürde nicht darin, dass sein Lebensrecht von einer Vielzahl von Lebensrechten anderer autonomer Subjekte aufgewogen wird. Dies wird besonders in der Entfaltung des „Closeness"-Arguments deutlich. Aus der Perspektive des Lebensrechts erscheint es ebenso kontingent und ebenso wenig intendiert, dass man sein Leben nicht rettet, wie im Fall des Gleisarbeiters.

---

[44] Zu dem darin liegenden konsequentialistischen Fehlschluss *Lübbe*, in diesem Band, S. 274 ff.; vgl. auch *Gärditz*, ZfL 2020, 381, 382.

Daher kann die unterschiedliche Gewichtung der Lebensrechte auch nicht erklären, warum die moralischen Intuitionen im Szenario des dicken Mannes bei einer weiteren Steigerung der durch seine Opferung zu rettenden Leben anders reagieren als im Weichensteller-Szenario. Im Weichensteller-Szenario führt die Anhäufung von zu rettenden Passanten auf dem Hauptgleis dazu, dass ihre kumulierten restriktiven positiven Ansprüche auf Lebensrettung den restriktiven negativen Anspruch des Gleisarbeiter auf Lebensschonung überwiegen. Der negative Anspruch des Gleisarbeiters ist zwar gewichtiger, aber bei zwei bis fünf positiven Ansprüchen der Passanten neigt sich die Waage zu ihrer Seite. Diese Logik der Gewichtung gilt hingegen nicht in derselben Weise für den nicht-restriktiven negativen Schonungsanspruch des dicken Mannes. Auch wenn sein nicht mit Externalitäten belasteter Anspruch deutlich gewichtiger ist als ein einzelner positiver Rettungsanspruch, müsste er bei einer bestimmten Anzahl von zu rettenden Leben aufgewogen werden können. Doch auch wenn man die Zahl der zu rettenden Personen im Gleis noch einmal verdoppelt, verdreifacht oder verzehnfacht, ändert sich die Bewertung des Szenarios des dicken Mannes grundsätzlich nicht. Ihn zu opfern, bleibt mit einem Unwert belastet, der sich nicht durch die Anzahl der entgegenstehenden Lebensrechte aufwiegen lässt. Dies zeigt sich auch in *Alec Walens* Rekonstruktion der Abwägung der Ansprüche. Für das Szenario des dicken Mannes geht er davon aus, dass es allenfalls zu einem Zusammenbruch des Systems der Rechte führt, wenn die Anzahl der zu rettenden Leben in der Art der Ticking-Bomb-Szenarien ins Hundertausendfache gesteigert wird.[45]

---

[45] *Walen* (Fn. 30), 116 f.

Anders als dies bei *Walen* erscheint, folgt dies aber nicht aus dem besonderen Gewicht des nicht-restriktiven negativen Anspruch auf Lebensschonung, sondern daraus, dass anders als in dem Weichensteller-Szenario nicht nur das Lebensrecht, sondern auch die Würde desjenigen betroffen ist, der für die Rettung geopfert werden soll. Die Beeinträchtigung des dicken Mannes erschöpft sich nicht darin, dass sein Lebensrecht in einer Abwägung der Lebensrechte unterliegt. Er wird vielmehr darüber hinaus in der Art eines unbelebten Gegenstands benutzt. Allein seine Körpermasse soll – wie ein Baumstamm oder ein Felsbrocken – den Zug aufhalten. Indem er wie ein unbelebtes Objekt behandelt wird, wird sein Subjektstatus negiert. Daran ändert es auch nichts, dass sein Lebensrecht bei der Abwägung der Lebensrechte eingestellt wird. Das ist letztlich nicht anders als bei der Folter. Dass die Gesundheit und das Leben des Folteropfers bei der Entscheidung darüber, ob er gefoltert werden sollte, berücksichtigt wird, ändert nichts daran, dass die Folter ihn auf seine physische Existenz reduziert. Dasselbe gilt für das Unrecht, das sich mit erzwungenen Organspenden verbindet. Ganz unabhängig davon, wie die Rechte im Einzelnen abgewogen werden, besteht die Menschenwürdeverletzung darin, dass Menschen als Ersatzteillager genutzt werden. Dies ist auch der richtige Kern der Skepsis des Bundesverfassungsgerichts gegenüber der rein utilitaristischen Abwägung von Leben gegen Leben. Die bloße utilitaristische Verrechnung von Leben, die auch eine entwürdigende Instrumentalisierung erlauben würde, rechtfertigt eine Entscheidung nicht. Hinzukommen muss vielmehr, dass jenseits der Abwägung der Lebensrechte die Menschenwürde der Betroffenen respektiert wird. Das Bundesverfassungsgericht richtet sich daher auch lediglich gegen die „*pauschale* Abwägung von Leben gegen Leben“[46].

Hingegen werden im Weichensteller-Szenario die Lebensrechte gegeneinander abgewogen, ohne dass es zu einer Instrumentalisierung kommt. Wie an diesem und den anderen Beispielen gesehen, liegt in der bloßen Abwägung von Lebensrechten als solcher keine Instrumentalisierung ihrer Träger, die deren Menschenwürde berührt. Dass Rechte von Rechtssubjekten in Konstellationen, in denen sie zu konfligieren drohen, abgewogen werden, macht im Gegenteil gerade ihre Stellung als Subjekte in Moral und Recht aus. Dies gilt für das Lebensrecht wie für jedes andere. Eine darüberhinausgehende „Instrumentalisierung“ findet im Weichensteller-Szenario nicht statt. Anders als in den Szenarien des dicken Mannes, der Folter oder der erzwungenen Organspende tritt zu der Abwägung der Lebensrechte nicht noch eine Missachtung seiner Subjektstellung hinzu. Wie in den anderen Fällen, in denen Lebensrechte gegeneinander abgewogen werden müssen, erleidet der Weichensteller lediglich das Schicksal, das sich aus der Abwägung der Lebensrechte ergibt.

Auch eine existentielle Triage verlangt lediglich eine Abwägung der Lebensrechte der Betroffenen. Mit ihr verbindet sich anders als in den Szenarien des dicken Mannes, der Folter oder erzwungenen Organspende keine Instrumentalisierung, die den Subjektstatus der Betroffenen in Frage stellt. Der Respekt vor dem Subjektstatus kommt gerade darin zum Ausdruck, dass sie mit einem grundsätzlich gleichen Lebensrecht in eine Abwägung eingestellt werden, in der ihre Rechte nur aufgrund kontingenter Umstände wie dem Grad der Verletzung oder der geringeren Wahrschein-

[46] BVerfGE 39, 1, 59 – Hervorhebung durch Verf.

lichkeit eines Behandlungserfolgs zurückgestellt werden. Dies bedeutet nicht, dass eine Triage nicht gegen die Menschenwürde verstoßen kann. Erfolgt sie etwa nach Kriterien, die von der Auffassung getragen sind, dass bestimmte Grundrechtsträger einen geringeren Würdestatus besitzen als andere, etwa weil sie einer bestimmten Rasse angehören, vermeintlich sozial weniger nützlich sind etc., verstieße sie gegen Art. 1 Abs. 1 GG. Doch regelmäßig wird eine Triage nicht auf entsprechenden Kriterien beruhen.

Hingewiesen sei noch darauf, dass Art. 1 Abs. 1 GG nicht das einzige Grundrecht ist, das der Triage Grenzen setzen kann. So können sich etwa aus den Gleichheitsrechten weitere Vorgaben für die Auswahlkriterien ergeben. Dies gilt besonders, soweit unter Art. 3 GG auch mittelbare Diskriminierungen anerkannt werden. So kann die Orientierung der Triage an den Behandlungsaussichten zu einer Ungleichbehandlung von Menschen mit bestimmten Behinderungen führen. Entsprechende Verfassungsbeschwerden liegen dem Bundesverfassungsgericht zur Entscheidung vor[47] und werfen schwierige Fragen der Auslegung von Art. 3 Abs. 3 S. 3 GG auf, aber keine der Menschenwürdegarantie. Auch wenn eine Orientierung am wahrscheinlichen Behandlungserfolg zu einer ungleichen Verteilung von Ressourcen zulasten von Menschen mit bestimmten Behinderungen führt, wird dadurch ihr Status als gleichwertige autonome Subjekte so wenig in Frage gestellt wie der von anderen Patienten mit erheblich geringeren Wahrscheinlichkeiten des Behandlungserfolgs.

Anders als dies vielleicht auf den ersten Blick erscheinen mag, ist bei Triage nicht notwendig der Schutzaspekt der

[47] BVerfG, Beschluss der 3. Kammer des Ersten Senats vom 16.7. 2020 – 1 BvR 1541/20, Ablehnung einer einstweiligen Anordnung.

Menschenwürde angesprochen. Auch insoweit hilft die Differenzierung zwischen dem Recht auf Leben und der Menschenwürdegarantie. Im Hinblick auf das Recht auf Leben geht es in Triage-Szenarien darum, das Leben vor den Folgen einer Verletzung oder einer Erkrankung zu schützen. Insoweit ist die von der Rechtsprechung anhand von Art. 2 Abs. 2 GG entwickelte[48] allgemeine grundrechtliche Schutzpflicht einschlägig. Sie gibt dem Staat auf, die Gesundheit und das Leben vor dem Staat nicht zurechenbaren Gefahren zu schützen, die von der Natur oder rechtswidrigen Beeinträchtigungen durch Dritte ausgehen.[49] Anders als diese Schutzpflicht aus Art. 2 Abs. 2 GG ist der Schutz, von dem Art. 1 Abs. 1 S. 2 GG spricht, nicht gegenstandsbezogen, sondern in Akzessorietät zu der Achtungsdimension relational. Er bezieht sich nicht auf die Menschenwürde selbst, sondern auf den Achtungsanspruch, der aus ihr folgt. Die Schutzpflicht aus Art. 1 Abs. 1 S. 2 GG fordert den Staat dazu auf, seine Bürger vor Verletzungen des Achtungsanspruchs durch Dritte zu schützen.[50] Jedenfalls soweit staatliche und damit unmittelbar grundrechtsgebundene Kliniken tätig werden, kommt daher nur eine Verletzung des Achtungsanspruchs in Betracht.

Dieser Achtungsanspruch kann sowohl durch ein Handeln wie auch ein Unterlassen verletzt werden. Eine Missachtung der Menschenwürde kann etwa auch dadurch zum Ausdruck kommen, dass eine zumutbare Hilfe verweigert wird, weil dem Hilfebedürftigen nur ein geringe-

---

[48] BVerfGE 39, 1, 41.

[49] Zu der Unterscheidung dieser echten Schutzpflichten von denen, die zum Teil für die Bewältigung von Drittwirkungskonstellationen angenommen werden, *Kingreen/Poscher*, Grundrechte – Staatsrecht II, 2020, Rn. 134 ff.

[50] *Poscher* (Fn. 37), Rn. 110 ff.

rer Würdestatus zuerkannt wird. Entscheidend ist nicht die Art des Verhaltens – Handeln oder Unterlassen – sondern die Achtung oder Missachtung des Status als mit gleicher Würde ausgestattetes autonomes Subjekt. Die Unterschiede zwischen Ex-ante- und Ex-post-Triage werfen daher keine Menschenwürdefragen auf. Weder mit der einen noch der anderen Form der Triage wird der Subjektstatus der Patienten notwendig in Frage gestellt. Die Unterschiede, die vielfach zwischen beiden Szenarien wahrgenommen werden, erklären sich wohl durch die oben beschriebene unterschiedliche Gewichtung der Lebensrechte der Betroffenen. Der aus der Menschenwürde folgende Achtungsanspruch ist gegenüber der Unterscheidung zwischen Tun und Unterlassen unempfindlich ist.

Die Menschenwürdegarantie gibt keine positive Antwort auf die Frage nach der Notwendigkeit der gesetzlichen Regelung der Kriterien der Triage. Trotzdem ist das Ergebnis, dass die Triage als solche nicht gegen die Menschenwürdegarantie verstößt, von Relevanz. Der Widerstand gegen einen regulierenden Zugriff des Staates speist sich nicht zuletzt aus der Vorstellung, dass der Staat diese existentielle Frage aufgrund seiner Bindung an die Menschenwürdegarantie nicht regeln könne:

> „Unzulässig sind, wie gezeigt, gesetzliche Regelungen, die das menschliche Leben einer wie auch immer gearteten Bewertung unterziehen. Deshalb darf der Gesetzgeber keine materiellen Kriterien entwickeln (oder entwickeln lassen), anhand deren positiv entschieden werden könnte, wer in einer tragischen Entscheidungssituation prioritär zu behandeln wäre."[51]

---

[51] *Merkel/Augsberg*, JZ 2020, 704, 706.; s. auch *Augsberg*, in diesem Band, S. 21.

Aus den Urteilen des Bundesverfassungsgerichts kann eine solche Konsequenz jedoch nicht gezogen werden. Wenn das Bundesverfassungsgericht betont, dass jedes menschliche Leben „gleich wertvoll" ist und „keiner irgendwie gearteten unterschiedlichen Bewertung" unterworfen werden kann,[52] trifft dies in dem Sinn zu, dass die Menschenwürdegarantie es verbietet, Menschen in ihrem Status als gleiche Achtung gebietende und gleichen Schutz genießende Subjekte unterschiedlich zu bewerten. Niemand darf durch den Staat als mit einer geringeren menschlichen Würde ausgestattet be- und abgewertet werden. Dies bedeutet aber nicht, dass einzelne Rechte der in ihrem Subjektstatus Gleichen nicht kollidieren können und der Staat eine Entscheidung über einen Ausgleich der Rechtspositionen treffen darf, der ihren Status unberührt lässt.[53] Das gilt selbst für den Aggressor, dessen tödlicher Angriff nur durch seine Tötung abgewendet werden kann. Auch der Aggressor muss von der Rechtsordnung in seinem Status als autonomes Subjekt weiterhin geachtet werden. Gleiches gilt für den Arbeitgeberpräsidenten, dessen Lebensrecht in der Abwägung mit den Konsequenzen einer Erpressbarkeit des Staates unterlag. Durch diese Entscheidung wurde sein Lebensrecht zurückgestellt, aber seine Achtung als mit unantastbarer Würde ausgestattetes Subjekt wurde nicht berührt. Ebenso wenig wird derjenige, dessen Behandlung in der Triage zurückgestellt wird, in seinem menschlichen Status anders bewertet als derjenige, dem die Rettungschance eröffnet wird. Aufgrund der Kontingenzen der Situation muss aber eine Abwägung zwischen ihren Lebensrechten erfolgen. Ein Würdeverstoß läge lediglich dann vor,

[52] BVerfGE 39, 1, 59.

[53] So i. E. auch *Taupitz*, in: (Fn. 1), 118f.

wenn die Entscheidung sich daran orientieren würde, wer vorgeblich wertvoller war oder sein wird. Eine entsprechende Wertung setzt die Triage aber nicht voraus.

Die Menschenwürdegarantie steht einer gesetzlichen Regulierung der Kriterien der Triage folglich nicht entgegen.[54] Im Hinblick auf das Recht auf Leben ist allerdings nicht das grundrechtliche Abwehrrecht, sondern die grundrechtliche Schutzpflicht einschlägig. Die Notwendigkeit einer gesetzlichen Regelung folgt mithin nicht aus der Erforderlichkeit einer gesetzlichen Ermächtigungsgrundlage für staatliche Eingriffe in das Recht auf Leben. Allerdings hat das Bundesverfassungsgericht den Gesetzesvorbehalt auf der Grundlage seiner Wesentlichkeitstheorie zum Parlamentsvorbehalt geweitet[55] und besonders auch für staatliche Verteilungsentscheidungen aktiviert. Hingewiesen sei hier nur auf die jüngere Entscheidung zur Verteilung knapper staatlicher Studienplätze. Darin hat das Bundesverfassungsgericht darauf bestanden, dass „die Auswahlkriterien ihrer Art nach durch den demokratisch legitimierten Gesetzgeber selbst bestimmt werden“[56] müssen. Entscheidend war für das Bundesverfassungsgericht dabei die herausragende Bedeutung der Ausbildungs- und Berufsfreiheit der Studienplatzbewerber. Es dürfte jedenfalls nicht leicht zu erklären sein, weshalb die Kriterien, nach denen in der Triage über knappe Ressourcen zur Lebensrettung entschieden wird, von weniger herausragender Bedeutung für die Grundrechte der Betroffenen sein sollen.[57]

---

[54] Zur dezidiert a. A. *Augsberg*, in diesem Band, S. 21.

[55] *Kingreen/Poscher* (Fn. 49), 321 ff.

[56] BVerfGE 147, 253, 310.

[57] So bereits *Taupitz*, in: (Fn. 1), 110; dies leugnet auch *Augsberg*, in diesem Band, S. 31, nicht.

V. Resümee

Der Beitrag verfolgte ein beschränktes Ziel. Er wollte klären, ob die Menschenwürdegarantie bei der existentiellen Triage wegen der mit ihr verbundenen Abwägung von Leben gegen Leben notwendig verletzt wird. Um zu erläutern, warum dies nicht der Fall ist, hat sich eine deutlichere Differenzierung zwischen der Abwägung von Lebensrechten und dem spezifischen Schutz der Menschenwürdegarantie als hilfreich erwiesen.

Hinsichtlich der Abwägung von Lebensrechten gibt es einige relativ stabile ethische Intuitionen, die sich auch theoretisch plausibel rekonstruieren lassen. Ihre Bedeutung für das Verfassungsrecht liegt nicht positiv darin, dass sie sich in rechtliche Vorgaben für die entsprechenden Abwägungen umdeuten ließen. Vielmehr kommt ihnen im Rahmen der verfassungsrechtlichen Dogmatik gleichsam negative Bedeutung zu. Der Verhältnismäßigkeitsgrundsatz verlangt auch bei Abwägungen von Leben gegen Leben, dass sie keine groben Disproportionalitäten aufweisen, die grundlegenden Annahmen über die Wertigkeit und das Verhältnis der abzuwägenden Güter widersprechen. Abwägungen, die gut begründeten und weithin geteilten ethischen Vorstellungen entsprechen, wird man diesen Vorwurf nicht machen können.

Die weithin geteilten ethischen Vorstellungen zeigen, dass Abwägungen zwischen Lebensrechten zwar Entscheidungen betreffen, vor denen niemand gerne stehen möchte, dass sie aber eine innere Logik und Konsistenz aufweisen können. Gleichzeitig zeigt sich, dass die Gewichtung der Lebensrechte allein die weitverbreiteten ethischen Vorstellungen nicht vollständig erklären kann. Einige werden erst dann verständlich, wenn in den Blick genommen wird, dass neben dem Lebensrecht auch die Achtung der Menschenwürde betroffen sein kann. In der Abwägung von Lebensrechten als solcher liegt jedoch noch keine Menschenwürdeverletzung. Dies gilt auch für die Triage. Anderes gälte lediglich, wenn der Triage Kriterien zugrunde lägen, die auf einer Abwertung des Würdestatus der Hilfsbedürftigen beruhten.

Der Ausschluss einer Menschenwürdeverletzung bedeutet indes noch nicht, dass eine Triage bereits allen verfassungsrechtlichen Anforderungen genügt. Mit Kriterien wie der Wahrscheinlichkeit des Behandlungserfolgs verbindet sich keine Menschenwürdeverletzung. Sie mögen aber trotzdem nicht nur ethisch,[58] sondern u.U. auch im Hinblick auf andere Grundrechte wie Art. 3 Abs. 3 S. 3 GG Probleme aufwerfen und einer Ergänzung bedürfen. Hervorzuheben ist schließlich, dass Art. 1 Abs. 1 GG einer gesetzlichen Regelung der Kriterien, die für die Triage maßgeblich sein sollen, nicht im Wege steht, diese vielmehr nach den Grundsätzen des Parlamentsvorbehalts verfassungsrechtlich gefordert sein kann.

Der Beitrag klärt längst nicht alle verfassungsrechtlichen Fragen, die durch die existentielle Triage aufgeworfen werden. Dafür hat die Auseinandersetzung mit den spezifischen Menschenwürdeaspekten der Triage aber über den diskutierten Kontext hinaus Bedeutung. Sie zeigt, dass dem Diktum, nach dem aus Gründen der Achtung der Menschenwürde Leben nicht gegen Leben abgewogen werde dürfe, mit Vorsicht zu begegnen ist. Der richtige Kern des Gedankens, dass Leben nicht schlicht gegeneinander verrechnet werden dürfen, liegt zum einen darin, dass eine rein utilitaristische Verrechnung von Leben nicht

---

[58] *Merkel/Augsberg*, JZ 2020, 704, 706.

bereits jede Abwägungsentscheidung legitimiert. Auch wenn die Abwägung der Lebensrechte rechnerisch für eine Rettungshandlung spricht, steht ihr die Menschenwürdegarantie entgegen, wenn durch sie Menschen nicht mehr als autonome Subjekte behandelt werden. Ferner hebt das Bundesverfassungsgericht zu Recht hervor, dass die Abwägung von Lebensrechten nicht auf einer unterschiedlichen Bewertung des Lebens der Betroffenen im Sinn ihres Status als mit gleicher Würde ausgestatteter Subjekte beruhen darf. Jede Abwägungsentscheidung zwischen Lebensrechten ist auf diese Verletzungen der Menschenwürdegarantie hin zu prüfen. Doch dass jede daraufhin zu prüfen ist, bedeutet nicht, dass jede Abwägung von Leben gegen Leben gegen die Menschenwürdegarantie verstößt.

Wer hat Angst vor der Triage?

Ähnlichkeiten und Unterschiede zu anderen Priorisierungsentscheidungen und ihre normative Bedeutung

Stefan Huster

I. Einleitung

Die Sorge, dass die Corona-Pandemie auch in Deutschland die intensivmedizinischen Versorgungsressourcen überfordern könnte und dann tragische Entscheidungen erforderlich werden, hat zu neuen Diskussionen über die sog. Triage geführt.[1] Entscheidungen über Leben und Tod sind besonders faszinierend und haben schon immer die literarische und philosophische Phantasie beflügelt – vom *Brett des Karneades* über *Sophie's Choice* bis hin zu diversen Katastrophenfilmen. Neben dem aufwühlenden Charakter derartiger Entscheidungen hat die Triage das Interesse auch auf sich gezogen, weil sich hier grundlegende Probleme von Verteilungs- und Gerechtigkeitsfragen und der hinter den unterschiedlichen Positionen stehende „fundamentale Auffassungskonflikt über Normenbegründung in der Ethik"[2] zu verdichten scheinen. Auch die gegenwärtige

[1] Teile des folgenden Textes finden sich auch bei *Huster*, in: ders./Kingreen (Hrsg.), Handbuch Infektionsschutzrecht, 2021, 285, 298ff.

[2] *Schöne-Seifert*, FAZ v. 31.3.2020, 11.

Debatte in Deutschland ist – jedenfalls in der Rechtswissenschaft – von der Erwartung oder Befürchtung bestimmt, dass die in der Triage verwendeten, stark auf die Erfolgsaussichten bezogenen Grundsätze sonstige Allokationsentscheidungen beeinflussen könnten:[3] Besteht die Gefahr, dass über die Triage ein problematischer Konsequentialismus in die Rechtsordnung und das Gesundheitswesen einsickert?

Hier soll – gegen diese Befürchtung – die These vertreten werden, dass sich die juristische Diskussion der Triage in eine Sackgasse manövriert hat (II.), weil sie der Problematik eine Verallgemeinerungsfähigkeit unterstellt, die nicht existiert (III.). Vielmehr ist die Triage ein Paradebeispiel für die alte Juristenweisheit „Hard cases make bad law“ (IV.).

II. Das Dilemma der aktuellen juristischen Diskussion

Das Kern-Modell der Triage besteht darin, dass die Opfer einer Katastrophe, eines Notfalls, eines Unfalls oder eines ähnlichen Unglücks in Gruppen eingeteilt werden, die unterschiedlich prioritär behandelt werden. Typischerweise werden vier Sichtungskategorien genutzt: lebensbedrohlich Verletzte bzw. Erkrankte, die sofort versorgt werden müssen (I), Schwerverletzte, deren Behandlung dringlich ist (II), Leichtverletzte, deren Behandlung zurückgestellt werden kann (III), und hoffnungslose Fälle ohne oder mit nur sehr geringer Überlebenswahrscheinlichkeit, die zu-

[3] Starke Parallelisierung der Triage- mit der allgemeinen Priorisierungsproblematik im Gesundheitswesen etwa bereits bei *Fuchs*, in: Kloepfer (Hrsg.), Pandemien als Herausforderung für die Rechtsordnung, 2011, S. 97 ff.

nächst nicht bzw. nur palliativ-„abwartend" versorgt werden (IV).[4]

Moralisch anstößig[5] ist insbesondere diese letzte Kategorie IV der „Hoffnungslosen".[6] Auf sie wird man aber nicht verzichten können: Zum einen ginge sonst die charakteristische Besonderheit der Triage gegenüber anderen Allokationsschemata verloren, zum anderen käme man auch zu kaum akzeptablen Ergebnissen, wenn z.B. ein „Hoffnungsloser" stundenlang und letztlich häufig erfolglos behandelt werden müsste, während um ihn herum viele Opfer sterben, die man mit hoher Wahrscheinlichkeit hätte retten können.

Gesteigert werden kann die normative Problematik der Triage zunächst durch die Verwendung von Kriterien, die sich weit von den medizinnahen Maßstäben der Dringlichkeit und Erfolgsaussicht entfernen. So wird berichtet, dass in Kriegssituationen auch die Frage eine Rolle gespielt haben soll, wer durch eine medizinische Versorgung möglichst schnell wieder auf dem Schlachtfeld einsatzfähig ist. Analog dazu könnte man heute auf den „sozialen Wert" eines Bedürftigen abstellen.[7]

---

[4] Vgl. dazu auch *Birnbacher*, in diesem Band, S. 189, 190ff.

[5] Prägnante Übersicht über die denkbaren Positionen bei *Schöne-Seifert*, FAZ v. 31.3.2020, 11.

[6] Ob auch Personen mit geringer oder nur Personen ohne Überlebenswahrscheinlichkeit oder auch klinisch Tote hier eingeordnet werden sollten, macht ersichtlich einen normativen Unterschied, ist aber auch unter Katastrophenmedizinern umstritten, vgl. *Sefrin u.a.*, Dt. Ärzteblatt 2003, A-2057f. Hier finden sich auch irritierende Aussagen zur rechtlichen Beurteilung dieser Gruppe: Dass die Gruppe IV zunächst nicht behandelt werde, sei jedenfalls in Österreich „rechtsmedizinisch abgesichert"; man sei sich aber auch einig, dass „in dieser Phase juristische Gesichtspunkte nicht entscheidend sein können".

[7] Zu Recht kritisch dazu *Birnbacher*, in diesem Band, S. 189, 203.

Ferner ist die Verwendung des kalendarischen Alters als Priorisierungskriterium äußerst umstritten.[8] Sie ist der Triage an sich fremd, weil es in einer Notfallsituation nicht um die recht sozialtechnologisch anmutende Maximierung von Lebensjahren geht, sondern um die Rettung möglichst vieler Menschen.[9] Das Lebensalter ist somit eher ein Kriterium, über das man bei der „normalen" medizinischen Mangelverwaltung nachdenken könnte;[10] es wird daher hier nicht weiter behandelt. Es soll nur darauf hingewiesen werden, dass das kalendarische Alter bei Priorisierungsentscheidungen in mindestens drei ganz unterschiedlichen Logiken verwendet werden kann: als (ungenaues, aber praktikables, weil leicht festzustellendes und nicht manipulierbares) Ersatzkriterium für die Erfolgssausicht,[11] als Ausgangspunkt einer utilitaristischen Maximierung

---

[8] Vgl. etwa *Hoven*, JZ 2020, 449ff.; *dies*, in diesem Band, S. 335ff. Aus verfassungsrechtlicher Sicht kritisch dazu *Hong*, https://verfassungsblog.de/corona-triage-und-menschenwuerde/ (zuletzt abgerufen am 8.12.2020).

[9] Im Sinne der kurzfristigen Überlebenswahrscheinlichkeit; vgl. *Bioethikkommission (Österreich)* in ihrer Stellungnahme „Zum Umgang mit knappen Ressourcen in der Gesundheitsversorgung im Kontext der Covid-19-Pandemie", 2020, 11f., https://www.bundeskanzleramt.gv.at/themen/bioethikkommission/pressemitteilungen-bioethik/stellungnahme-zum-umgang-mit-knappen-ressourcen-in-der-gesundheitsversorgung-im-kontext-der-covid-19-pandemie.html (zuletzt abgerufen am 8.12.2020). Die Triage-Empfehlung der deutschen Fachgesellschaften spricht sich jedenfalls gegen die Berücksichtigung des Alters aus; vgl. *Marckmann u.a.*, Med Klin Intensivmed Notfmed 2020, 477, 478.

[10] Zur Diskussion vgl. *Huster*, in: Alexy (Hrsg.), Juristische Grundlagenforschung (ARSP-Beiheft Nr. 104), 2005, 202; *ders.*, MedR 2010, 369 m.w.N.

[11] Diese Funktion scheint es in der Schweizer Empfehlung zu haben; kritisch dazu *Fateh-Moghadam/Gutmann*, https://verfassungsblog.de/gleichheit-vor-der-triage/ (zuletzt abgerufen am 8.12.2020).

von Lebensjahren[12] und als egalitäres Kriterium der Verteilung von Chancen zur Realisierung von Lebensplänen.[13]

Schließlich wird es als besonders problematisch empfunden, wenn nicht nur die Ex-ante-Verteilung knapper medizinischer Ressourcen an die individuelle Erfolgsaussicht anknüpft, sondern sogar *ex post* begonnene Behandlungen beendet und die Ressourcen „gewinnbringender" umgeleitet werden.[14]

Ob und nach welchen Kriterien eine Triagierung rechtlich zulässig ist, ist inhaltlich umstritten; es wird auch die Meinung vertreten, dass man nur das Los (oder andere zufallsgesteuerte Verfahren wie ein Vorgehen nach dem „Wer

---

[12] So wohl der Ansatz in einer italienischen Empfehlung, dazu kritisch *Lübbe*, https://verfassungsblog.de/corona-triage/ (zuletzt abgerufen am 8.12.2020).

[13] In letztere Richtung argumentiert im Zusammenhang mit der Corona-Krise *Kasmann*, https://www.praefaktisch.de/covid-19/corona-triage-risikogruppen-und-altersdiskriminierung/ (zuletzt abgerufen am 8.12.2020). In den Triage-Empfehlungen auch anderer Länder scheint diese Überlegung keine Rolle zu spielen; vgl. dazu *Jöbges/Vinay/Luyckx/Biller-Andorno*, Bioethics 34 (2020), 948, 955. Sie lässt sich allerdings auch in „unverdächtige" Kategorien übersetzen, wenn man etwa der Ansicht ist, dass ein frühes Versterben besonders tragisch sei und sich deshalb der Grundsatz „youngest first" auf eine „priority for the worst off" zurückführen lasse (so *Emanuel u.a.*, N Engl J Med 382/21 [2020], 2049, 2051 f.; *White/Lo*, JAMA 323/18 [2020], 1773.

[14] Dies schließt die Empfehlung der deutschen Fachgesellschaften nicht aus; vgl. *Marckmann u.a.*, Med Klin Intensivmed Notfmed 2020, 477, 481 ff.. Auch andere Empfehlungen und Teile der medizinethischen Diskussion sehen dies als gerechtfertigt an; vgl. *Emanuel u.a.*, N Engl J Med 382/21 (2020), 2049, 2052 f. Für strafbar nach deutschem Recht halten die Ex-post-Triage etwa *Engländer/Zimmermann*, NJW 2020, 1398, 1401, *Palsherm*, GesR 2020, 545, 549 f.; a.A. *Gaede/Kubiciel/Saliger/Tsambikakis*, medstra 2020, 129, 134 ff.

zuerst kommt…"-Grundsatz) entscheiden lassen dürfe.[15] Ebenso unterschiedlich sind die Einstellungen zu der Frage, ob und inwieweit die Triage und ihre Kriterien gesetzlich geregelt werden müssen. Zum Teil wird eine derartige Regelung energisch eingefordert, insbesondere mit Blick auf die offensichtliche Relevanz der Triage für grundrechtlich geschützte Güter und den dadurch nach der Wesentlichkeitstheorie gemeinhin ausgelösten Vorbehalt des Gesetzes.[16] Gelegentlich wird sie auch von dem medizinischen Personal zur Gewährleistung von Rechtssicherheit angemahnt.[17] Im Brustton der juristischen Überzeugung wird ein Gesetz insbesondere von Autoren gefordert, die der Triage die normativen Anstößigkeiten weithin nehmen wollen, indem sie (auch) die Priorisierung in Notstands- und Katastrophensituationen nahezu ausschließlich auf

---

[15] Vgl. *Walter*, https://www.zeit.de/gesellschaft/2020-04/corona-krise-aerzte-krankenhaeuser-ethik-behandlungen-medizinische-versorgung (zuletzt abgerufen am 8.12.2020); vgl. auch *Engländer*, in diesem Band, S. 111, 139 ff.; *Zimmermann*, in diesem Band, S. 221, 249 ff. Von Ärzten werden derartige, rein auf dem Zufall beruhende Entscheidungsverfahren in der Regel abgelehnt, vgl. etwa *Janssens*, DMW 145 (2020), 1152, 1155.

[16] Vgl. *Bockholdt*, in: Schlegel/Meßling/Bockholdt, COVID-19 – Corona-Gesetzgebung – Gesundheit und Soziales, 2020, § 9 Rn. 138; *Engländer/Zimmermann*, NJW 2020, 1398, 1402; *Gärditz*, ZfL 2020, 381, 384 ff.; *Gelinsky*, Brauchen wir ein Triage-Gesetz?, 2020; *Kersten/Rixen*, Der Verfassungsstaat in der Corona-Krise, 2020, 83; *Lindner/Schlögl-Flierl*, Triage bei COVID-19, 2020, 10 f. Ähnlich bereits *Kloepfer/Deye*, DVBl. 2009, 1208 1218 f.; *Taupitz*, in: Kloepfer (Hrsg.), Pandemien als Herausforderung für die Rechtsordnung, 2011, 103 ff., 124; jetzt auch *ders.*, MedR 2020, 440, 441 ff. Zur Wesentlichkeitstheorie in der Verfassungsrechtsprechung vgl. nur *Huster/Rux*, in: Epping/Hillgruber, GG, 3. Aufl. 2020, Art. 20 Rn. 172 ff.

[17] Vgl. *Storck/Sollte*, Pandemie-Triage braucht einen rechtsverbindlichen Rahmen, Der Tagesspiegel v. 23.5.2020, 16.

das verfassungsrechtlich unproblematische Kriterium der Dringlichkeit oder auf Zufallsmechanismen verpflichten.[18] Das ist dann in sich konsequent, aber im Ergebnis schwer zu vermitteln, weil damit in einem erheblichen Umfang Menschenleben einem normativen Rigorismus geopfert würden.

Geht man dagegen davon aus, dass die Triage ihre normativen Ecken und Kanten behalten muss, tut man sich mit der Forderung nach einer gesetzlichen Grundlage schon sehr viel schwerer. Insbesondere der Deutsche Ethikrat hat in seiner Stellungnahme in der Sache durchaus Sympathien oder jedenfalls Verständnis für die Erfolgsorientierung der Triage erkennen lassen, kann sich aber nicht vorstellen, dass sie eine gesetzliche Grundlage findet: Eine gesetzliche Triage-Regelung zerstörte die Fundamente unserer Rechtsordnung. Dies hat für die Strafrechtsnormen, die im deutschen Recht immerhin eine Art gesetzliche Residualordnung der Triage darstellen, nach Ansicht des Ethikrats Konsequenzen: Insbesondere die Ex-post-Triage kann allenfalls am strafrechtsdogmatischen Katzentisch der rechtswidrigen, aber entschuldbaren Handlungen Platz nehmen.[19]

Das Dilemma, in das man hier zu geraten droht, ist offensichtlich: Nach allgemeinen Maßstäben bedarf die Tri-

---

[18] Vgl. *Fateh-Moghadam/Gutmann*, https://verfassungsblog.de/gleichheit-vor-der-triage/.

[19] Deutscher Ethikrat, Solidarität und Verantwortung in der Corona-Krise, 2020, 4. So insbesondere auch *Merkel*, FAZ v. 4.4.2020, 13; ausführlich dann *ders./Augsberg*, JZ 2020, 704ff.; jetzt auch dazu *Augsberg*, in diesem Band, S. 3ff. Kritisch dazu *Taupitz*, MedR 2020, 440, 446ff.; *Hörnle*, https://verfassungsblog.de/dilemmata-bei-der-zuteilung-von-beatmungsgeraeten/ (zuletzt abgerufen am 8.12.2020); dazu wiederum kritisch *Fateh-Moghadam/Gutmann*, https://verfassungsblog.de/gleichheit-vor-der-triage/.

age einer gesetzlichen Grundlage. Diese ist aber nur oder umso eher möglich, wenn sie bestimmte Regelungen gerade nicht enthält, die für die Triage charakteristisch sind. Die Forderung nach einer gesetzlichen Grundlage scheint sich daher in diesem Fall selbst ad absurdum zu führen.

III. Die Triage als Sonderfall

Strikte Gegner und Verfechter einer gesetzlichen Regelung der Triage teilen die Prämisse, dass es hier um fundamentale Fragen der normativen Ordnung des Gemeinwesens geht, die genau deshalb oder genau deshalb gerade nicht gesetzlich geregelt werden sollten. Ich möchte die Gegenthese vertreten: Die Triage-Konstellation ist viel zu speziell, als dass man sie mit verallgemeinerungsfähigen Maßstäben regeln müsste oder mit einer derartigen Regelung die Rechtsordnung ruinieren könnte. In gewisser Weise nehmen sowohl die Kritiker als auch die Protagonisten der Notwendigkeit einer gesetzlichen Grundlage die Triage „zu ernst".

1. Ist eine gesetzliche Regelung der Triage ausgeschlossen?

Die Abneigung gegen eine gesetzliche Regelung, wie sie insbesondere in der Stellungnahme des Deutschen Ethikrats zum Ausdruck kommt, hängt ersichtlich davon ab, wie die Triage geregelt würde. *For the sake of argument* unterstelle ich im Folgenden, dass zumindest einige der als besonders heikel wahrgenommenen Spezifika der Triage – die Kategorie der „Hoffnungslosen", die Beendigung intensivmedizinischer Bemühungen zugunsten anderer Betroffener u.ä. – in einem Triage-Gesetz enthalten wären.

Würde uns das von vornherein dazu nötigen, auf ein solches Gesetz zu verzichten und – wie bei der Rettungsfolter[20] oder dem Abschuss des entführten Flugzeugs, das als Waffe eingesetzt werden soll[21] – auf eine „Dirty Harry-Lösung“ zu vertrauen? Meines Erachtens ist das aus mehreren Gründen nicht der Fall.

Zunächst einmal scheinen der Ethikrat und weitere Anhänger dieser Position der Ansicht zu sein, dass man die Triage-Grundsätze keinesfalls in die Rechtsordnung hineinlassen darf, weil dadurch die Geltung fundamentaler Rechtsgrundsätze gefährdet würde. Die Unterstellung des Eintretens solcher normativer Kollateralschäden scheint mir schon rein tatsächlich und rechtspositivistisch nicht plausibel zu sein: Schaut man sich etwa auf den Seiten des Bundesamts für Bevölkerungsschutz und Katastrophenhilfe um, finden sich dort Unterlagen zu „Sichtungs-Konsensus-Konferenzen“, auf denen sich die Vertreter einschlägiger Behörden und Hilfsorganisationen zur Geltung der klassischen Triage-Kriterien für den Fall der Fälle bekannt haben.[22] Auch die Pandemie-Risikoanalyse des Bundes, die in der Corona-Krise aufgrund ihrer Folgenlosigkeit zu einer gewissen Prominenz gelangt ist, erwähnt ganz selbstverständlich, dass ggf. triagiert werden muss: „Dies erfordert umfassende Sichtung (Triage) und Entscheidungen, wer noch in eine Klinik aufgenommen werden und dort behandelt werden kann und bei wem dies nicht mehr möglich ist. Als Konsequenz werden viele der

[20] Vgl. dazu *Poscher*, JZ 2004, 756.

[21] Vgl. BVerfGE 133, 241 ff.

[22] Zusammenstellung der Unterlagen bei https://www.bbk.bund.de/DE/AufgabenundAusstattung/Schutz_der_Gesundheit/Sichtung/Sichtungs-Konsensus-Konferenz/Sichtung-Konsensus-Konferenz_node.html (zuletzt abgerufen am 8.12.2020).

Personen, die nicht behandelt werden können, versterben."[23] Es ist also nicht so, als hätten staatliche Stellen bisher hochnotpeinlich jede Berührung mit der Triage vermieden. Eine ausdrückliche Regelung in Gesetzesform nach parlamentarischer Beratung und öffentlicher Diskussion hätte zugegebenermaßen noch eine andere Qualität – aber würden *dadurch* tatsächlich irgendwelche Rechtsgrundsätze in Frage gestellt?

Dies scheint mir zweitens schon deshalb nicht der Fall zu sein, weil die meisten Menschen klar erkennen, dass die Triage auf ungewöhnliche Sonderkonstellationen bezogen ist und ihre Grundsätze deshalb nicht verallgemeinert werden können.[24] Dass man hier nach Erfolgsaussicht priorisiert, stellt nicht eine Abwertung irgendeines individuellen Lebens dar, sondern ist ein pragmatischer Umgang mit einer dilemmatischen Situation, der gerade in seiner Erfolgsorientierung den Lebensschutz bekräftigt,[25] ohne dass man diese Orientierung deshalb auf andere Verteilungssituationen zu übertragen geneigt oder sogar verpflichtet wäre.

Diese differenzierende Haltung ist schließlich auch gut nachvollziehbar und gerechtfertigt. Denn die Triage unterscheidet sich in zentralen Hinsichten von den Verteilungsfragen, die sonst im Rahmen der gesundheitlichen

---

[23] BT-Drs. 17/12051, 65. Zu weiteren Fundstellen vgl. *Taupitz* (Fn. 16), 106 ff.; *ders.*, MedR 2020, 440, 441.

[24] Dem entspricht die Beobachtung, dass üblicherweise mit zunehmender Knappheit die Nutzenorientierung zu- und die Fairnessorientierung abnimmt; vgl. dazu im Zusammenhang mit der Corona-Triage nur *Wilkinson*, J Med Ethics 46/5 (2020), 287.

[25] Dieser Zusammenhang wird dann auch oft formuliert; vgl. etwa *Brech*, Triage und Recht, 2008, 208 ff. m.w.N; ähnlich *Taupitz*, MedR 2020, 440, 445.

Versorgung auftreten. Es ist inzwischen eine Binsenweisheit, dass die Ressourcen für die medizinische Versorgung nicht unbegrenzt sind und deshalb das Gemeinwesen schwerlich verpflichtet werden kann, jedem Bürger alles zur Verfügung zu stellen, was medizinisch notwendig oder auch nur sinnvoll sein mag.[26] Dass es in einem kollektiven Versorgungssystem Leistungsbegrenzungen gibt, ist daher weder zu vermeiden noch zu kritisieren;[27] insofern sind die Versorgungsansprüche immer von den Rahmenbedingungen – seien es die finanziellen Ressourcen, die gespendeten Organe oder eben die Anzahl der Katastrophenopfer – abhängig. Auch mit Blick auf sonstige Faktoren, die Gesundheit und Krankheit beeinflussen, ist es keineswegs so, dass andere Güter und Interessen immer hinter das leibliche Wohlergehen zurücktreten müssen; weder individuell noch kollektiv ordnen wir der Gesundheit alles unter. Nur – und das ist der entscheidende Punkt – lassen sich diese Begrenzungen im und für den Normalbetrieb der Versorgung und jenseits der Katastrophenszenarien fast immer so organisieren, dass niemand gezwungen ist, Leben und Tod auf konkrete Patienten zu verteilen. Dass wir die Anzahl der Ärzte, Krankenhäuser und Rettungshubschrauber limitieren, nicht für jedes Arzneimittel den geforderten Preis bezahlen und auch nicht beliebig viele Pflegekräfte vorhalten, mag zweifellos hier und da zu gesundheitlichen Nachteilen führen – aber wir wissen nicht, wen dieses Unglück treffen wird: Für jeden Einzelnen handelt es sich nur um eine geringfügige Risikoerhöhung. Auch muss niemand im „Normalbetrieb“ des Versorgungssystems zwischen Person A und Person B wählen; und

[26] Vgl. dazu *Huster*, Soziale Gesundheitsgerechtigkeit, 2011.
[27] So auch BVerfGE 115, 25, 46f.

wenn die Knappheit so geartet ist – z.B. im Fall von Budgetierungen[28] –, dass man das implizit doch tun muss, wird eine derartige „heimliche Rationierung" zu recht heftig kritisiert.[29] Strukturentscheidungen auf einer Makroebene – dass nicht neben jedem Autobahnkilometer ein Rettungshubschrauber stationiert wird oder ein geringer Zusatznutzen es nicht rechtfertigt, für ein neues Arzneimittel viel Geld auszugeben – führen dagegen in der Regel nicht zu derartigen Kalamitäten, sondern treffen die Entscheider vor Ort wie eine natürliche Knappheit.[30] Das gilt auch für das Transplantationsrecht, dessen Verteilungsentscheidungen gelegentlich nahe an die Triage herangerückt werden: Im Ergebnis ist es natürlich richtig, dass ein knappes Organ nur eine Person A bekommen kann. Aber jedenfalls der behandelnde Arzt kennt typischerweise weder die auf der Warteliste konkurrierende Person B noch weiß er, ob B aufgrund dieser Entscheidung tatsächlich sterben muss oder nicht doch noch rechtzeitig ein anderes Organ erhält oder gewisse Zeit mit einer Ersatztherapie warten kann. Generell mag der Bewältigung von Knappheitsproblemen im Versorgungssystem angesichts des durch die demographische Entwicklung verstärkten Bedarfs und des durch den medizinisch-technischen Fortschritt verursachten Angebots immer größere Bedeutung zukommen; insoweit von einer „Veralltäglichung der Triage" zu sprechen,[31] stellt

---

[28] Budgetierungen können tatsächlich problematisch sein, weil sie die Ressourcen beschränken, ohne aber Verteilungsregeln aufzustellen, so dass die Mangelverwaltung völlig ungesteuert im medizinischen Alltag bewältigt werden muss.

[29] Vgl. dazu *Huster* (Fn. 26), 30 ff. m. w. N.

[30] Zum Vorteil derartiger Lösungen vgl. insbesondere *Krämer*, in: Marckmann (Hrsg.), Gesundheitsversorgung im Alter, 2003, 219 ff.

[31] So *Schmidt*, ZfSoz 25 (1996), 419; kritisch zu dieser Einordnung

die Weichen aber falsch: Dass wir immer älter werden und die Medizin immer besser, sind ja zunächst gute Nachrichten; das Gemeinwesen müsste sich schon sehr dumm anstellen, wenn es für das sich daraus ergebende Knappheitsproblem keine strukturellen Lösungen findet, sondern die Versorgungspraxis in Triage-ähnliche Situationen hineinlaufen lässt.

Besonders deutlich ist der Unterschied von Normal- und Triage-Versorgung für die Ärzte und das sonstige medizinische Personal: Grundsätzlich können und sollen sie sich auf den einzelnen Patienten konzentrieren, der Hilfe sucht. Sie sollen dabei nicht immer schon konkurrierende Patienten und deren Bedürfnisse im Blick haben. Und sie sollten vor allem auch nicht auswählen müssen, wen sie überhaupt in lebensnotwendiger Weise versorgen; im Versorgungsalltag halbwegs ausgebauter Versorgungssysteme tritt diese Situation auch nicht auf. Anders dagegen in Triage-Konstellationen: Hier tritt dem Arzt nicht der einzelne Patient als Individuum gegenüber, sondern als Teil einer Not- oder Gefahrengemeinschaft, deren Mitglieder gleichzeitig oder zumindest in ungewöhnlich kurzem Zeitraum allesamt behandlungsbedürftig geworden sind.[32]

In der allgemeinen Wahrnehmung liegt das Bedrückende dieser Situation gar nicht in den inhaltlichen Kriterien,

---

bereits *Lübbe*, EthikMed 13 (2001), 148. Zur Triage als Sonderfall vgl. auch *Sass*, Medizinische Ethik bei Notstand, Krieg und Terror, 5. Aufl. 2007, 1 und *passim*.

[32] In eine ähnliche Richtung bei der Beschreibung der Triage-Situation vgl. *Gaede/Kubiciel/Saliger/Tsambikakis*, medstra 2020, 129, 131f. Auch deshalb funktioniert hier das „Wer zuerst kommt ...“-Prinzip nicht; es kann nicht nur zu absurd ineffizienten Ergebnissen führen, sondern wird in diesem Kontext auch als willkürlich und zufällig wahrgenommen (vgl. ebd., 133).

nach denen dann gesichtet wird, sondern in der Erforderlichkeit der Triage selbst. Wie stark nun Erfolgsaussicht und Dringlichkeit gewichtet werden, ob auch Behandlungen wieder abgebrochen werden dürfen – diese Fragen verblassen gegenüber dem eigentlichen Skandalon, dass Menschen über das Weiterleben konkreter anderer Menschen entscheiden müssen. (Auch die Situation in *Sophie's Choice* ist nicht so bedrückend, weil die Nazis den Eltern die Kinder wegnehmen und sie töten, sondern weil die Mutter auswählen muss, welches Kind dieses Schicksal trifft.) Einige liegen und sterben zu lassen, weil man den dringlichsten und/oder ersten Fall behandeln will, oder die Behandlungskapazitäten zu verlosen – diese Entscheidungen sind kaum weniger monströs, als eine Behandlung abzubrechen, um andere retten zu können: Es sollte überhaupt niemand in dieses Entscheidungsdilemma gebracht werden![33] Und wir haben zuletzt im Rahmen der Corona-Pandemie mehrfach die gesamte Gesellschaft heruntergefahren und unglaublich viel Geld in die Hand genommen für den kurzfristigen Ausbau der Intensivmedizin,[34] um genau diese Situation, die bei einer Überlastung der intensivme-

[33] Ganz zutreffend die programmatische Eingangsbemerkung der *Bioethikkommission (Österreich)* in ihrer Stellungnahme „Zum Umgang mit knappen Ressourcen in der Gesundheitsversorgung im Kontext der Covid-19-Pandemie", 2020, 4, https://www.bundeskanzleramt.gv.at/themen/bioethikkommission/pressemitteilungen-bioethik/stellungnahme-zum-umgang-mit-knappen-ressourcen-in-der-gesundheitsversorgung-im-kontext-der-covid-19-pandemie.html (zuletzt abgerufen am 8.12.2020): „Da dieser Extremfall ein Dilemma darstellt, für das es keine ethisch oder rechtlich befriedigende Lösung gibt, gilt es, ihn nach Kräften zu verhindern oder sein Auftreten so minimal wie möglich zu halten."

[34] Zu den Maßnahmen zur Stabilisierung der Krankenhausversorgung vgl. *Huster* (Fn. 1), 294 ff.

dizinischen Versorgung entstände, zu vermeiden[35] – bevor wir uns auch nur einen Gedanken darüber gemacht hätten, wie dann genau zu entscheiden wäre. Anders gesagt, eine rechtliche Regelung der Entscheidungskriterien für Triage-Situationen ist gar nicht so prekär, weil damit Wertungen in das Recht gelassen würden, die die Fundamente der Rechtsordnung zu untergraben drohen; insoweit ist allgemein bekannt, dass diese Situationen und Kriterien in keiner Weise verallgemeinerbar sind. Das Prekäre ist eher das Eingeständnis, dass man nicht immer vollständig gewährleisten kann, was zivilisierte Gesellschaften sonst auszeichnet: Dass niemand die Möglichkeit, das Recht oder auch die Bürde haben sollte, über das Weiterleben seiner Mitbürger zu entscheiden und in diesem Sinne als Herr über Leben und Tod zu agieren. Es ist mit einer Gemeinschaft von Freien und Gleichen grundsätzlich nicht vereinbar und allen Beteiligten unzumutbar, dass jemand in Ansehung der konkret Betroffenen derartige Entscheidungen trifft bzw. treffen muss – nach welchen Kriterien auch immer. Dass das in den hoffentlich seltenen Not- und Katastrophenfällen nicht immer ganz zu vermeiden ist, ändert nichts daran, dass es ein eindeutig erkennbarer Fremdkörper in unserer Rechts- und Sozialordnung bleibt.[36]

---

[35] Vgl. *Huster*, https://verfassungsblog.de/grenzen-der-solidaritaet/ (zuletzt abgerufen am 8.12.2020). Diesem Eindruck zustimmend *Volkmann*, FAZ v. 1.4.2020, 12. In diese Richtung jetzt auch *Graumann* (Interview), taz v. 16.11.2020, 7: „Nicht die absolute Zahl ist der Punkt, sondern die Angst, mit schwer Kranken insgesamt nicht mehr human umgehen zu können."

[36] Treffend dazu das Argumentationspapier der *Deutschen Bischofskonferenz* zur Triage, https://www.dbk.de/nc/presse/aktuelles/meldung/triage/detail/ (zuletzt abgerufen am 8.12.2020), unter 5: „Die Triage ist der Versuch, in einer akuten Notsituation die unzureichenden Hilfsmöglichkeiten unter der Prämisse, so viele Leben wie mög-

2. Ist eine gesetzliche Regelung der Triage zwingend geboten?

Wenn gegen eine gesetzliche Triage-Regelung aufgrund ihrer ersichtlichen Sonderstellung keine Bedenken bestehen, drängt sich allerdings umso mehr die Frage auf, warum ein derartiges Gesetz angesichts der massiv tangierten hochrangigen Grundrechtsgüter dann nicht auch geboten ist. Dass der Gesetzgeber sich bisher dazu nicht hat durchringen können, lässt sich leicht als politische Feigheit vor heiklen Fragen kritisieren,[37] und ganz falsch ist diese Kritik sicherlich nicht. Trotzdem mag es auch gute Gründe für diese Zurückhaltung geben.

Dies wäre allerdings anders, wenn für die Ärzte und das sonstige Personal, das in solch einer Situation entscheiden muss, tatsächlich ein signifikantes Strafbarkeitsrisiko bestände. Etwa die Auskunft des Ethikrats, auch im Falle der Ex-post-Konkurrenz könne der Arzt bei einem Behandlungsabbruch mit der „entschuldigenden Nachsicht der

---

lich zu retten, nach rationalen Kriterien zuzuteilen. Die Triage muss daher ethisch unter dem Aspekt der *Ultima Ratio* betrachtet werden. Es handelt sich nach Ausschluss aller anderen Alternativen um ein letztes Mittel, so rational wie möglich vorzugehen, um so viel Humanität und Leben zu bewahren, wie es die Situation zulässt. Das schließt die Verpflichtung ein, die Ultima-Ratio-Situation durch Sicherstellung der medizinischen Versorgung auch im Hinblick auf Not- und Katastrophenfälle so gut wie möglich zu vermeiden." Zur strafrechtlichen Unterfütterung der Vermeidungspflichten vgl. *Streng-Baunemann*, https://verfassungsblog.de/die-arztliche-pflicht-zur-kapazitatsausweitung-vor-der-triage/ (zuletzt abgerufen am 8.12.2020).

[37] In diesem Sinne etwa *Walter*, https://www.zeit.de/gesellschaft/2020-04/corona-krise-aerzte-krankenhaeuser-ethik-behandlungen-medizinische-versorgung (zuletzt abgerufen am 8.12.2020); zustimmend *Taupitz*, MedR 2020, 440, 449.

Rechtsordnung rechnen",[38] ist nicht unwidersprochen geblieben.[39] Das elementare rechtsstaatliche Prinzip der Rechtssicherheit (gerade im Strafrecht, vgl. Art. 103 Abs. 2 GG) stritte dann sehr für eine klärende gesetzliche Regelung, wenn Rechtsprechung und Strafrechtswissenschaft hier keine eindeutige Linie zu finden in der Lage wären.[40] Dem medizinischen Personal die Triage-Entscheidung aufzubürden und es gleichzeitig mit unklaren strafrechtlichen Vorgaben zu behelligen, ist weder fair noch verfassungsrechtlich zulässig.[41] Wenigstens müsste dann geklärt werden, welche der diskutierten Kriterien jedenfalls unzulässig sind. Dies halten auch die Regelungsskeptiker für denkbar;[42] allerdings hilft eine solche Regelung nur, wenn die Verwendung der restlichen Kriterien dann kein Strafbar-

---

[38] *Deutscher Ethikrat*, Solidarität und Verantwortung in der Corona-Krise, 2020, 4.

[39] Vgl. dazu *Hörnle*, in diesem Band, S. 149ff. Vgl. ferner *von der Meden*, https://www.lto.de/recht/hintergruende/h/corona-pandemie-triage-aerzte-entscheidungen-anleitung-prozesse/ (zuletzt abgerufen am 8.12.2020); *Rönnau/Wegner*, JuS 2020, 403, 405f.; *Sternberg-Lieben*, MedR 2020, 627, 636f.; *Zimmermann*, https://www.lto.de/recht/hintergruende/h/corona-triage-tod-strafrecht-sterben-kranken haus-entscheidung-auswahl/ (zuletzt abgerufen am 8.12.2020); ausführlich dann *Engländer/Zimmermann*, NJW 2020, 1398ff. Ebenfalls kritisch dazu und mit Überlegungen, ob die Aussage des Ethikrats einen Verbotsirrtum im Sinne des § 17 S. 1 StGB begründen kann, vgl. *Lindner*, medstra 2020, 199.

[40] Eine gelegentlich geforderte „Orientierungsdebatte" im Bundestag könnte dieses zentrale Problem dagegen von vornherein nicht lösen.

[41] Berechtigter Widerspruch dagegen auch bei *Heller u. a.*, FAZ v. 15.4.2020, N 2; *Janssens*, DMW 145 (2020), 1152, 1155. Die Bedeutung der Rechtssicherheit stark relativierend dagegen *Merkel/Augsberg*, JZ 2020, 704, 714.

[42] Vgl. *Merkel/Augsberg*, JZ 2020, 704, 714.

keitsrisiko mehr auslöst. An einer Positionierung kommt man daher nicht ganz vorbei, sobald man etwas regelt.

Die maßgeblichen Stimmen aus der Rechts- und Gesundheitspolitik haben sich bisher gegen ein „Triage-Gesetz" ausgesprochen. Hier ist man der Meinung, dass (1) ein derartiges Gesetz – den Bedenken des Ethikrats folgend – verfassungsrechtlich heikel wäre, (2) das Strafrecht schon eine einheitliche Linie finden werde und es sich (3) um im Kern „ärztliche Entscheidungen" nach „medizinischen Kriterien" handele.[43] Kritisiert worden ist insoweit insbesondere die letztgenannte Annahme: Aus medizinisch-wissenschaftlichen Erkenntnissen könne nicht auf bestimmte Verteilungskriterien geschlossen werden.[44] Das ist sicherlich zunächst einmal richtig und aus der Diskussion über die „Falschbezeichnung" in § 12 Abs. 3 S. 1 TPG (Vermittlung der Organe nach „Regeln, die dem Stand der Erkenntnisse der medizinischen Wissenschaft entsprechen, insbesondere nach Erfolgsaussicht und Dringlichkeit") bekannt.[45] Trotzdem wäre zumindest zu überlegen, ob der Verweis auf die „ärztlichen Entscheidungen" nicht etwas Richtiges enthält. Ärzte treffen im Kontext medizinischer Behandlungen zahlreiche Entscheidungen, die sich gewiss nicht immer im strengen Sinne auf Erkenntnisse der medizinischen Wissenschaft zurückführen lassen: Sie sind

---

[43] In diesem Sinne etwa die Interviewäußerungen der Bundesjustizministerin Christine Lambrecht, WamS v. 26.4.2020, 4. Vgl. auch die Antwort des Parlamentarischen Staatssekretärs aus dem Bundesgesundheitsministerium auf eine kleine Anfrage im Bundestag unter BT-Drs. 19/18555, 104 f.

[44] Vgl. nur bereits *Taupitz* (Fn. 16), 109 und *passim;* ähnlich etwa *Engländer/Zimmermann*, NJW 2020, 1398; *Fateh-Moghadam/Gutmann*, https://verfassungsblog.de/gleichheit-vor-der-triage/. Vgl. auch *Brech* (Fn. 25), 100 ff.

[45] Vgl. dazu *Birnbacher*, in diesem Band, S. 189, 195 f.

natürlich medizinisch informiert, aber enthalten darüber hinaus ein gutes Stück praktischer Urteilskraft. Trotzdem ist es kein Zufall oder Versehen, dass wir diese Aufgabe den Ärzten zuweisen. Auch in der Triage-Diskussion waren es die Stellungnahmen ärztlicher Fachverbände (und nicht der Ingenieure oder Steuerberater), auf die die Politik und der Ethikrat verweisen. All dies zeigt, dass es Ärzte als ihre Aufgabe betrachten und ihnen diese Aufgabe auch von anderen zugeschrieben wird, Entscheidungen zu treffen, die zwar nicht streng medizinisch-wissenschaftlichen Charakter haben, aber in einem unmittelbaren Zusammenhang damit stehen. In diesem Sinne hat das einschlägige Fachpersonal keinen exklusiven, aber schon aufgrund seiner Fachkompetenz und Erfahrung einen besonderen Zugang zu derartigen Fragestellungen.[46] So hängt die Plausibilität von Verteilungsregeln immer auch von deren Auswirkungen ab. Diese Auswirkungen auf die Überlebenszahl o.ä. können sich aber je nach genauem Aussehen des Notfalls oder der Katastrophe sehr unterschiedlich darstellen und lassen sich ohne detaillierte Kenntnis der medizinischen Sachverhalte gar nicht beurteilen. Schon deshalb sind hier zunächst die Ärzte gefragt, wenn es um die Frage geht, was zu tun „alles in allem" (d.h. unter Berücksichtigung medizinisch-wissenschaftlicher als auch normativer Aspekte) am besten ist. Dies gilt jedenfalls dann, wenn – wie in den einschlägigen Stellungnahmen vorgesehen – die sehr „medizinnahen" Kriterien der Dringlichkeit und der Erfolgsaussicht zentral sein sollen und relativ „medizinferne" Kriterien (sozialer Wert, kalendarisches Lebensalter,

---

[46] Vgl. *McCullough*, The American Journal of Bioethics 20 (2020), No. 7, 9ff. Zur Diskussion vgl. auch *Birnbacher*, in diesem Band, S. 189, 198ff.

instrumenteller Wert z.B. des Gesundheitspersonals o.ä.) praktisch keine Rolle spielen. Gefragt ist hier nicht die Medizin als Wissenschaft, sondern der Arzt als Praktiker – ähnlich wie wir auch Richtern in juristischen Kontexten Wertentscheidungen überlassen, die weder das Recht noch die Rechtswissenschaft determinieren kann.

Aber muss der Gesetzgeber nicht trotzdem – unter Berücksichtigung des ärztlichen Sachverstands – die Triagekriterien gesetzlich festlegen? Schließlich geht es ja um die Verteilung eines äußerst grundrechtsrelevanten Guts. Tatsächlich käme man an der Konsequenz in zwei Konstellationen nicht vorbei. Zum einen müsste der Gesetzgeber tätig werden, wenn zu beobachten wäre, dass Triageentscheidungen tatsächlich nach Kriterien getroffen werden, die schlimme Diskriminierungen enthalten und mit den Wertungen des grundrechtlichen Gleichheitssatzes (Art. 3 GG) in keiner Weise vereinbar wären. Davon kann aber bisher keine Rede sein; auch die Stellungnahmen der ärztlichen Fachverbände weisen derartig problematische Unterscheidungen – etwa nach Geschlecht oder Hautfarbe – nicht auf.[47] Heikel könnte allenfalls das Abstellen auf bestimmte Vorerkrankungen sein; dass diese in der Empfehlung der

[47] Vgl. *Marckmann u.a.*, Med Klin Intensivmed Notfmed 2020, 477; *Bundesärztekammer*, Orientierungshilfe der Bundesärztekammer zur Allokation medizinischer Ressourcen am Beispiel der SARS-CoV-2-Pandemie im Falle eines Kapazitätsmangels, 2020, https://www.bundesaerztekammer.de/fileadmin/user_upload/downloads/pdf-Ordner/Stellungnahmen/BAEK_Allokationspapier_05052020.pdf (zuletzt abgerufen am 8.12.2020); *Bundesvereinigung der Arbeitsgemeinschaften Notärzte Deutschlands (BAND) e.V.*, Leitplanken für Notärztinnen und Notärzte bei der Zuteilung von Behandlungsressourcen im Kontext der COVID-19-Pandemie, 2020, http://www.band-online.de/Leitplanken_fuer_Notaerztinnen_und_Notaerzte_bei_der_Zuteilung_von_Behandlungsressourcen_

Fachgesellschaften eine gewisse Rolle spielen,[48] ist Gegenstand eines Verfassungsbeschwerdeverfahrens, in dem dies als (mittelbare) Behindertendiskriminierung gerügt wird.[49] Hier zeigt sich, dass Pandemien typischerweise nicht ganz der klassischen Triage-Situation entsprechen:[50] Wenn über Prioritäten entschieden wird, weiß man z.T. bereits, wer vermutlich profitieren wird und wer benachteiligt wird. Dies engt die Möglichkeiten einer Rechtfertigung der Triagekriterien nicht über problematische utilitaristische Argumente, sondern über die normativ anschlussfähige Figur des Ex-ante-Konsenses ein.[51] Solange die diskutierten Empfehlungen aber nicht offen an bestimmte Behinderungen anknüpfen und deshalb das behinderungsbezogene Benachteiligungsverbot des Art. 3 Abs. 3 S. 2 GG auf den Plan rufen, sondern aufgrund ihrer Erfolgsorientierung nur mittelbar zu einer Benachteiligung von Menschen mit Behinderungen führen können, wird man aber schwerlich grundlegende Einwände erheben können. Dies ließe sich

---

im_Kontext_der_COVID-19-Pandemie_8465.html (zuletzt abgerufen am 8.12.2020).

[48] Vgl. *Marckmann u.a.*, Med Klin Intensivmed Notfmed 2020, 477, 481.

[49] Vgl. BVerfG v. 16.7.2020, 1 BvR 1541/20; dazu *Gärditz*, ZfL 2020, 381. Zur medizinethischen Diskussion vgl. *Auriemma u.a.*, The American Journal of Bioethics 20 (2020), No. 7, 28.

[50] Das Triage-Konzept hält daher hier für gar nicht anwendbar: *Kasmann*, https://www.praefaktisch.de/covid-19/corona-triage-risikogruppen-und-altersdiskriminierung/ (zuletzt abgerufen am 8.12.2020).

[51] Vgl. *Lübbe*, MedR 2020, 434, 439; *dies.*, in diesem Band, S. 257 ff. Grundsätzlich dazu *dies.*, Nonaggregationismus, 2015. Auf eine derartige „gerechtigkeitstheoretische Begründungslogik" stellt etwa das Argumentationspapier der Deutschen Bischofskonferenz zur Triage ab, https://www.dbk.de/nc/presse/aktuelles/meldung/triage/detail/ (zuletzt abgerufen am 8.12.2020), unter 6. Zur Diskussion dieses Ansatzes vgl. auch *Zimmermann*, in diesem Band, S. 221 ff.

nämlich nur vermeiden, wenn die Erfolgsorientierung gar keine Rolle spielen dürfte – eine Position, die kaum jemand zu vertreten bereit sein wird.

Zum anderen bräuchte die Triage zwingend eine gesetzliche Grundlage, wenn der Staat selbst über die Versorgungskapazitäten verfügte oder zumindest abschließend über deren Verteilung entschiede. Ebenso wie bei Organen, deren Verteilung der Staat monopolisiert hat, oder bei Medizinstudienplätzen, die fast ausschließlich an öffentlichen Universitäten zur Verfügung stehen,[52] müssten das Verteilungsverfahren und die Verteilungskriterien dann in ihren Grundzügen gesetzlich geregelt werden. Nur ist das hier gar nicht der Fall: Über die Aufnahme und Beendigung einer intensivmedizinischen Behandlung entscheidet nicht die öffentliche Gewalt, sondern die Ärzte im jeweiligen Krankenhaus.[53] Es existiert kein staatliches Bewirtschaftungssystem für intensivmedizinische Kapazitäten.[54] Die Aussage, „das Verfassungsrecht garantiert allen bedürftigen Patienten (…) einen individuellen grundrechtlichen Anspruch auf chancengleiche Teilhabe an den intensivmedizinischen Behandlungskapazitäten“[55], hängt inso-

---

[52] Vgl. BVerfGE 33, 303, 336f.; 147, 253, 309ff.

[53] Gesehen wird dies auch bei *Hübner u. a.*, DMW 145 (2020), 687, 690.

[54] Im Grunde gibt es in Deutschland nicht einmal eine Übersicht über die zur Verfügung stehenden Intensivbetten. Im Rahmen der Corona-Krise ist hier zunächst auf private Initiative, dann auf der Grundlage der Verordnung zur Aufrechterhaltung und Sicherung intensivmedizinischer Krankenhauskapazitäten – DIVI IntensivRegister-Verordnung v. 7.4.2020, BAnz AT 9.4.2020 V4 (zu geringfügigen Änderungen vgl. die Änderungsverordnung v. 29.5.2000, BAnz 2.6.2020, V2) ein Melderegister eingeführt worden.

[55] So *Fateh-Moghadam/Gutmann*, https://verfassungsblog.de/gleichheit-vor-der-triage/.

weit in der Luft. Sie setzt voraus, dass der Staat diese Kapazitäten verteilt, was er gerade nicht tut.[56] Nur über sehr gewagte schutzpflichtenrechtliche Konstruktionen könnte man hier zu dem Ergebnis gelangen, dass der Staat diesen „Anspruch auf chancengleiche Teilhabe" irgendwie sicherstellen muss.[57] Dafür wird man aber unter Geltung des Untermaßverbots[58] kaum mehr verlangen können, als dass der Staat die Situation beobachtet und eingreift, falls in manchen Krankenhäusern völlig willkürliche Entscheidungen bei der klinischen Sichtung getroffen werden; diesem Erfordernis dürfte aber schon durch den Erlass der einschlägigen strafrechtlichen Normen als einer „Rahmenordnung" genügt sein.[59] Nicht ersichtlich ist dagegen, dass es das Verfassungsrecht verlangt, die Triageentscheidungen gesetzlich bis ins letzte Detail zu determinieren und zu vereinheitlichen.[60] So befinden sich viele Krankenhäuser bekanntlich in kirchlicher Trägerschaft. Es ist nicht klar,

---

[56] An dieser Erkenntnis ändert sich auch nichts, wenn man wie *Lindner*, MedR 2020, 723, die entscheidenden Ärzte im Anschluss an BVerfGE 148, 267ff. im Wege der Drittwirkung einer strengen Grundrechtsbindung unterwirft: Auch von hier führt kein direkter Weg zum Vorbehalt des Gesetzes (anders wohl *Engländer*, in diesem Band, S. 111, 142ff.).

[57] Nicht diskutiert wird hier die Frage, ob sich aus dem einfach-gesetzlichen Gleichstellungsrecht Auswahlvorgaben ergeben.

[58] Vgl. BVerfGE 88, 203, 254ff.

[59] Im Ergebnis ähnlich *Hilgendorf*, https://www.lto.de/recht/hintergruende/h/corona-triage-klinisch-ethische-empfehlungen-aerzte-pflichtenkollision-moeglichst-viele-nutzbringend-retten/ (zuletzt abgerufen am 8.12.2020): „Wir Juristen täten gut daran, unsere Streitfragen nicht zu Lasten der Mediziner auszutragen. Eine pragmatische Lösung ist es, zunächst einmal jede als noch vertretbar erscheinende medizinische Entscheidung zu akzeptieren, und nur offenkundig nicht mehr vertretbare Entscheidungen als rechtswidrig einzustufen."

[60] Auch in anderen Staaten sind gesetzliche Triagevorgaben wohl

warum diese Häuser ihre besondere Ausrichtung nicht auch – ebenso wie bei anderen ethisch umstrittenen Fragen – im Rahmen der Triage zum Ausdruck bringen können sollten. Medizinethische Leitfäden, die ausdrücklich den Anspruch erheben, „*insbesondere konfessionellen Trägern* von Gesundheits- und Sozialeinrichtungen und ihren Mitarbeitenden (…) eine Orientierung in ethisch schwierigen Entscheidungssituationen (zu) bieten“, um zu „ethisch begründeten Empfehlungen im Zuge von Entscheidungsfindungen bei nicht ausreichenden intensivmedizinischen Behandlungskapazitäten zu gelangen“, gibt es jedenfalls.[61] Sollte tatsächlich ein verfassungsrechtliches Gebot bestehen, diesen denkbaren Pluralismus durch eine vereinheitlichende gesetzliche Regelung – und wenn sie die Entscheidungskriterien nicht vereinheitlichen würde, wüsste man schon gar nicht, wozu diese Regelung gut sein sollte – zu verhindern? Es fällt schwer, dafür jenseits der Verhinderung offener Willkür einen guten Grund zu finden.

IV. Fazit

Verfassungsrechtlich spricht nichts gegen eine gesetzliche Regelung der Triage. Zumindest dann, wenn die klassischen Triagekriterien festgeschrieben werden, wird man darin auch keine problematische „Abwertung“ menschlichen Lebens sehen, sondern den plausiblen Umgang mit

---

eher selten zu beobachten, vgl. dazu die Erhebungen bei *Gelinsky*, Triage-Empfehlungen grenzüberschreitend betrachtet, 2020, 5 ff.

[61] Vgl. *Heinemann u. a.*, Covid 19. Ethische Empfehlungen über Beginn und Fortführung einer intensivmedizinischen Behandlung bei nicht ausreichenden Behandlungskapazitäten, 2020, 3 (Hervorhebung hinzugefügt).

einem Dilemma. Nur lässt sich aus dieser sehr speziellen Situation nichts über die Bewältigung von anderen Knappheitssituationen lernen. Dies sollte man weder hoffen noch befürchten: „Hard cases make bad law".

Gezwungen ist der Gesetzgeber zu einer derartigen Regelung aber auch nicht: Weithin könnte er nur festschreiben, was die Ärzte auf der Grundlage der Empfehlungen ihrer Fachgesellschaften eh schon tun. Und wenn es insoweit Unterschiede gibt, bildet dies einen moralischen Pluralismus in unserer Gesellschaft ab, den zu vereinheitlichen die Verfassung jenseits eines strafrechtlich definierten Rahmens kaum fordert.

Teil 2

Was ist durch strafrechtliche Normen festgelegt?

Die Pflichtenkollision bei der Ex-ante-Triage

Armin Engländer

I. Einleitung

Der rechtliche Umgang mit dilemmatischen Situationen, in denen ein gefährdetes Rechtsgut wie Leben, Gesundheit oder Eigentum nur auf Kosten eines anderen Rechtsguts vor Schaden bewahrt werden kann, ist kein neues Problem. Zur strafrechtlichen Bewältigung solcher Konfliktlagen enthält unsere Rechtsordnung gleich mehrere etablierte Institute, die sich zu einem System der Notrechte fügen. Zu nennen sind der rechtfertigende und der entschuldigende Notstand, §§ 34, 35 StGB, der zwar gesetzlich nicht normierte, von der h.M. aber im Grundsatz anerkannte übergesetzliche entschuldigende Notstand[1] sowie im Bereich der Unterlassungsdelikte, ebenfalls gewohnheitsrechtlich akzeptiert, zusätzlich die rechtfertigende Pflichtenkollision[2] und die Unzumutbarkeit normgemäßen Verhaltens.[3] Auf der Grundlage einer Vielzahl realer und erdachter Fallkonstellationen aus allen Lebensbereichen

[1] Näher Matt/Renzikowski-*Engländer*, StGB, 2. Aufl. 2020, § 35 Rn. 19f. Ausf. zu den verschiedenen Begründungsansätzen *T. Zimmermann*, Rettungstötungen, 2009, 272ff.

[3] S. dazu Matt/Renzikowski-*Haas* (Fn. 1), § 13 Rn. 29ff. Eingehend zu dieser Figur *Momsen*, Die Zumutbarkeit als Begrenzung strafrechtlicher Pflichten, 2006.

hat sich zu diesen Regelungen eine konsolidierte Dogmatik entwickelt, die – ungeachtet der Existenz schwer zu entscheidender *hard cases* und fortdauernder Debatten auch über grundsätzliche Aspekte – eine einigermaßen verlässliche rechtliche Bewertung zumindest der meisten Konfliktfälle ermöglicht. Freilich wird diese Dogmatik immer wieder durch neue Fragestellungen und aktuelle Problemlagen herausgefordert und auf die Probe gestellt. So bildet seit einigen Jahren die Programmierung von – derzeit indes noch in der Entwicklung begriffenen – selbstfahrenden („autonomen") Kraftfahrzeugen im Hinblick auf den Eintritt von Dilemmasituationen im Straßenverkehr einen Gegenstand intensiver Diskussion.[4] Gegenwärtig ist unter dem aus der Katastrophen- und Kriegsmedizin stammenden Schlagwort der „Triage" im Zusammenhang mit der Covid-19-Pandemie die Frage in den Mittelpunkt gerückt, nach welchen Kriterien die Zuteilung intensivmedizinischer Ressourcen, insb. von Beatmungsgeräten, erfolgen soll, wenn die Anzahl der akut behandlungsbedürftigen Patienten die vorhandenen Kapazitäten überschreitet.[5] Zwar handelt es sich hier anders als bei der Programmierung autonomer Automobile nicht um eine neuartige, sondern um eine prinzipiell bereits bekannte und

---

[4] *Engländer*, ZIS 2016, 375; *Erb*, in: FS für Neumann, 2017, 785; *Greco*, in: FS für Kindhäuser, 2019, 165; *Hörnle/Wohlers*, GA 2018, 12; *Joerden*, in: Hilgendorf (Hrsg.), Autonome Systeme und neue Mobilität, 2017, 73; *Weigend*, ZIS 2017, 599; *Wörner*, ZIS 2019, 41.

[5] *Ast*, ZIS 2020, 268; *Engländer/T. Zimmermann*, NJW 2020, 1398; *Gaede/Kubiciel/Saliger/Tsambikakis*, medstra 2020, 129; *Hoven*, JZ 2020, 449; *Jäger/Gründel*, ZIS 2020, 151; *Lindner*, MedR 2020, 723; *Lübbe*, MedR 2020, 434; *Merkel/Augsberg*, JZ 2020, 704; *Rönnau/Wegner*, JuS 2020, 403; *Sowada*, NStZ 2020, 452; *Sternberg-Lieben*, MedR 2020, 627; *Taupitz*, MedR 2020, 440; *T. Walter*, GA 2020, 656; monographisch *Brech*, Triage und Recht, 2008.

auch intensiv erörterte Problemkonstellation; ihre bedauerliche Aktualität durch die Covid-19-Pandemie bietet aber gleichwohl Anlass, die von der h. M. bislang vertretenen Lösungsvorschläge noch einmal zu rekapitulieren und unter Berücksichtigung neuer Überlegungen einer kritischen Überprüfung zu unterziehen.

Im Fokus des hiesigen Beitrags soll dabei speziell das Institut der rechtfertigenden Pflichtenkollision stehen. Seine Eigenheit liegt darin, dass es dem Verpflichteten bei kollidierenden Handlungspflichten, die er nicht zugleich erfüllen kann, nicht nur gestattet, die niederrangige Pflicht zugunsten der höherrangigen zurückzustellen, sondern ihm außerdem bei Gleichrangigkeit der Pflichten ein Wahlrecht einräumt.[6] Durch dieses Wahlrecht wird einerseits der Handlungsspielraum des Verpflichteten erweitert; er erfährt einen Freiheitszuwachs. Andererseits bürdet ihm das Recht die Verantwortung auf zu bestimmen, welches von zwei gleichwertigen Rechtsgütern geopfert werden soll. Dieser Verantwortung kann er sich nicht entziehen; er darf *nicht nicht* entscheiden und untätig bleiben.[7] Besonders belastend ist die Verantwortungszuweisung für den Verpflichteten, wenn für die von der Entscheidung Betroffenen das Leben auf dem Spiel steht. In diesem Zusammenhang sind nun drei Fragen von besonderem Interesse. Erstens: Unter welchen Voraussetzungen liegt überhaupt eine Gleichrangigkeit der kollidierenden Handlungspflichten vor? Wann also hat der Verpflichtete *de lege lata* das Recht *und* die Pflicht, eine Auswahlentscheidung zu treffen? Zweitens: Gibt es womöglich Negativkriterien, das

---

[6] Vgl. Matt/Renzikowski-*Engländer* (Fn. 1), Vor § 32 Rn. 30.

[7] Zu den Gründen aus kontraktualistischer Perspektive *T. Zimmermann* (Fn. 1), 144 ff.; aus Sicht des Verfassungsrechts *Lindner*, MedR 2020, 723, 724.

heißt Faktoren, auf die er seine Entscheidung nicht stützen darf und die deshalb seiner Wahlfreiheit Grenzen setzen? Drittens: Darf, soll oder muss das Recht *de lege ferenda* anstelle der Einräumung einer Wahlfreiheit ein Verfahren vorgeben, nach dem bei Gleichrangigkeit die zu befolgende Pflicht bestimmt wird? Diesen Fragen will der vorliegende Beitrag im Hinblick auf die Triage nachgehen. Vorab bedarf allerdings die rechtfertigende Pflichtenkollision einer Einordnung in das System der Notrechte; zudem ist ihre Relevanz für die Triage aufzuzeigen.

II. Die Kollision von Pflichten im System der Notrechte

Eine Kollision von *(prima facie-)*Pflichten zum Schutz fremder Rechtsgüter kann zwischen einer Handlungs- und einer Unterlassungspflicht oder zwischen zwei Handlungspflichten bestehen. Unterlassungspflichten können dagegen nach h. M. nicht miteinander in Konflikt geraten.[8] Die Auflösung des Widerstreits zwischen einer Handlungs- und einer Unterlassungspflicht richtet sich nach den Regeln des rechtfertigenden Notstands.[9] Ausschlaggebend

[8] Näher dazu *Gropp*, in: FS für Hirsch, 1999, 207, 217ff.; *T. Zimmermann* (Fn. 1), 200ff.; a. A. *Neumann*, in: FS für Roxin, 2001, 421, 429f.

[9] *Küper,* Grund- und Grenzfragen der rechtfertigenden Pflichtenkollision im Strafrecht, 1979, 33f.; *Neumann* (Fn. 8), 424ff.; Schönke/Schröder-*Sternberg-Lieben*, StGB, 30. Aufl. 2019, Vor §§ 32ff. Rn. 71f.; *T. Zimmermann* (Fn. 1), 126ff.; krit. *Hruschka*, in: FS für Larenz, 1983, 257, 279f.; *Coca-Vila* ZStW 130 (2018), 959, 972ff. Freilich liegt nicht bei jeder Notstandskonstellation eine Kollision zwischen einer Unterlassungs- und einer Handlungspflicht vor. In vielen Fällen kollidiert die Unterlassungspflicht lediglich mit einem Handlungs*interesse*. Am Beispiel: Eine Autofahrerin kann einem für sie

ist somit vor allem das Gewicht der hinter den jeweiligen Pflichten stehenden Interessen. Gemäß § 34 StGB ist die aktive Verletzung fremder Rechtsgüter zur Abwendung einer gegenwärtigen Gefahr von sich oder einem anderen nur erlaubt, wenn (1) dies zur Gefahrenabwehr erforderlich ist, (2) das geschützte Interesse (= das Interesse an dem gefährdeten Rechtsgut) das beeinträchtigte Interesse (= das Interesse an dem zur Rettung aufzuopfernden Rechtsgut) *wesentlich überwiegt* und (3) die Tat zudem ein angemessenes Mittel darstellt.[10] Sind diese Voraussetzungen erfüllt, muss der Dritte die Aufopferung seiner Rechtsgüter aus Gründen der Solidarität hinnehmen.[11] Eine Rechtfertigung scheidet dagegen aus, wenn es an einem wesentlichen Überwiegen fehlt. Das ist nach h.M. insbesondere dann der Fall, wenn der Dritte durch die Gefahrenabwehrmaßnahme getötet oder schwer verletzt wird. Denn grundsätzlich kann man niemandem als Solidaropfer zugunsten ei-

---

lebensgefährlichen Zusammenstoß mit einem plötzlich auf der Straße auftauchenden Hindernis nur dadurch entgehen, dass sie beim Ausweichen das am Straßenrand geparkte Fahrzeug eines Dritten beschädigt. Hier ist die Fahrerin zwar verpflichtet, die Fahrzeuge anderer nicht zu beschädigen, nicht aber, ihr eigenes Leben oder ihre Gesundheit vor Verletzungen zu bewahren. Gleichwohl kann sie natürlich ein rechtlich anerkennenswertes Interesse besitzen, Letzteres zu tun.

[10] Ein abweichender Maßstab gilt allerdings, wenn die Gefahr nicht auf Kosten eines unbeteiligten Dritten, sondern des für die Gefahrenlage Verantwortlichen bzw. Zuständigen abgewendet werden soll, sog. Defensivnotstand. Näher dazu Matt/Renzikowski-*Engländer* (Fn. 1), § 34 Rn. 47. Da diese Konstellation im hiesigen Kontext keine Rolle spielt, bleibt sie im Folgenden außer Betracht.

[11] Zum Solidaritätsprinzip als Grundlage des rechtfertigenden Notstands s. *Engländer*, GA 2017, 242, 247 ff.; *Kühnbach*, Solidaritätspflichten Unbeteiligter, 2007, 52 ff.; *Renzikowski*, Notwehr und Notstand, 1994, 188 ff.

nes anderen die Hinnahme des Todes oder gravierender Beeinträchtigungen der körperlichen Integrität abverlangen.[12] Kommt der Handlungspflicht deshalb nur dann Vorrang vor der Unterlassungspflicht zu, wenn das ihr zugrunde liegende Interesse wesentlich überwiegt, muss umgekehrt ihre Nicht-Befolgung schon in den Fällen erlaubt sein, in denen diese Voraussetzung nicht erfüllt ist.[13] Bei den Unterlassungsdelikten bedarf der Abwägungsmaßstab des § 34 StGB deshalb der Anpassung.[14] Das Unterlassen einer Rettungshandlung, also die Nicht-Befolgung der Handlungspflicht, ist schon dann gerechtfertigt, wenn das dadurch geschützte Interesse (nun das Interesse des Dritten an der Integrität seiner Rechtsgüter) zumindest *nicht wesentlich weniger wiegt* als das durch das Unterlassen beeinträchtigte Interesse (also das Interesse des Schutzbefohlenen). Stehen auf beiden Seiten gleichwertige Interessen, geht somit die Unterlassungspflicht vor.

Der Widerstreit zwischen zwei rechtlichen Handlungspflichten, fremde Rechtsgüter aus einer Gefahr zu retten, die der Verpflichtete in der konkreten Situation zwar *alternativ*, nicht aber *kumulativ* zu erfüllen vermag, wird dagegen nach den Regeln der rechtfertigenden Pflichtenkollision aufgelöst. Am klassischen Lehrbuch-Beispiel: Ein

---

[12] Vgl. dazu Matt/Renzikowski-*Engländer* (Fn. 1), § 34 Rn. 32; ferner *Pawlik*, Der rechtfertigende Notstand, 2002, 257; *T. Zimmermann* (Fn. 1), 69. Beim Rechtsgut des Lebens stützt sich die h. M. zudem auf das Argument, es handele sich um einen Höchstwert, der sich von vornherein jeder qualitativen oder quantitativen Abwägung entziehe. Vgl. nur Schönke/Schröder-*Perron* (Fn. 9), § 34 Rn. 23 m. w. N.

[13] Eingehend zur Anwendbarkeit der Regelung des rechtfertigenden Notstands auf das Unterlassungsdelikt *Küper* ZStW 131 (2019), 1.

[14] Matt/Renzikowski-*Engländer* (Fn. 1), § 34 Rn. 55. Übersehen von *Ast*, ZIS 2020, 268, 271.

Elternteil kann von seinen beiden gerade ertrinkenden Kindern nur eines retten. Da die Rechtsordnung niemanden zu Unmöglichem verpflichten darf – *impossibilium nulla est obligatio* –, wird der Verpflichtete gerechtfertigt, wenn er bei verschiedenrangigen Handlungspflichten die höherrangige Pflicht[15] und bei gleichrangigen Handlungspflichten zumindest eine der Pflichten[16] erfüllt. Soweit einige Autoren vertreten, im Falle gleichrangiger Pflichten sei der Täter lediglich zu entschuldigen,[17] ist dem zu widersprechen, denn das liefe darauf hinaus, von ihm doch Unmögliches zu fordern.[18] Der Rang der kollidierenden Pflichten bestimmt sich dabei grundsätzlich nach den für den rechtfertigenden Notstand geltenden Abwägungsfaktoren[19] (dazu später mehr), das heißt das Gewicht der Pflicht ergibt sich wiederum aus dem Wert des durch sie geschützten Interesses.[20]

---

[15] AllgM: etwa *Fischer*, StGB, 67. Aufl. 2020, Vor § 32 Rn. 11; LK-*Rönnau*, StGB, 13. Aufl. 2019, Vor § 32 Rn. 115; NK-*Neumann*, StGB, 5. Aufl. 2017, § 34 Rn. 124; Schönke/Schröder-*Sternberg-Lieben* (Fn. 9), Vor §§ 32 ff. Rn. 73.

[16] BGHSt 47, 318, 322; 48, 307, 311; *Küper* (Fn. 9), 18 ff.; NK-*Neumann* (Fn. 15), § 34 Rn. 124; *Roxin/Greco*, Strafrecht AT I, 5. Aufl. 2020, § 16 Rn. 118 ff.

[17] *Fischer* (Fn. 15), Vor § 32 Rn. 11a; NK-*Paeffgen/Zabel* (Fn. 15), Vor §§ 32 ff. Rn. 174.

[18] Ausf. Kritik bei *Küper* (Fn. 9), 19 ff.; *ders.*, in: FS für Neumann, 2017, 931, 936 ff.; *Neumann* (Fn. 8), 430 ff.

[19] Dabei ist allerdings zu beachten, dass nur die Abwägungs*faktoren*, anhand derer das Gewicht der Interessen bestimmt wird, nicht aber auch der Abwägungs*maßstab* des § 34 herangezogen wird. Es ist für eine Rechtfertigung nicht erforderlich, dass das geschützte Interesse das beeinträchtigte Interesse wesentlich überwiegt. Es genügt, dass es nicht weniger wiegt.

[20] Matt/Renzikowski-*Engländer* (Fn. 1), Vor § 32 Rn. 30.

III. Ex-ante- und Ex-post-Triage

Bei der Triage sind zwei Grundkonstellationen zu unterscheiden. Konkurriert wenigstens ein akut behandlungsbedürftiger Patient mit einem anderen Patienten, der bereits intensivmedizinisch behandelt wird, um *dessen* Behandlungsplatz, spricht man von einer Ex-post-Triage. Wenn hingegen mindestens zwei akut behandlungsbedürftige Patienten um einen *freien* Behandlungsplatz rivalisieren, wird dies als Ex-ante-Triage bezeichnet. Sofern bei beiden Patienten die intensivmedizinische Behandlung indiziert ist[21] und beide auch über einen Behandlungswunsch verfügen, also keiner zugunsten des anderen auf eine intensivmedizinische (Weiter-)Behandlung verzichtet, besteht eine Konfliktlage. Bei der Ex-ante-Triage kollidieren fraglos zwei Handlungspflichten zur Behandlungsaufnahme, so dass hier unstreitig die Regeln der rechtfertigenden Pflichtenkollision Anwendung finden. Anders verhält es sich nach h.M. bei der Ex-post-Triage. Sofern dort die Behandlungsbeendigung bei dem schon behandelten Patienten schlicht in einem Verzicht auf das Ergreifen weiterer Behandlungsmaßnahmen bestünde, gilt zwar das Vorgesagte. Wäre der Behandlungsabbruch zugunsten des neu hinzukommenden Patienten aber mit einem aktiven Tun – idealtypisch: dem Abschalten eines Beatmungsgeräts – verbunden, liegt nach h.M. ein Widerstreit zwischen einer Unterlassungs- und einer Handlungspflicht vor: Einerseits ist der Arzt verpflichtet, schädigende Eingriffe in die durch den intensivmedizinischen Behandlungsbeginn

[21] Daran fehlt es, wenn die Erkrankung einen aussichtslosen Verlauf angenommen hat. Vgl. zur Minimalnutzenschwelle *Sternberg-Lieben*, MedR 2020, 627, 631 f.

begründete rechtlich geschützte Sphäre des ersten Patienten zu unterlassen;[22] andererseits trifft ihn die Pflicht, die intensivmedizinische Behandlung des zweiten Patienten aufzunehmen. Maßgeblich ist folglich die Regelung des rechtfertigenden Notstands, der zufolge der Behandlungsabbruch nur gerechtfertigt wäre, wenn das dadurch geschützte Interesse des zweiten Patienten das beeinträchtigte Interesse des ersten wesentlich überwöge. Nun bildet aber das Leben nach der vom BVerfG in der ersten Luftsicherheitsgesetz-Entscheidung nochmals bekräftigten[23] h.M. einen aus der Menschenwürdegarantie folgenden *Höchstwert*, der sich von vornherein jeder qualitativen oder quantitativen Abwägung entzieht (Prinzip der Lebenswertindifferenz).[24] Kurz gesagt: Keine Abwägung „Leben gegen Leben". Folglich ist, völlig unabhängig von Faktoren wie der Dringlichkeit der Behandlung oder ihren klinischen Erfolgsaussichten, ein Behandlungsabbruch zugunsten des zweiten Patienten nicht zu rechtfertigen,

---

[22] Ebenso *Lindner*, MedR 2020, 723, 724; *Sternberg-Lieben*, MedR 2020, 627, 635. Dass der Patient durch die Behandlungsaufnahme eine verfestigte Rechtsposition erworben hat, bestreiten *Gaede* et al., medstra 2020, 129, 135; dagegen wiederum *Merkel/Augsberg*, JZ 2020, 704, 711 f.

[23] BVerfGE 115, 118, 151 ff. Dass diese Entscheidung in einer längeren und ununterbrochenen Rechtsprechungslinie steht, betonen *Merkel/Augsberg*, JZ 2020, 704, 705.

[24] Näher Matt/Renzikowski-*Engländer* (Fn. 1), § 34 Rn. 27, 32 f.; NK-*Neumann* (Fn. 15), § 34 Rn. 74; dort auch jew. zur vorzugswürdigen Ansicht, das Prinzip der Lebenswertindifferenz nicht mit der Nicht-Abwägbarkeit des Lebens, sondern durch eine absolute Aufopferungsgrenze zu begründen. Dass die wohl h. L. eine Ausnahme für die Konstellation der Gefahrgemeinschaft macht (vgl. MüKo-*Erb*, StGB, 4. Aufl. 2020, § 34 Rn. 149 ff.; *Kindhäuser/T. Zimmermann*. AT, 9. Aufl. 2020, § 17 Rn. 31 f.), spielt für die hiesige Problematik keine Rolle.

solange der erste der intensivmedizinischen Behandlung nach wie vor bedarf.[25]

Von verschiedenen Stimmen aus dem Schrifttum wird das indes bestritten – mit freilich unterschiedlicher Stoßrichtung. Einige argumentieren, auf die Ex-post-Triage seien nicht die Regeln des rechtfertigenden Notstands, sondern wie bei der Ex-ante-Triage die Regeln der rechtfertigenden Pflichtenkollision anzuwenden.[26] Begründet wird das zumeist damit, dass der Behandlungsabbruch bei wertender Betrachtung stets als ein Unterlassen der weiteren Behandlung und nicht als ein Tun anzusehen sei;[27] es stünden einander daher zwei Handlungspflichten und nicht eine Unterlassungs- und eine Handlungspflicht gegenüber. Mit dieser Überlegung soll es unabhängig von der als rein zufällig angesehenen zeitlichen Abfolge beim Eintreffen der Patienten und der Aufnahme der Behandlung ermöglicht werden, dass die höhere Dringlichkeit den Ausschlag für die weitere Behandlung gibt und bei gleicher

---

[25] So auch in seiner Empfehlung der Deutsche Ethikrat, Solidarität und Verantwortung in der Corona-Krise. Ad-hoc-Empfehlung v. 27.3.2020, 4.

[26] *Ast*, ZIS 2020, 268, 272ff.; *Gaede* et al., medstra 2020, 129, 134ff.; *Jäger/Gründel*, ZIS 2020, 151, 156ff. (allerdings mit der normtheoretisch irreführenden Behauptung, es kollidierten nicht zwei Handlungspflichten oder eine Handlungs- mit einer Unterlassungspflicht, sondern zwei Rettungspflichten). S. auch den Beitrag von *Hörnle*, in diesem Band, S. 149ff.

[27] Zu diesem insb. in der Sterbehilfedogmatik diskutierten Argument *Wessels/Hettinger/Engländer*, Strafrecht BT 1, 44. Aufl. 2020, Rn. 147 m.w.N. Teilweise wird die Unterscheidung von Tun und Unterlassen für die Triage auch für obsolet erklärt. Vgl. *Gaede* et al., medstra 2020, 129, 135; *Hoven*, JZ 2020, 449, 454; *Taupitz*, MedR 2020, 440, 447. Krit. dazu *Engländer/T. Zimmermann*, NJW 2020, 1398, 1401; *Lindner*, MedR 2020, 723, 725; *Rönnau/Wegner*, JuS 2020, 403, 405; *Sternberg-Lieben*, MedR 2020, 627, 636.

Dringlichkeit der Arzt anhand von Faktoren wie der klinischen Erfolgsaussicht selbst entscheiden kann, welchen Patienten er im Folgenden behandeln will. Andere bringen vor, Lebensinteressen seien entgegen der h. M. in gewissem Umfang durchaus einer unterschiedlichen Gewichtung zugänglich.[28] Diese These zielt auf eine Veränderung der Abwägungsfaktoren sowohl beim rechtfertigenden Notstand als auch bei der rechtfertigenden Pflichtenkollision. Gegenläufig zur zuvor erwähnten Überlegung führt sie allerdings nicht zu einer *Erweiterung* des ärztlichen Handlungsspielraums bei der *Ex-post-*, sondern zu dessen *Verengung* bei der *Ex-ante-Triage*. Ein Auswahlrecht des Arztes bedingt eine Kollision gleichrangiger Handlungspflichten. Da sich der Rang der Handlungspflichten nach dem Gewicht der ihnen zugrunde liegenden Interessen bestimmt, begründete eine unterschiedliche Gewichtung von Lebensinteressen aber verschiedenrangige Pflichten. Somit wäre es dem Arzt nicht mehr freigestellt, welcher Patient die intensivmedizinische Behandlung erhalten soll; vielmehr träfe ihn die Pflicht, dem gewichtigeren Interesse zur Durchsetzung zu verhelfen.[29] Käme er ihr nicht nach und behandelte den „falschen“ Patienten, stünde eine Strafbarkeit wegen eines vollendeten oder zumindest versuchten Tötungsdelikts im Raume.[30] Deshalb ist dieser

---

[28] *Hoven*, JZ 2020, 449, 451, 453; dies zumindest erwägend *Hörnle/Wohlers*, GA 2018, 12, 28.

[29] *Sowada*, NStZ 2020, 452, 454, plädiert dafür, um den erheblichen Unsicherheiten, unter denen der Arzt entscheiden muss, Rechnung zu tragen, die Gleichrangigkeit der Handlungspflichten erst zu verneinen, „wenn die Interessen eines Opfers diejenigen seines Konkurrenten im Sinne des § 34 StGB ‚wesentlich‘ überwiegen“.

[30] Verkannt von *Gaede* et al., medstra 2020, 129; zutreffende Kritik bei *Merkel/Augsberg*, JZ 2020, 704, 708.

Problematik im Kontext der vorliegenden Untersuchung besondere Aufmerksamkeit zu widmen. Die Frage, ob neben der Ex-ante- auch die Ex-post-Triage stets den Regeln der rechtfertigenden Pflichtenkollision folgt, mag dagegen im Hinblick auf die hier behandelten Fragestellungen dahinstehen; dass es gute Gründe gibt, die Ex-post-Triage, soweit sie mit einem tätigen Eingriff in die Rechtsgüter des bereits behandelten Patienten verbunden wäre, nach den Regeln des rechtfertigenden Notstands zu beurteilen, sei aber gleichwohl erwähnt.[31]

IV. Die Gewichtung der kollidierenden Handlungspflichten bei der Ex-ante-Triage

Bestimmt sich der Rang der kollidierenden Pflichten bei der rechtfertigenden Pflichtenkollision grundsätzlich nach den für den rechtfertigenden Notstand geltenden Gewichtungsfaktoren, sind nach h. M. aufgrund des Prinzips der Lebenswertindifferenz alle Handlungspflichten zur Rettung des Lebens im Grundsatz als gleichgewichtig anzusehen.[32] Es verbietet sich daher eine Differenzierung nach Geschlecht, Alter, Abstammung, Fähigkeiten, sozialem Status oder sozialer Rolle. Geboten ist lediglich, wie sich aus § 34 StGB („Grad der drohenden Gefahr") sowie der

[31] Vgl. *Engländer/T. Zimmermann*, NJW 2020, 1398, 1401. S. dazu auch *Lindner*, MedR 2020, 723, 724 f.; *Merkel/Augsberg*, JZ 2020, 704, 711 f., *Rönnau/Wegner*, JuS 2020, 403, 406; *Sternberg-Lieben*, MedR 2020, 627, 635 f.; *T. Walter*, GA 2020, 656, 671 ff.; ebenso i. E. *Sowada*, NStZ 2020, 452, 457 ff.

[32] Zur Frage, ob im Falle der Kollision einer Garantenpflicht mit einer allgemeinen Hilfspflicht der Stärke der Pflichtenbindung ein Einfluss auf die Gewichtung zukommt, s. Matt/Renzikowski-*Engländer* (Fn. 1), Vor § 32 Rn. 30.

Spezialregel zur Organzuteilung in § 12 Abs. 3 S. 1 TPG[33] ergibt, in den Fällen der Ex-ante-Triage eine Berücksichtigung der medizinischen Dringlichkeit; signifikante Unterschiede begründen hier eine Kollision verschiedenrangiger Pflichten, in der der dringlicheren der Vorrang zukommt.[34] Bei gleicher medizinischer Dringlichkeit liegt dagegen der h. M. zufolge eine gleichrangige Pflichtenkollision vor, die es dem Arzt freistellt, welcher Patient behandelt werden soll.

1. Vorgeschlagene Faktoren zur unterschiedlichen Gewichtung von Lebensinteressen

Wie erwähnt werden in der Debatte über die Triage jedoch auch Überlegungen artikuliert, die eine unterschiedliche Gewichtbarkeit der Lebensinteressen der Patienten entweder ausdrücklich bejahen oder zumindest implizieren. So schlagen die klinisch-ethischen Empfehlungen der intensivmedizinischen Fachverbände die Allokation von Behandlungsplätzen nach dem „Kriterium der klinischen Erfolgsaussicht" vor. Vorrangig sollen auf der Grundlage bestimmter Score-Werte (bezogen auf die drei Kriterien der Schwere der aktuellen Erkrankung, der Komorbiditäten und des allgemeinen Gesundheitszustands) diejenigen Patienten behandelt werden, „die dadurch eine höhere Überlebenswahrscheinlichkeit bzw. eine bessere Gesamtprognose (auch im weiteren Verlauf) haben".[35] Während es

---

[33] Zu den mit dieser Norm verbundenen Auslegungsproblemen *Sternberg-Lieben*, MedR 2020, 627, 632 m. w. N.

[34] Dazu schon *Engländer/T. Zimmermann*, NJW 2020, 1398, 1401. Ebenso *Lindner*, MedR 2020, 723, 727; *Taupitz*, MedR 2020, 440, 444; *T. Walter*, GA 2020, 656, 669 f.

[35] Deutsche Interdisziplinäre Vereinigung für Intensiv- und Not-

sich hierbei freilich zunächst nur um eine ethische Empfehlung handelt, propagieren *Gaede* et al. – unter *vorgeblichem* Festhalten am Prinzip der Lebenswertindifferenz[36] – die Orientierung am Kriterium der klinischen Erfolgsaussicht als *rechtlichem* Gewichtungsfaktor zur Bestimmung des Rangs der kollidierenden Pflichten.[37] Bei näherer Betrachtung wirft dieses Kriterium allerdings nicht nur Fragen der Operationalisierung auf[38] (was genau ist hier mit „Erfolg" gemeint:[39] das bloße Überleben der akuten Erkrankung[40] oder zusätzlich eine möglichst lange Lebensspanne ohne Folgeschäden?[41]); vor allem gehen die

---

fallmedizin (DIVI) u.a., Entscheidungen über die Zuteilung von intensivmedizinischen Ressourcen im Kontext der COVID-19-Pandemie v. 17.4.2020, 4. Ebenso *Brech* (Fn. 5), 208ff., 308; *Witte*, MedR 2015, 491, 493f. Dass die DIVI-Empfehlungen die klinischen Erfolgsaussichten als *einziges* Entscheidungskriterium benennen und damit implizit auch einen Vorrang gegenüber der medizinischen Dringlichkeit beanspruchen, wirft besondere Probleme auf; s. dazu *Engländer/T. Zimmermann*, NJW 2020, 1398, 1401.

[36] *Gaede* et al., medstra 2020, 129, 132.

[37] *Gaede* et al., medstra 2020, 129, 133f. Tendenziell ebenfalls *Sowada*, NStZ 2020, 452, 455f. *Lübbe*, MedR 2020, 434, 436f., und *T. Walter*, GA 2020, 656, 660f., weisen darauf hin, dass dieser Ansatz konsequenterweise auch die Ressourcenintensität der jeweiligen intensivmedizinischen Behandlung, insb. deren voraussichtliche Dauer, als weiteren Abwägungsfaktor berücksichtigen müsste.

[38] *Jäger/Gründel*, ZIS 2020, 151, 153, problematisieren außerdem die Strafbarkeitsrisiken des Arztes bei Fehleinschätzung der Erfolgsaussichten.

[39] Zu Recht auch hinterfragt von *Merkel/Augsberg*, JZ 2020, 704, 713f.

[40] So ausdrücklich Nr. 6 i.V.m. Nr. 4 a) des Allokations-Statements der österreichischen Fachgesellschaft *ÖGARI* v. 17.3.2020 sowie die Ventilator Allocation Guidelines des Staates New York, 11/2015, 4.

[41] So die Triage-Richtlinie der schweizerischen SAMW v. 24.3.2020,

empfohlenen Score-Systeme faktisch massiv zu Lasten der älteren[42] und gesundheitlich vorgeschädigten Patienten und werten damit, wenn auch nicht ausdrücklich, so aber doch implizit, deren Lebensinteressen ab.[43]

Noch darüber hinausgehend will *Hoven* die Lebenserwartung der Patienten losgelöst von der klinischen Erfolgsaussicht zu einem Allokationsfaktor machen. Das Prinzip der Lebenswertindifferenz sieht sie als überkommenes Dogma, das zu offensichtlich ungerechten Ergebnissen führe. „Wer würde es – selbst bei identischen Behandlungschancen – nicht als ungerecht empfinden, das letzte Beatmungsgerät einem 90-Jährigen zuzuteilen und dafür ein 5-jähriges Kind sterben zu lassen?“[44] Damit wird nun ganz offen eine unterschiedliche Gewichtung von Lebensinteressen propagiert. Im Konfliktfall sollen bei gleichen klinischen Erfolgsaussichten die Interessen der Patienten mit geringerer Lebenserwartung weniger zählen. Das geht zumeist zu Lasten der älteren Person, kann aber im Einzelfall auch einem jüngeren Menschen zum Nachteil gereichen. Am Beispiel: Eine zwanzigjährige Patientin hat aufgrund einer (die aktuellen Behandlungsaussichten freilich nicht beeinträchtigenden) Vorerkrankung nur noch eine statistische Lebenserwartung von 6 bis 8 Jahren; die sechzigjährige Patientin, die unter keinen Vorerkrankungen leidet, kann dagegen auf weitere 20 Jahre hoffen.

---

3 (Patienten mit einer Restlebenszeitprognose von unter 24 Monaten werden nicht behandelt).

[42] Der APACHE II-Score vergibt ansteigende Maluspunkte ab einem Alter von 44 Jahren, die CRB-65-Skala weist ab 65 Jahren pauschal einen signifikant erhöhten Letalitätsgrad aus.

[43] Von einer „indirekten Diskriminierung“ spricht *T. Walter*, GA 2020, 656, 657, 666. S. auch *Sternberg-Lieben*, MedR 2020, 627, 630ff.

[44] *Hoven*, JZ 2020, 449, 451.

Misst man der Lebenserwartung eine vorrangbegründende Funktion zu, wäre eine Ärztin, die in dieser Konstellation die Zwanzigjährige anstelle der Sechzigjährigen intensivmedizinisch versorgt, nicht gerechtfertigt, wenn die Letztere infolge der Nicht-Behandlung verstirbt.

2. Begründbarkeit der vorgeschlagenen Gewichtungsfaktoren

Fragt man nach einer Begründung für die vorgeschlagenen Faktoren zur unterschiedlichen Gewichtung von Lebensinteressen, bringen die Empfehlungen der intensivmedizinischen Fachverbände zugunsten der Orientierung an der klinischen Erfolgsaussicht lediglich vor, dadurch werde die Anzahl vermeidbarer Todesfälle minimiert.[45] In dieselbe Richtung zielt das nicht minder knapp gehaltene Argument von *Gaede* et al., das Kriterium maximiere den Nutzen der Gesamtheit der vom Gesundheitswesen geschützten Personen.[46] Eine normative Rechtfertigung des Maximierungsprinzips, das sich – vorsichtig ausgedrückt – sowohl rechtsethisch als auch verfassungsrechtlich keineswegs von selbst versteht, erfolgt dabei indes nicht.[47] Um eine eingehende Rechtfertigung, vor allem im Hinblick auf das von ihr vorgeschlagene Kriterium der Lebenserwartung, bemüht sich immerhin *Hoven*. Sie trägt gleich mehrere Argumente vor – deren Kombination freilich recht eklektizistisch anmutet und auch das Gespür für die Frage

[45] DIVI u.a. (Fn. 35), 5. Zur mangelnden Explikation der zugrunde liegenden ethischen Begründungsgedanken *Lübbe*, MedR 2020, 434, 437.

[46] *Gaede* et al., medstra 2020, 129, 134.

[47] Dass es einer solchen Rechtfertigung bedarf, betonen zu Recht *Merkel/Augsberg*, JZ 2020, 704, 708.

vermissen lässt, inwieweit die hinter ihnen liegenden ethischen Konzeptionen sich überhaupt in einen widerspruchsfreien Zusammenhang bringen lassen. Versucht man eine Systematisierung, so lassen sich ein utilitaristischer, ein intuitionistischer und ein fairnessbezogener Begründungsstrang unterscheiden. Sie seien kurz untersucht.

a) Utilitaristische Begründung

Zunächst liegt es nahe, das Ziel einer „Maximierung von Menschenleben und Lebensjahren"[48] auf der Basis einer utilitaristischen Gerechtigkeitstheorie zu legitimieren. Zentrales Gerechtigkeitsprinzip ist hier der Grundsatz des größtmöglichen Gesamtnutzens. Er besagt, dass unter mehreren Handlungs- bzw. Regelungsalternativen[49] stets diejenige zu wählen ist, die die höchste Nutzensumme bzw. den höchsten Durchschnittsnutzen[50] gewährleistet. Demzufolge darf man auch eine Person schlechter stellen als sie bislang steht, wenn dies durch einen größeren Vorteil der anderen Personen aufgewogen wird. Als entscheidend gilt allein der größtmögliche Gesamtnutzen der Gemeinschaft; seine Verteilung auf die einzelnen Mitglieder spielt dagegen allenfalls eine nachgeordnete Rolle. Besteht eine Konfliktlage, in der von zwei Rechtsgütern nur eines erhalten werden kann, ist es deshalb nach der utilitaristischen Auffassung geboten, dasjenige zu opfern, das ge-

---

[48] *Hoven*, JZ 2020, 449, 452.

[49] Zur Unterscheidung von Handlungsutilitarismus und Regelutilitarismus vgl. *Smart*, in: Höffe (Hrsg.) Einführung in die utilitaristische Ethik, 3. Aufl. 2003, 167 ff.

[50] Zur Unterscheidung von Nutzensummenutilitarismus und Durchschnittsnutzenutilitarismus vgl. *Birnbacher*, Analytische Einführung in die Ethik, 3. Aufl. 2013, 221 ff.

samtgesellschaftlich betrachtet über den geringeren Nutzenwert verfügt.

Gegen die utilitaristische Konzeption spricht jedoch ein grundlegender verfassungstheoretischer und rechtsethischer Einwand: Sie entwertet die grundrechtlich garantierten Rechtspositionen des Einzelnen, indem sie dessen Individualrechtsgüter schlicht zu gesamtgesellschaftlich verrechenbaren Nutzenwerten erklärt. Damit ist sie mit einer sich als Freiheitsordnung verstehenden Rechtsordnung nicht vereinbar.[51] Der Utilitarismus nimmt letztlich den Einzelnen in seiner Individualität nicht ernst. Er verkennt, dass sich die Art und Weise, wie eine Person ihre *intrapersonalen* Interessenkonflikte rational löst, nicht einfach auf *interpersonale* Interessenkollisionen übertragen lässt.[52] Besonders deutlich zeigt sich das bei *Hoven*, wenn sie zugunsten einer Maximierung von Lebensjahren argumentiert, dass für den Einzelnen eine weitere Lebenszeit von 50 Jahren einen größeren Wert habe als eine Zeit von nur noch 5 Jahren und er sich deshalb für die Option entscheiden würde, die ihm die längere Lebenszeit gewährleiste.[53] Zutreffend halten ihr *Merkel/Augsberg* entgegen: „Dass *für den Einzelnen* fünfzig Jahre ‚mehr wert' sind als fünf, heißt nicht, dass irgendjemandem die fünfzig Jahre *eines anderen* ebenfalls mehr wert sein müssten als die fünf, die ihm selbst noch verbleiben."[54]

---

[51] So auch *Sternberg-Lieben*, MedR 2020, 627, 631.

[52] Zu einer grundsätzlichen Kritik des Utilitarismus vgl. *Hart*, Essays in Jurisprudence and Philosophy, 1983, 199ff.; *Mackie*, Ethik, 1981, 157ff.; *Rawls*, Eine Theorie der Gerechtigkeit, 1975, 40ff., 211ff.; *Williams*, Kritik des Utilitarismus, 1979.

[53] *Hoven*, JZ 2020, 449, 451.

[54] *Merkel/Augsberg*, JZ 2020, 704, 710.

b) Intuitionistische Begründung

Mit der Behauptung, ein jeder würde es „als ungerecht *empfinden* (Hervorh. durch *Verf.*)“, das letzte Beatmungsgerät dem neunzigjährigen Greis und nicht dem fünfjährigen Kind zuzuteilen[55], führt *Hoven* zur Rechtfertigung des Maximierungsprinzips zudem unsere (eigentlich: ihre) Gerechtigkeitsintuitionen an. Dieses Argument greift indes gleich in zweierlei Hinsicht zu kurz. Zunächst sind moralische Empfindungen selbstverständlich nicht in der Lage, entgegenstehende Verfassungsgrundsätze zu derogieren;[56] sie können allenfalls einen Konflikt von Recht und Moral anzeigen, ihn jedoch nicht im Sinne eines *rechtlichen Vorrangs* der Gerechtigkeitsvorstellungen auflösen. Versäumt wird aber auch, die metaethische Frage zu reflektieren, inwiefern moralische Intuitionen über eine *ethische Begründungskraft* verfügen. Gerechtigkeitsempfindungen mögen einen Ausgangspunkt ethischer Überzeugungsbildung bilden. Ihnen kommt jedoch epistemologisch kein Status zu, der dem von empirischen Beobachtungen im Rahmen theoretischer Überzeugungsbildung vergleichbar wäre.[57] Und auch wenn man sich, wofür gute Gründe sprechen, von der Vorstellung der Wahrheitsfähigkeit ethischer Äußerungen löst und sich mit einer intersubjektiven Zustimmungsfähigkeit begnügt,[58] sind moralische Intuitionen aufgrund ihrer Wandelbarkeit, Heterogenität und häufig auch Widersprüchlichkeit für sich betrachtet nicht geeignet, eine intersubjektive Ethik zu fundieren. Gegenüber demjenigen, dessen Lebensinteressen hintanstehen

---

[55] *Hoven*, JZ 2020, 449, 451.

[56] Diesen Punkt akzentuiert *T. Walter*, GA 2020, 656, 665.

[57] Näher dazu *Engländer*, ARSP 2004, 86, 90ff.

[58] Ausf. dazu *Czaniera*, Gibt es moralisches Wissen?, 2000.

sollen, reicht es nicht, nur auf Gerechtigkeitsempfindungen zu verweisen, die der Betroffene selbst womöglich gar nicht teilt. Soweit *Hoven* argumentiert, es sei verfehlt, einseitig bloß auf die Opferperspektive zu schauen,[59] ist daran richtig, dass selbstverständlich *nicht nur* die Interessen des Opfers in den Blick zu nehmen sind. Das ändert aber nichts daran, dass es gerade *ihm gegenüber* zu rechtfertigen ist, wenn seine Interessen – hier: seine Lebensinteressen(!) – zurücktreten sollen.

c) Fairnessbezogene Begründung

Eine solche Rechtfertigung leistet womöglich ein fairnessbezogener Begründungsansatz. *Hoven* möchte hierzu auf *Rawls* Idee der Entscheidung hinter einem „Schleier des Nichtwissens" zurückgreifen.[60] Nach *Rawls* sollen die Gerechtigkeitsgrundsätze als legitim angesehen werden, denen alle Akteure in einem Urzustand unter fairen Bedingungen, d.h. hinter einem Schleier des Nichtwissens, in dem sie weder ihren späteren Platz, ihren Status und ihre Situation in der Gesellschaft noch ihre Fähigkeiten und Körperkräfte, ihre Wünsche, Interessen oder Präferenzen kennen, zustimmen würden.[61] Nun will zwar *Rawls* selbst auf dieses Gedankenexperiment nur zur Bestimmung der Grundstruktur einer wohlgeordneten Gesellschaft, also der fundamentalen Gerechtigkeitsprinzipien, die die fairen Bedingungen der sozialen Kooperation bestimmen, zurückgreifen; das schließt aber natürlich nicht aus, von ihm

---

[59] *Hoven*, JZ 2020, 449, 452.

[60] *Hoven*, JZ 2020, 449, 453.

[61] Grundlegend *Rawls*, Eine Theorie der Gerechtigkeit, 1975, S. 159ff.

einen weitergehenden Gebrauch zu machen.[62] Dementsprechend argumentiert *Hoven*, die Maximierungslösung sei gerecht, weil eine vernünftige Person, die nicht wisse, ob sie sich später in der Position von Patient A mit einer nur noch kurzen oder von Patient B mit einer langen weiteren Lebenserwartung wiederfinde, für die utilitaristische Maximierungslösung votieren werde.[63]

Diese Argumentation vermag indes ebenfalls nicht zu überzeugen. Zunächst wird übersehen, dass die rationalen Urzustandsakteure sich bei der Auswahl von Verteilungsregeln nach *Rawls* am Maximin-Prinzip orientieren, also gerade nicht ihren Nutzen zu maximieren, sondern vielmehr ihre Risiken zu minimieren suchen, indem sie sich für die Grundsätze entscheiden, die der am schlechtesten gestellten Person das verhältnismäßig beste Ergebnis gewährleisten.[64] Danach würden sie kaum für eine Kollisionsregel in Triage-Fällen votieren, bei der sie das Risiko eingehen, keinerlei Chance auf eine intensivmedizinische Behandlung zu haben, falls sie sich in der Position des Patienten mit der geringeren Lebenserwartung finden.[65] Fer-

---

[62] S. zu entsprechenden Versuchen *Fritze*, Die Tötung Unschuldiger, 2004, 31 ff.; *T. Zimmermann* (Fn. 1), 48 ff.

[63] *Hoven*, JZ 2020, 449, 453.

[64] Vgl. *Rawls* (Fn. 61), 177 ff. Es verblüfft, dass *Hoven* glaubt, ausgerechnet der sich dezidiert anti-utilitaristisch verstehenden Fairness-Konzeption von *Rawls* eine utilitaristische Maximierungslösung abgewinnen zu können.

[65] Zutreffend *Merkel/Augsberg*, JZ 2020, 704, 710. Und selbst wenn man der Annahme, Urzustandsakteure würden ihre Entscheidungen auf Basis des Maximin-Prinzips treffen, skeptisch gegenübersteht, heißt das nicht, dass dann der Maximierungsgrundsatz die einzig verbleibende Option wäre. Zur Kritik des *Rawls*schen Maximin-Prinzips s. *Harsanyi*, Essays on Ethics, Social Behavior, and Scientific Explanation, 1976, 37 ff.; *Kersting*, Die politische Philosophie des

ner stellt sich angesichts des Umstands, dass es sich bei der Urzustandskonstruktion um ein bloßes Gedankenexperiment, ein analytisches Hilfsmittel, handelt, die Frage, weshalb eine fiktive Vereinbarung fiktiver Akteure in einem fiktiven Urzustand für reale Menschen normativ relevant sein soll. Bei *Hoven* findet sich zu dieser Problematik nichts. *Rawls* selbst vertritt einen kohärenztheoretischen Ansatz. Er beansprucht, die Gerechtigkeitsgrundsätze, die ihm zufolge den Institutionen des demokratischen Verfassungsstaates implizit zugrunde liegen und die das Urzustandsmodell explizit machen soll, zu legitimieren, indem sie mit den „wohlüberlegten Gerechtigkeitsurteilen" der Bürger in ein „Überlegungsgleichgewicht" gebracht werden.[66] Das läuft, da als „wohlüberlegte Gerechtigkeitsurteile" nur diejenigen zählen, die mit den Grundideen von „Justice as Fairness" im Einklang stehen, auf eine *petitio principii* hinaus.[67] *Hovens* Maximierungsgrundsatz lässt sich somit auch auf diesem Weg nicht begründen.[68]

Einen anderen Ansatzpunkt wählt das von *Hörnle/Wohlers* im Zusammenhang mit der Programmierung „autonomer" Kraftfahrzeuge für Dilemma-Situationen erwogene *fair innings*-Argument. Danach soll die Bevorzugung junger gegenüber älteren Menschen fair sein, weil sie ein legitimes Interesse haben, „grundlegende Lebenserfah-

---

Gesellschaftsvertrags, 1994, 280ff.; *Koller*, Neue Theorien des Sozialkontrakts, 1987, 93ff.

[66] Vgl. *Rawls* (Fn. 61), 37f., 67ff.

[67] S. *Engländer*, ARSP 2000, 2, 15ff.

[68] Zu weiteren Einwänden gegen *Hovens* Rückgriff auf das Rawlssche Urzustandsmodell *Merkel/Augsberg*, JZ 2020, 704, 710. S. zur Kritik der gerechtigkeitstheoretischen Begründung des Maximierungsprinzips durch einen hypothetischen Konsens auch *T. Walter*, GA 2020, 656, 662f.

rungen machen zu dürfen, die ältere Menschen meist schon gemacht haben."[69] Damit verschiebt sich der Fokus freilich von der Lebenserwartung zum Alter, denn zumindest *prima facie* beansprucht das *fair innings*-Argument auch dann Gültigkeit, wenn *im Einzelfall* die Lebenserwartung des Jüngeren unter der des Älteren liegt. Am oben bereits erwähnten Beispiel der zwanzigjährigen Patientin, die aufgrund einer Vorerkrankung nur noch eine statistische Lebenserwartung von 6 bis 8 Jahren hat, während die sechzigjährige Patientin, die unter keinen Vorerkrankungen leidet, noch auf weitere 20 Jahre hoffen kann: Trotz der geringeren Lebenserwartung müsste im Kollisionsfall der Rettung der Zwanzigjährigen der Vorrang eingeräumt werden, damit sie in den ihr verbleibenden Jahren noch die „grundlegenden Lebenserfahrungen" machen kann, die die Sechzigjährige bereits gemacht hat.[70] Somit wäre einer Ärztin, die in diesem Fall aufgrund der längeren Lebenserwartung die Sechzigjährige anstelle der Zwanzigjährigen intensivmedizinisch versorgt, die Rechtfertigung zu versagen, wenn die jüngere Frau infolge der Nicht-Behandlung verstirbt.

Hinter dem *fair innings*-Argument steht die egalitäre Idee, eine gerechte Gesellschaft dürfe sich nicht einfach mit der ungleichen Verteilung von „Glück" und „Unglück"

---

[69] *Hörnle/Wohlers*, GA 2018, 12, 28.

[70] Soweit die Bevorzugung Junger von dem Erreichen einer bestimmten Altersschwelle bei dem Älteren abhängig gemacht wird – so etwa *Harris*, The Value of Life, 1985, 91 ff., – mildert dies das Problem zwar ab; aber abgesehen davon, dass die Einführung einer solchen Altersschwelle sich keineswegs aus dem Grundgedanken des *Fair-Innings*-Arguments ergibt, bleiben immer noch Fälle möglich, in denen die Lebenserwartung des Jüngeren unter denen des Älteren liegt.

durch die Zufälle der Natur, d.h. den Resultaten der „Lotterie des Lebens“, abfinden, sondern müsse jedem die gleichen Lebenschancen gewährleisten. Gegen diese Verpflichtung werde aber verstoßen, wenn man in einer Dilemma-Situation den älteren Menschen auf Kosten des jüngeren rette; komme Letzterer zu Tode, sei das nicht bloß ein *Unglück*, sondern ein *Unrecht*. Fraglich ist freilich, woraus sich ein so weitgehender Anspruch auf den Ausgleich von Ungleichheiten durch die „Lotterie des Lebens“ – hier: das Pech, schon in frühen, bzw. das „relative Glück“, erst in späteren Jahren von einer lebensbedrohlichen Erkrankung getroffen zu werden – ergeben soll. Die Vertreter des *fair innings*-Arguments stützen sich auf ein außerordentlich umfassendes Gleichheitsprinzip, das offenbar als nicht weiter begründungsbedürftig angesehen wird, sich jedoch alles andere als von selbst versteht. Adressat eines Anspruchs auf die Korrektur von unverdienten Nachteilen durch die „Lotterie des Lebens“, die den Einzelnen zufällig treffen, kann jedenfalls nur die *Gesellschaft insgesamt* sein. In der hier einschlägigen Konstellation erfolgte der Ausgleich aber gerade nicht durch die Gemeinschaft. Vielmehr würde dem behandlungsbedürftigen Älteren durch die Abwertung seines Lebensinteresses *als Individuum* abverlangt, für die ausgleichspflichtige Gesellschaft ein *Sonderopfer* in Form der Preisgabe seiner Überlebenschancen zu erbringen, bei dem nicht erkennbar ist, wie sich dies ihm gegenüber begründen ließe. Lässt man sich probehalber auf die Logik des egalitaristischen Arguments ein, könnte der ältere Patient zudem seinerseits einwenden, es sei unverdientes Pech, dass gerade er in diese Lage geraten sei, so dass ihm dies im Vergleich zu anderen seines Alters, denen ein solches Opfer nicht abverlangt werde, nicht zum Nachteil geraten dürfe. Ihm nun entgegenzuhalten, er habe aber zumindest im Unterschied zu dem jungen Patienten bereits genügend Gelegenheiten gehabt, grundlegende Lebenserfahrungen zu machen, läuft auf die letztlich totalitäre Vorstellung hinaus, die Gemeinschaft könne darüber befinden, welches Ausmaß an Lebenserfahrungen dem Einzelnen zustehe und von ihm als ausreichend zu akzeptieren sei.[71] Das ist weder ethisch überzeugend noch mit den verfassungsrechtlichen Gewährleistungen der Art. 1 Abs. 1, 2 Abs. 2 GG, die den Einzelnen gerade vor solchen kollektivistischen Anmaßungen schützen sollen, in Einklang zu bringen. Auch das *fair innings*-Argument ist daher abzulehnen.[72] Somit vermögen die für eine unterschiedliche Gewichtung von Lebensinteressen vorgebrachten Argumente allesamt nicht zu überzeugen. Folglich sprechen weiterhin die besseren

---

[71] So aber in der Tat *Harris*, (Fn. 70), 91, der die angemessene Lebenszeit, die dem Einzelnen zustehe, bei 70 Jahren sieht.

[72] Nur vollständigkeitshalber sei darauf hingewiesen, dass selbst dann, wenn man dem egalitären Grundgedanken nähertreten wollte, das einseitige Abstellen auf das Alter willkürlich wäre. Vielmehr müssten in einer komplexen Abwägung eine Vielzahl von Faktoren natürlicher und sozialer Art berücksichtigt werden, von denen abhängt, welche grundlegenden Lebenserfahrungen der Einzelne bislang machen konnte. Auch stellen sich befremdlich anmutende Folgefragen: Wenn z. B. eine Sechzigjährige bei der Allokation des Beatmungsgeräts zugunsten einer Zwanzigjährigen zurücktreten muss, darf dann der Zwanzigjährigen später gestattet werden, über das sechzigste Lebensjahr hinaus noch weitere Lebenserfahrungen zu machen oder wäre es nach der Logik des vertretenen Gleichheitsgedankens nicht *unfair*, wenn man ihr nun Lebenserfahrungen zugestünde, die die Sechzigjährige nicht mehr machen durfte? Und wie wäre dem Fairnessgebot hier Rechnung zu tragen? Zur eingehenden Kritik des *fair innings*-Arguments *Rivlin*, BMC Medical Ethics 2000, 1:1. Abl. auch *Sternberg-Lieben*, MedR 2020, 627, 633; *Taupitz*, MedR 2020, 440, 448.

Gründe dafür, mit der h. M. bei gleicher medizinischer Bedürftigkeit stets gleichgewichtige Lebensinteressen und damit eine gleichrangige Pflichtenkollision anzunehmen.

V. Das Auswahlrecht des Arztes und mögliche Grenzen

Kollidieren gleichrangige Handlungspflichten, bleibt es, wie erwähnt, dem Verpflichteten – im hiesigen Kontext: dem Arzt – nach bislang h. M. freigestellt, welche von ihnen er erfüllt. Anhand welcher Kriterien er sich für die Erfüllung der einen und gegen die Erfüllung der anderen Pflicht entscheidet, ist folglich strafrechtlich *prima facie* ohne Bedeutung.[73] Zieht der Arzt für seinen Entschluss, den einen und nicht den anderen Patienten intensivmedizinisch zu behandeln, beispielsweise die klinischen Erfolgsaussichten oder die Tätigkeit in einem systemrelevanten Beruf (etwa nach dem Prinzip „Rettet-zunächst-die-Retter") heran, ist das rechtlich zulässig. Das Recht darf ihm diese Kriterien nach dem Vorgesagten zwar nicht vorschreiben; es steht dem Arzt aber frei, sie selbst zur Grundlage seiner Entscheidung zu machen. Die Allokation fällt insoweit in einen nicht-justiziablen („rechtsfreien") Raum.[74] Allerdings stellt sich die Frage, ob bei *diskriminierenden Motiven*, also einer Zuteilung der intensivmedizinischen Behandlung etwa unter dem Gesichtspunkt der Abstammung, des Geschlechts, der sexuellen Orientierung, der Religionszugehörigkeit oder des sozialen Status, nicht etwas anderes gilt.

[73] *Merkel*, Forschungsobjekt Embryo, 2002, 153 m. Fn. 202; *Sternberg-Lieben*, in: FS für Weber, 69, 80f. m. Fn. 89; *T. Zimmermann* (Fn. 1), 149ff. m. Fn. 550.

[74] *Jakobs*, AT, 2. Aufl. 1993, 15/6 Fn. 11; *Hörnle*, Dilemmata bei der Zuteilung von Beatmungsgeräten, Verfassungsblog.de v. 4.4.2020.

Am Beispiel: Die Ärztin schließt die Lehrerin und nicht den ungelernten Lageristen an das Beatmungsgerät an, weil sie das Leben von Akademikern als wertvoller ansieht. Gibt es hier womöglich Negativkriterien, d.h. Auswahlfaktoren, auf die der Arzt seine Entscheidung nicht stützen darf und die deshalb seiner Wahlfreiheit bei der rechtfertigenden Pflichtenkollision Grenzen setzen?

Von der h.M. wird das *de lege lata* verneint.[75] Einem Arzt die Rechtfertigung zu versagen, nur weil seine Entscheidungsgründe rechtlich zu missbilligen seien, laufe auf eine inakzeptable Form des Gesinnungsstrafrechts hinaus. Dem widerspricht allerdings *Lindner.* Er führt hier die mittelbare Drittwirkung sowohl der speziellen Differenzierungsverbote aus Art. 3 Abs. 2, 3 GG als auch des allgemeinen Gleichheitssatzes gem. Art. 3 Abs. 1 GG ins Feld.[76] Missachte der Arzt bei seiner Allokationsentscheidung die aus Art. 3 GG resultierenden Vorgaben, dürfe ihn das Recht nicht unter dem Gesichtspunkt der Pflichtenkollision rechtfertigen, da sonst der Staat seinen sich aus der mittelbaren Drittwirkung der Grundrechte ergebenden Schutzpflichten nicht nachkomme. Diese Argumentation lässt sich noch verstärken, wenn man berücksichtigt, dass bei einem Arzt, der – etwa, weil er in einem Krankenhaus in öffentlich-rechtlicher Trägerschaft beschäftigt ist – als Amtsträger tätig wird, nicht bloß eine Ausstrahlungswirkung des Art. 3 GG, sondern eine unmittelbare Bindung durch diesen in Rede steht.[77]

---

[75] *Ast*, ZIS 2020, 268, 270f.; *Jäger/Gründel*, ZIS 2020, 151, 161; *Merkel/Augsberg*, JZ 2020, 704, 707; *Rönnau/Wegner*, JuS 2020, 403, 404; *Sowada*, NStZ 2020, 452, 456; *Sternberg-Lieben*, MedR 2020, 627, 634. S. bereits *Küper* (Fn. 9), 28f.

[76] *Lindner*, MedR 2020, 723, 726f.

[77] Zutreffend *Lindner*, MedR 2020, 723 Fn. 9.

Es erscheint indes fraglich, ob die mittelbare Drittwirkung des bzw. die unmittelbare Bindung durch Art. 3 GG[78] tatsächlich in der von *Lindner* angenommenen Art und Weise strafrechtlich auf die rechtfertigende Pflichtenkollision durchschlägt. Dazu ist die für die strafrechtliche Unrechtsbegründung wesentliche Unterscheidung zwischen dem *Erfolgsunwert*, dem *Handlungsunwert* und dem bloßen *Motivunwert* einer Tat in den Blick zu nehmen. Kollidieren zwei gleichrangige Pflichten, enthält sich, wie dargelegt, die Rechtsordnung bislang einer Festlegung, welche der Pflichten erfüllt – d.h. im hiesigen Kontext: welches Leben durch die intensivmedizinische Behandlung gerettet – werden soll. Die eine Pflichterfüllung ist ihr so recht wie die andere. Kommt der Täter nun einer der beiden Pflichten nach, weist – da die Rechtsordnung nichts Unmögliches verlangen darf – ein tatbestandlicher Erfolg, der aus der Unmöglichkeit resultiert, auch noch die andere Pflicht zu erfüllen, keinen Erfolgsunwert auf und kann deshalb nicht als Unrecht bewertet werden. Kennt der Täter diese Umstände, haftet seiner Nicht-Befolgung der einen Pflicht aber auch kein Handlungsunwert an, weil die Unterlassung hier nicht auf die Bewirkung eines unrechtmäßigen Erfolgs gerichtet ist.[79] Deshalb verbleibt im Falle diskriminierender oder sonst rechtlich zu missbilligender Beweggründe ein bloßer Motivunwert, der zur Strafbarkeitsbegründung jedoch nicht hinreicht. Den Arzt hier gleichwohl wegen eines vollendeten oder versuchten Tötungsdelikts zu bestrafen, liefe auf eine *Rechtsgutsvertauschung* hinaus. Aufgrund fehlenden Erfolgs- und Handlungsunwerts liegt hier kein

[78] Allg. dazu Dreier-*Dreier*, GG, 3. Aufl. 2013, Vorb. Rn. 96ff.; Jarass/Pieroth-*Jarass*, GG, 16. Aufl. 2020, Art. 1 Rn. 48ff. jew. m.w.N.

[79] Ebenso *Jäger/Gründel*, ZIS 2020, 151, 161.

Tötungsunrecht vor, sondern „nur" das Unrecht der Diskriminierung oder anderer Rechtsverstöße, das eine Bestrafung aus einem der Straftatbestände der §§ 211 ff. StGB nicht zu legitimieren vermag.

Das bedeutet freilich nicht, dass eine Allokation aus rechtlich zu missbilligenden Beweggründen nicht unter anderen Gesichtspunkten als dem der Tötung strafbares Unrecht darstellen kann. Am Beispiel: Nimmt die Ärztin eines Krankenhauses in öffentlich-rechtlicher Trägerschaft von Angehörigen Geld dafür an, dass sie den einen und nicht den anderen Patienten intensivmedizinisch behandelt, macht sie sich wegen Bestechlichkeit gem. § 332 StGB strafbar. Auch besagen die obigen Einwände nichts darüber, ob das Recht nicht ein chancengerechtes Verfahren vorgeben soll (im Hinblick auf die von *Lindner* akzentuierte mittelbare Drittwirkung des Art. 3 GG bzw. die unmittelbare Bindung durch diesen womöglich sogar: vorgeben muss), das die Allokation bei Gleichrangigkeit der Pflichten regelt. Dieser Frage ist abschließend nachzugehen.

VI. Der Zufallsentscheid als Auflösung der Kollision gleichrangiger Pflichten

Gibt es jenseits der Dringlichkeit (und der bereits als Voraussetzung für das Entstehen einer Konfliktlage zu berücksichtigenden medizinischen Indikation) keine weiteren sachlichen Entscheidungskriterien, bleibt zur Gewährleistung eines chancengleichen Zugangs zur benötigten intensivmedizinischen Behandlung nur eine Auswahl nach dem Zufallsprinzip als Ausprägung *reiner Verfahrensgerechtigkeit*.[80]

---

[80] *Engländer/T. Zimmermann*, NJW 2020, 1398, 1402; *Lindner*,

Auf den Punkt bringt das *T. Walter:* „Nur der Zufall gibt jedem ohne Ansehung seiner Person die gleiche Chance. Nur der Zufall schließt aus, dass bei einer Entscheidung bewusst oder unbewusst Wertungen, Überzeugungen und Vorlieben eine Rolle spielen, die das Grundgesetz nach bisheriger Lesart für unbeachtlich erklärt.“[81] In Betracht kommen damit das Prioritätsprinzip, also die Vergabe des Behandlungsplatzes strikt nach dem – zufälligen – zeitlichen Eintreffen des Patienten, oder der Losentscheid.

Neben diesen beiden „objektiven“ Zufallsprinzipien will *T. Zimmermann* in der persönlichen Entscheidung des Verpflichteten allerdings noch eine weitere den Anforderungen des Zufallsprinzips entsprechende Verfahrensform sehen: „Die Tatsache, dass der Pflichtenadressat eine *Auswahl* trifft, ist Willkür – also Zufall.“[82] Somit wäre die Einführung des Prioritätsprinzips oder des Losentscheides zwar möglich, vielleicht sogar wünschenswert, indessen keineswegs notwendig, um ein faires Entscheidungsverfahren zu implementieren. Es könnte auch schlicht beim status quo bleiben. Jedoch gewährleistet der Umstand, dass der Verpflichtete nach eigenem Belieben und damit aus Sicht des Rechts zufällig auswählt, noch keine

---

MedR 2020, 723, 727; *Sternberg-Lieben*, MedR 2020, 627, 634; *T. Walter*, GA 2020, 656, 667. Allg. zum Zufall als rechtlichem Entscheidungsprinzip *Depenheuer* JZ 1993, 171; *Spitzlei*, VerwArch 2020, 439. Zur Anwendung bei der Kollision von gleichrangigen Handlungspflichten s. auch *T. Zimmermann* (Fn. 1), 147 ff. Selbst wenn man weitere Entscheidungskriterien wie etwa die klinischen Erfolgsaussichten als sachlich gerechtfertigt anerkennen würde, blieben Patt-Situationen möglich, bei denen sich die Frage nach einem chancengleichen Verfahren stellte. Verkannt von *Taupitz*, MedR 2020, 440, 449.

[81] *T. Walter*, GA 2020, 656, 667.

[82] *T. Zimmermann* (Fn. 1), 149.

faire Chancenverteilung. Wie *T. Zimmermann* richtig bemerkt, muss der „Zufallsentscheid als Konsequenz der Gleichheit [...] allen Interesseninhabern eine *gleiche* Chance bieten“.[83] Das wäre aber nur der Fall, wenn der Verpflichtete seine Entscheidungsmaxime – zum Beispiel die Auswahl nach Alter, Lebenserwartung, Geschlecht, Beruf, Vermögen, Fähigkeiten, besonderen Leistungen, Aussehen, politischer Einstellung, Kleidung, Sympathie etc. – ihrerseits völlig zufällig auswählen würde, so dass bei der nächsten vergleichbaren Situation der gegenteilige oder ein ganz anderer Aspekt den Ausschlag geben könnte.[84] Freilich wird das in der Praxis kaum einmal der Fall sein. Vielmehr dürfte der Verpflichtete, wenn er seine Entscheidung nicht gerade auf der Grundlage des Prioritätsprinzips oder eines Losverfahrens trifft, seinen Entschluss regelmäßig auf Basis bestimmter gefestigter Einstellungen, Haltungen und Überzeugungen fassen, die dazu führen, dass die Aussichten für die Betroffenen von vornherein gerade nicht gleich sind. Vor diesem Hintergrund vermögen allein die bereits genannten „objektiven“ Zufallsprinzipien eine faire Berücksichtigung aller gefährdeten Lebensinteressen zu gewährleisten. Die Auswahl durch den Verpflichteten kann deshalb bloß nachgelagert in Betracht kommen, wenn ausnahmsweise weder die Anwendung des Prioritätsprinzips noch die des Losverfahrens möglich ist. Typischerweise ist das in plötzlich entstehenden, zugespitzten Gefahrsituationen mit sofortigem Handlungsbedarf wie etwa dem oben genannten Lehrbuchbeispiel der zwei ertrinkenden Kinder der Fall; bei der Entscheidung über die

[83] Ebd. (Hervorh. durch *Verf.*)

[84] Dies ist wohl der – freilich etwas undeutlich bleibende – Kerngedanke von *T. Zimmermann* (Fn. 1), 150 Fn. 550.

Aufnahme intensivmedizinischer Behandlung werden entsprechende Konstellationen freilich nur äußerst selten vorkommen.

Die gegen den Zufallsentscheid vorgebrachten Einwände dringen nicht durch.[85] Soweit von den Kritikern die Willkürlichkeit des Verfahrens angeführt wird,[86] lässt sich dem entgegnen, dass bei der Kollision gleichrangiger Pflichten *jede Entscheidungsfindung* insoweit willkürlich ist, als sie sich nicht auf rechtlich anerkannte sachliche Differenzierungskriterien zu stützen vermag. Es kann daher nicht darum gehen, Willkürausübung zu vermeiden, sondern nur, sie *fair* zu gestalten. Eben das leistet das Zufallsprinzip. Es stellt, „aus einer ex ante-Perspektive betrachtet, hinsichtlich individueller Chancenmaximierung und gleichzeitiger Risikominimierung den optimalen Auswahlmodus zur Verfügung."[87] Zudem entlastet es den Arzt von der Verantwortung, eine Auswahl treffen zu müssen, ohne dazu allgemein akzeptierte sachliche Entscheidungskriterien heranziehen zu können.

Für eine gesetzliche Implementierung des Zufallsentscheids sprechen nicht nur rechtsethische, sondern auch verfassungsrechtliche Gründe. Die Allokation knapper Behandlungsressourcen durch ärztliche Amtsträger, ins-

---

[85] Dazu näher *T. Zimmermann* (Fn. 1), 147 ff.; *T. Walter*, GA 2020, 656, 667 ff.

[86] *Archangelskij*, Das Problem des Lebensnotstands am Beispiel des Abschusses eines von Terroristen entführten Flugzeuges, 2005, 52; *Everschor*, Probleme der Neugeboreneneuthanasie und der Behandlungsgrenzen bei schwerstgeschädigten Kindern und ultrakleinen Frühgeborenen aus rechtlicher und ethischer Sicht, 2001, 450; *Künschner*, Wirtschaftlicher Behandlungsverzicht und Patientenauswahl, 1992, 90. Als „fragwürdig" und „bedenklich" sehen *Jäger/Gründel*, ZIS 2020, 151, 162, die Entscheidung durch das Los.

[87] *T. Zimmermann* (Fn. 1), 419.

besondere Ärzte in Krankenhäusern in öffentlich-rechtlicher Trägerschaft, ist unmittelbar gebunden an das Prinzip der Lebenswertindifferenz aus Art. 1 Abs. 1 GG, die speziellen Diskriminierungsverbote aus Art. 3 Abs. 2, 3 GG und die Anforderungen des allgemeinen Gleichheitssatzes gem. Art. 3 Abs. 1 GG.[88] Da rechtlich tragfähige sachliche Differenzierungskriterien (jenseits der Dringlichkeit und der medizinischen Indikation) nicht existieren, kann nur der Zufallsentscheid diesen grundrechtlichen Vorgaben gerecht werden und einen gleichheitsgerechten Zugang zu den bestehenden intensivmedizinischen Ressourcen gewährleisten. Die konkrete Ausgestaltung des Zufallsprinzips durch das Prioritätsprinzip oder das Losverfahren darf der Gesetzgeber aufgrund des aus dem Vorbehalt des Gesetzes folgenden Wesentlichkeitsgrundsatzes nicht dem einzelnen Arzt oder der einzelnen Klinik überlassen. Gemäß dem ersten Numerus-clausus-Urteil des BVerfG ist es bei einer Regelung, die sich „als Zuteilung von Lebenschancen auswirken kann", aufgrund der einschneidenden Bedeutung „Sache des verantwortlichen Gesetzgebers, [...] zumindest die Art der anzuwendenden Auswahlkriterien und deren Rangverhältnis untereinander selbst festzulegen."[89] Da es bei der Allokation intensivmedizinischer Ressourcen aber nicht bloß um die Zuteilung von Lebens-, sondern von *Über*lebenschancen geht, kommt ihr in noch gesteigertem Maße eine existenzielle Dimension zu. Deshalb muss hier das Erfordernis einer parlamentsgesetzlichen Regelung erst recht bejaht werden.[90] Keine tragfähi-

---

[88] *Huster*, DVBl 2010, 1069, 1075 f.; *Kloepfer/Deye*, DVBl 2009, 1208, 1219; Spickhoff-*Steiner*, Medizinrecht, 3. Aufl. 2018, Art. 3 GG Rn. 2.

[89] BVerfGE 33, 303, 345 f.; bestätigt in BVerfGE 147, 253, 309 ff.

[90] Ebenso *Kloepfer/Deye*, DVBl 2009, 1208, 1218.

ge Alternative bildet daher der Vorschlag des Deutschen Ethikrats, die Entscheidungskompetenz an die medizinischen Fachgesellschaften zu delegieren.[91]

Nichts anderes gilt im Ergebnis auch für Zuteilungsentscheidungen von Ärzten ohne Amtsträgerstatus.[92] Zwar lässt sich der h.M. zufolge Art. 3 Abs. 1 GG kein Gebot entnehmen, dass Rechtsbeziehungen zwischen Privaten von diesen prinzipiell gleichheitsgerecht zu gestalten sind; anders verhält es sich nach der Stadionverbots-Entscheidung des BVerfG allerdings bei „spezifischen Konstellationen", zu denen das Gericht den Ausschluss von Veranstaltungen, „die einem großen Publikum ohne Ansehen der Person geöffnet werden und der für die Betroffenen in erheblichem Umfang über die Teilnahme am gesellschaftlichen Leben entscheidet" zählt.[93] Hier kommt Art. 3 Abs. 1 GG eine mittelbare Drittwirkung zu. Als maßgebliche Kriterien nennt das Gericht „die Unausweichlichkeit von Situationen, das Ungleichgewicht zwischen sich gegenüberstehenden Parteien, die gesellschaftliche Bedeutung von bestimmten Leistungen oder die soziale Mächtigkeit einer Seite."[94] Diese Voraussetzungen sind, wie *Lindner* zutreffend betont, bei der Zuteilung intensivmedizinischer Ressourcen in Fällen der Kollision gleichrangiger Handlungspflichten in besonderem Maße erfüllt.[95] Insbesondere die Unausweichlichkeit der Situation für die

---

[91] Deutscher Ethikrat (Fn. 25), 4 mit nicht überzeugendem Rekurs auf die Grenzen des staatlich Normierbaren. Zur Kritik bereits *Engländer/T. Zimmermann*, NJW 2020, 1398, 1402.

[92] Dazu *Lindner*, MedR 2020, 723, 725 ff.

[93] BVerfGE 148, 267, 282.

[94] BVerfGE 148, 267, 280 f. unter Verweis auf BVerfGE 89, 214, 232 ff.; 128, 226, 249 f.

[95] *Lindner*, MedR 2020, 723, 726.

Beteiligten und die existenzielle Bedeutung der Zuteilungsentscheidung, aber auch die Abhängigkeit des Patienten vom Beschluss des Arztes liegen auf der Hand. Mangels staatlichem Handeln lässt sich allerdings die Notwendigkeit einer parlamentsgesetzlichen Ausgestaltung des Zufallsprinzips hier nicht aus dem Vorbehalt des Gesetzes ableiten. Angesichts der existenziellen Bedeutung der betroffenen Rechtsgüter für den Einzelnen kann sich eine Regelungsverpflichtung des parlamentarischen Gesetzgebers jedoch aus den grundrechtlichen Schutzpflichten ergeben.[96] Jedenfalls sprechen zur Gewährleistung einer verfassungskonformen Entscheidungspraxis *rechtspolitisch* gute Gründe für eine gesetzliche Regelung, die auch die Allokation durch Ärzte ohne Amtsträgerstatus umfasst.

Welche Ausgestaltung des Zufallsprinzips der Gesetzgeber implementiert, steht ihm frei. Für das Prioritätsprinzip spricht seine Einfachheit.[97] Es erfordert kein zusätzliches Handeln, was prinzipiell entlastend wirkt. Der zufällige Gang der Ereignisse bestimmt die Allokation ohne weiteres Zutun. Freilich kann es Fälle geben, in denen die Patienten gleichzeitig eintreffen oder die zeitliche Abfolge zweifelhaft ist. Das Losverfahren[98] ist demgegenüber auf-

---

[96] Zur Schutzpflichtdimension der Grundrechte *Alexy*, Theorie der Grundrechte, 1985, 410 ff.; *Dietlein*, Die Lehre von den grundrechtlichen Schutzpflichten, 2. Aufl. 2005; Dreier-*Dreier* (Fn. 78), Vorb. Rn. 101 ff.; *Unruh*, Zur Dogmatik der grundrechtlichen Schutzpflichten, 1996.

[97] Das bedeutet natürlich nicht, dass das Prinzip nicht der Spezifizierung bedarf. So muss entschieden werden, auf welchen Zeitpunkt es ankommen soll: den des Eintreffens in der medizinischen Einrichtung, den der Feststellung der intensivmedizinischen Behandlungsbedürftigkeit oder irgendeinen anderen. Wiederum wäre der Gesetzgeber hier in seiner Entscheidung frei.

[98] Vorgesehen in den Covid-19-Triage-Empfehlungen der belgi-

wendiger. Seine Vorteile liegen darin, dass mit ihm die Gleichwertigkeit der den kollidierenden Handlungspflichten zugrunde liegenden Lebensinteressen nochmals anerkannt und dokumentiert wird und Fehlentscheidungsrisiken sowie Missbrauchsgefahren reduziert werden können. Ein Problem kann indes darin bestehen, dass die Zeit zu seiner Durchführungen fehlt. Letztlich empfiehlt es sich, die Variante zu wählen, die bei der Bevölkerung die größere Akzeptanz findet.

Angenommen, der Gesetzgeber beschließt eine entsprechende gesetzliche Regelung, stellt sich die Frage nach den strafrechtlichen Auswirkungen, falls der Arzt die Vorgaben nicht einhält. Da das Gesetz nun im Unterschied zur bisherigen Rechtslage mit Hilfe des Zufallsentscheids bestimmt, welche der beiden kollidierenden *prima facie*-Pflichten im konkreten Fall zu befolgen ist, scheidet eine Rechtfertigung aus, wenn der Arzt der so bestimmten Pflicht nicht nachkommt und der nicht intensivmedizinisch versorgte Patient infolgedessen verstirbt oder sonst an seiner Gesundheit geschädigt wird.[99] Hier meldet allerdings *Ast* Bedenken an. Er fragt, wie man es einem Patienten, der durch das regelwidrige Verhalten eines Arztes gerettet worden sei, erklären wolle, dass er von Rechts wegen

---

schen intensivmedizinischen Fachgesellschaft (unter Berufung auf *Winsor* et al. Healthcare Quarterly 17/2 [2014], 44).

[99] Das Zufallsprinzip sichert also nicht bloß das derivate Teilhaberecht der Patienten an der intensivmedizinischen Versorgung, sondern dient zugleich der Begründung eines individuellen Anspruchs auf Aufnahme der Behandlung. Die von *Schroth/Hoffmann*, NStZ 2014, 486, 490f., vorgebrachten Einwände gegen die Zurechenbarkeit des Todes- oder Körperverletzungserfolges bei manipulierter Organzuteilung lassen sich daher – unabhängig von ihrer Überzeugungskraft – auf die hiesige Konstellation nicht übertragen.

nicht hätte gerettet werden dürfen.[100] Soweit *Ast* dabei als vom Arzt zu befolgende Regel nicht tragfähige sachliche Differenzierungskriterien wie die klinischen Erfolgsaussichten vor Augen hat, ist ihm aufgrund des Prinzips der Lebenswertindifferenz zwar beizupflichten. Anders verhält es sich jedoch im Hinblick auf eine gesetzliche Verankerung des Zufallsprinzips. Es gibt keinen Grund, weshalb man es dem Patienten nicht einsichtig machen können soll, dass ihm gerade durch dieses Prinzip ein chancengleicher Zugang zu der benötigten intensivmedizinischen Versorgung gewährleistet worden ist und der Regelverstoß des Arztes ihm nun einen unfairen Sondervorteil auf Kosten des Lebensinteresses des anderen, das nicht geringer wiegt als sein eigenes, verschafft hat.[101] Das Prinzip der Lebenswertindifferenz lässt sich hier nicht gegen den Rechtfertigungsausschluss in Stellung bringen, da es gerade die *Grundlage* für die Allokation qua Zufallsentscheid und damit für die gleichheitsgerechte Festlegung der zu befolgenden Pflicht bildet.

VII. Fazit

Die drei eingangs gestellten Fragen sind damit wie folgt zu beantworten:

1. Eine Gleichrangigkeit kollidierender Handlungspflichten, die den Arzt *de lege lata* zu einer Auswahlent-

---

[100] *Ast*, ZIS 2020, 268, 270.

[101] Dass das Recht solche Begründungen als prinzipiell möglich ansieht, zeigt sich auch in Lebensnotstandskonstellationen, in denen es ungeachtet der Gleichwertigkeit der Lebensinteressen von einer sich in Lebensgefahr befindenden Person die Einsicht erwartet, dass ihr Leben nicht auf Kosten des Lebens eines Dritten gerettet werden darf.

scheidung berechtigt und verpflichtet, liegt in Fällen der Ex-ante-Triage immer dann vor, wenn eine intensivmedizinische Behandlung bei beiden Patienten indiziert und gleichermaßen medizinisch dringlich ist. Weitere Faktoren wie die klinischen Erfolgsaussichten, die weitere Lebenserwartung oder das Alter spielen dagegen keine Rolle.

2. Zwar ist der Arzt, soweit Amtsträger, bei seiner Auswahl unmittelbar an Art. 3 GG gebunden; im Übrigen besteht eine mittelbare Drittwirkung des allgemeinen Gleichheitssatzes und der speziellen Diskriminierungsverbote. Verstößt der Arzt bei seiner Entscheidung, welchen Patienten er behandelt, gegen diese Vorgaben, hat das jedoch *de lege lata* auf die Rechtfertigung der Tötung bzw. Körperverletzung durch Unterlassen unter dem Gesichtspunkt der rechtfertigenden Pflichtenkollision keine Auswirkung, da in einem solchen Fall aufgrund der Freistellung, welche der Pflichten befolgt wird, die Tat lediglich einen Motivunwert, aber keinen Handlungs- und Erfolgsunwert aufweist.

3. Der Gesetzgeber darf und sollte zur Gewährleistung eines chancengleichen Zugangs zur benötigten intensivmedizinischen Behandlung den Zufallsentscheid als Ausprägung reiner Verfahrensgerechtigkeit gesetzlich implementieren. Soweit die Allokation durch Ärzte mit Amtsträgereigenschaft in Rede steht, besteht auch eine sich aus Art. 3 GG und dem Wesentlichkeitsgrundsatz ergebende Pflicht dazu.

Ex-post-Triage: Strafbar als Tötungsdelikt?

Tatjana Hörnle

I. Einleitung

Die folgenden Überlegungen gelten Stadien einer Pandemie, in denen überlebenswichtige Ressourcen nicht mehr für alle darauf angewiesenen Patienten ausreichen. Knappe Ressourcen können das Personal für intensivmedizinische Behandlung sein, Behandlungsplätze, Maschinen oder Medikamente. Eine Verlaufs- oder Ex-post-Triage liegt vor, wenn eine bei Patient A eingeleitete Behandlung wieder abgebrochen wird, um mit der knappen Ressource das Leben des neu eingetroffenen Patienten B retten zu können. Die klinisch-ethischen Empfehlungen deutscher medizinischer Fachgesellschaften vom 17. April 2020[1] zur COVID-19-Pandemie gehen davon aus, dass der Einsatz limitierter Therapiemöglichkeiten regelmäßig reevaluiert und ggf. angepasst werden müsse.[2] Medizinethische Ana-

---

[1] *Marckmann* u.a., Med. Klinik 2020 (veröff. online, 29.7.2020) zur 2., überarbeiteten Fassung der S1-Leitlinie „Entscheidungen über die Zuteilung intensivmedizinischer Ressourcen im Kontext der COVID-19-Pandemie“, AWMF-Registernummer 040013.

[2] Das ist auch der Standard in Empfehlungen und Richtlinien, die medizinische Fachgesellschaften in anderen Ländern verabschiedet haben, s. dazu *Jöbges* u.a., Bioethics 2020 online, https://onlinelibrary.wiley.com/doi/full/10.1111/bioe.12805 (zuletzt abgerufen am 31.10.2020), 4f.

lysen sehen das genauso.[3] Die Ad-hoc-Empfehlung des Deutschen Ethikrats vom 27. März 2020 bewertet Ex-post-Triage dagegen anders: Die Beendigung einer laufenden Behandlung sei nicht rechtmäßig. Allerdings dürfe mit „entschuldigender Nachsicht der Rechtsordnung" rechnen, wer den Empfehlungen medizinischer Fachgesellschaften folge.[4] Diese Aussagen sollen in meinem Beitrag überprüft werden, der sich auf die strafrechtliche Bewertung von Ex-post-Triage konzentriert.

Strafrechtliche Analysen können unterschiedlichen Zwecken dienen. Erstens gilt es, *die Entscheidenden und Behandelnden* in Krankenhäusern über mögliche Konsequenzen von Ex-post-Triage *zu informieren*,[5] zweitens muss innerhalb der Strafrechtswissenschaft über *rechtsdogmatische Weiterentwicklung* nachgedacht werden. Zu den Aufgaben der Rechtswissenschaft gehört die kritische Evaluation von Bewertungsmaßstäben, die in wesentlichen Zügen nicht gesetzlich geregelt sind (unten III.). Diejenigen, die in der medizinischen Versorgung Extremsituationen bewältigen müssen, haben andere, auf das hier und heute geltende Recht bezogene Fragen. Sie brauchen verlässliche Prognosen, wie deutsche Staatsanwaltschaften und Gerichte entscheiden würden, wenn nach dem Tod des Patienten A Angehörige oder Krankenhausmitarbeiter, die die konkrete Entscheidung nicht mitgetragen haben, Strafanzeige erstatten (dazu unten II.).

Drittens stellt sich die Frage, was dem *Gesetzgeber* aus *kriminalpolitischer Sicht* zu empfehlen wäre (unten IV.). In

[3] *Funer*, Zeitschrift für med. Ethik 66 (2020), 489.

[4] Deutscher Ethikrat, Solidarität und Verantwortung in der Corona-Krise. Ad-hoc-Empfehlung v. 27.3.2020, 4.

[5] Ich spreche der Kürze halber von Krankenhäusern – Triage-Situationen können sich natürlich auch an anderen Orten abspielen.

diesem Abschnitt werde ich nur einen Ausschnitt der aktuellen rechtspolitischen Debatte ansprechen. Ein großer Teil der Literatur zu Triage, auch in unserem Sammelband, befasst sich mit anderen Themen. Heftig diskutiert wird über den Inhalt von Regeln für die Zuteilung unzureichender Ressourcen. Für eine Festlegung erlaubter und unerlaubter Auswahlkriterien sprechen offensichtlich viele Gründe: rechtsstaatliche Prinzipien wie Gerechtigkeit, Gleichbehandlung und Rechtssicherheit ebenso wie (sozial-)psychologische Anliegen, nämlich die Erleichterung der klinischen Arbeit und das Vertrauen der Allgemeinheit in eine faire medizinische Versorgung. Umstritten sind die Details: Welche Auswahlkriterien ergeben sich aus medizinethischen Prinzipien und dem Verfassungsrecht?[6] Genügen Empfehlungen von Fachverbänden oder müssten Kriterien in einem Parlamentsgesetz festgelegt werden?[7] Mein Beitrag konzentriert sich auf die Frage, wie ggf. die Einhaltung von gesetzlich festgelegten Auswahlkriterien *durchzusetzen* wäre (unten IV.2). Außerdem gibt der Umstand, dass der Ausgang von Ermittlungsverfahren nach Ex-post-Triage schwer vorherzusagen ist, Anlass, Lücken im Allgemeinen Teil des StGB zu kritisieren (unten IV.1).

---

[6] S. dazu z. B. Deutscher Ethikrat (Fn. 4), 3 f.; *Taupitz*, MedR 2020, 440; *Merkel/Augsberg*, JZ 2020, 704; *Lindner*, JZ 2020, 723; sowie die meisten Beiträge in diesem Band.

[7] S. dazu *Augsberg*, in diesem Band, S. 3 ff.

II. Prognose der Entscheidungen von Strafverfolgungsbehörden: Ist nach Ex-post-Triage mit einer Bestrafung wegen Totschlags zu rechnen?

Ob Personen, die Ex-post-Triage zum Nachteil des Patienten A entschieden und ausgeführt haben, eine strafrechtliche Verurteilung droht, hängt von mehreren Bewertungsschritten ab: welcher Straftatbestand anzuwenden ist und wem der Tod von A zuzurechnen ist (1.), ob die Voraussetzungen eines Rechtfertigungsgrunds vorliegen (2.) und ob ggf. ein Entschuldigungsgrund den Ausweg lässt, trotz des Verdikts „rechtswidriges Verhalten" auf eine Bestrafung zu verzichten (3.).

1. Totschlag durch aktives Tun oder Unterlassen?

Der Entzug der knappen Ressource, obwohl eine Weiterbehandlung von Patient A zur Abwendung von Lebensgefahr indiziert war, würde den Tatbestand eines Totschlags entweder durch aktives Tun oder durch Unterlassen erfüllen (zur Abgrenzung zwischen Tun und Unterlassen unten 2., dort auch zum Kern der Debatte, ob ein solcher Totschlag gerechtfertigt wäre). Ärzte haben eine Garantenstellung gegenüber Patienten, entweder wegen der Aufnahme der Behandlung oder wegen der Bereitschaft zur Patientenversorgung.[8] Eine Verkürzung der Lebenszeit um einige Tage oder auch nur Stunden reicht nach einhelliger Ansicht für den Vorwurf eines vollendeten Totschlags

[8] *Sternberg-Lieben*, MedR 2020, 627; LK-*Weigend*, StGB, Bd. 1, 13. Aufl. 2020, § 13 Rn. 36; MK-*Freund*, StGB, Bd. 1, 4. Aufl. 2020, § 13 Rn. 173; *Frister*, Strafrecht AT, 9. Aufl. 2020, 22. Kap. Rn. 46; zu diensthabenden Bereitschaftsärzten OLG Hamm, NJW 1975, 604, 605.

aus.[9] Gerichte würden nur dann die Kausalität des Behandlungsabbruchs für den Tod verneinen, wenn der Zustand von Patient A so schlecht war, dass er *zum selben Zeitpunkt* ohnehin gestorben wäre.[10] Wenn sich im Gerichtsverfahren nicht aufklären lässt, ob Patient A mit der knappen Ressource länger gelebt hätte, droht eine Verurteilung wegen versuchten Totschlags.[11]

Komplizierte Erwägungen zur persönlichen Verantwortlichkeit werden erforderlich, wenn mehrere Personen die Entscheidung für Ex-post-Triage getroffen und andere diese umgesetzt haben. Nach den klinisch-ethischen Empfehlungen der Fachgesellschaften sollen Teams entscheiden: Ärzte und Vertreter der Pflegenden sowie, wenn möglich, Fachleute für klinische Ethik.[12] Bei Kollegialentscheidungen können Zurechnungs- und Kausalitätsprobleme auftreten (etwa, wenn bei tatsächlich einstimmiger Entscheidung ein mögliches Gegenvotum ohnehin erfolglos geblieben wäre), die allerdings strafrechtsdogmatisch aufzulösen sind.[13] Eine Involvierung in einen Totschlag

---

[9] BGHSt 21, 59, 61; BGH NStZ 1981, 218; NStZ 1985, 27; MK-*Schneider*, StGB, Bd. 4, 3. Aufl. 2017, § 212 Rn. 1; NK-*Neumann/Saliger*, StGB, Bd. 2, 5. Aufl. 2017, § 212 Rn. 2; Schönke/Schröder-*Eser/Sternberg-Lieben*, StGB, 30. Aufl. 2019, § 212 Rn. 3; *Fischer*, StGB, 67. Aufl. 2020, § 212 Rn. 3.

[10] *Engländer/Zimmermann*, NJW 2020, 1398, 1399.

[11] *Sternberg-Lieben*, MedR 2020, 627 f., auch dazu, welche Rolle Feststellungen zum Vorsatz, also der subjektiven Lageeinschätzung des Beschuldigten, spielen würden.

[12] *Markmann* u. a. (Fn. 1), 3.1: Verfahren der Entscheidungsfindung.

[13] S. dazu *Weißer*, Kausalitäts- und Täterschaftsprobleme bei der strafrechtlichen Würdigung pflichtwidriger Kollegialentscheidungen, 1996; *Knauer*, Die Kollegialentscheidung im Strafrecht, 2001; *Schaal*, Strafrechtliche Verantwortlichkeit bei Gremienentscheidungen in Unternehmen, 2001.

(ggf. durch Unterlassen) an Patient A wäre auch für diejenigen zu bejahen, die getroffene Entscheidungen auf den Stationen umsetzen. Die Details, ob eine Bestrafung der Entscheidenden als Anstifter (§ 26 StGB) oder mittelbare Täter (§ 25 Abs. 1 2. Alt. StGB) zu erwarten wäre, und ob Pflegende und Stationsärzte Täter (§ 25 Abs. 1 1. Alt. StGB) oder Gehilfen (§ 27 StGB) wären, sollen hier offenbleiben. Für alle Beteiligten und für die Strafverfolgungsorgane ist die entscheidende Frage: Wäre Tun bzw. Unterlassen, das den Tod von Patient A beschleunigt hat, gerechtfertigt?

2. Rechtfertigungsgründe

Die Ad-hoc-Empfehlung des Deutschen Ethikrats[14] und Darstellungen in der Presse[15] gehen mit größter Selbstverständlichkeit davon aus, dass Ex-post-Triage nach geltendem Strafrecht rechtswidrig sei, also kein Rechtfertigungsgrund eingreife. Tatsächlich ist die Rechtslage aber alles andere als einfach. Rechtsanwendende in Staatsanwaltschaften und Gerichten müssten sich erstens damit auseinandersetzen, welcher Rechtfertigungsgrund zur Konstellation der Ex-post-Triage passt, und zweitens entscheiden, ob im konkreten Fall die einzelnen Voraussetzungen vorliegen. Zwei Rechtfertigungsgründe kommen in Betracht. Eine Option wäre, genauso wie für Ex-ante-Triage eine *rechtfertigende Pflichtenkollision* anzunehmen. Das halte ich für überzeugend, und werde unten (III.) näher begründen, warum. Wer für Ex-post-Triage eine Rechtfertigung wegen Pflichtenkollision verneint, müsste prüfen, ob die Voraussetzungen eines *rechtfertigenden Notstands* (§ 34 StGB) vorlagen.

---

[14] Deutscher Ethikrat (Fn. 4), 4.

[15] *Grunert*, F.A.Z. v. 13.10.2020, Nr. 238, 8.

a) Rechtfertigende Pflichtenkollision

Im deutschen StGB findet sich kein Rechtfertigungsgrund mit der Überschrift „Pflichtenkollision". Er gilt aber als gewohnheitsrechtlich anerkannt.[16] Unstreitig sind die Ergebnisse, wenn gegenüber zwei gefährdeten Menschen symmetrische, im Ausführungsmodus gleiche Handlungspflichten bestehen. Im Lehrbuchbeispiel: Ein Vater oder eine Mutter kann nur eines von zwei Kindern aus einem brennenden Haus oder aus tiefem Gewässer retten.[17] Unter diesen Umständen würde nicht wegen vorsätzlicher Tötung des nicht geretteten Kindes bestraft.[18] Die Über-

[16] In den Beratungen zur Reform des StGB in den sechziger Jahren des 20. Jahrhunderts wurde darauf verwiesen, dass einer Kodifizierung der Rechtsfigur „rechtfertigende Pflichtenkollision" „unüberwindliche Hindernisse" entgegenstünden und die Konkretisierung deshalb der Rechtsprechung überlassen bleibe (BT-Drs. IV/650 zum sog. E62, 159). Der rechtfertigende Notstand wurde dagegen mit dem 2. StRG vom 4.7.1969 (BGBl. I, 717) in das StGB aufgenommen. S. zur Anerkennung in der Rspr. BGHSt. 47, 318, 322; 48, 307, 311.

[17] Diese Beispiele verwenden z.B. *Küper*, Grund- und Grenzfragen der rechtfertigenden Pflichtenkollision im Strafrecht, 1979, 19; *Roxin/Greco*, Strafrecht AT, Bd. 1, 5. Aufl. 2020, § 16 Rn. 116; *Freund/Rostalski*, Strafrecht AT, 3. Aufl. 2019, § 6 Rn. 130; Wessels/Beulke-*Satzger*, Strafrecht AT, 50. Aufl. 2020, Rn. 1213; NK-*Paeffgen/Zabel*, StGB, Bd. 1, 5. Aufl. 2017, Vor §§ 32 ff. Rn. 171; Matt/Renzikowski-*Engländer*, StGB, 2. Aufl. 2020, Vor § 32 Rn. 29.

[18] Die h.M. misst der Pflichtenkollision rechtfertigende Wirkung bei: LK-*Rönnau*, StGB, Bd. 3, 13. Aufl. 2019, Vor §§ 32 ff. Rn. 115 ff.; Matt/Renzikowski-*Engländer* (Fn. 17), Vor § 32 Rn. 29; Satzger/Schluckebier-*Widmaier/Kudlich*, 4. Aufl. 2019, § 13 Rn. 43; Schönke/Schröder-*Sternberg-Lieben* (Fn. 10), Vor §§ 32 ff. Rn. 71/72; Lackner/Kühl-*Heger*, StGB, 29. Aufl. 2018, § 34 Rn. 15; *Küper* (Fn. 17), 19 ff.; *Roxin/Greco* (Fn. 17), § 16 Rn. 119; *Otto*, in: Hilgendorf/Kudlich, Hdb. Strafrecht, Bd. 2, 2020, § 41 Rn. 18; *Frister* (Fn. 8), 22. Kap. Rn. 61; Wessels/Beulke-*Satzger* (Fn. 17), Rn. 1212. A.A. (nur Entschuldigung) NK-*Paeffgen/Zabel* (Fn. 17), Vor §§ 32 ff. Rn. 174; *Fischer*

tragbarkeit auf Ex-ante-Triage liegt auf der Hand: Wenn zwei vergleichbar akut erkrankte Patienten gleichzeitig eingeliefert werden und um dieselbe knappe Ressource konkurrieren, liegt eine Pflichtenkollision vor.[19]

Ex-post-Triage liegt jenseits des einfach zu beurteilenden Kernbereichs, der durch in jeder Hinsicht, insbesondere *auch im Ausführungsmodus vergleichbare* Rettungspflichten gekennzeichnet ist. Die Entscheidung für Patient A, der die knappe Ressource bereits nutzt, ist durch Verweigerung intensivmedizinischer Behandlung gegenüber Patient B umzusetzen, während eine Präferenz für Patient B meist bei Patient A irgendeine Intervention erfordern würde. Ist Ex-post-Triage trotzdem wegen einer Pflichtenkollision gerechtfertigt? In der aktuellen Debatte gehen die Meinungen auseinander. Viele Autoren nehmen an, dass Ex-post-Triage nicht zu rechtfertigen sei.[20] Andere kommen zum gegenteiligen Ergebnis: Auch bei Ex-post-Triage sei eine Rechtfertigung möglich.[21]

Die meisten allgemeinen (d.h. nicht auf Ex-post-Triage bezogenen) Darstellungen schließen eine Rechtfertigung

---

(Fn. 9), Vor § 32 Rn. 11a; *Jescheck/Weigend*, Strafrecht AT, 5. Aufl. 1996, 367f. S. zu der Ansicht, die das Problem auf Tatbestandsebene verortet, unten Fn. 58.

[19] S. dazu z.B. *Frister* (Fn. 8), 22. Kap. Rn. 61; Wessels/Beulke-*Satzger* (Fn. 17) Rn. 1214; ebenso *Engländer*, in diesem Band, S. 122f.

[20] *Engländer/Zimmermann*, NJW 2020, 1398, 1401; *Merkel/Augsberg*, JZ 2020, 704, 710ff.; *Sternberg-Lieben*, MedR 2020, 627, 635; *Sowada*, NStZ 2020, 452, 457ff.; *Walter*, GA 2020, 656, 671ff.; *Rönnau/Wegner*, JuS 2020, 403, 405ff.; Wessels/Beulke-*Satzger* (Fn. 17), Rn. 474. Ebenso *Engländer*, in diesem Band, S. 118ff.; *Fateh-Moghadam/Gutmann*, in diesem Band, 329ff.

[21] *Gaede* u.a., medstra 2020, 129, 134f.; *Taupitz*, MedR 2020, 440, 446f.; *Jäger/Gründel*, ZIS 2020, 151, 156ff.; *Hoven*, JZ 2020, 449, 452ff.; *Ast*, ZIS 2020, 268, 274; *Frister* (Fn. 8), Rn. 63.

wegen Pflichtenkollision aus, wenn zwar auf der einen Seite eine Handlungspflicht gegenüber der Person stand, deren Rettung tatsächlich unternommen wurde, auf der anderen Seite aber eine Unterlassungspflicht im Verhältnis zur benachteiligten Person. In dieser Konstellation könne allenfalls ein rechtfertigender Notstand (§ 34 StGB) vorliegen.[22] Daran *vermeintlich* anknüpfend, prüfen manche für Ex-post-Triage, ob das Krankenhauspersonal *aktiv gehandelt* hat (dann soll nur § 34 StGB anzuwenden sein) oder sich lediglich *passiv verhielt*.[23] Eine nur phänomenologische Beschreibung greift allerdings zu kurz[24] – Pflichten, aufzuteilen in Handlungs*pflichten* und Unterlassungs*pflichten*, sind auf einer anderen, nur normativ zu erschließenden Ebene angesiedelt. Anhaltspunkte dafür, dass es auf Rechte und Pflichten ankommt und die Fokussierung auf „aktiv oder passiv"-Beschreibungen nicht der richtige Ansatz ist, finden sich auch in der Rechtsprechung des BGH.[25]

---

[22] *Küper* (Fn. 17), 29 ff.; *Neumann*, FS für Roxin zum 70. Geburtstag, 2001, 421 ff., 427; *Gropp*, FS für Hirsch, 1999, 207 ff., 214; *Engländer/Zimmermann*, NJW 2020, 1398, 1399; LK-*Rönnau* (Fn. 18), Vor §§ 32 ff. Rn. 120; MK-*Erb* (Fn. 8), § 34 Rn. 46; Matt/Renzikowski-*Engländer* (Fn. 17), Vor § 32 Rn. 29; Schönke/Schröder-*Sternberg-Lieben* (Fn. 9), Vor §§ 32 ff. Rn. 71/72; Lackner/Kühl-*Heger* (Fn. 18), § 34 Rn. 15; *Roxin/Greco* (Fn. 17), § 16 Rn. 117; *Frister* (Fn. 8), 22. Kap. Rn. 61; Wessels/Beulke-*Satzger* (Fn. 17), Rn. 474; *Rengier*, Strafrecht AT, 12. Aufl. 2020, § 49 (unterlassungsspezifischer Rechtfertigungsgrund).

[23] *Rönnau/Wegner*, JuS 2020, 403, 406; Wessels/Beulke-*Satzger* (Fn. 17), Rn. 474.

[24] So auch *Vogel*, Norm und Pflicht bei den unechten Unterlassungsdelikten, 1993, 109; *Coninx*, Das Solidaritätsprinzip im Lebensnotstand, 2012, 183 ff.; *Neumann* (Fn. 22), 428; *Otto* (Fn. 18), § 41 Rn. 34; *Gaede* u. a., medstra 2020, 129, 134 f.; *Lübbe*, MedR 2020, 434, 436; *Sowada*, NStZ 2020, 452, 457; *Ast*, ZIS 2020, 268, 272.

[25] Die normative Überformung einer phänomenologischen Be-

Allerdings ist eine Differenzierung zwischen aktivem und passivem Verhalten von Beschuldigten insofern einfacher, als dies kein vertieftes Nachdenken über die Ratio der beiden in Betracht kommenden Rechtfertigungsgründe erfordert. Außerdem wird dieser Ansatz in der didaktisch orientierten Literatur empfohlen,[26] die mehr gelesen wird als rechtswissenschaftliche Analysen. Es ist deshalb durchaus wahrscheinlich, dass einige Juristinnen und Juristen in der Strafverfolgungspraxis diesen Weg gehen würden. Sie müssten dann zwischen *unterschiedlichen Erscheinungsformen* einer Ex-post-Triage unterscheiden. Es kann Konstellationen geben, in denen sowohl gegenüber Patient B als auch gegenüber Patient A in sehr ähnlicher Weise nur ein Unterlassen erforderlich ist, wenn der jeweils andere den Vorzug erhält, etwa wenn die nach dem ursprüngli-

---

schreibung zeigt sich deutlich in einem viel zitierten Urteil aus dem Jahr 2010 (Fuldaer Fall) zum Abbruch lebenserhaltender Maßnahmen. Dort weist der BGH darauf hin, dass frühere Versuche einer Differenzierung zwischen „nur passiven" und „aktiven" Formen der Sterbehilfe nicht überzeugen; maßgebliches Kriterium müsse vielmehr der Wille des Patienten sein (BGHSt 55, 191). In der jetzigen Diskussion zu Triage wird teilweise argumentiert, dass dieses Urteil jenseits der Konstellation „Schutz von Patientenautonomie" keine Bedeutung habe (*Engländer/Zimmermann*, NJW 2020, 1398, 1401; *Sowada*, NStZ 2020, 452, 457; *Lindner*, MedR 2020, 723, 725; *Rengier*, Fn. 22, Rn. 46d). Das ist zwar insofern richtig, als es bei Triage typischerweise nicht um die Respektierung von Patientenautonomie geht, sondern um eine Ressourcenzuteilung, die nicht dem Willen von Patient A entspricht. Aber die Prämisse, nicht auf die rein phänomenologische Beschreibung des Verhaltens als aktiv oder passiv abzustellen, sondern auf Rechte und Pflichten, ist auf die Beurteilung von Triage zu übertragen. Wie hier *Gaede* u. a., medstra 2020, 129, 135; *Jäger/Gründel*, ZIS 2020, 151, 156.

[26] *Rönnau/Wegner*, JuS 2020, 403, 406; Wessels/Beulke-*Satzger* (Fn. 17).

chen Therapieplan für Patient A vorgesehene tägliche Verabreichung eines Medikaments unterbleibt.[27] Die Wahrscheinlichkeit, dass eine rechtfertigende Pflichtenkollision bejaht würde, ist dagegen kleiner, wenn Behandelnde aktiv in eine fortlaufende Therapiemaßnahme eingegriffen haben, vor allem bei körperlich invasiven Maßnahmen, etwa Extubieren.[28] Wenn sich Tun dagegen nicht auf den Körper von Patient A richtete, sondern sich z. B. auf das Drücken eines Ausschaltknopfs beschränkte, ist es möglich, dass Strafverfolgungsbehörden dies trotzdem als Unterlassen (der Weiterbehandlung) einordnen. Dazu wäre auf die Formel vom „Schwerpunkt der Vorwerfbarkeit" zurückzugreifen.[29] In der Literatur wird ein Abschalten von Geräten als Unterlassen der Weiterbehandlung gewertet, was den Weg zur rechtfertigenden Pflichtenkollision öffnet.[30]

Festzuhalten ist: Die Rechtslage ist kompliziert und das Meinungsspektrum weit aufgefächert. Für jede persönliche Intuition der in der Strafverfolgung Tätigen zum „richtigen Ergebnis" lässt sich strafrechtsdogmatische Unterstützung finden.

b) Rechtfertigender Notstand

Wird eine rechtfertigende Pflichtenkonstellation verneint, wäre die nächste Frage, ob ein rechtfertigender Notstand

---

[27] S. BGHSt 40, 257, 266; Schönke/Schröder-*Bosch* (Fn. 9), Vor §§ 13 ff., Rn. 158b a. E. (zum Einstellen der künstlichen Ernährung); *Engländer/Zimmermann*, NJW 2020, 1398, 1399.

[28] Darauf stellen *Merkel/Augsberg*, JZ 2020, 704, 711, ab.

[29] St. Rspr, s. BGHSt 6, 46, 59; 40, 257, 265 f.; 56, 277, 286 Rn. 29.

[30] *Taupitz*, MedR 2020, 440; *Sowada*, NStZ 2020, 452, 457; *Frister* (Fn. 8), 22. Kap. Rn. 63; a. A. *Engländer/Zimmermann*, NJW 2020, 1398, 1401; *Sternberg-Lieben*, MedR 2020, 627, 635.

(§ 34 StGB) vorlag. Eine gegenwärtige, nicht anders abwendbare Gefahr für das Leben des Patienten B liegt in typischen Fällen von Triage vor. Fallentscheidend wäre der zweite Teil der gesetzlichen Definition: Bei Abwägung der widerstreitenden Interessen müsste das Interesse des Patienten B das von Patient A „wesentlich überwiegen". Eine für unser Thema zentrale Frage ist, was in diese Abwägung einfließen darf. Das Gesetz verweist „namentlich" auf die Art des betroffenen Rechtsguts und den Grad der Gefahr. Wegen der zentralen Bedeutung von „Grad der Gefahr" ist auf jeden Fall wichtig, wie *dringlich* die Behandlung mit der knappen Ressource ist. Wenn bei Patient A keine akute Lebensgefahr (mehr) besteht, Patient B aber ohne Intensivbehandlung in kürzester Zeit sterben wird, ist die Therapieänderung bei Patient A und die Nutzung der Ressource für Patient B rechtmäßig. Der Schweregrad der akuten Erkrankung, auf den die klinisch-ethischen Empfehlungen der Fachgesellschaften abstellen,[31] *kann* also auch aus strafrechtlicher Sicht wesentlich werden.

Dies ist allerdings nicht immer der Fall. Dringlichkeit i.S.v. Notwendigkeit sofortiger Behandlung und die Erfolgsaussichten für das Abklingen der Akuterkrankung sind nicht vollkommen gekoppelt.[32] Wenn zwei Patienten vergleichbar dringend eine Ressource benötigen, um die nächsten Stunden zu überleben, kann die detailreichere Diagnose Unterschiede ergeben, die bedeuten, dass Patient B die akute Erkrankung mit höherer Wahrscheinlichkeit überstehen wird als Patient A. An dieser Stelle besteht ein Konflikt zwischen den klinisch-ethischen Empfehlungen

---

[31] *Marckmann* u.a. (Fn. 1), 3.2.1.

[32] S. *Taupitz*, MedR 2020, 440, 447 („latentes Spannungsverhältnis zwischen Dringlichkeit und Erfolgsaussicht").

und verbreiteten Ansichten in der strafrechtlichen Literatur. Letztere lehnen es ab, bei der Abwägung nach § 34 StGB zu berücksichtigen, dass Patient B die Akuterkrankung mit höherer Wahrscheinlichkeit überleben wird. *Claus Roxin* schreibt, dass einem Patienten mit 30%iger Überlebenschance ein Beatmungsgerät nicht abgenommen werden dürfe, um den später eingelieferten Patienten mit 70%iger Überlebenschance zu retten.[33] Nur eine miserable Akutverfassung von Patient A sei zu berücksichtigen: Wenn „nur Sterben verlängert werde“[34], also die Überlebenschance gegen Null tendiert, dann dürfe die knappe Ressource dem überlebensfähigen Patienten B zugewiesen werden.[35]

Erst recht wäre die h. M. nicht bereit, weitere Faktoren in der Abwägung zu akzeptieren, die den mittelfristigen Gesundheitszustand betreffen. Die beiden Faktoren „allgemeiner Gesundheitszustand“ und „Komorbiditäten“, die nach den klinisch-ethischen Empfehlungen berücksichtigt werden sollen,[36] würden in die strafrechtliche Prüfung eines rechtfertigenden Notstands nicht einfließen. Dass Patient A wegen fortgeschrittenem Leberversagen oder einer weit fortgeschrittenen Krebserkrankung auch bei fortgesetzter intensivmedizinischer Behandlung nur noch eine Lebenserwartung von wenigen Monaten oder Wochen hat-

---

[33] *Roxin*, Strafrecht AT, Bd. 1, 4. Aufl. 2006, § 16 Rn. 33 – unverändert in der Neuauflage mit *Luis Greco* (Fn. 17); ebenso NK-*Neumann* (Fn. 17), § 34 Rn. 130; LK-*Rönnau* (Fn. 18), Vor §§ 32 ff. Rn. 123.

[34] NK-*Neumann* (Fn. 17), § 34 Rn. 130; LK-*Rönnau* (Fn. 18), Vor §§ 32 ff. Rn. 123.

[35] Unter diesen Umständen ist allerdings die Behandlungspflicht gegenüber Patient A auf palliative Versorgung reduziert (*Taupitz*, MedR 2020, 440; *Engländer/Zimmermann*, NJW 2020, 1398, 1399), sodass mangels Handlungspflichten im intensivmedizinischen Bereich bereits der Tatbestand des Totschlags durch Unterlassen ausscheidet.

[36] *Marckmann* u. a. (Fn. 1), 3.2.1.

te, darf danach keine Rolle spielen. Zwar gibt dies der Wortlaut von § 34 StGB nicht zwingend vor: Man *könnte* bei der Bewertung der widerstreitenden Interessen Komorbiditäten und Allgemeinzustand einbeziehen. Aber es ist unwahrscheinlich, dass Strafverfolgungsbehörden dies tun würden. Vielmehr ist mit einem Verdikt *gegen* die Berücksichtigung von Komorbiditäten und allgemeinem Gesundheitszustand zu rechnen, mit Verweis auf das Urteil des BVerfG zum Luftsicherheitsgesetz. Dieses betraf zwar ein in mehrfacher Hinsicht anders gelagertes Problem,[37] aber es enthält einen allgemein formulierten Satz: „Menschliches Leben und menschliche Würde genießen ohne Rücksicht auf die Dauer der physischen Existenz des einzelnen Menschen gleichen verfassungsrechtlichen Schutz."[38]

Intensiv mit Auslegungsfragen ringende Rechtsanwendende könnten auf den Gedanken kommen, Literatur zur Gefahrengemeinschaft mit symmetrischen Rettungschancen heranzuziehen. Es gibt Autoren, die vertreten, dass die Tötung eines Menschen zur Rettung anderer nach § 34 StGB gerechtfertigt sei, wenn auf beiden Seiten eine geteilte, aus derselben Quelle herrührende Lebensgefahr bestand (etwa bei Schiffbrüchigen in einem überfüllten, sinkenden Rettungsboot).[39] Allerdings wäre bei Ex-post-Triage in einer Pandemie zu bezweifeln, dass deshalb eine Gefahrengemeinschaft vorliegt, weil Patient A und Patient B vom sel-

---

[37] Darauf weist zu Recht *Hoven*, JZ 2020, 449, 450 f., hin.

[38] BVerfGE 115, 118, 158.

[39] *Zimmermann*, Rettungstötungen, 2009, 410 ff.; *Coninx* (Fn. 24), 117 ff.; *Schünemann*, GA 2020, 1, 9 ff.; SK-*Hoyer*, 9. Aufl. 2017, § 34 Rn. 54 ff. Gegen eine Rechtfertigung in diesen Fällen BGH NJW 1953, 513, 514; LK-*Zieschang* (Fn. 18), § 34 Rn. 117; MK-*Erb* (Fn. 8), § 34 Rn. 150; NK-*Neumann* (Fn. 17), § 34 Rn. 78; Schönke/Schröder-*Perron* (Fn. 9), § 34 Rn. 24; *Roxin/Greco* (Fn. 17), § 16 Rn. 39 ff.

ben Typ eines Krankheitserregers befallen wurden[40] (selbst das muss nicht der Fall sein, da Triage-Notwendigkeit auch bei unterschiedlich verursachten lebensgefährlichen Zuständen bestehen kann). Bei Erkrankten ist die Gefahr individualisiert (durch die Zahl der aufgenommenen Viren und die Reaktion des Immunsystems), sodass die Figur der Gefahrengemeinschaft wohl nicht zur Anwendung käme.[41]

3. Entschuldigungsgründe

Der Deutsche Ethikrat verweist in beruhigender Weise auf eine „entschuldigende Nachsicht der Rechtsordnung", wenn eine Gewissensentscheidung, „ethisch begründbar ist und transparenten – etwa von medizinischen Fachgesellschaften aufgestellten – Kriterien folgt".[42] Für Beschuldigte wäre dieser Ausweg keine zufriedenstellende Lösung. Sie müssten hinnehmen, dass Verhalten, das in jeder Hinsicht klinisch-ethischen Empfehlungen entspricht, als rechtswidrig bewertet würde, womit auch beim Ausbleiben einer strafgerichtlichen Verurteilung ein Tadel verbunden ist. Zudem erlaubt dieser Ansatz keine von der Autorität des Rechts gestützte Konfliktlösung, die in einer akuten, möglicherweise aggressiven Zuspitzung von Verteilungskonflikten auch die mit konkreten Entscheidungen nicht einverstandenen Personen hinnehmen müssten.[43]

---

[40] *Sowada*, NStZ 2020, 452, 458 geht davon aus, dass Patient A aus der Gefahrengemeinschaft ausgeschieden sei – das erscheint mir nicht überzeugend, wenn Krankheitserreger oder andere pathologische Zustände noch im Körper wüten.

[41] Ebenso *Sternberg-Lieben*, MedR 2020, 627, 635: „zufällig zusammentreffende Unglücksgemeinschaft".

[42] Deutscher Ethikrat (Fn. 4), 4.

[43] Dazu auch *Gaede* u.a., medstra 2020, 129, 133; *Jäger/Gründel*, ZIS 2020, 151, 153.

Vor allem aber ist nicht gesichert, dass sich die Auskunft des Deutschen Ethikrats im Ernstfall eines eingeleiteten Strafverfahrens als verlässlich erweisen würde.[44] Nach geltendem Recht ist vorstellbar, dass eine Entschuldigung zugestanden würde, jedoch ist es zu optimistisch, dies mit Gewissheit zu prognostizieren. Beschuldigte könnten eventuell ein wenig Hoffnung daraus schöpfen, dass der in Strafverfolgungsbehörden viel genutzte Kommentar von *Thomas Fischer* Pflichtenkollision generell als Entschuldigungsgrund einstuft und dabei (*ansatzweise*) andeutet, dass eine Beschränkung auf Unterlassungsdelikte nicht überzeugend sei.[45] Für Ex-post-Triage wird allerdings in der Strafrechtsliteratur überwiegend eine Entschuldigung verneint.[46] § 35 StGB (entschuldigender Notstand) ist nicht einschlägig, weil auf „nahestehende Personen" beschränkt, womit enge persönliche Beziehungen gemeint sind, nicht ein Arzt-Patienten-Verhältnis.[47] Zu erwägen wäre ein übergesetzlicher entschuldigender Notstand, wobei umstritten ist, ob das geltende Recht überhaupt Raum für einen solchen Entschuldigungsgrund lässt und unter welchen Bedingungen dieser anzuwenden wäre.[48] Eine etab-

---

[44] *Gaede* u.a., medstra 2020, 129, 135; *Hoven*, JZ 2020, 449, 454, nennt die Auskunft des Ethikrats „gewagt" und *Lindner*, MedR 2020, 723, 725 „nachgerade fahrlässig".

[45] *Fischer* (Fn. 9), Vor § 32, Rn. 11a, 11d.

[46] *Roxin/Greco* (Fn. 17), § 22 Rn. 164; *Sowada*, NStZ 2020, 452, 459; *Sternberg-Lieben*, MedR 2020, 627, 636; *Walter*, GA 2020, 656, 676. A. A. *Hoven*, JZ 2020, 449, 454.

[47] S. zur unumstrittenen Auslegung MK-*Müssig* (Fn. 8), § 35 Rn. 19; Schönke/Schröder-*Perron* (Fn. 9), § 35 Rn. 15.

[48] S. dazu *Hörnle*, FS für Herzberg, 2008, 571 ff. Krit. MK-*Schlehofer* (Fn. 8), Vorbem. zu § 32 Rn. 330 f.; *Momsen*, Die Zumutbarkeit als Begrenzung strafrechtlicher Pflichten, 2006, 462 ff.; *Schünemann*, GA 2020, 1, 6 ff.; *Roxin/Greco* (Fn. 17), § 22 Rn. 144 f.

lierte höchstrichterliche Rechtsprechung existiert nicht.[49] Vereinzelt wird eine Entschuldigung bei Gefahrengemeinschaften befürwortet, was aber nicht weiterführt, wenn man bei Ex-post-Triage eine Gefahrengemeinschaft verneint.[50] Außerdem wird gegen eine Entschuldigung vorgebracht, dass es bei der Rettung nur eines Patienten am „charakteristischen Entscheidungsdilemma" in Leben-gegen-Leben-Konstellationen fehle, welches vorliege, wenn *viele* andere gerettet werden können.[51] Insgesamt ist auch an dieser Stelle festzustellen: Die strafrechtsdogmatische Ausgangslage erlaubt keine sichere Prognose des Ausgangs eines Ermittlungsverfahrens.

4. Zwischenfazit

Die gegenwärtige Rechtslage ist unbefriedigend. Ein offensichtliches Problem ist der Mangel an Rechtssicherheit.[52] Die Regeln der Strafrechtsdogmatik bieten, anders als optimistischere Kollegen annehmen,[53] keine klare Entscheidungsgrundlage. Es wäre nicht verwunderlich, wenn Ärzte, Pflegepersonal und Medizinethiker mit Kopfschütteln auf meine Versuche reagieren, die Rechtsfolgen von Ex-post-Triage zu schildern. Wie soll es gelingen, sich am Recht zu orientieren, wenn nicht einmal Strafrechtswissenschaftler die Entscheidungen von Staatsanwaltschaften und Gerichten mit Sicherheit prognostizieren können?

---

[49] Die Möglichkeit eines entschuldigenden Notstands wird nur vorsichtig angedeutet in BGHSt 35, 347, 350.

[50] *Gallas*, in: ders., Beiträge zur Verbrechenslehre, 1968, 59, 75 ff.; NK-*Neumann* (Fn. 17), § 35 Rn. 61.

[51] *Engländer/Zimmermann*, NJW 2020, 1398, 1401; *Sternberg-Lieben*, MedR 2020, 627, 637; Wessels/Beulke-*Satzger* (Fn. 17), Rn. 250.

[52] So auch *Kubiciel*, Zeitschrift für med. Ethik 66 (2020), 509, 511 f.

[53] Optimistischer *Engländer*, in diesem Band, S. 111 f.

Noch gravierender wiegt ein Gerechtigkeitsproblem. Wenn weder eine Rechtfertigung noch eine Entschuldigung bejaht würde, wäre die Konsequenz: Strafanklage und Verurteilung wegen eines vorsätzlichen Tötungsdelikts. Damit würde eine harsche Strafe unausweichlich: Freiheitsstrafe zwischen fünf und fünfzehn Jahren (§§ 212 Abs. 1, 38 Abs. 2 StGB), bestenfalls, wenn ein minder schwerer Fall bejaht würde, ein Jahr bis zehn Jahre Freiheitsstrafe (§ 213 StGB). Selbst die engagiertesten Kritiker von Ex-post-Triage müssten nachvollziehen können, dass die Verhängung einer Freiheitsstrafe bei Ärzten und Pflegenden und in den klinischen Fachgesellschaften zu Empörung führen würde.

III. Die Perspektive der Rechtswissenschaft: Wie sollte Ex-post-Triage bewertet werden?

Wie *sollte* Ex-post-Triage bewertet werden? Im Folgenden werde ich dazu zwei Thesen entwickeln. Die erste bezieht sich auf das Verhältnis von rechtfertigender Pflichtenkollision und rechtfertigendem Notstand. Sachverhalte, in denen Beschuldigte symmetrische Beistandsgarantenpflichten gegenüber zwei (oder mehr) Personen hatten und eine Wahl treffen mussten, sollten nach den Regeln der Pflichtenkollision geprüft werden, wenn die benachteiligte Person keine Abwehr-, sondern nur Teilhaberechte geltend machen kann. Ex-post-Triage ist demgemäß nicht nach den Regeln des rechtfertigenden Notstands zu bewerten.

Die zweite These ist, dass in einer Pflichtenkollision den Entscheidenden ein *hohes Maß an Wahlfreiheit* zugestanden werden sollte. Dies gilt für Ex-post-Triage genauso wie für Ex-ante-Triage. Es ist nochmals in Erinnerung zu rufen, dass die Bewertung auf eine gravierende Rechtsfolge zuläuft: Verurteilung wegen Totschlags. Wegen des Gewichts der Konsequenzen für Beschuldigte muss das (Kern-)Strafrecht mehr Spielraum zugestehen und weniger engmaschig regulieren als Normen in Best Practice-Empfehlungen oder in einem Triage-Gesetz (dazu unten IV.).

1. Der passende Rechtfertigungsgrund: Methodische Prämissen

Welcher Rechtfertigungsgrund für Ex-post-Triage vorrangig zu prüfen ist, richtet sich wie bei allen anderen Konfliktlagen nach der *Ratio* der Erlaubnisnormen. Diese Ratio ist zu erschließen, indem die *Rechte und Pflichten beteiligter Personen* in genereller, über Einzelfälle hinausgehender Weise erfasst werden.[54] Rechte und Pflichten können für zwei Parteien zu analysieren sein (etwa Angreifer und Angegriffene bei Notwehr) oder für drei Parteien in Fällen der Nothilfe, manchen Konstellationen des Notstands und bei der rechtfertigenden Pflichtenkollision. Für unser Thema gilt es, (mindestens) eine Dreieckskonstellation zu analysieren, nämlich das Dreieck „Arzt – Patient A – Patient B“.[55] Entscheidend sind in erster Linie (mögliche) Abwehrrechte von Patient A sowie die ärztlichen Pflichten gegenüber beiden Patienten.[56]

---

[54] S. *Renzikowski*, Notstand und Notwehr, 1994, 214ff.; *Coca-Vila*, ZStW 130 (2018), 959, 970ff.

[55] Diese Beschreibung ist eine Vereinfachung: Auf der Seite „Arzt“ sind in Triage-Konstellationen mit komplexeren Entscheidungsverfahren mehr Personen beteiligt, und „Patient A“ und „Patient B“ können in konkreten Fällen ebenfalls mehrere Personen sein.

[56] Außerdem könnten in Dreieckskonstellationen grundsätzlich Rechte und Pflichten der dritten Person, für die Rettungshandlungen

An dieser Stelle ist eine Bemerkung zur Terminologie erforderlich. Strafrechtswissenschaftler, die ihre Prämissen mit dem Stichwort „Normentheorie" zusammenfassen, verwenden den Begriff „Pflicht" in der Regel nicht interpersonal, sondern nur für die Pflicht des Täters, einer an ihn gerichteten rechtlichen Verhaltensnorm nachzukommen. Es liegt dann die Folgerung nahe, dass es nur scheinbare oder hypothetische Pflichtenkollisionen gebe.[57] Vertreter dieser Auffassung prüfen das, was herkömmlicherweise „rechtfertigende Pflichtenkollision" genannt wird, schon auf der Tatbestandsebene.[58] Überzeugender ist die Herangehensweise von *Ivó Coca-Vila.* Er spricht zwar auch von einer Pflicht nur mit Blick auf denjenigen, dessen Verhalten auf Strafbarkeit untersucht wird, aber mit klarem Verständnis dafür, dass damit ein *Ergebnis* zusammengefasst wird, dem eine multidimensionale Analyse der wechselseitigen Rechte und Pflichten in einer Dreieckskonstellation vorausgehen sollte.[59] Im Anschluss an *Jan Joerden* bezeichnet er die im ersten Schritt zu untersuchenden normativen Beziehungen aller Beteiligten als „Gründe der Verbindlichkeit".[60] Wichtiger als begriffliche Fragen ist die grundlegende Einsicht, dass die Prüfung multipolar strukturiert sein muss.

---

unternommen wurden, eine Rolle spielen, s. *Coca-Vila*, ZStW 130 (2018), 959, 977 ff.

[57] *Joerden*, Jahrbuch für Recht und Ethik 5 (1997), 43 ff., 49; MK-*Schlehofer* (Fn. 8), Vorbem. zu § 32 Rn. 251; *Freund/Rostalski*, GA 2020, 617, 631.

[58] SK-*Hoyer* (Fn. 39), Vor 32 ff. Rn. 43 f.; *Freund/Rostalski* (Fn. 17). Krit. *Küper*, FS für Rengier, 2018, 67, 74 ff.

[59] *Coca-Vila*, ZStW 130 (2018), 959, 968 ff.

[60] *Joerden*, Jahrbuch für Recht und Ethik 5 (1997), 43 ff., 46; *Coca-Vila*, ZStW 130 (2018), 959, 971.

2. Ratio des rechtfertigenden Notstands und der rechtfertigenden Pflichtenkollision

Eine mögliche Begründung für Rechtfertigung im sog. Aggressivnotstand (dem Standardfall nach § 34 StGB) verweist auf eine positive Bilanz nach Abwägung der widerstreitenden Interessen.[61] Eine solche Erklärung begegnet Einwänden.[62] Erstens setzt eine verrechnende Perspektive eine distanzierte Sicht auf das Geschehen voraus, einen übergeordneten Blick (den „Blick von Nirgendwo"[63]), und es bleibt unklar, wer der Nutznießer einer „positiven Gesamtbilanz" ist, die *nach* der Verrechnung aller Interessen entstünde.[64] Zweitens kommt zu kurz, dass Aggregierung einer anderen Logik folgt als das Konzept „Rechte einer Person". Wenn man versucht, die Idee eines Rechts auf den Punkt zu bringen, dann geht es darum, das umstandslose Aufgehen der Interessen eines Individuums in einer Gesamtbilanz zu verhindern.[65] In einer an Grundrechten orientierten Rechtsordnung kommt Abwehrrechten des Individuums zentrale Bedeutung zu, als eigen- und widerständige Rechte, die eine simple Verrechnung mit den Anliegen anderer oder kollektiven Anliegen ausschließen. Überzeu-

---

[61] *Hruschka*, Strafrecht nach logisch-analytischer Methode, 2. Aufl. 1988, 112 f.; *Joerden*, GA 1993, 245, 247 f.; *ders.*, in: Hilgendorf/Kudlich (Hrsg.), Handbuch des Strafrechts, Bd. 2, 2020, § 39 Rn. 12 ff.; *Roxin/Greco* (Fn. 17), § 16 Rn. 10.

[62] S. zur Kritik *Renzikowski* (Fn. 54), 202 ff.; *Pawlik*, Der rechtfertigende Notstand, 2002, 34 ff.; *Wilenmann*, Freiheitsdistribution und Verantwortungsbegriff, 2014, 21 ff.; *Neumann*, in: von Hirsch/Neumann/Seelmann (Hrsg.), Solidarität im Strafrecht, 2013, 155, 161 ff.; *Coca-Vila*, ZStW 130 (2018), 959, 977 ff.

[63] *Nagel*, The View from Nowhere, 1986.

[64] S. dazu *Merkel*, in: Inst. für Kriminalwissenschaften Frankfurt a. M. (Hrsg.), 1995, 171, 187 f.

[65] *Renzikowski* (Fn. 54), 42; *Engländer*, GA 2017, 242, 245.

gender und heute überwiegend anerkannt ist der Verweis auf (begrenzte) Solidarität,[66] um gegenüber Geschädigten zu begründen, warum sie ein an sich bestehendes Abwehrrecht nicht ausüben dürfen und z.B. dulden müssen, dass jemand in einer Winternacht in ihre Berghütte eindringt, um nicht zu erfrieren. Jenseits eng begrenzter Solidaritätspflichten[67] gehört es aber zur Freiheitssphäre, sich auf den Status eines unbeteiligten Dritten berufen zu dürfen.[68] Beispielsweise gibt es keine Verpflichtung, auf das Hausrecht an der eigenen Wohnung zu verzichten und wenig genutzte Räume für obdachlose Menschen frei zu geben, was aus utilitaristischer Sicht gefordert werden könnte.[69]

Man stelle sich im Pandemiekontext vor, dass der verzweifelte Angehörige eines lebensgefährlich Erkrankten in

---

[66] *Renzikowski* (Fn. 54), 188 ff., 196 ff.; *Coninx* (Fn. 24), 13 ff.; *dies.*, in: von Hirsch/Neumann/Seelmann, Solidarität im Strafrecht (Fn. 62), 189 ff.; *Wilenmann* (Fn. 62), 139 ff.; *Frister,* GA 1988, 291 (292); *Merkel* (Fn. 64), 180 ff.; *Neumann* (Fn. 22), 426; *Frisch*, FS für Puppe, 2011, 425, 438 ff.; *Engländer,* GA 2017, 242, 247 ff.; Lackner/*Kühl-*Heger (Fn. 18), § 34 Rn. 1; Matt/Renzikowski-*Engländer* (Fn. 17) Vor § 32 Rn. 3; MK-*Erb* (Fn. 8), § 34 Rn. 9 f.; NK-*Neumann* (Fn. 17), § 34 Rn. 9. *Michael Pawlik* reflektiert einerseits die Popularität des Begriffs Solidarität kritisch (Fn. 62, 58 ff.), andererseits kann man seine eigenen Ausführungen (a. a. O., 109 ff.) als kompliziertere (wie immer, wenn *Hegel* ins Spiel kommt) Begründung und nicht als fundamentale Zurückweisung des Solidaritätsgedankens lesen (*Pawlik*, a. a. O., 112).

[67] S. dazu, was die Grenzen der Solidarität übersteigt, *Frisch*, GA 2016, 133 ff.

[68] *Pawlik* (Fn. 62), 14 ff.

[69] S. zu einem Entwurf utilitaristischer Moral, der dem Einzelnen viel abfordert, nämlich globale Umverteilung von Einkommen durch Spenden, *Singer,* The Life You Can Save: Acting Now to End World Poverty, 2009. Allerdings schreckt auch *Singer* davor zurück, eine konsequente utilitaristische Umverteilung von Eigentum und Wohnrechten auszuformulieren.

eine Apotheke eindringen und den Apotheker mit Gewalt zur Herausgabe letzter Vorräte eines Medikaments zwingt. Wenn die Tat außenstehende Dritte trifft, ist der Vorrang von § 34 StGB unstreitig. Ex-post-Triage ist aber *anders strukturiert* als solche Kernfälle des Aggressivnotstands. Erstens haben Ärzte symmetrische Rettungspflichten für die gefährdeten Patienten, und zweitens verdient die Frage eines Abwehrrechts von Patient A mehr Aufmerksamkeit. *Wenn* ein solches Abwehrrecht bestünde, wäre es gut vertretbar, trotz ärztlicher symmetrischer Rettungspflichten bei § 34 StGB anzusetzen. Die Relevanz der Frage „Abwehrrecht von Patient A?" wird in neueren Stellungnahmen zur Ex-post-Triage gesehen. So gehen *Reinhard Merkel* und *Steffen Augsberg* davon aus, dass ein faktischer Status quo, nämlich der zur künstlichen Beatmung eingeführte Tubus, Patient A normativ besserstelle als Patient B und ein Abwehrrecht begründe. Entscheidend sei, dass die „vollständige Integration eines technischen Elements in den Gesamtorganismus für diesen einen Status quo des intakten Funktionierens" geschaffen habe.[70] Richtig ist, dass die operative Integration von Objekten (*Merkel* und *Augsberg* verweisen auf ein Kunstherz) ein Abwehrrecht dagegen begründet, dass diese wieder entfernt werden. Das fundamental wichtige Recht auf körperliche Unversehrtheit (Art. 2 Abs. 2 S. 1 GG) gilt auch in diesen Fällen. Ein Denkfehler liegt allerdings darin, bei der Beurteilung von Ex-post-Triage auf das In- und Extubieren abzustellen. Der Verteilungskonflikt betrifft selbst bei Beatmung mit Intubation in der Regel nicht den Tubus, sondern den mit großem Personalaufwand verbundenen Behandlungsplatz. Intensivmedizinische Behandlung setzt in vielen Varian-

[70] *Merkel/Augsberg*, JZ 2020, 704, 711.

ten keine Integration von Gegenständen in den Körper des Patienten voraus, weshalb es nicht sehr weit führt, auf den Vorgang des Extubierens abzustellen.[71] Die Zuordnung knapper, durch kollektive Anstrengungen bereitgehaltener Ressourcen ist eine Frage von *Teilhaberechten*, nicht von Abwehrrechten.[72]

Aus diesem Grund passt § 34 StGB für unsere Fälle nicht. Patient A ist im Verhältnis zum Krankenhauspersonal kein unbeteiligter Dritter mit Abwehrrechten. Es geht deshalb fehl, dass als Argument für ein Verbot der Ex-post-Triage auf das sog. Prioritätsprinzip verwiesen wird[73] *Thomas Rönnau* formuliert das mit den Worten: „wer (die Rettungschance) hat, der hat.“[74] Ein faktischer Status quo könnte zwar unter bestimmten Umständen für ein Abwehrrecht ausreichen, nämlich dann, wenn er eine gegenüber der Ursprungsgefahr verbesserte Position geschaffen hat, deren Aufrechterhaltung *keiner weiteren* Teilhabeansprüche bedarf. Ein Abwehrrecht ist zu begründen, wenn der Überlebende eines Bootsunfalls ein Rettungsvehikel wie ein Brett (das viel zitierte „Brett des Karneades“) oder einen Schwimmring sichern konnte. Das Abwehrrecht des Brett- oder Schwimmringbesitzers bedeutet, dass Angriffe eines anderen nach § 34 StGB zu prüfen sind. In Konstellationen einer Triage ist dagegen das Bett oder

[71] S. dazu auch *Kubiciel*, Zeitschrift für med. Ethik 66 (2020), 509, 515.

[72] So auch *Gaede* u. a., medstra 2020, 129, 135; *Kubiciel*, Zeitschrift für med. Ethik 66 (2020), 509, 515; *Funer*, Zeitschrift für med. Ethik 66 (2020), 489, 499. S. zur grundrechtlich verankerten Pflicht des Staates, ein Gesundheitssystem zu organisieren, *Huster*, DVBl. 2010, 1069 f.; *Taupitz*, MedR 2020, 129, 135.

[73] *Engländer/Zimmermann*, NJW 2020, 1398, 1401. Ebenso bereits *Renzikowski* (Fn. 54), S. 255 Fn. 68.

[74] LK-*Rönnau* (Fn. 18), Vor §§ 32 ff. Rn. 123.

eine Apparatur nicht *per se* relevant, sondern nur als Bestandteil einer kontinuierlich fortgesetzten medizinischen Versorgung, was in die Kategorie „Teilhaberechte" fällt. Teilhaberechte stehen unter dem Vorbehalt des Möglichen und einer fairen Verteilung der kollektiv organisierten Ressourcen öffentlicher Gesundheitsversorgung.[75] Weil Teilhaberechte nicht vergleichbar mit Abwehrrechten beim Aggressivnotstand sind, ist der passende Rechtfertigungsgrund auch für Ex-post-Triage die rechtfertigende Pflichtenkollision.

3. Konsequentialistische Einschränkungen (Schädigung von Systemvertrauen)?

In der neueren strafrechtlichen Literatur wird vertreten, dass in Abweichung von den allgemeinen Strukturen der rechtfertigenden Pflichtenkollision bei Ex-post-Triage *kollektive Interessen* entscheidend seien. *Christoph Sowada* argumentiert, dass „kollektives Systemvertrauen" unterminiert werde, wenn Patienten jederzeit damit rechnen müssten, dass sie einen Behandlungsplatz wieder räumen müssen.[76] Außerdem schone das Prioritätsprinzip „die zeitlichen und psychischen Ressourcen der Behandler".[77]

---

[75] Das Prioritäts- oder Windhundprinzip ist auch deshalb kein faires Verteilungsprinzip, weil es sich in einer Pandemie zu Lasten der ländlichen Bevölkerung auswirkt (*Knoll/Rausch*, https://verfassungsblog.de/was-zahlt-ist-der-erfolg/; zuletzt abgerufen am 21.12.2020) und zu Lasten von Personen, die zurückhaltend beim Arztbesuch sind.

[76] *Sowada*, NStZ 2020, 452, 457; auf Vertrauensverluste verweist auch *Rengier* (Fn. 22), § 49 Rn. 46d.

[77] *Sowada*, NStZ 2020, 452, 458.

Das sind konsequentialistische Argumente, die mehrere Fragen aufwerfen. Dazu gehört die Grundsatzfrage, ob ein Ergebnis, das beim Blick auf die Pflichten und Rechte im Dreieck „Arzt – Patient A – Patient B“ als richtig befunden wurde, mit Verweis auf (mögliche) gesellschaftliche Nebenfolgen und (mögliche) Probleme im Gesundheitswesen wieder verworfen werden sollte. *Sowada* weicht von einem bei der Pflichtenkollision bestehenden Konsens ab: Die rechtfertigende Wirkung wurde bislang nicht von sozialpsychologischen Folgen abhängig gemacht. Selbst wenn man keine kategorischen Bedenken gegen den Wechsel zu einer zweiten, konsequentialistischen Bewertungsebene für bestimmte Extremfälle hat, wäre ein solcher Wechsel jedenfalls in hohem Maß begründungsbedürftig. Die Konsequenzen, die zur Versagung einer Rechtfertigung (und damit dem Urteil: rechtswidriger Totschlag) führen, müssten *gravierend* und *mit hoher Wahrscheinlichkeit* zu erwarten sein. Ein Verweis auf psychische und zeitliche Belastungen für die Entscheidenden und Behandelnden ist kein überzeugendes Argument. Die klinisch-ethischen Empfehlungen, die Ex-post-Triage befürworten, sind geprägt durch relevantes Erfahrungswissen zu diesen Punkten. Ihr Zweck ist, durch durchdachte Verfahrensregeln Extremsituationen bewältigbar zu machen und damit auch den enormen psychischen und praktischen Belastungen Rechnung zu tragen. Aus ärztlicher Sicht ist eine Re-Evaluierung eingeleiteter Behandlungen offensichtlich rational, und eine rationale Herangehensweise dürfte alles in allem weniger psychische Konflikte verursachen als das Beharren auf Prinzipien, die (gefühlt) von Juristen aufoktroyiert wurden.

Ernster zu nehmen sind Befürchtungen, die dem Vertrauen der Bevölkerung gelten. Bei Angehörigen des Patienten A ist Empörung zu erwarten, und eine skandalisierende Medienberichterstattung wäre zu befürchten. Verlässliche Aussagen zu sozialpsychologischen Folgen wären allerdings erst durch empirische Studien *nach* entsprechenden Vorfällen zu gewinnen. Aus einer Umfrage, die *Elisa Hoven* im Jahr 2020 organisiert hat,[78] ergibt sich, dass Ex-post-Triage *nicht* auf breite Ablehnung stößt. Die Mehrheit der Bevölkerung legt *nicht* das simple Prioritätsprinzip („wer hat, der hat") zugrunde, wenn die Überlebenswahrscheinlichkeit bei Patient A deutlich niedriger ist als bei Patient B.[79] Plausibler ist die Alternativhypothese, dass Systemvertrauen erschüttert würde, falls chaotisch, also intransparent und/oder willkürlich Behandlungsplätze verteilt und wieder entzogen werden. Solche Zustände sollen durch die klinisch-ethischen Empfehlungen verhindert werden. Diese zielen darauf ab, dass sachlich, mit strukturierten Verfahren und transparent entschieden wird. Unter diesen Voraussetzungen besteht kein Anlass, die Anwendbarkeit der rechtfertigenden Pflichtenkollision von konsequentialistischen Erwägungen abhängig zu machen.

4. Einschränkungen der Auswahlfreiheit?

Eine umstrittene Frage ist, inwieweit das Strafrecht bei Triage wie in anderen Fällen einer rechtfertigenden Pflich-

---

[78] S. ihren Beitrag in diesem Band, S. 335, 336 ff.

[79] S. dazu die von *Elisa Hoven* organisierte repräsentative Umfrage (zu finden auf der Homepage des Max-Planck-Instituts zur Erforschung von Kriminalität, Sicherheit und Recht, https://csl.mpg.de/de/forschung/projekte/triage-in-pandemics-a-survey/). Nur 32 % der Befragten gingen davon aus, dass Patient A weiter beatmet werden müsse, auch wenn die Überlebenschancen für Patient B deutlich höher sind (90 % versus 20 %).

tenkollision den Entscheidenden zugestehen sollte, dass sie bei gleichwertigen Rettungspflichten selbst wählen dürfen, welche sie erfüllen.[80] Die Auswahlfreiheit wird umso stärker eingeengt, je mehr die Einschätzung „Gleichwertigkeit der Rettungspflichten" von vielen Umständen abhängig gemacht wird. Unstreitig ist nur ein einziger Punkt: Für die Beurteilung der Gleichwertigkeit kommt es auf die *Dringlichkeit* der Rettung an.[81] Wenn im Lehrbuchfall eines der Kinder, die ins Meer gestürzt sind, schwimmen kann, und nur eine Erkältung wegen kalter Wassertemperatur droht, muss das andere Kind gerettet werden, das nicht schwimmen kann und schnell ertrinken würde. Vergleichbar wäre, wenn Patient B nicht in Lebensgefahr schwebt, aber zur vollständigen Genesung von einer Nutzung der knappen Ressource profitieren würde. In *dieser* Konstellation wäre es rechtswidrig, Patient A die Ressource zu entziehen, solange dieser nach wie vor zum Überleben auf diese angewiesen ist.

Welche Bedeutung sollte für die strafrechtliche Bewertung von Triage dem Kriterium „klinische Erfolgsaussicht" zukommen, wenn die Dringlichkeit bei beiden Patienten vergleichbar ist? Drei mögliche Positionen müssen unterschieden werden. Die erste vertritt, dass die klinische Erfolgsaussicht *nicht* berücksichtigt werden *darf*.[82] Davon

---

80 Für eine deutlich intensivere Regulierung der Auswahl *Lindner*, MedR 2020, 723.

81 *Jäger/Gründel*, ZIS 2020, 151; *Sowada*, NStZ 2020, 452, 455; *Sternberg-Lieben*, MedR 2020, 627, 630; *Frister* (Fn. 8), 22. Kap. Rn. 62; Wessels/Beulke-*Satzger* (Fn. 17), Rn. 1214; *Rengier* (Fn. 22), § 49 Rn. 46b; *Engländer*, in diesem Band, S. 122 f.; *Fateh-Moghadam/Gutmann*, in diesem Band, S. 303.

82 *Sternberg-Lieben*, MedR 2020, 627, 632; *Merkel/Augsberg*, JZ 2020, 704, 709.

ausgehend, wäre eine Rechtfertigung zu versagen, wenn Patient B bevorzugt wurde, weil bei ihm mit 90 % Wahrscheinlichkeit zu erwarten war, dass er mit der Ressource die Akuterkrankung überlebt, während bei Patient A diese Wahrscheinlichkeit nur 50 % betrug. Wer unter solchen Umständen eine rechtfertigende Pflichtenkollision ablehnt, will eine Benachteiligung gesundheitlich Vorgeschädigter, z.B. chronisch Kranker, verhindern.[83] Entscheidenden und Behandelnden, die den klinisch-ethischen Empfehlungen folgen und die Erfolgsaussichten berücksichtigen, wäre nach diesem Ansatz ein Verbrechen (Totschlag) vorzuwerfen. Ein zweiter Ansatz setzt umgekehrt an: Erfolgsaussicht *müsse* bei der Bewertung der Gleichwertigkeit von Rettungspflichten berücksichtigt werden.[84]

Vergleicht man diese beiden Ansätze, ist festzustellen, dass der erste Ansatz (Erfolgsaussicht *darf nicht* berücksichtigt werden) mit bisher unstreitigen Linien der Strafrechtsdogmatik bricht. Ausschlusskriterien wie „Verhinderung von Diskriminierung“ haben für die rechtfertigende Pflichtenkollision bisher keine Rolle gespielt. Die Auswahlentscheidung ist frei gegeben, solange man mit *Blick auf die Gefahrensituation* feststellen kann, dass es sich um gleichwertige Rettungspflichten handelt,[85] und zwar auch dann, wenn die Wahl des geretteten Individuums aus der Perspektive von Standesrecht oder Moral

---

[83] S. dazu die Verfassungsbeschwerden vor dem BVerfG, Beschluss der 3. Kammer des Ersten Senats vom 16.7.2020 – 1 BvR 1541/20 (Ablehnung einer einstweiligen Anordnung; zur Hauptsache war bei Drucklegung noch nicht entschieden).

[84] *Jäger/Gründel*, ZIS 2020, 151, 161; *Frister* (Fn. 8), 22. Kap. Rn. 62.

[85] NK-*Paeffgen/Zabel* (Fn. 17), § 35 Rn. 174.

scharf zu kritisieren wäre.[86] Der Satz „Erfolgsaussicht *darf keine* Rolle spielen" ließe sich nicht auf andere Fälle einer rechtfertigenden Pflichtenkollision übertragen. Eine Parallelkonstellation läge vor, wenn im Lehrbuchbeispiel die Rettung des schwereren, in Panik geratenen Kindes vielleicht nicht gelingen würde, weil Mutter oder Vater keine trainierten Rettungsschwimmer sind, während die Rettung des anderen, leichteren Kindes ohne Probleme möglich ist. Es käme vermutlich niemand auf die Idee, unter solchen Umständen denjenigen zu bestrafen, der sich für die Rettungshandlung mit den besseren Erfolgschancen entschieden hat. Entscheidend für die Zulässigkeit des Abstellens auf Rettungschancen ist m. E. der Gesichtspunkt der persönlichen Zumutbarkeit.[87] Das nachvollziehbare Argument eines Retters wäre, dass es nicht zumutbar sei, schwierige, mit hohen persönlichen Belastungen verbundene Rettungseinsätze bewältigen zu müssen, wenn dies mit der Erwartung verbunden wird, Erfolgsaussichten auszublenden.[88]

---

[86] *Küper* (Fn. 17), 28 f.; *Sternberg-Lieben*, MedR 2020, 627, 634; *Roxin/Greco* (Fn. 17), § 16 Rn. 118; *Rengier* (Fn. 22), § 49 Rn. 46b. Dazu *Engländer*, in diesem Band, S. 138 f.

[87] Die Berücksichtigung von Erfolgsaussichten wird in den klinisch-ethischen Empfehlungen damit begründet, möglichst vielen Patienten eine Teilhabe an der medizinischen Versorgung zu sichern (Fn. 1, dort 2.2.), was zu der Frage führt, ob effizienter Ressourceneinsatz ein zulässiges Anliegen sei (krit. dazu *Walter*, GA 2020, 656, 659 f.; *Gutmann/Fateh-Moghadam*, in diesem Band, S. 314 ff.). Aber Überlegungen zur Effizienz sind nicht die einzig mögliche Begründung dafür, dass Erfolgsaussicht bei der Auswahl von Rettungsoptionen eine Rolle spielen sollte oder spielen darf.

[88] *Lübbe*, in diesem Band, S. 264, beschreibt die spezifisch ärztliche Sicht, die Misserfolge vermeiden möchte – ich würde diesem Aspekt aus der Perspektive des rettenden Individuums normative Relevanz einräumen.

Der zweite Ansatz (unterschiedliche Erfolgsaussichten *müssen* bei gleicher Dringlichkeit den Ausschlag geben) wäre besser vertretbar. Er bleibt innerhalb des strafrechtsdogmatischen Rahmens, weil zu begründen ist, dass Rettungspflichten bei deutlich unterschiedlichen Chancen, Leben tatsächlich zu retten, nicht gleichwertig sind.[89] Gleichzeitig würde mit dieser Regel in bestimmten Konstellationen Nepotismus und Diskriminierung vorgebeugt. Es wäre verboten, aus nicht klinisch begründbaren Motiven Patient B (Überlebenswahrscheinlichkeit 50 %) vorzuziehen und die Behandlung von Patient A (Überlebenswahrscheinlichkeit 90 %) einzustellen, etwa weil B Vorsitzender des Kuratoriums des Krankenhauses ist. Allerdings ist in Frage zu stellen, ob eine Bestrafung wegen Totschlags ein angemessenes Mittel ist, um Diskriminierung und Vorzugsbehandlung zu verhindern,[90] dazu sogleich IV.2. Vorzugswürdig ist m. E. der dritte Ansatz: Die klinische Erfolgsaussicht *darf* nach geltendem Recht berücksichtigt werden.[91] Das schwächere „Dürfen" ist *strikt auf die strafrechtliche Bewertung* bezogen. Selbstverständlich ist es möglich, das strafrechtliche Dürfen mit einem berufsrechtlichen oder moralischen „Sollen" zu kombinieren. Der Verzicht auf engmaschige strafrechtliche Regeln ist nicht bedeutungsgleich mit generellem Laissez-faire,

[89] Bei der Abwägung nach § 34 StGB ist anerkannt, dass die Wahrscheinlichkeit eines Rettungserfolgs einzubeziehen ist, s. MK-*Erb* (Fn. 8), § 34 Rn. 166; NK-*Neumann* (Fn. 17), § 34 Rn. 80; Schönke/Schröder-*Perron* (Fn. 9), § 34 Rn. 29; *Fischer* (Fn. 9), § 34 Rn. 23.

[90] Dies bezweifelt auch *Engländer*, in diesem Band, S. 138 f.

[91] Von einer „zulässigen Entscheidung" nach klinischer Erfolgsaussicht sprechen auch *Gaede* u. a., medstra 2020, 129, 133; *Engländer/Zimmermann*, NJW 2020, 1398, 1402; ähnlich *Sowada*, NStZ 2020, 452, 455 f.

dazu sogleich unten. Die Beurteilung als Totschlag verlangt aber Zurückhaltung,[92] wenn geplagte Menschen in den existentiellen Krisen einer Pandemie eine Entscheidung getroffen haben, die Kritiker in der entspannten Lage ihres Homeoffice für falsch halten.

IV. Kriminalpolitische Überlegungen: Besteht Handlungsbedarf für den Gesetzgeber?

1. Änderung des StGB

Die Schwierigkeiten, die entstehen, wenn die Entscheidungen von Staatsanwaltschaften und Gerichten bei Ex-post-Triage vorhergesagt werden sollen, weisen auch auf ein strukturelles Problem: die unzureichenden Definitionen für Rechtfertigungs- und Entschuldigungsgründe im StGB. Zwar ist es unvermeidbar, Erlaubnisregeln in abstrakter Weise zu beschreiben, weil es nicht möglich ist, das ganze Panoptikum an möglichen schwierigen Situationen detail-

---

[92] Anders als *Coca-Vila*, ZStW 130 (2018), 959, 984ff. würde ich deshalb die Bejahung einer Rechtfertigung nicht davon abhängig machen, zu welchem Ergebnis die Analyse *sämtlicher* Rechte und Pflichten im Dreiecksverhältnis führt. Schon beim Vorliegen der Hauptmerkmale einer rechtfertigenden Pflichtenkollision (keine Abwehrrechte des Geschädigten; symmetrische, gleichwertige Handlungspflichten des Beschuldigten) ist auf das Urteil „rechtswidrige Tötung" zu verzichten. Ein Arzt, der wüsste, dass einer der Patienten sich durch leichtfertiges Verhalten infiziert hat, kann das berücksichtigen – aber ihm sollte kein Totschlag vorgeworfen werden, wenn er diesen Umstand ausblendet. Für Relevanz des Vorverschuldens *Roxin/Greco* (Fn. 17), § 17 Rn. 123; MK-*Schlehhofer* (Fn. 8), Vorbem. zu § 32 Rn. 261; ähnlich wie hier *Sowada*, NStZ 2020, 452, 454 Rn. 34; gegen eine Berücksichtigung *Sternberg-Lieben*, MedR 2020, 627, 634f.; NK-*Paeffgen/Zabel* (Fn. 17), Vor §§ 32ff. Rn. 177a.

liert und lebensnah vorwegzunehmen. Allerdings bleibt es eine berechtigte Frage, warum Rechtsfiguren wie rechtfertigende Pflichtenkollision im Gesetz nicht zu finden sind und warum über einen „übergesetzlichen" entschuldigenden Notstand diskutiert wird.

Die deutsche Strafrechtswissenschaft hat sich damit arrangiert, dass Rechtfertigungen und Entschuldigungen (wie auch andere Regeln für den Allgemeinen Teil) nur teilweise vom Gesetzgeber definiert wurden. Trotzdem besteht Anlass, die Lückenhaftigkeit des Allgemeinen Teils zu kritisieren. Art. 103 Abs. 2 GG verlangt, dass die Strafbarkeit gesetzlich bestimmt war, bevor die Tat begangen wurde. Ungeschriebene Regeln, die Beschuldigte begünstigen, werden zwar verfassungsrechtlich nicht beanstandet,[93] aber auch ohne das harte Verdikt der Verfassungswidrigkeit wäre zu wünschen, dass der Gesetzgeber Rechtfertigungsgründe und Entschuldigungen systematisch überarbeitet und bisher Ungeschriebenes kodifiziert. Auf die lückenfüllende Rolle der Strafrechtsdogmatik zu verweisen, ist eine Not-, aber keine Ideallösung.[94] Ein realistischer Blick auf die deutsche Kriminalpolitik zeigt allerdings, dass eine Neugestaltung des Allgemeinen Teils in absehbarer Zeit nicht zu erwarten ist. Für eine ressourcenintensive, durchdachte und umfassende Reform des StGB fehlen dem Gesetzgeber Zeit und politische Stärke. Auch in der Zukunft wird es vermutlich nur punktuelle, wenig systematische Neuerungen im Besonderen Teil ge-

---

[93] *Schulze-Fielietz*, in: Dreier, GG-Komm., 3. Aufl. 2018, Art. 103 II GG Rn. 130.

[94] S. zum Bild der Strafrechtsdogmatik als „Vierte Gewalt" *Schünemann*, FS für Roxin zum 70. Geburtstag, 2001, 1, 8; *ders.*, in: Tiedemann (Hrsg.), Die Verfassung moderner Strafrechtspflege, 2016, 459, 461.

ben, die durch Medienberichte über empörende Verbrechen angestoßen werden.[95] Es bleibt deshalb zum einen Aufgabe der Strafrechtsdogmatik, über Verbesserungen nachzudenken, die im Rahmen der geltenden Gesetzeslage umgesetzt werden können. Zum anderen könnten auf Triage zugeschnittene Verhaltens- und Sanktionsnormen in einem Spezialgesetz eine Lösung sein.

2. Spezialgesetzliche Regelungen

Mehr Rechtssicherheit wäre zu erreichen, wenn eine gesetzliche Regelung für die Extremsituation knapper Ressourcen in Pandemien (und nach anderen Katastrophen) eingeführt würde.[96] Ob ein solches Gesetz wünschenswert und möglich wäre, ist umstritten. *Steffen Augsberg* und *Reinhard Merkel* haben sich dagegen ausgesprochen.[97] Es stellen sich grundsätzliche Fragen, etwa, wieviel Raum für Selbstregulierung durch fachnahe Verbände die Verfassung und gesellschaftliche Bedürfnisse nach einem starken Staat lassen und ob es Grenzen des öffentlichen und politischen Diskurses bei Extremfällen existentieller Konflikte geben könnte. Dies kann hier nicht erörtert werden. In einem Punkt ist jedoch *Augsberg* und *Merkel* zu widersprechen: Es ist nicht richtig, dass ein Triage-Gesetz schon

---

[95] S. für Beispiele aus dem Sexualstrafrecht in jüngster Zeit *Kreuzer*, KriPoZ 2020, 263 ff.; *Hörnle*, ZIS 2020, 440 ff.; BT-Drs. 19/20668; *Berghäuser*, ZIS 2019, 463 ff.

[96] Dafür *Brech*, Triage und Recht, 2008, 308 ff.; *Gaede* u. a., medstra 2020, 129, 130; *Engländer/Zimmermann*, NJW 2020, 1398, 1402.

[97] *Merkel/Augsberg*, JZ 2020, 704 ff.; ebenso *Augsberg*, in diesem Band, S. 3 ff. Skeptisch auch *Ast*, ZIS 2020, 268, 271; differenzierend *Gelinsky*, Brauchen wir ein Triage-Gesetz?, Konrad-Adenauer-Stiftung: Informationen und Recherchen, 7. April 2020.

deshalb überflüssig sei, weil das Strafrecht eine „nachvollziehbare und hinreichend rechtssichere“[98] Regelung bereitstelle. Das Gegenteil ist der Fall: Von Rechtssicherheit kann angesichts der zerklüfteten Meinungslandschaft keine Rede sein, und die Drohung, bei falschen Entscheidungen als Totschläger zu Freiheitsstrafe verurteilt zu werden, ist unverhältnismäßig.

Welche positiven und/oder negativen Auswahlkriterien dem Gesetzgeber zur Aufnahme in einem Triage-Gesetz zu empfehlen wären, ist nicht mein Thema. Die kriminalpolitische Perspektive ist enger als die allgemeine rechtspolitische. Für die Kriminalpolitik ist eine wesentliche Frage, unter welchen Umständen die Ankündigung und der Einsatz von Sanktionen zur Sicherung von Verhaltensnormen verhältnismäßig sind. Fehlentscheidungen, Nepotismus und Diskriminierungen sind zu kritisieren, und es gibt keine prinzipiellen Einwände dagegen, sie mit beruflichen Konsequenzen und, wenn denn ein entsprechendes Spezialgesetz verabschiedet würde, mit Geldbußen oder Geldstrafen zu sanktionieren. Mein Insistieren auf Wahlfreiheit der Entscheidenden (oben III. 4.) beschränkt sich auf den strafrechtlichen Kontext. Der strafrechtliche Vorwurf, ein Tötungsdelikt begangen zu haben, hat anderes Gewicht hat als der Vorwurf, bei Behandlungsentscheidungen unsachliche Auswahlkriterien angewandt zu haben.[99]

Drei Erwägungen wären zu empfehlen, wenn ein Triage-Gesetz entworfen würde. Erstens sollten Sanktionen für

---

[98] *Merkel/Augsberg*, JZ 2020, 704, 705.

[99] So auch *Engländer*, in diesem Band, S. 138f., zur Auswahlfreiheit *de lege lata*. Wenn ein Triage-Gesetz verabschiedet würde, das Zufallsentscheidungen vorsieht, soll allerdings nach *Engländers* Ansatz der dieses missachtende Arzt doch wegen Totschlags bestraft werden, S. 146.

die Nichtbeachtung von Auswahlkriterien in der Höhe moderat sein und dem Unrecht angemessen, das in diskriminierendem, korruptem oder gleichgültigem Verhalten von Entscheidungsträgern liegt. Zweitens wäre es wichtig, explizit festzulegen, dass sowohl Ex-ante-Triage als auch Ex-post-Triage *nicht als Tötungsdelikte* bestraft werden, sondern insoweit strafrechtliches Unrecht ausscheidet, solange von zwei vergleichbar dringlich behandlungsbedürftigen Patienten jedenfalls einer die knappe Ressource bekommen hat.[100] Drittens sollten die Maßstäbe für Verhaltensnormen und Sanktionen in einem Triage-Gesetz berücksichtigen, dass wir Menschen in extremen Belastungssituationen ein nicht kleines Maß an Fehlertoleranz schulden.[101] Zum Beispiel sollte durch entsprechende Formulierungen klargestellt werden sein, dass retrospektive Beurteilungen von Dringlichkeit die realen Bedingungen der Handlungssituation (Stress und Zeitnot) berücksichtigen. Erwägenswert wäre außerdem, nur die absichtliche und systematische Umgehung gesetzlicher Vorgaben zur Patientenauswahl zu sanktionieren.

V. Fazit

1. Prognose der Entscheidungen von Staatsanwaltschaften und Gerichten: Es ist möglich und in bestimmten Fällen wahrscheinlich, dass eine Strafanzeige nach Ex-post-Triage nicht zu einer Anklage führen würde. Sichere Prognosen können aber nicht gestellt werden. Das heterogene Bild

---

[100] Für eine spezialgesetzliche Regelung und Ausschluss des Rückgriffs auf die Tötungstatbestände auch *Kubiciel*, Zeitschrift für med. Ethik 66 (2020), 509, 516.

[101] So auch *Gaede* u.a., medstra 2020, 129, 136f.

der Strafrechtsdogmatik lässt Rechtsanwendenden große Entscheidungsspielräume. Die vom Deutschen Ethikrat aufgestellte These, dass Ex-post-Triage unzweifelhaft rechtswidrig, aber entschuldigt sei, bildet eine kompliziertere strafrechtsdogmatische Situation nicht angemessen ab.

2. Strafrechtsdogmatische Klarstellungen: Ex-post-Triage kann genauso wie Ex-ante-Triage wegen Pflichtenkollision gerechtfertigt werden. Die Bewertung, es liege das Unrecht eines Totschlags vor, ist zu harsch;[102] sie sollte und kann nach geltendem Strafrecht vermieden werden. Die Einordnung als Pflichtenkollision (und nicht als Notstand nach §34 StGB) basiert darauf, dass Patient A für einen erhaltenen Behandlungsplatz keine Abwehrrechte geltend machen kann, sondern seine Rechte weiterhin Teilhaberechte sind. Für die Feststellung einer rechtfertigenden Pflichtenkollision zur Abwendung des Vorwurfs „Totschlag“ ist von gleichwertigen Pflichten auszugehen, wenn die Behandlung vergleichbar dringlich ist.

3. Die kriminalpolitische Perspektive: Rechtspolitische und strafrechtliche Fragen müssen, das ist eine wesentliche These meines Beitrags, *getrennt* betrachtet werden. Auswahlkriterien in einem Spezialgesetz sollten nicht durchgesetzt werden, indem ihre Missachtung als Totschlag geahndet wird. Vielmehr wäre ggf. explizit festzuhalten, dass Triage bei gleicher Dringlichkeit der Behandlung nicht das Unrecht eines Tötungsdelikts verwirklicht. Zur Absicherung detaillierterer Auswahlkriterien, die z.B. Diskriminierungen verhindern sollen, wären ggf. moderate Sanktionen bei engem Anwendungsbereich vorzusehen. Jede Regelung müsste von der Erkenntnis geprägt sein, dass die Zuspitzung von Pandemie-Situationen mit einer verzwei-

---

[102] Ebenso *Taupitz*, MedR 2020, 440, 447.

felten Lage auf Intensivstationen ein denkbar ungeeigneter Kontext für Verhaltens- und Sanktionsnormen ist, die auf Perfektion menschlichen Handelns zielen.

Teil 3

Welche Inhalte sollten Regelungen haben?

Triage-Entscheidungen im Kontext der Corona-Pandemie – die Sicht eines Ethikers

Dieter Birnbacher

I. Einleitung: Ein Fall von Triage

In dem Bericht über seine persönlichen Erfahrungen beim Einbruch des Tsunami am 26.12.2004 in eine Thailand vorgelagerte Ferieninsel schildert der österreichische Autor *Josef Haslinger* die chaotische Situation unmittelbar nach der weitgehenden Zerstörung seines Hotels. Inmitten der zahlreichen Touristen, die durch die Einwirkung der von den Wassermassen herangeschleuderten Trümmerteile Verletzungen davongetragen haben, übernimmt ein Schwede mit Namen Erik das Kommando und entscheidet, welche der Verletzten von dem ersten ankommenden Rettungshubschrauber in Sicherheit gebracht werden sollen. Allerdings vermag Erik den Ansturm der auf Rettung wartenden Menschen nicht aufzuhalten. Jeder ist sich selbst der nächste:

> Erik bat alle, die nicht einer sofortigen Behandlung bedurften, sich zu gedulden, aber das blieb ungehört, alle drängten zum Hubschrauber, mit Mühe und Not konnten in die erste Maschine auch noch ein paar Schwerverletzte eingeladen werden.[1]

---

[1] *Haslinger*, Phi Phi Island. Ein Bericht, 2008, 111.

Auch wird unter denen, die nicht mitgekommen sind, sofort auf Täuschungsstrategien gesonnen:

> Als sie (die Maschine) abflog, hörte ich einen Deutschen zu seinem Sohn sagen: Wenn der nächste Hubschrauber kommt, musst Du schreien und schreien und darfst nicht mehr aufhören, bis du drin bist.[2]

Schließlich delegiert Erik die Entscheidung, wer als erstes abtransportiert wird, an die einzige vor Ort befindliche Ärztin. Das dürfte die in dieser dramatischen Situation richtige Entscheidung gewesen sein, aus mehreren Gründen. Erstens war damit zu rechnen, dass sich die Ärztin kraft ihrer Profession ein höheres Maß an Autorität verschaffen konnte als Erik, der sich von den übrigen Touristen lediglich durch seine große Statur und seine laute und überzeugend klingende Stimme unterschied. Zweitens war davon auszugehen, dass die Ärztin von ihrer Ausbildung her über das Know-how verfügte, wie mit Katastrophensituationen medizinisch sinnvoll umzugehen ist.

In der Tat existieren im militärischen wie im zivilen Rettungswesen etablierte und bewährte Regelwerke zur Reihenfolge der Rettung von Opfern in akuten Notfällen. Sie orientieren sich in erster Linie an dem Kriterium der Dringlichkeit der Hilfe, gleichgültig ob dieses (wie traditionellerweise im militärischen Bereich) auf die Wiederherstellung der Einsatzfähigkeit oder (wie im zivilen Bereich) auf die Wiederherstellung der Gesundheit zielt. Opfer, die am dringlichsten der Hilfe bedürfen, d.h. die ohne Hilfe innerhalb kurzer Frist sterben oder schwerwiegende Gesundheitsschäden davontragen würden, werden anderen vorgezogen, die weniger dringlich auf Hilfe angewiesen

---

[2] *Haslinger* (Fn. 1).

sind. Opfer, die innerhalb einer kurzen Frist sterben würden, auch wenn sie Hilfe erhielten, werden nicht berücksichtigt bzw. lediglich palliativ versorgt und psychologisch begleitet.

So unterscheidet etwa das sogenannte Berliner Modell der Katastrophenmedizin vier „Sichtungskategorien“:

1. Akute Vitalbedrohung: Sofortbehandlung zur Abwendung der akuten Lebensgefahr. Anschließend Zuordnung zu einer anderen Kategorie bzw. Festlegung der Transportpriorität.
2. Schwere Verletzung/Erkrankung, z. Zt. nicht vitalbedroht: Dringliche Behandlung zur Stabilisierung, wenn Kapazitäten verfügbar. Dann ggf. Festlegung von Transportpriorität.
3. Leichte Verletzung/Erkrankung: Spätere Behandlung (auch ambulant). Separation von den übrigen Verletzten. Überwachung, ggf. Sammeltransport.
4. Infauste Prognose: Betreuende/abwartende Behandlung, vornehmlich Schmerztherapie, psychosoziale Betreuung.[3]

Eine Überlastung des intensivmedizinischen Versorgungssystems während der Corona-Pandemie durch die Konfrontation mit mehr Patienten mit schwerem Krankheitsverlauf als behandelt werden können – wie sie in Oberitalien im Frühjahr 2020 gegeben war – unterscheidet sich in mehrfacher Hinsicht von den Situationen, für die diese Regeln gemacht sind. Beide Male geht es um die Frage, wer

[3] Arbeitsgemeinschaft Katastrophenschutz der Berliner Hilfsorganisationen (AG KatS Berlin), Behandlungsplatz 30 (BHP 30) – Berliner Modell, 2006, http://www.paterok.org/AG-KatS-Berlin/Dokumente-Dateien/BHP30% 20Konzept%200603.pdf (zuletzt abgerufen am 1.10.2020).

von mehreren behandlungsbedürftigen Opfern bei nicht ausreichenden Behandlungsmöglichkeiten Priorität haben sollte. Aber anders als im Fall der Rettung von Unfall- und Katastrophenopfern ist der Gegenstand der Entscheidung im Fall der Pandemie nicht die Reihenfolge der Behandlung bzw. des Transports in ein geeignetes Krankenhaus, sondern die Frage, wer eine Behandlung bekommt und wer nicht. Die Triage-Entscheidung fällt zu einem späteren Zeitpunkt als in der unmittelbaren Rettungssituation, nämlich wenn sich zeigt, dass die Ressourcen des Krankenhauses nicht ausreichen, die geretteten Unfall- oder Katastrophenopfer so zu behandeln, dass sie nicht nur kurzfristig, sondern längerfristig überleben. Die Entscheidungen, die in dieser Situation zu treffen sind, sind gewissermaßen zweite „tragische Rettungs-Entscheidungen“: nicht darüber, wer am Ort des Unfalls/der Erkrankung überlebt, sondern wer überlebt, wenn er fürs erste „in Sicherheit“ gebracht worden ist. In dieser zweiten Triage-Situation verliert das Kriterium der Dringlichkeit typischerweise seine Dilemma-auflösende Kraft. Denn hier geht es nicht darum zu entscheiden, wer aus einer Vielzahl von Opfern am dringlichsten zu retten ist, d.h. wer wie lange warten kann, ohne zu sterben oder einen schweren Gesundheitsschaden zu erleiden, sondern darum zu entscheiden, wer unter einer Vielzahl von Patienten eine Behandlung erhalten soll, die für alle Patienten gleichermaßen dringlich ist.

Was die Tragik von derartigen *tragic choices* weiter verschärft, ist, dass sich die behandelnden Ärzte in solchen Situationen vielfach überfordert fühlen. Für Fälle dieser Art lagen auf dem ersten Höhepunkt der Corona-Pandemie im Frühjahr 2020 – in Deutschland wie in anderen europäischen Ländern – keine gesetzlichen, berufsrechtlichen oder anderweitig verbindlichen Richtlinien vor, die den behandelnden Ärzten als Orientierung hätten dienen und sie von der Verantwortung, im Einzelfall entscheiden zu müssen, ein Stück weit hätten entlasten können.

II. Die Triage-Richtlinien der deutschen medizinischen Fachgesellschaften und die „szientistische Versuchung"

In Deutschland wurde die Regelungslücke verhältnismäßig schnell ausgefüllt, zwar nicht durch eine bindende gesetzliche Regelung, aber doch durch Empfehlungen mit einer gewissen Verbindlichkeit. Diese beruhen vor allem auf dem Konsens einer Vielzahl einschlägiger Fachgesellschaften und wurden obendrein von der Mehrheit des Vorstands der Akademie für Ethik in der Medizin, der anerkannten Fachgesellschaft für Medizinethik, mit beschlossen. Es handelt sich um die unter Federführung der Deutschen Interdisziplinären Vereinigung für Intensiv- und Notfallmedizin (DIVI) am 25.3.2020 veröffentlichten „Klinisch-ethischen Empfehlungen für Entscheidungen *ü*ber die Zuteilung von Ressourcen in der Notfall- und der Intensivmedizin im Kontext der COVID-19-Pandemie". Diese Richtlinien empfehlen eine Triage nach dem Kriterium der *klinischen Erfolgsaussicht* und begründen diese Entscheidung mit dem Verweis auf die „Verpflichtung, mit den (begrenzten) Ressourcen möglichst vielen Patienten eine nutzbringende Teilhabe an der medizinischen Versorgung unter Krisenbedingungen zu ermöglichen."[4] Aus

[4] DIVI et al., Entscheidungen über die Zuteilung von Ressourcen in der Notfall- und der Intensivmedizin im Kontext der COVID-19-Pandemie. Version 1, 3/2020, 4, https://www.divi.de/joomlatools-

philosophischer Sicht zeichnen sich diese Empfehlungen dadurch aus, dass sie die Eigenständigkeit ethischer Kriterien neben allen wissenschaftlichen Fragen anerkennen und es ausdrücklich zu ihrer Aufgabe erklären, den „verantwortlichen Akteuren durch medizinisch und ethisch begründete Kriterien und Verfahrensweisen eine Entscheidungsunterstützung [zu] bieten.“[5] Wieweit insbesondere die Mitarbeit der Akademie für Ethik in der Medizin an diesen Empfehlungen zu dieser Klarheit beigetragen hat – einer der aus der Philosophie kommenden Vorstandsmitglieder dieser Akademie hat dazu lesenswerte Reflexionen vorgelegt[6] –, entzieht sich der genaueren Kenntnis des gegenwärtigen Autors. Sie heben sich in jedem Fall positiv von vielen medizinischen Stellungnahmen zu Verteilungsfragen ab, die dazu tendieren, sich bei substanziell moralischen Entscheidungen auf medizininterne Überlegungen zu berufen – sei es auf die Medizin als Wissenschaft, sei es auf das ärztliche Ethos und die eingespielten Verfahrensweisen der Medizin. Beide Tendenzen mögen dem Wunsch entspringen, die Begründungslast für die jeweiligen normativen Festlegungen zu reduzieren und sensible Verteilungsfragen aus dem Kreuzfeuer moralischer Kontroversen herauszuhalten. Beide erweisen sich aber bei näherem

---

files/docman-files/publikationen/covid-19-dokumente/200325-covid-19-ethik-empfehlung-v1.pdf (zuletzt abgerufen am 1.10.2020).

[5] DIVI et al. (Fn. 4), 3.

[6] *Stoecker*, Verteilung knapper Ressourcen in der Intensiv- und Notfallmedizin. Ein ethischer Hintergrundkommentar zur gemeinsamen Stellungnahme der AEM und anderer medizinischer Fachgesellschaften vom 25.3.2020; 2020, https://www.aem-online.de/fileadmin/user_upload/Ralf-Stoecker-Ethischer-Hintergrundkommentar-zur-Stellungnahme-der-Fachverbaende-und-AEM-1.pdf. (zuletzt abgerufen am 1.10.2020).

Hinsehen als nicht zielführend und begünstigen, statt Vertrauen zu wecken, eher Ideologieverdacht.

Es dürfte mehr oder weniger offensichtlich sein, dass eine Berufung auf die *wissenschaftliche* Seite der Medizin ungeeignet ist, Gerechtigkeitsfragen, wie sie bei allen Erscheinungsformen der Triage relevant werden, angemessen zu beantworten. Dennoch sind etwa die Autoren des Transplantationsgesetzes nicht davor zurückgeschreckt, zumindest den Eindruck zu erwecken, Allokationskriterien ließen sich unmittelbar den neuesten Erkenntnissen der Medizin als Wissenschaft entnehmen. Wenn es etwa in § 12 Abs. 3 Satz 1 TPG heißt,

> [d]ie vermittlungspflichtigen Organe sind von der Vermittlungsstelle nach Regeln, die dem Stand der Erkenntnisse der medizinischen Wissenschaft entsprechen, insbesondere nach Erfolgsaussicht und Dringlichkeit für geeignete Patienten zu vermitteln,

stutzt man bei dem Wörtchen „insbesondere". Es suggeriert, der „Stand der Erkenntnisse der medizinischen Wissenschaft" sei durchaus geeignet, bestimmte Kriterien gerechter Verteilung knapper Ressourcen festzulegen und der Gesetzgeber wolle unter diesen lediglich die der Erfolgsaussicht und Dringlichkeit besonders herausheben. Nicht weniger irritierend ist auch § 10 Abs. 2 Satz 2 desselben Gesetzes, nach dem die Transplantationszentren verpflichtet sind,

> [...] über die Aufnahme in die Warteliste nach Regeln zu entscheiden, die dem Stand der Erkenntnisse der medizinischen Wissenschaft entsprechen, insbesondere nach Notwendigkeit und Erfolgsaussicht einer Organübertragung.

Versteht man hier den Ausdruck „entsprechen" so, dass sich die Regeln unmittelbar oder mittelbar aus dem Wissen der Medizin ergeben, wäre das kein gangbarer Weg: Die erforderlichen normativ gehaltvollen Regeln lassen sich aus dem Wissen der Medizin allein nicht ableiten. Versteht man „entsprechen" so, dass die Regeln, wie immer sie im Einzelnen aussehen, Wissensbestände der Medizin berücksichtigen, wird die Aussage trivial. Selbstverständlich muss nicht nur die Anwendung, sondern bereits die Formulierung der Verteilungsregeln die Resultate empirischer Forschung berücksichtigen. Außerdem würde dieses Verständnis von „entsprechen" nicht zu den nachfolgend postulierten Kriterien der Notwendigkeit und Erfolgsaussicht passen, bei denen es sich unmissverständlich nicht um irgendwie „wissenschaftliche", sondern normative Kriterien handelt.

Dadurch, dass sie sich der Begründungslast stellen, die sie sich mit ihrer Favorisierung des Kriteriums Erfolgsaussicht aufladen – das, wie die Ad-hoc-Stellungnahme des Deutschen Ethikrats gezeigt hat, durchaus kontrovers ist[7] – unterscheiden sich die Empfehlungen der medizinischen Fachgesellschaften wohltuend von der kurz danach veröffentlichten „Orientierungshilfe der Bundesärztekammer zur Allokation medizinischer Ressourcen am Beispiel der SARS-CoV-2-Pandemie im Falle eines Kapazitätsman-

[7] Mit dem Satz „Jede [...] staatliche Vorgabe zur ungleichen Zuteilung von Überlebenschancen und Sterbensrisiken in akuten Krisensituationen ist unzulässig" lässt die Ad-hoc-Stellungnahme des Deutschen Ethikrats eine Tendenz erkennen, jedes mögliche Triage-Kriterium (außer dem Zufall) abzulehnen, sofern es auf einer staatlichen Setzung beruht. Die Stellungnahme lässt allerdings offen, wie weit diese rigorose Absage an eine unterstellte staatliche „Lebensbewertung" gebunden sein soll (vgl. Deutscher Ethikrat, Solidarität und Verantwortung in der Corona-Krise. Ad-hoc-Empfehlung 2020, 2020, 3; https://www.ethikrat.org/fileadmin/Publikationen/Ad-hoc-Empfehlungen/deutsch/ad-hoc-empfehlung-corona-krise.pdf [zuletzt abgerufen am 1.10.2020]).

gels" vom April 2020. In dieser ist die Tendenz unverkennbar, die Unabhängigkeit von Fragen der gerechten Ressourcenverteilung von wissenschaftlich-medizinischen Fragen herunterzuspielen – etwa wenn es heißt:

> Es kann [...] zu Konfliktsituationen z. B. bei nicht ausreichenden intensivmedizinischen Behandlungsmöglichkeiten kommen, in denen eine Entscheidung zwischen zwei oder mehreren Menschen getroffen werden muss. Diese muss dann nachvollziehbar und auf der Grundlage des aktuellen Standes der medizinischen Erkenntnisse begründet und auch dokumentiert werden.[8]

Hier macht sich eine ähnliche „szientistische Versuchung" bemerkbar, wie sie im Transplantationsgesetz augenfällig ist, und reproduziert dasselbe Dilemma: Der Verweis auf den „aktuellen Stand der medizinischen Erkenntnisse" ist selbstverständlich berechtigt, insbesondere im Kontext der Corona-Pandemie, in der sich der Wissensstand nahezu täglich in praxisrelevanter Weise ändert. Zur Beantwortung der Frage, wie die sich im Zuge von Kapazitätsengpässen stellenden Konflikte begründet gelöst werden sollen, geben diese Erkenntnisse jedoch von sich aus nichts her. Um für Fragen der gerechten Verteilung eine genuin ethische Orientierung zu geben, wird man nicht umhinkommen, sich auf das Schlachtfeld der miteinander streitenden Konzeptionen von Verteilungsgerechtigkeit zu begeben.

---

[8] Bundesärztekammer, Orientierungshilfe der Bundesärztekammer zur Allokation medizinischer Ressourcen am Beispiel der SARS-CoV-2-Pandemie im Falle eines Kapazitätsmangels, 2020; https://www.Bundesaerztekammer.de/fileadmin/userupload/downloads/pdf-Ordner/Stellungnahmen/BAEKAllokationspapier05052020.pdf (zuletzt abgerufen am 1.10.2020).

III. Entscheidungsfindung durch das ärztliche Ethos?

Ist dieses drastische Bild von dem Widerstreit zwischen der Vielfalt koexistierender Konzeptionen von Verteilungsgerechtigkeit allzu pessimistisch? Die Vielfalt der Kriterien,. die wir im privaten wie im öffentlichen Bereich – zumeist implizit – zugrunde legen, wenn wir Gerechtigkeit einfordern und üben, ist exemplarisch von *John Stuart Mill*[9] im 19. und *Chaim Perelman*[10] im 20. Jahrhundert beschrieben worden, wenn auch mit entgegengesetzten theoretischen Stoßrichtungen. *Mill* ging es um den Nachweis, dass sich die verschiedenen und *prima facie* inkompatiblen Gerechtigkeitsvorstellungen (Gleichheit, Chancengleichheit, Bedürfnisgerechtigkeit, Leistungsgerechtigkeit, Differenzierung nach Status, Differenzierung nach Verdienst) allesamt auf einen utilitaristischen Generalnenner bringen lassen, *Perelman* um den Nachweis einer letzten und irreduziblen Pluralität. Theoretiker einer „lokalen" Gerechtigkeit[11] oder von „Sphären" der Gerechtigkeit[12] haben später versucht, die Inkompatibilitäten zu reduzieren, indem sie die verschiedenen Gerechtigkeitskonzeptionen bestimmten Kontexten zuordneten, in denen sie typischerweise als plausibel gelten. So gilt etwa das Prinzip der *Gleichbehandlung* typischerweise in der Verteilung von Menschen- und Bürgerrechten, das Kriterium der *Chancengleichheit* typischerweise in der Verteilung von Bil-

[9] *Mill*, Utilitarianism. Der Utilitarismus. Englisch/Deutsch, hrsg. v. Birnbacher, 2006, 124ff.

[10] *Perelman*, Über die Gerechtigkeit, 1967.

[11] *Elster*, Local justice. How institutions allocate resources and necessary burdens, 1992.

[12] *Walzer*, Sphären der Gerechtigkeit. Ein Plädoyer für Pluralität und Gleichheit, 1992.

dungsgängen, beruflichen Karrieren und des Zugangs zu öffentlichen Ämtern, Kriterien der *Bedürfnisgerechtigkeit* und des Ausgleichs von natürlich oder sozial bedingten Ungleichheiten typischerweise in vielen Bereichen der Sozialpolitik, Kriterien der *Leistungsgerechtigkeit* typischerweise bei Entlohnung und Benotung, Kriterien des *Status* in Höflichkeitsformen und im diplomatischen Protokoll, Kriterien der differenziellen *Honorierung von Verdiensten* etwa bei Lob und Tadel, bei Ehrungen und öffentlicher Kritik. Dieser – bereits bei *Aristoteles* angelegte – Ansatz einer Kontextualisierung des Gerechtigkeitsbegriffs hat sich als ausgesprochen fruchtbar erwiesen. Seine Schwäche besteht darin, dass er dazu neigt, die Vielfalt der Gerechtigkeitsvorstellungen, die *innerhalb* der jeweiligen „Sphären" bestehen, zu unterschätzen und damit die faktischen Verhältnisse übergebührlich zu vereinfachen.[13] Das gilt gerade auch für den medizinischen Bereich. Ob etwa die Gesundheitsfürsorge stärker nach Prinzipien der Bedürfnisgerechtigkeit oder nach Marktprinzipien (oder teilweise sogar nach Verdienstprinzipien) organisiert werden soll, ist gerade in der Gesellschaft der USA (dem besonderen Fokus von *Walzers* „Sphären"-Theorie) hochgradig umstritten.

Auch das ärztliche Ethos scheint zu wenig definit, um daraus Kriterien für eine Vergabe von intensivmedizinischen Behandlungsplätzen im Falle einer nicht anders zu behebenden Knappheit abzuleiten. Das ärztliche Ethos ist eher auf den Standardfall einer exklusiven Beziehung zwischen individuellem behandelnden Arzt und individuellem Patienten zugeschnitten als auf Auswahlentscheidungen zwischen gleichermaßen behandlungsbedürftigen Pa-

[13] Vgl. *Forst*, Kontexte der Gerechtigkeit, 1994, 229f.

tienten unter Knappheitsbedingungen. Auch wenn dem herkömmlichen ärztlichen Ethos zufolge die Verantwortung für den jeweils individuellen Patienten Vorrang verdient, ist der Arzt unter Katastrophenbedingungen über seinen individuellen Patienten hinaus auch der Allgemeinheit verpflichtet. Die Frage, wie weit diese Verpflichtung reicht, bleibt jedoch durch die Regeln des ärztlichen Ethos ebenso unterbestimmt wie aufgrund des § 1 der Bundesärzteordnung: „Der Arzt dient der Gesundheit des einzelnen Menschen und des gesamten Volkes". Dasselbe gilt für das Prinzip *justice* innerhalb des in der Medizinethik häufig herangezogenen Vier-Prinzipien-Schemas von *Beauchamp* und *Childress.*[14] Das Spektrum der möglichen Trade-offs zwischen der Verpflichtung gegenüber den jeweils eigenen Patienten und der Verpflichtung gegenüber allen Patienten ist weit. Im Fall der „Veralltäglichung der Triage" in der Allokation knapper Transplantate[15] sind die Eurotransplant angehörenden Staaten sogar so weit gegangen, eine Priorisierung des jeweils eigenen Patienten nahezu vollständig zu verbieten. Ein innerhalb des Eurotransplant-Verbunds verfügbares Organ muss in der Regel auch dann, wenn es eine sehr gute Passung zu einem Patienten in der eigenen Klinik aufweist, zuerst dem auf der gemeinsamen Warteliste ganz oben stehenden Patienten angeboten werden, der irgendwo zwischen den Niederlanden und dem Balkan beheimatet sein kann.

---

[14] *Beauchamp/Childress*, Principles of Biomedical Ethics, 2019.

[15] *Schmidt*, Zeitschrift für Soziologie 25 (1996), 419.

IV. Welche Kriterien der Allokation knapper Behandlungsmöglichkeiten sind ethisch vertretbar? Zwei Metakriterien und ihre Konsequenzen

Über die formalen Anforderungen, die an mögliche Kriterien für die Allokation knapper Behandlungsmöglichkeiten zu stellen sind, dürfte sehr viel leichter Konsens zu erzielen sein als über die inhaltlichen. Die Erfahrung zeigt jedenfalls, dass in Bezug auf inhaltliche Gerechtigkeitsfragen eine sehr viel ausgeprägtere Meinungsvielfalt besteht als hinsichtlich bestimmter struktureller Anforderungen, die an jedes in Frage kommende Kriterium für eine „gerechte" Ressourcenverteilung zu stellen sind. Für den Fall einer eventuellen Triage-Notwendigkeit bei schweren Fällen der Corona-Infektion erleichtert sich dadurch die Suche nach inhaltlichen Kriterien erheblich. Eine Verständigung über die formalen Kriterien scheint weitgehend hinreichend, die inhaltlich in Frage kommenden Kriterien festzulegen, oder besser: so viele denkbare Kriterien auszuschließen, dass sich die Auswahl an möglichen Kriterien auf eine kleine Zahl von Kandidaten beschränkt.

Welche formalen Metakriterien lassen sich für Triage-Entscheidungen angeben? Ich denke hier in erster Linie an zwei: *Transparenz* und *Kontextadäquatheit*. Beide dürften überwiegend auf Zustimmung stoßen. *Transparenz* bedeutet, dass die Kriterien, nach denen triagiert wird, öffentlich gemacht und jedem möglichen Patienten und seinen Angehörigen – und damit praktisch allen – so weit vermittelt werden können, dass diese in der Lage sind, sie zu verstehen und nachzuvollziehen. Impliziert ist damit zweierlei: erstens, dass in Fällen eines „tragischen" Verteilungskonflikts nach festgelegten allgemein geltenden Kriterien entschieden und die Entscheidung nicht dem individuellen moralischen Gewissen oder der individuellen ethischen Intuition des Entscheiders anheimgestellt wird; zweitens, dass diese Kriterien keiner Geheimhaltung unterliegen oder nur wenigen Privilegierten zugänglich sind und zur Akzeptanzsicherung auf Täuschung oder tendenziöse Beschreibungsformen zurückgegriffen werden muss. *Kontextadäquatheit* bedeutet, dass die Kriterien so gefasst sind, dass sie zu dem Kontext, in dem sie zur Anwendung kommen, passen. Im Fall der Corona-Pandemie ist das der Kontext einer Intensivstation, in der ein Ärzteteam, möglicherweise ergänzt durch ein Mitglied des Pflegepersonals oder ein Mitglied des lokalen Ethikkomitees, über die Aufteilung der knappen Intensivbetten entscheidet. So werden etwa in den Empfehlungen der medizinischen Fachgesellschaften zur Entscheidungsfindung „zwei intensivmedizinisch erfahrenen Ärzte, inkl. Primär- und Sekundärbehandler und möglichst Vertreter der Pflege und bei Bedarf weitere Disziplinen (z.B. Klinische Ethik)" als wünschenswert bezeichnet.[16] Die Triage-Entscheidungen sollen also im Wesentlichen von Ärzten getroffen werden. Anders als im vergleichbaren Fall der Transplantation können sich diese mangels gesetzlicher Vorgaben dabei nicht auf einen feststehenden Rechtsrahmen (der allerdings seinerseits Interpretationsspielräume lässt) berufen. Wenn sie sich auf etwas verlassen können, dann einerseits auf die weithin anerkannten Empfehlungen der Fachgesellschaften, andererseits auf ihre jeweilige persönliche Fachkenntnis und klinische Erfahrung. Aber auch wenn Richtlinien und Empfehlungen solche moralisch schwerwiegenden und belastenden Entscheidungen, wie sie bei der Triage unausweichlich sind, erleichtern, übernehmen sie ange-

[16] DIVI et al. (Fn. 4), 13.

sichts der von ihnen gewährten Ermessenspielräume eine beträchtliche Verantwortung.

Was folgt aus diesen formalen Metakriterien? Eine wichtige Folgerung, die aus dem Gebot der *Transparenz* zu ziehen ist, ist, dass die für Triage-Entscheidungen relevanten Einschätzungen, soweit sie nicht nur marginale Aspekte betreffen, so weit wie möglich evidenzbasiert und frei von persönlichen Meinungen, Einstellungen und Vorlieben sein müssen. Bereits deshalb sollte es ausgeschlossen sein, dass knappe Behandlungsplätze nach Kriterien wie *social worth* oder des nach Genesung zu erwartenden späteren *social worth* vergeben werden, wie sie in den USA in der Phase knapper Dialysegeräte verbreitet waren. Retrospektive und prospektive Bewertungen des *social worth* hängen zu stark von milieubedingten Bewertungsmustern ab, um die Erwartungssicherheit gewähren zu können, die ein transparentes Triage-System bieten muss. Sie sind für bestimmte Kontexte adäquat (etwa für die Vergabe von Verdienstorden), aber nicht für den klinischen.

Die Eingrenzungen, die sich aus dem Metakriterium der *Kontextadäquatheit* herleiten lassen, gehen weiter und engen die zur Wahl stehenden Optionen spürbarer ein. Zudem dürften sie nicht durchweg auf dieselbe Akzeptanz stoßen wie die, die sich aus dem Metakriterium der Transparenz ableiten lassen. Eine erste Folgerung aus dem Erfordernis der Kontextadäquatheit ist, dass die Anwendung der Kriterien in die fachliche *Kompetenz* der jeweils beteiligten Ärzte fällt und diese nicht kognitiv überfordern darf. Sie sollten so gefasst sein, dass sie keine Aspekte zur Grundlage von Triage-Entscheidungen machen, die Ärzte aufgrund ihres Fachwissens und ihrer fachlichen Erfahrung nur sehr unvollkommen einschätzen können. Eine zweite Folgerung ist, dass die Kriterien den Kerngehalten des *ärztlichen Ethos* nicht widersprechen dürfen. Die Ärzte, die Triage-Entscheidungen treffen, sind an die Grundgehalte dieses Ethos auch dann gebunden, wenn sie nicht vollständig mit verbreiteten Anschauungen zu Verhaltensweisen in anderen Lebensbereichen übereinstimmen.

Eine Folgerung daraus, dass die Anwendung der gesuchten Kriterien die ärztlichen Kompetenzen nicht überfordern darf, ist, dass die Merkmale, auf die diese Kriterien Bezug nehmen, *medizinische* Merkmale sein müssen. Nur für diese sind Ärzte in besonderer Weise kompetent. So sollten etwa bei der Einschätzung der Erfolgsaussicht lediglich diejenigen Faktoren in die Einschätzung eingehen, die das gesundheitliche Wohl der Patienten betreffen, nicht aber über das gesundheitliches Wohl hinausgehende psychologische und soziale Faktoren wie die subjektive Lebensqualität oder die Betroffenheit Dritter. Einschätzungen der subjektiven Lebensqualität sind notorisch unsicher, vor allem, wenn sie für spätere Lebensphasen getroffen werden. Da die Lebensqualität nur sehr bedingt mit den gesundheitlichen Faktoren korreliert, die in die Kompetenz der Ärzte fallen, lässt sie sich nicht linear aus der gesundheitlichen Prognose ableiten. Zusätzlich unterliegen Lebensqualitätseinschätzungen sehr häufig einem milieubedingten *bias*, und umso mehr, je weniger sich der Beurteiler mit den Werten und Präferenzen derjenigen, deren Lebensqualität er einschätzen soll, identifizieren kann. Weitere Parameter, die jenseits der Beurteilungskompetenz der triagierenden Ärzte liegen, sind die längerfristige Lebenserwartung des jeweiligen Patienten und die Betroffenheit Dritter durch dessen Überleben oder Tod. Auch wenn Umfragen zur Priorisierung von Organempfängern bei der Transplantation und im Fall von Corona-Patienten, die mit der gleichen Dringlichkeit einer Intensivbehandlung bedürfen, häufig ergeben, dass viele Menschen die familiären Verhältnisse berücksichtigen und eine junge Mutter mehrerer Kinder einem alleinstehenden älteren Mann vorordnen würden, liegen diese Merkmale zu weit außerhalb des ärztlichen Beurteilungsrahmens, um als tragfähige Triage-Kriterien in Frage zu kommen.

Das zweite Erfordernis ist, wie gesagt, die Konformität der Kriterien mit den Grundprinzipien des ärztlichen Ethos. Die Normen, die das ärztliche Ethos ausmachen, reichen zwar für sich selbst nicht aus, ethisch angemessene Triage-Kriterien zu begründen, aber diese dürfen den Kernnormen des ärztlichen Ethos auch nicht widersprechen. Sie sind keine hinreichenden, aber doch notwendige Bedingungen. Das ärztliche Ethos stellt hohe Anforderungen insbesondere an die Gleichbehandlung von Patienten und wirkt dadurch vielen Formen von Diskriminierung entgegen. Es hat insofern viel mit den Prinzipien der Chancengleichheit gemeinsam, die in modernen Demokratien auch verfassungsrechtlich garantiert sind. Zusammengefasst finden sie sich im fünften Satz des Genfer Ärztegelöbnisses in seiner seit 2017 geltenden Fassung:

> Ich werde nicht zulassen, dass Erwägungen von Alter, Krankheit oder Behinderung, Glaube, ethnischer Herkunft, Geschlecht, Staatsangehörigkeit, politischer Zugehörigkeit, Rasse, sexueller Orientierung, sozialer Stellung oder jeglicher anderer Faktoren zwischen meine Pflichten und meine Patientin oder meinen Patienten treten.

Damit sind eine Reihe von Merkmalen als Kriterien der Posteriorisierung ausgeschlossen: Geschlecht, ethnische Herkunft, Religionszugehörigkeit, Alter und Vorerkrankungen. Dieser Ausschluss dürfte zu einem großen Teil auch den überwiegend vertretenen moralischen Anschauungen entsprechen. Ginge es nach diesen, müssten allerdings unter die im Gelöbnis offen gelassenen „anderen Faktoren“ mindestens noch zwei weitere Aspekte der Chancengleichheit aufgenommen werden. Sie fehlen im Gelöbnis wohl nur deshalb, weil sie längst nicht überall konsequent beachtet werden oder (etwa aufgrund fehlender Infrastruktur) beachtet werden können: die Unabhängigkeit der Behandlungspriorität vom *Wohnort* und von der *Zahlungsfähigkeit*. Im Transplantationsgesetz sowie den Richtlinien zur Organallokation der Bundesärztekammer ist auf diese Unabhängigkeit viel Wert gelegt worden. Dadurch, dass nach § 12, Abs. 3 TPG für ganz Deutschland eine einheitliche Warteliste gilt, werden regionale Unterschiede ausgeglichen. Wer von den wartenden Patienten ein verfügbares Organ erhält, soll nicht davon abhängen, wie weit das nächstgelegene Transplantationszentrum vom Wohnort entfernt ist. Andererseits sorgen das Verbot des Organhandels und die Deckung der Behandlungskosten durch die Solidargemeinschaft zumindest ein Stück weit dafür, dass die Zahlungsfähigkeit für den Zugang zu einem Organ keine Rolle spielt. Dass diese Merkmale auch bei einer eventuellen Triage bei Corona-Patienten nicht für den Zugang zu einer Intensivbehandlung entscheidend sein sollten, darf als selbstverständlich gelten.

Weniger selbstverständlich ist, dass sich unter den möglichen differenzierenden Merkmalen, die das ärztliche Ethos ausschließt, die Merkmale *Alter* und *Krankheit* befinden. Diese werden sogar an erster Stelle genannt. Viele würden eine Abstufung nach dem Alter und nach dem Ausmaß der Vorerkrankung nicht so rigoros ausschließen wollen, wie es das ärztliche Ethos gebietet. Sie würden argumentieren, dass Jüngere nicht dieselbe, sondern eine höhere Chance als Ältere, und Patienten ohne Komorbiditäten nicht dieselbe, sondern eine höhere Chance als Vorerkrankte auf eine Behandlung im Fall verknappter Ressourcen haben sollten, da sie, falls sie nicht behandelt würden, mehr verlören: Der Jüngere verliere das Durchlaufen von Lebensphasen, die der Ältere bereits durchlaufen habe; der Gesündere verliere gesunde Lebensjahre, während der Vorerkrankte von Krankheit gezeichnete Lebensjahre gewinne. Aber eine Differenzierung nach diesen Kriterien hätte genau diejenigen diskriminierenden Auswirkungen, die das ärztliche Ethos vermeiden will. Würden es die Triage-Kriterien erlauben oder vorschreiben, Patienten mit Diabetes oder mit Demenz als Patienten mit schweren Vorerkrankungen pauschal und ohne Ansehen des Einzelfalls nachrangig zu behandeln, würde das jedem einzelnen in die entsprechende Kategorie fallenden Patienten das Gefühl vermitteln, als Angehöriger dieser Gruppe und unabhängig davon, wie die Aussichten auf eine erfolgreiche Behandlung bei ihm individuell eingeschätzt werden, benachteiligt zu werden, was besonders schwer zu akzeptieren ist, wenn die Angehörigen dieser Gruppe auch in anderen sozialen Zusammenhängen benachteiligt werden oder sich benachteiligt fühlen. Ähnliches gilt für das Kriterium Alter. Würde das Lebensalter als Kriterium der Priorisierung anerkannt und würden etwa Unter-80-Jährige mit einem Bonus und Über-80-Jährige mit einem Malus belegt, liefe das auf eine Diskriminierung der über-80-jährigen Patienten als Gruppe hinaus. Auch wenn Triage-Entscheidungen keine Entscheidungen über Lebenswert oder Lebensunwert sind, könnten die Über-80-Jährigen die pauschale Benachteiligung so wahrnehmen, als seien sie angesichts ihrer begrenzten Lebenserwartung „weniger wert“ – unabhängig davon, ob etwa die Lebenserwartung eines individuellen, bis auf die Corona-Infektion gesunden über-80-jährigen Patienten als signifikant höher eingeschätzt wird als die eines unter einem schweren und nicht behandelbaren Hirntumor leidenden 50-Jährigen.

Eine wahrgenommene Diskriminierung[17] ist allerdings auch dann nicht ganz auszuschließen, wenn Alter und Komorbiditäten entsprechend dem ärztlichen Ethos unberücksichtigt bleiben: Beide Faktoren werden in der Regel einen Einfluss auf die Erfolgsaussicht der Behandlung haben, wobei diese allerdings individuell unterschiedlich ausgeprägt sein wird. Auch dann, wenn die Erfolgsaussicht nicht nach der Zugehörigkeit zu einer Merkmalsklasse, sondern nach dem Einzelfall eingeschätzt wird, werden im Durchschnitt jüngere Patienten und Patienten ohne Komorbiditäten eine höhere Chance haben, bedacht zu werden. Wie weit diese, wie man es nennen könnte, *sekundäre* wahrgenommene Diskriminierung geht, hängt allerdings u.a. davon ab, wie die Erfolgsaussicht, die neben der Dringlichkeit als das plausibelste Triage-Kriterium gelten kann, im Einzelnen definiert wird. Wird unter Erfolgsaussicht die Wahrscheinlichkeit verstanden, mit der durch die Behandlung eine Heilung von der pandemischen Erkrankung erreicht wird, werden sich das Alter und etwaige zusätzliche Erkrankungen lediglich insoweit auswirken, als sie die Wahrscheinlichkeit eines Erfolgs im Vergleich zu der im Fall von Jüngeren und Gesünderen absenken. Mit zunehmendem Alter und zunehmenden Vorerkrankungen werden sich in der Regel (wenn auch nicht im Einzelfall)

[17] Ich übernehme diesen Begriff von *White* und *Lo, White/Lo*, Journal of the American Medical Association 323/18 (2020), 1773. Er hat den Vorteil, nicht von vornherein eine negative Bewertung zu implizieren.

die Genesungschancen verschlechtern. Die Verschlechterung der Erfolgsaussicht in diesem Sinne wird aber in der Regel geringer sein als die Verschlechterung für die Erfolgsaussicht, wenn man diese im Sinne der gesundheitlichen Perspektiven des Patienten *insgesamt* versteht (und man vielleicht statt von *Erfolgsaussicht* von *Folgenaussicht* sprechen sollte). Für die Folgenaussicht sind zusätzlich zur Genesungsaussicht eine Vielzahl weiterer gesundheitlicher Faktoren relevant, die mit zunehmendem Alter und zunehmenden Komorbiditäten in der Regel eine negative Tendenz aufweisen. Insofern wäre zu erwarten, dass die sekundäre wahrgenommene Diskriminierung bei Zugrundelegung eines Kriteriums, das in erster Linie die Folgenaussicht berücksichtigt, signifikant höher ausfällt als bei Zugrundelegung eines Kriteriums, das in erster Linie die Erfolgsaussicht berücksichtigt. So erklären sich möglicherweise die Revisionen, die in der Neufassung der Empfehlungen der Fachgesellschaften vom April 2020 vorgenommen worden sind: Statt der mittelfristigen Gesamtprognose der gesundheitlichen Aussichten soll nach diesen nur noch die Wahrscheinlichkeit zählen, dass der Patient die intensivmedizinische Behandlung überlebt.[18] Dabei le-

[18] In den früheren Empfehlungen hieß es: „Die Priorisierung von Patienten sollte sich deshalb am Kriterium der klinischen Erfolgsaussicht orientieren, was nicht eine Entscheidung im Sinne der ‚best choice' bedeutet, sondern vielmehr den Verzicht auf Behandlung derer, bei denen keine oder nur eine sehr geringe Erfolgsaussicht besteht. Vorrangig werden dann diejenigen Patienten klinisch notfall- oder intensivmedizinisch behandelt, die dadurch eine höhere Überlebenswahrscheinlichkeit bzw. eine bessere Gesamtprognose (auch im weiteren Verlauf) haben." (DIVI et al. [Fn. 4], 4. In den revidierten Empfehlungen ist der letzte Satz ersetzt durch: „Vorrangig werden [...] diejenigen Patienten intensivmedizinisch behandelt, die durch diese Maßnahmen eine höhere Überlebenswahrscheinlichkeit ha-

gen der Kontext und die Begründung für dieses Kriterium[19] nahe, dass es dabei nicht auf das bloße Überleben ankommen soll, sondern auf ein Überleben unter Bedingungen zumindest eines Minimums an Lebensqualität, d.h. nicht in einem irreversiblen Koma oder in dauerhafter Abhängigkeit von einer Intensivbehandlung. Schließlich wird das Kriterium der klinischen Erfolgsaussicht in diesen Empfehlungen mit der Verpflichtung begründet, mit den (begrenzten) Ressourcen möglichst vielen Patienten eine *nutzbringende* Teilhabe an der medizinischen Versorgung unter Krisenbedingungen zu ermöglichen.

V. Die Grenzen ethisch „monolithischer" Lösungen

Die Erfahrungen, die der gegenwärtige Autor u.a. in der Unterkommission der Bundesärztekammer zur Erstellung der Richtlinien für die Organallokation machen konnte, haben gezeigt, dass Triage-Probleme einer Lösung auf der Grundlage von „monolithischen" ethischen Theorien im Allgemeinen nicht zugänglich sind. Es kommt vielmehr darauf an, zwischen verschiedenen und in vielen Punkten entgegengesetzten ethischen Ansätzen ein austariertes „Überlegungsgleichgewicht" zu finden.[20] Das gilt auch für

ben." (DIVI et al., Entscheidungen über die Zuteilung von Ressourcen in der Notfall- und der Intensivmedizin im Kontext der COVID-19-Pandemie. Version 2, 4/2020, 4, https://www.divi.de/joomlatools-files/docman-files/publikationen/covid-19-dokumente/200417-divi-covid-19-ethik-empfehlung-version-2.pdf [zuletzt abgerufen am 1.10.2020])

[19] Vgl. DIVI et al. 4/2020 (Fn. 18), 3, unter 2.1.

[20] Vgl. *Schöne-Seifert,* Frankfurter Allgemeine Zeitung Nr. 77, 31.3.2020, 11.

die Triage im Kontext von schweren Corona-Erkrankungen. Die Empfehlungen der Fachgesellschaften geben in dieser Hinsicht ein tragfähiges Modell vor, indem sie ein ausgewogenes Verhältnis zwischen einerseits dem konsequenzialistischen Kriterium der Teilhabe einer möglichst großen Zahl an Patienten an den medizinischen Ressourcen und andererseits Prinzipien herzustellen versuchen, die die mit Triage zwangsläufig einhergehende Ungleichheit des Zugangs für Patienten mit höherer und niedriger Erfolgsaussicht begrenzen. „Monolithische" Ethiken wie auf konsequenzialistischer Seite der Utilitarismus und auf Kantisch-deontologischer Seite ein strikter Egalitarismus erscheinen beide gleichermaßen ungeeignet, als alleinige Basis von Lösungen zu dienen, die intuitiv plausibel, praktikabel und mit den Grundlagen des ärztlichen Ethos sowie verfassungsrechtlichen Grundsätzen vereinbar sind. Sie wären darüber hinaus kaum konsensfähig. Eine puristische utilitaristische Lösung, die Kriterien der Effektivität und der Effizienz allen anderen Aspekten vorordnet, würde die kognitiven Kapazitäten der beteiligten Akteure überfordern und Triage-Entscheidungen prohibitiv erschweren. Nicht nur die Erfolgsaussichten einer Behandlung für den jeweiligen Patienten, sondern auch deren Auswirkungen auf Lebenserwartung, zukünftige Lebensqualität und Lebensqualität Dritter müssten ins Kalkül gezogen werden. Bei der Festlegung der Verteilungskriterien für Organtransplantate sind Überlegungen dieser Art in der Tat ein Stück weit berücksichtigt worden. So hat bei der Festlegung der Richtlinien zur Organverteilung der Bundesärztekammer für Nieren die besondere Folgenträchtigkeit einer Nicht-Transplantation bei *Kindern und Jugendlichen* eine Rolle gespielt: Kinder und Jugendliche profitieren von einer Transplantation nicht nur aus Gründen ihrer im Vergleich zu Erwachsenen in der Regel höheren Lebenserwartung, sondern auch aus Gründen ihrer durch die Transplantation als Alternative zur Dialyse signifikant verbesserten Entwicklungschancen.[21] Insofern schien es der Kommission angezeigt, ihnen bei der Organvergabe einen Bonus zuzusprechen, der ihre Chancen auf den Erhalt eines Organs signifikant erhöht. Eine mit der strikten Chancengleichheit ähnlich unvereinbare Priorisierung, die jedoch aus konsequenzialistischen Überlegungen naheliegt, ließe sich im Fall einer Corona-Erkrankung von unmittelbar oder mittelbar an der Versorgung Corona-Kranker Beteiligten, sogenannten „systemrelevanten" Personen, diskutieren: Ärzte, Pflegekräfte, Rettungskräfte und Mitarbeiter der Gesundheitsbehörden. Es erscheint zumindest nicht illegitim, diese Personen zu privilegieren und ihnen im Zweifelsfall bessere Chancen auf eine Behandlung zuzusprechen – nicht um damit ihre bisherigen Verdienste um die Bewältigung der Pandemie und ihre Folgen anzuerkennen (das wäre mit dem Grundsatz des ärztlichen Ethos unvereinbar, Patienten nicht aufgrund ihres Vorverhaltens zu bevorzugen oder zu benachteiligen), sondern um auf diesem Weg die Versorgung möglichst vieler Patienten sicherzustellen.

Auf der deontologischen Seite stoßen „radikale" und puristische Lösungen, etwa ein striktes Gleichheitsprinzip, das ein Losverfahren (oder ein analoges Zufallsverfahren) über die Behandlung entscheiden lässt, an Grenzen. Ein First-Come-First-Served-Prinzip, das keinerlei inhaltliche Differenzierungskriterien gelten lässt, bei dem

[21] Vgl. Bundesärztekammer, Richtlinien zur Organtransplantation gem. § 16 Abs. 1 S. 1 Nrn. 2 u. 5 TPG (Besonderer Teil: Niere), 2013, 17, https://www.bundesaerztekammer.de/fileadmin/user_upload/downloads/Niere_0912013.pdf (zuletzt abgerufen 1.10.2020).

vielmehr jeder dringliche Fall ungeachtet der individuellen Erfolgsaussicht dieselbe Chance auf die Behandlung hat, stellt zwar maximale Chancengleichheit her, vermag aber kaum zu überzeugen, sobald es einem plausiblen inhaltlichen Priorisierungskriterium wie der Erfolgsaussicht gegenübergestellt wird. Ein radikaler Egalitarismus erscheint in seinen Konsequenzen, sobald man sie im Einzelnen ausbuchstabiert, in der Praxis ebenso wenig praktikabel und ebenso wenig konsensfähig wie ein radikaler Utilitarismus. Vertreter eines strengen Egalitarismus argumentieren häufig mit der als strikt egalitär anerkannten Menschenwürde sowie dem verfassungsrechtlichen Verbot einer Differenzierung zwischen dem Wert einzelner Leben. Aber beide Argumente sind wenig überzeugend. Eine Posteriorisierung von A zugunsten von B in einer „tragischen" Triage-Situation bedeutet weder eine Abwertung des Lebens von A gegenüber dem von B noch eine Verletzung der Menschenwürde von A. Es ließe sich sogar argumentieren, dass ein Zufallsverfahren, das das Schicksal der Patienten etwas so Blindem und Irrationalen wie dem Zufall anheimstellt, mit der Würde beider Patienten eher unvereinbar ist als ihr entspricht. Zumindest dann, wenn man mit *Kant* davon ausgeht, dass die Würde des Menschen wesentlich in seiner Fähigkeit zur praktischen Vernunft begründet ist, lässt sich kaum etwas Vernunftfremderes vorstellen als die Maxime, existenzielle Entscheidungen, wie sie in der Triage-Situation zu treffen sind, der Zufälligkeit des Zeitpunkts zu überlassen, an dem ein schwerkranker Patient in die Klinik eingeliefert wird. Auch dürften die gesellschaftlichen Folgen nicht unbedenklich sein. Ein Zufallsverfahren würde wohl eher als ängstigend denn als beruhigend empfunden: Man könnte eine Sekunde zu spät kommen. Davon unberührt ist, dass sich Losverfahren immer dann anbieten, wenn alle akzeptablen inhaltlichen Kriterien zu einer Entscheidung nicht ausreichen. In dieser Rolle eines Tie-Breakers fungieren sie dann allerdings als formaler Notbehelf, nicht als substanzielle Legitimation.

VI. Verlaufs-Triage und das Prinzip der Loyalität

Als in besonderer Weise problematisch stellt sich ein Zufallsprinzip in Fallkonstellationen dar, in denen zwei oder mehr Patienten, die im Fall limitierter Ressourcen einer Behandlung im selben Maße dringlich bedürfen, sich jedoch in Bezug auf die Erfolgsaussicht der Behandlung signifikant unterscheiden, zu unterschiedlichen Zeitpunkten in der Klinik eintreffen. Bei A, dem Patienten mit der relativ gesehen geringeren Erfolgsaussicht, ist die Behandlung bereits aufgenommen, während B, der Patient mit der signifikant besseren Erfolgsaussicht, zu einem späteren Zeitpunkt eintrifft, an dem angesichts begrenzter Kapazitäten entweder nur A oder nur B behandelt werden kann. Der strikte Egalitarist wird in dieser Situation für die Weiterbehandlung von A, der strenge Konsequenzialist für den Abbruch der Behandlung von A und die Aufnahme der Behandlung von B plädieren. Anders als beim paradigmatischen Triage-Fall (der „Ex-ante-Triage“), bei dem über die Behandlung und Nicht-Behandlung von zwei oder mehreren gleichzeitig eintreffenden Patienten zu entscheiden ist, stellt sich im Fall der Verlaufs-Triage (der „Ex-post-Triage“) die zusätzliche Frage, wie viel Gewicht der Tatsache beizumessen ist, dass die Behandlung von A bereits aufgenommen ist, während die Behandlung von B im Falle, dass die von A beendet wird, erst noch aufgenommen werden müsste. Besteht nicht dadurch, dass die Behandlung von A bereits läuft, ein besonderes Verpflichtungsverhältnis gegenüber A, das gegenüber B nicht besteht? In der Psychotherapieethik, in der die vorzeitige Beendigung einer aufgenommenen Therapie als besonders problematisch gilt, da diese von dem Patienten leicht als Verrat empfunden wird und möglicherweise frühe Traumata reaktiviert, ist diese Verpflichtung als *Prinzip der Loyalität* formuliert und den vier Prinzipien des *Beauchamp-Childress*-Schemas als eigenständiges Prinzip an die Seite gestellt worden.[22]

Es besteht kein Zweifel, dass die Tatsache, dass die Behandlung von A bereits aufgenommen ist, während die von B ggf. erst noch aufzunehmen ist, moralisch einen Unterschied macht. Das Kriterium der Erfolgsaussicht steht nun nicht mehr allein, sondern konkurriert mit einem zweiten und ebenso weithin anerkannten Prinzip: Nicht nur der Patient selbst, auch seine Nahestehenden werden in der Regel von der Erwartung ausgehen, dass die einmal aufgenommene Behandlung fortgeführt wird, auch dann, wenn es infolge weiterer behandlungsbedürftiger Patienten zu einer Pflichtenkollision kommt. Damit ist die Pilatus-Frage nach der Gerechtigkeit aber weiterhin offen. Alles hängt davon ab, welches relative Gewicht man den kollidierenden Pflichten zumisst. An diesem Punkt kann es zu einem letzten und nicht weiter auflösbaren „reasonable disagreement" *(Rawls)* kommen. De facto zeigt sich dieser u.a. in dem *disagreement* innerhalb der deutschen Straf- und Medizinrechtswissenschaft über die eventuelle *Strafbarkeit* der Beendigung der Behandlung von A zugunsten von B. Die einen[23] warnen die deutschen Mediziner vor den straf-

[22] *Kitchener*, Counseling Psychologist 12 (1984), 43.

[23] Vgl. etwa *Engländer/Zimmermann*, „Rettungstötungen" in der Corona-Krise? Die Covid-19-Pandemie und die Zuteilung von Ressourcen in der Notfall- und Intensivmedizin, 2020, 1398, 1401.

rechtlichen Risiken, die Ärzte eingehen, wenn sie den Empfehlungen der Fachgesellschaften folgen, die der Tendenz nach eine Verlaufs-Triage befürworten oder jedenfalls – in diesem Punkt sind die Empfehlungen nicht völlig klar – nicht ablehnen. Zumindest wäre die Ermöglichung einer Verlaufs-Triage im Sinne der primären Begründung dieser Empfehlungen durch die Verpflichtung, möglichst viele an den knappen Behandlungsmöglichkeiten teilhaben zu lassen, konsequent. Auf der anderen Seite wollen einzelne Medizinrechtler die Rechtfertigbarkeit einer Verlaufs-Triage nicht ausschließen. Mit ihr sei „die Möglichkeit eröffnet, die verschiedenen Rettungspflichten gegeneinander abzuwägen," wenn auch unter der Bedingung, dass „besonders gute medizinische Gründe dafür notwendig sind, dass bei einem Patienten die Beatmung zugunsten eines anderen beendet wird."[24] Deshalb sollte diese nicht mit strafrechtlichen Konsequenzen bedroht werden. Dieser Auffassung schließt sich der gegenwärtige Autor an. Die Legitimation der Verlaufs-Triage liegt für ihn allerdings nicht darin, dass es, wie *Taupitz* meint, bei Aufrechterhalten des Rechtswidrigkeitsvorwurfs „seitens des medizinischen Personals naheliegen könnte, die Angehörigen hinsichtlich der real bestehenden Behandlungschancen zu täuschen",[25] sondern in der Erwägung, dass B von einer Behandlung signifikant stärker profitiert.

Dass eine Verlaufs-Triage legitimiert werden kann, heißt nicht, dass ihre moralisch bedenklichen Aspekte dadurch wegfallen. In der Praxis könnte die Kollision zwischen der Loyalitätsverpflichtung gegenüber A und dem Recht zur Priorisierung von B allerdings dadurch abgemildert wer-

[24] *Taupitz*, Medizinrecht 38 (2020), 440, 446.
[25] *Taupitz* (Fn. 24), 447.

den, dass die garantierte Behandlungsdauer von vornherein begrenzt wird und Patient und Nahestehende darüber unterrichtet werden, dass die Erfolgsaussichten des Patienten regelmäßig überprüft werden (dafür stehen Instrumente wie der SOFA-Score [„Sequential Organ Failure Assessment“] zur Verfügung[26]) und es ggf. zu einer Reallokation der knappen Behandlungsmöglichkeiten zugunsten aussichtsreicherer Fälle kommt.

Eine entscheidende Bedingung für die Legitimierbarkeit eines Abbruchs der Behandlung von A ist, dass es sich dabei seinem Gesamtcharakter nach um ein *Unterlassen*, in diesem Fall um ein Sterben-Lassen handelt und nicht um eine aktive und gezielte Tötung. Der in der Ethik über lange Jahre diskutierte „Transplantations-Fall“ der Tötung eines gesunden potenziellen Organspenders zugunsten des Lebenserhalts von mehreren auf Transplantate wartenden todgeweihten Patienten,[27] hat eine ganze Reihe von Gründen zutage gefördert, aus denen eine solche „Opferung“ des Lebens des einen zugunsten des Erhalts des Lebens mehrerer anderer (zumindest dann, wenn sie ohne Einwilligung erfolgt) moralisch keine Option ist. [28] Ein Abbruch der Behandlung von A ist dagegen auch dann, wenn er darauf zielt, die von A in Anspruch genommenen knappen Behandlungsmöglichkeiten B zur Verfügung zu stellen, keine gezielte Tötung. Mit ihr wird lediglich ein auf die Gesundheit von A zielender Eingriff in den Körper von A zurückgenommen. Dem „natürlichen“ Krankheitsverlauf wird

[26] Vgl. Grossman/*Delport*/*Keller*, Notfall & Rettungsmedizin 12/4 (2009), 290.

[27] Vgl. *Harman*, Das Wesen der Moral. Eine Einführung in die Ethik, 1981, 13f.

[28] Vgl. *Birnbacher*, Tun und Unterlassen. Durchgesehene Neuauflage, 2015, 138ff.

sein Lauf gelassen; die zum Tode führenden Kausalfaktoren liegen ganz überwiegend bei der Erkrankung des Patienten und deren Folgen und nicht bei der unterlassenen Weiterbehandlung. Insofern hat der Behandlungsabbruch auch dann den Charakter eines Unterlassens, wenn der Abbruch nicht „passiv", etwa durch die Nicht-Fortführung der Gabe eines lebenserhaltenden Arzneimittels oder das Unterlassen der Beschickung einer Ernährungssonde erfolgt, sondern durch ein positives Tun wie das „aktive" Drücken eines Knopfes am Beatmungsgerät.

In diesem Zusammenhang ist es wichtig zu sehen, dass die normative Differenzierung zwischen positivem Tun und Untätigbleiben, dem „keeping at rest" (wie *Bentham* das Unterlassen charakterisiert hat[29]) in höherem Maße kontextgebunden ist, als es etwa der schematisierende § 13 StGB nahelegt. Ein schädigendes Nicht-Handeln wiegt nicht durchweg moralisch weniger schwer als ein schädigendes Handeln. Auch *Thomas von Aquin*, auf den in der europäischen Rechtstradition die normative Unterscheidung zurückgeht, hat diese keineswegs in der Unterscheidung zwischen Handeln und Unterlassen als solcher begründet gesehen, sondern in dem Faktor der größeren Mühelosigkeit der Unterlassung. Deshalb soll nach ihm die moralische Differenzierung zwischen Handeln und Unterlassen nicht universal gelten, sondern nur im Grundsatz, „simpliciter et absolute".[30] Danach kann im Einzelfall eine Unterlassung durchaus auch schwerer wiegen als eine entsprechende Begehung. Plausibel begründen lässt sich

---

[29] Vgl. *Bentham*, An introduction to the principles of morals and legislation (1789). Great Books in Philosophy, 1948, 72.

[30] *Thomas von Aquin*, Summa theologica. Die Deutsche Thomas-Ausgabe. Vollständige, ungekürzte deutsch-lateinische Ausgabe der Summa Theologica, 1953, qu. 79, art. 4.

eine normative Differenzierung zwischen aktiver und „passiver" Ausführungsform in der Tat nur über weitere, mit dieser Dimension mehr oder weniger korrelierte normativ relevante Merkmale. Eine aktive Ausführung einer Schädigung ist häufig aufwendiger als eine Schädigung durch Unterlassen – sie bedarf, wenn es sich etwa um Strafdelikte handelt, einer weitergehenden „kriminellen Energie". Ein relevanter Kontextfaktor bei einem den Tod des Patienten in Kauf nehmenden aktiven Behandlungsabbruch ist etwa der häufig weniger unmittelbare Eintritt des Todes. Der Behandlungsabbruch führt in den hier relevanten Fällen zwar gelegentlich unmittelbar zum Tod, aber typischerweise erst mit einiger Verzögerung, so dass die „natürlichen" Krankheitsfaktoren die Rolle der Todesursachen übernehmen. Hinzu kommt die unterschiedliche Wirkung auf Dritte, die die aktive Form in der Regel als bedrohlicher erleben. Der Tod durch einen Behandlungsabbruch wirkt „natürlicher" und insofern weniger beunruhigend als eine gezielte Tötung, die dem Leben ein jähes und unwiderrufliches Ende setzt. Verstärkt werden diese Faktoren durch psychologische Unterschiede: Eine „passive" Nicht-Fortsetzung einer Behandlung fällt den beteiligten Ärzten und Pflegenden üblicherweise leichter als ein „aktiver" Abbruch, auch wenn die Motive dafür unter kognitiven Gesichtspunkten zweifelhaft sein mögen und die negative Kausalität des Unterlassens lediglich leichter verdrängt wird als die positive des aktiven Eingriffs.

Kontraktualistische Überlegungen: Auf welche Zuteilungskriterien würden wir uns unter dem „Schleier des Nichtwissens" einigen?

Till Zimmermann

I. Einleitung: Kontraktualismus und tragic choices

Das vor allem durch *John Rawls*' Gerechtigkeitstheorie[1] popularisierte Normbegründungsmodell des hypothetischen Kontraktualismus[2] wird in Ethik und Recht häufig dafür herangezogen, konkrete Regeln für eine gerechte Verteilung knapper Ressourcen zu entwerfen.[3] Vertragstheoretische Begründungsfiguren à la *Rawls* kommen insbesondere bei der Beurteilung der Verhaltensoptionen in

---

[1] *Rawls*, Eine Theorie der Gerechtigkeit, 1979; *ders.*, Gerechtigkeit als Fairneß – Ein Neuentwurf, 2006.

[2] Zur Unterscheidung des Neo- bzw. hypothetischen Kontraktualismus gegenüber dem klassischen Kontraktualismus *Engländer*, Jura 2002, 381, 385 f.; *Stemmer*, ZphF 56 (2002), 1, 2 f.

[3] *Rawls* selbst hat seine Theorie lediglich als grobe Anleitung für die Schaffung gesellschaftlicher Institutionen konzipiert; ob sie darüber hinaus im Sinne einer allgemeinen Moralphilosophie auch zur Lösung (rechts-)ethischer Detailfragen tauglich ist, hat er ausdrücklich offengelassen (in Justice as Fairness: Political not Metaphysical, Philosophy & Public Affairs 1985 [14], 223, 225).

tragic choice-Szenarien[4] zum Einsatz.[5] Andere Autoren versuchen auf diese Weise, normative Fragen der Ressourcenallokation im Gesundheitswesen und in der Katastrophenmedizin zu beantworten.[6] Da die Covid-19-Pandemie beide Anwendungsgebiete vereinigt – die Corona-Triage ist eine *tragic choice* infolge knapper medizinischer Ressourcen –, findet sich inzwischen auch eine ganze Reihe von Beiträgen, die ihre diesbezüglichen Lösungsvorschläge auf kontraktualistische Erwägungen stützen.[7] Ziel dieses Beitrags ist es zu analysieren, nach welchen Kriterien die Zuteilung knapper intensivmedizinischer Ressourcen in der Pandemie-Situation zu erfolgen hat, wenn die entsprechenden Regeln nach den Maßstäben des hypothetischen Kontraktualismus als legitim anzusehen sein sollen. Im Vordergrund steht dabei die Frage, worauf wir uns unter dem Schleier des Nichtwissens einigen würden. Die Vorgehensweise ist die, dass zunächst einige allgemeine Bemerkungen zum Konzept des hypothetischen Kon-

---

[4] Gemeint sind insbesondere Karneades- und Rettungsboot-Fälle, *Trolley*-Dilemma-/Weichensteller-Konstellationen, *Fat Man*-Szenarien, 9/11-Flugzeugabschüsse und Dilemma-Algorithmen für automatisierte Fahrzeuge.

[5] Aus dem deutschsprachigen Schrifttum: *Bernsmann*, „Entschuldigung" durch Notstand, 1989, 341 ff.; *Lübbe*, in: FS für Robert Spaemann, 2002, 312, 327 ff.; *Fritze*, Die Tötung Unschuldiger, 2004; *Momsen*, Die Zumutbarkeit als Begrenzung strafrechtlicher Pflichten, 2006, 169 und passim; *Zimmermann*, Rettungstötungen, 2009, 45 ff.; *Coninx*, Das Solidaritätsprinzip im Lebensnotstand – Zufall, rationale Entscheidung und Verteilungsgerechtigkeit, 2012; *Schünemann*, GA 2020, 1, 9 f.; *Hoven*, in: FS für Reinhard Merkel, 2020, 857, 877 ff.; *Kuhli*, in: FS für Merkel, 887 (903).

[6] *Daniels*, Just Health Care, 1985; *Lübbe*, EthikMed 2001, 148, 157 f.; *Brech*, Triage und Recht, 2008, 140 ff.

[7] *Lübbe*, MedR 2020, 434, 438 f.; *Zimmermann*, Wer stirbt zuerst?, LTO v. 23.3.2020; *Hoven*, JZ 2020, 449, 453 f.

traktualismus erfolgen und dargestellt wird, welche „Stellschrauben“ sich bieten und auf welche Parameter es ankommt (dazu II.). Sodann erfolgt eine Anwendung des Skizzierten auf die Situation der Corona-Triage (III.).

II. Das Normbegründungsmodell des hypothetischen Kontraktualismus

Jedes ernstzunehmende Normbegründungsmodell zielt auf die Schaffung universalisierbarer Normen. Universalisierbarkeit in diesem Sinne setzt die Gleichbehandlung gleicher Interessen der Normunterworfenen voraus. Eine solche Gleichbehandlung wiederum setzt die Unparteilichkeit des Normgenerators voraus. Darin, wie diese Unparteilichkeit im (theoretischen) Regelerzeugungsprozess zu gewährleisten ist, unterscheiden sich die vorgeschlagenen Normbegründungsmodelle erheblich.[8] Dabei kann man ohne Übertreibung sagen, dass der jeweilige Mechanismus zu Sicherstellung der Unparteilichkeit das Herzstück einer jeden (rechts-)ethischen Theorie bildet.[9]

---

[8] S. exemplarisch die grobe Übersicht bei *Zimmermann*, ARSP-Beiheft 128 (2012), 195, 197f.

[9] Hier wird die These vertreten, dass in grundlegenden Gerechtigkeitsfragen wie den hier verhandelten ein ideales Recht und eine ideale Ethik zu *übereinstimmenden* Lösungen gelangen (müssen). Die Unterscheidung von Recht und Ethik wird daher im Folgenden vernachlässigt. Abzulehnen ist die – gerade im Zusammenhang mit *hard cases* – oft geäußerte Ansicht, Recht und Ethik könnten (oder gar: müssten) in Dilemma-Situationen zu *entgegengesetzten* Resultaten gelangen, i.d.S. aber *Welzel*, ZStW 63 (1951), 47, 51ff.; *Fritze* (Fn. 5), 188ff.; *Dufner/Schöne-Seifert*, ZfPP 6 (2019), 15, 38 in Fn. 35; *Hoven*, FS für Merkel, 857, 879.

1. Zwang zur Unparteilichkeit: Verhandlung im Urzustand

Im Unterschied zu kollektivistischen Modellen wie dem Utilitarismus (der auf einen – fiktiven – Gesamtnutzen abstellt) oder metaphysisch-naturrechtlichen Ansätzen (die auf Axiomen wie einer unhintergehbaren Vernunft oder einem radikalen Egalitätspostulat basieren), unternimmt der Kontraktualismus den Versuch, unparteiliche Normen aus einer prospektiven Ich-Perspektive der Normunterworfenen zu gestalten (normativer Individualismus[10]). Die kontraktualistische Grundidee besteht darin, in einem Gedankenexperiment danach zu fragen, auf welche Regeln zur Ordnung der Gesellschaft und zur Bewältigung von Interessenkonflikten sich rationale Personen unter fairen Verhandlungsbedingungen einigen würden. Die Erzeugung jener fairen Bedingungen, die als Garant für die Erzeugung universalisierbarer Normen unverzichtbar sind, geschieht dadurch, dass die Verhandler ihre Entscheidungen unter Unsicherheit über die eigene Zukunft treffen müssen und somit gezwungen sind, von einem neutralen Standpunkt aus zu entscheiden. *Rawls* hat zu diesem Zweck die Figur des Schleiers des Nichtwissens *(veil of ignorance)* erdacht.[11] Der Schleier bewirkt, dass keine der Verhandlungsparteien über ihre zukünftige Stellung in der Gesellschaft Kenntnis hat. Mit diesem Kunstgriff zwingt *Rawls* die Kontrahenten zur Teilnahme an einem fiktiven doppelten Rollentausch: Zur generell-abstrakten Lösung

---

[10] Vgl. *v.d. Pfordten*, JZ 2005, 1069: „Die zentrale These des normativen Individualismus lautet präzise formuliert: Alle politischen und rechtlichen Entscheidungen finden ihre letzte Rechtfertigung ausschließlich im Bezug auf alle von der jeweiligen Entscheidung betroffenen Individuen, d.h. […] aller betroffenen Menschen."

[11] *Rawls*, Theorie (Fn. 1), 159ff. Näher *Schmid*, ARSP-Beiheft 103 (2005), 51.

potenzieller Interessenkonflikte muss jede Seite des Konflikts probehalber eingenommen, gedanklich durchgespielt und sodann mit der eigenen Interessenlage abgeglichen werden.[12] Das auf diese Weise gewonnene Ergebnis ist dann nichts weiter als eine *rational choice*, nämlich der intrapersonale Interessenkompromiss einer Durchschnittsperson.[13] Ein einziges Beispiel: Wer nicht weiß, ob er Herr oder Sklave sein wird, votiert vernünftigerweise gegen die Institution der Sklaverei (denn das Leben als Privilegierter ist auch ohne Sklavenhaltung angenehm, während dasjenige eines Sklaven ein Leben voller Schrecklichkeit verspricht; ohne Sklaverei ist auch die Position eines Unterprivilegierten akzeptabel, mit Sklaverei wäre es nur diejenige des Privilegierten).

Wird anschließend, d.h. nach der Vereinbarung des Gesellschaftsvertrags, der Schleier des Nichtwissens gelüftet, gilt der *ex ante* getroffene Konsens auch für denjenigen, der umständehalber in einem – nunmehr interpersonalen – Interessenkonflikt mehr verliert als gewinnt (z.B. als reiche Person zur Finanzierung der Sozialhilfe hohe Steuern zahlen muss).[14]

2. Wie sieht der Urzustand aus?

Das Ergebnis der (gedankenexperimentellen) Verhandlungen hinter dem Schleier des Nichtwissens wird maßgeblich durch zwei Faktoren beeinflusst: Die Modellierung des

---

[12] Ausf. dazu *Zimmermann*, ARSP-Beiheft 128 (2012), 195ff.

[13] *Rawls*, Theorie (Fn. 1), 162; *Kindhäuser*, Gefährdung als Straftat, 1989, 33 in Fn. 13.

[14] Zu den Mechanismen der Stabilisierung des *ex ante*-Konsenses in der realen Gesellschaft *Wittig*, ZStW 107 (1995), 251ff.; *Zimmermann*, Das Unrecht der Korruption, 2018, 289ff.

verhandelnden Personals und das Ausmaß der Ungewissheit über die Welt hinter dem Schleier.

a) Die Präferenzen der Individuen: Maximin-Prinzip vs. Shylock-Kontraktualismus

Der erste Faktor betrifft die Frage, mit welchen Interessen und Präferenzen die verhandelnde Durchschnittsperson ausgestattet ist. Prinzipiell liegt es nahe, die Verhandlungspartner möglichst „echten" Menschen nachzubilden und mit einem entsprechenden Set an ubiquitären menschlichen Interessen auszustatten (Interesse an einem angenehmen, langen Leben usw.). Die genauere Modellierung der Akteure im Urzustand wirft vor allem die Frage auf, ob es sich bei den Verhandlungspartnern um radikale *homines oeconomici* handelt, oder ob bei ihnen auch altruistische Interessen (insbes. zugunsten der eigenen Familie, ggf. aber auch zugunsten Fremder) mit einzupreisen sind.[15] *Rawls* selbst wählt einen Mittelweg: Die Kontrahenten sind Egoisten, aber ausgestattet mit einem gewissen Sinn für Gerechtigkeit.[16]

Für die hiesige Aufgabenstellung bedeutsamer ist indes die Kardinalfrage, wie risikoavers (bzw. risikofreudig) die Verhandlungspartner zu denken sind. *Rawls* scheint diese Frage zwar vordergründig offenzulassen (s. u.); er geht allerdings implizit eindeutig von primär auf Risikominimierung bedachten Akteuren aus. Nach dem von ihm postulierten Maximin-Prinzip zielen die Entscheidungen hinter dem Schleier nämlich vornehmlich auf die Verbesserung einer

[15] Zum Konzept des altruistischen Interesses *Hoerster*, Ethik und Interesse, 2003, 176; *Zimmermann* (Fn. 5), 289 f.

[16] *Rawls*, Theorie (Fn. 1), 346 und passim. Dazu *Wittig*, ZStW 107 (1995), 251, 264 ff.

worst case-Position, nicht hingegen auf die (alternativ mögliche) Optimierung der Position eines (oder vieler) Bessergestellten. Aus dieser Annahme folgt, dass die Verhandlungspartner prinzipiell auch um den Preis einer erheblichen Deoptimierung der Gesamtnützlichkeit nicht dazu bereit sind, die Möglichkeit gesellschaftlicher Positionen zu akzeptieren, welche für die tatsächlich betroffene Person eine grobe Zumutung (i. S. e. weitgehenden Vereitelung basaler Interessen[17]) bedeuten – denn auch sie selbst müssen ja im ungünstigsten Fall damit rechnen, in die *worst case*-Position zu geraten.[18] Sklaverei wäre nach *Rawls* für die Verhandlungspartner also auch dann ein Tabu, wenn die Aussicht, nach Schleierlüftung Sklave zu sein, möglich, aber verschwindend gering wäre.[19] Allgemein formuliert, beschränkt das Eigeninteresse der Entscheidungsträger die im Ausgangspunkt konsequenzialistische Ausrichtung des neo-kontraktualistischen Modells in Bezug auf bestimmte Fundamentalinteressen absolut und grenzt dieses damit insbesondere von den über Personengrenzen hinweg (Lebens-) Interessen aggregierenden Modellen des Utilitarismus ab.

Modelliert man die Vertragspartner hingegen empathielos und risikofreudig, eröffnet sich die Möglichkeit hochriskanter Wetten mit Existenzvernichtungspotenzial.[20] Ein solcher Akteur spielt auch Russisch Roulette, sofern nur das Verhältnis von (geringer) Verlustwahrscheinlichkeit und (hoher) Gewinnaussicht stimmt. Kennzeichnend

---

[17] Beispiele: Sklaverei; Lebensopfer.

[18] *Kliemt*, AuK-Sonderheft 7/2003, 84, 90; *Merkel/Augsberg*, JZ 2020, 704, 710; *Wohlrapp*, DZPhil 54 (2006), 958 ff.; *Zimmermann* (Fn. 5), 67 f., 95 f. Näher zur Maximin-Regel *Rawls*, Theorie (Fn. 1), 177 ff. mit Fn. 18a.

[19] Vgl. *Rawls*, Theorie (Fn. 1), 183 f., 193 f. u. 280.

[20] Dafür etwa *Fritze* (Fn. 5), 38 ff.; *Hoven*, JZ 2020, 449, 453.

für dieses Modell ist die Möglichkeit einer (u. U. beträchtlichen) Steigerung des Gesamtnutzens und eine damit verbundene Annäherung an genuin utilitaristische Konzeptionen („utilitarianism from behind the veil of ignorance“[21]). Der „Preis“ dieses Modells ist die Akzeptanz der Möglichkeit unzumutbarer *worst case*-Positionen; es sei daher im Folgenden als Shylock-Kontraktualismus bezeichnet.[22]

b) Das Ausmaß an Ungewissheit: Dichter oder dünner Schleier?

Die zweite elementare Weichenstellung bezüglich des Verhandlungssettings betrifft die Blickdichte des Unwissenheitsschleiers, d. h. seine Abstraktionshöhe. Die zwei denkbaren Extremvarianten sind einerseits ein Verständnis als bloßer „Schatten der Zukunft“[23], andererseits ein radikales Nichtwissen über sämtliche Geschehnisse seit dem Urknall.

Im ersten Fall ist der Schleier nicht viel mehr als eine Metapher für die (reale) Unkenntnis der Zukunft: Die Vertragsparteien kennen die Welt, ihren eigenen Körper und ihre Fähigkeiten, ihre soziale Position usw.; die Unkenntnis bezieht sich lediglich auf das, was auch im wirklichen Leben niemand sicher wissen kann (Werde ich krank? – Behalte ich meinen Job? – usf.).[24] Der besondere Vorteil

---

[21] *John E. Roemer*, zitiert nach *Huster*, Merkur 2004, 1047, 1049. Ähnlich *Reiß*, EthikJournal 6 (2020), 1, 22: „Wer […] behauptete, das Befolgen eines Maximierungs- oder Effizienzgebots sei *stets* und in *allen* Situationen im Interesse einer jeden, verträte eine utilitaristische Theorie, die notdürftig und eher oberflächlich kontraktualistisch eingekleidet ist.“

[22] Vgl. *Zimmermann* (Fn. 5), 95. Ausf. zum Vertrag von *Shakespeares* Shylock *Jabloner*, in: FS für Bernhard Schlink, 2014, 173 ff.

[23] Begriff nach *Axelrod*, The Evolution of Cooperation, 1984, 124.

[24] Kontraktualistische Normbegründungsmodelle mit einem sol-

dieses geringen Abstrahierungsgrades von der Realität des demokratischen Willensbildungsprozesses ist die einfache Übertragbarkeit des Gedankenexperiments auf das Leben „echter“ Menschen und die (Detail-)Probleme der bestehenden Normordnung; er sorgt für unmittelbare Anschlussfähigkeit an den realen rechtspolitischen Diskurs.[25] Ein Nachteil besteht indes darin, dass das so durchgeführte Normbegründungsverfahren nicht nur den Charme des Utopischen verliert, sondern vor allem erheblicher Argumentationsaufwand zu leisten ist, um gegenüber Angehörigen gesellschaftlicher Mehrheiten, Starken und Privilegierten, denen ihre gesellschaftliche Position prinzipiell *bekannt* ist, die (vermeintliche) Irrationalität von Minderheitendiskriminierung[26] und Solidaritätsverweigerung[27] zu begründen.

Rawls selbst zieht das Ausmaß der Informationsbeschränkung hinter dem Schleier des Nichtwissens hingegen deutlich weiter in die Richtung der entgegengesetzten Maximalposition; seine Protagonisten wissen fast nichts über die Gestalt der Welt, sie kennen lediglich einige „allgemeine Tatsachen“ wie bspw. die Naturgesetze.[28] *Rawls* (ursprüngliche) Vorstellung ist daher, so *Coninx*, „eine virtuelle Situation, die mit der Lebenswirklichkeit nichts zu tun hat“;[29] *Rawls* formuliert sie wie folgt:

---

chermaßen „realistischen“ Urzustandssetting finden sich bei *Hoerster*, JZ 1982, 265, 269 ff.; *Stemmer*, ZphF 56 (2002), 1; 58 (2004), 483; *Engländer*, JuS 2002, 535 ff.

[25] Vgl. BVerfGE 101, 158, 218, m. Anm. *Lindner*, NJW 2000, 3757.

[26] Dazu *Hoerster* (Fn. 15), 181 ff.; *Zimmermann* (Fn. 5), 88 m. w. N.

[27] S. dazu einerseits *Pawlik*, Der rechtfertigende Notstand, 2002, 69 ff., andererseits *Zimmermann* (Fn. 5), 85 ff.

[28] *Rawls*, Theorie (Fn. 1), 184.

[29] *Coninx*, in: v. Hirsch/Neumann/Seelmann (Hrsg.), Solidarität im Strafrecht, 2013, 175 ff., 197.

Vor allem kennt niemand seinen Platz in der Gesellschaft, seine Klasse oder seinen Status; ebensowenig seine natürlichen Gaben, seine Intelligenz, Körperkraft usw. Ferner kennt niemand seine Vorstellung vom Guten, die Einzelheiten seines vernünftigen Lebensplanes, ja nicht einmal die Besonderheiten seiner Psyche wie seine Einstellung zum Risiko oder seine Neigung zu Optimismus oder Pessimismus. Darüber hinaus setze ich voraus, daß die Parteien die besonderen Verhältnisse in ihrer eigenen Gesellschaft nicht kennen, d.h. ihre wirtschaftliche und politische Lage, den Entwicklungsstand ihrer Zivilisation und Kultur. Die Menschen im Urzustand wissen auch nicht, zu welcher Generation sie gehören.[30]

Konzipiert man den Schleier des Nichtwissens dermaßen weitreichend, hat dies erhebliche Auswirkung auf die zu erzeugenden Regeln für fundamentale ethische Fragestellungen. Wissen die Verhandler nicht, ob sie nach Lüftung des Schleiers überhaupt bereits geboren sein werden, wirkt sich dies z.B. aus auf die Rechtsposition Ungeborener und künftiger Menschen: Embryonen erhalten ein vollwertiges Lebensrecht, Schwangerschaftsabbrüche wären weitestgehend verboten.[31] Die Unkenntnis der Generationenzugehörigkeit hat überdies Bedeutung für die Gestaltung der Umweltpolitik: Regeln zur Gewährleistung der künftigen Bewohnbarkeit des Planeten bekommen starkes Gewicht.[32] Die Ungewissheit über Alter und Gesundheitszustand als (bereits geborener) Mensch schlägt ferner durch auf die Verteilungsmechanismen in Bezug auf knappe medizinische Ressourcen.[33] Und schließlich verunmöglicht das Nichtwissen hinsichtlich der konkreten Gestaltung

---

[30] *Rawls*, Theorie (Fn. 1), 160.

[31] Dazu *Evers*, Journal of Libertarian Studies 2 (1978), 109ff.; *Zimmermann*, ARSP-Beiheft 128 (2012), 195, 204 mit Fn. 70.

[32] Vgl. *Mathis*, ARSP 95 (2009), 49ff.

[33] *Daniels* (Fn. 6), 93ff., 104f.

der Welt ganz generell das Treffen von kalkulierten Entscheidungen unter Risiko, also die Präferenz für eine bestimmte Norm unter strategischer Berücksichtigung von Wahrscheinlichkeitserwägungen:[34] Lösungen von Trolley-Dilemmata der Sorte „Töte einen zur Rettung von Fünfen" unter Rekurs auf das Zahlenverhältnis und die damit verbundene Positionen-Wahrscheinlichkeit sind daher einer genuin *rawls*ianischen Herangehensweise von vornherein unzugänglich.[35]

Der Vorteil eines solchermaßen blickdichten Nichtwissensschleiers besteht darin, ein besonders hohes Maß an Egalität auch für solche Personen zu erzielen, die im realen politischen Diskurs auf die Vertretung ihrer Interessen durch selbstlose Advokaten angewiesen sind (Sozialpolitik zugunsten einflussloser Unterprivilegierter, Umweltpolitik zugunsten künftiger Generationen, Ressourceneinsatz zur Erforschung schwerer, aber seltener Krankheiten usw.). Der Preis für diese Ideal-Egalität besteht darin, dass ein so dicker Schleier des Nichtwissens die Grenze zum Fantastischen berührt: Nicht bloß sind die völlig unwissenden Gestalten in dieser Entscheidungssituation „blutleere, in einem schlechten Sinne fiktive Figuren, die in keiner Weise etwas mit den realen Individuen gemein haben"[36] (und daher *ihre* Entscheidungen für Fragestellungen in der realen Welt kaum Überzeugungskraft aufweisen). Problematisch ist überdies die Angabe einer plausiblen Begrenzung der Unwissenheit; zwei Beispiele: Wissen die Ver-

---

[34] *Rawls*, Theorie (Fn. 1), 197f.

[35] So ausdr. *Coninx* (Fn. 29), 196 mit Fn. 118, die meint, kontraktualistische Klugheitsüberlegungen in der Allokationsdebatte von Leben und Tod in Zwangslagen hätten daher „nichts mit der Theorie von *Rawls* zu tun".

[36] *Rechenauer*, ARSP 2009, 62, 63.

handlungspartner wenigstens über die geltenden Naturgesetze Bescheid? (Falls ja: warum gerade hierüber?[37]) Könnte es auch passieren, dass ein Verhandlungspartner nicht als Mensch, sondern als Tier geboren sein wird?[38] Und schließlich gerät auch die Durchführbarkeit der mit dem Gedankenexperiment notwendigerweise verbundenen Rollentauschprobe an ihre Grenzen (sog. Problem der Erfahrbarkeitsbedingung).[39] Diese Nachteile eines stark undurchlässigen Schleiers sind dann besonders gravierend, will man mit seiner Hilfe nicht bloß – worauf *Rawls* mit seinem bewusst grob gehaltenen Modell abzielte – grundlegende sozial-politische Strukturen gerecht konstruieren, sondern auch Verhaltensanweisungen für konkrete ethische *hard cases* erzeugen.

Rawls selbst hat die Problematik der Realitätsferne seiner Urzustandskonzeption zunächst dadurch abzumildern versucht, dass die hinter dem Schleier erzeugten Regeln als bloß vorläufige Ergebnisse zu betrachten und diese nach Lüftung des Schleiers ggf. in einem zweiten Schritt mithilfe des sog. Überlegungs-Gleichgewichts *(reflective equilibrium)* zu modifizieren sind.[40] Die Bedingungen dieses „Nachspiels" der Verhandlungen hinter einem dicken Schleier des Nichtwissens sind infolge des Einbezugs moralischer Intuitionen allerdings überaus vage und kompli-

---

[37] *Rawls* Antwort ist apodiktisch: Anderenfalls wäre sein Gedankenexperiment unmöglich bzw. sinnlos, Theorie (Fn. 1), 184.

[38] Die Bedeutung dieser Frage für die Gestaltung der Tierschutznormen liegt auf der Hand; *Rawls* klammert sie bewusst aus, Theorie (Fn. 1), 34.

[39] Näher *Zimmermann,* ARSP-Beiheft 128 (2012), 195, 201ff.; *ders.*, in: FS für Reinhard Merkel, 2020, 295, 297ff.

[40] *Rawls*, Theorie (Fn. 1), 37f., 68ff.; *ders.*, Fairneß (Fn. 1), 59ff. S. dazu auch *Coninx* (Fn. 29), 198f.

ziert.[41] Später rechtfertigte *Rawls* die Dichte des Schleiers und die damit verbundene Höhe des Abstraktionsgrades unter Hinweis darauf, der Unwissenheitsschleier sei lediglich ein „Darstellungsmittel" zu bestimmten Zwecken.[42] Jedenfalls für die hiesigen Zwecke erscheint daher bei Weitem vorzugswürdig die (auch von *Rawls* in den Raum gestellte) Alternative einer „Konkretisierung des Urzustands": „Wir […] ändern […] die Bedingungen für die Vertragssituation".[43] Im Folgenden wird daher prinzipiell hinter einem dünneren Schleier verhandelt (Einzelheiten an späterer Stelle).

III. Kontraktualistisch begründete Triage-Regeln

Die Triage-Situation betrifft die Interessen von (wenigstens) drei Beteiligten:[44] Die um das Beatmungsgerät rivalisierenden akut behandlungsbedürftigen Patienten A und B sowie die über die Zuteilung entscheidende Ärztin C. Eine kontraktualistisch begründete Antwort auf die Frage „Was sollte C tun?" setzt voraus, sich probehalber in alle der genannten Positionen zu versetzen und eine für die unter Ungewissheit entscheidende Person optimale Verhaltensanweisung an C zu formulieren.

---

[41] Zur Anwendbarkeit des Überlegungs-Gleichgewichts in *tragic choice*-Konstellationen *Edmonds*, Would *you* kill the fat man?, 2014, 95 ff.

[42] Insbes. in *Rawls*, Politischer Liberalismus, 2003, 90 ff. mit Fn. 27.

[43] *Rawls*, Theorie (Fn. 1), 38.

[44] Reale Triage-Situationen involvieren regelmäßig mehr als zwei Konkurrenten um knappe Ressourcen, vgl. *Gaede/Kubiciel/Saliger/Tsambikakis*, medstra 2020, 129, 131 f. Für die kontraktualistische Modellierung ist das indes unerheblich.

1. Die Position der Ärztin

Es sei vorausgesetzt, dass die Position einer Intensivmedizinerin die Verpflichtung zur Rettung ihrer Patienten mit sich bringt. Die Person in der Ärztinnen-Position wird gegen die Pflicht zum Tätigwerden prinzipiell nichts einzuwenden haben (zumal diese entlohnt sein wird). Ausgeschlossen ist jedoch das Aufstellen einer Normenfalle, d. h. die Ärztin im Falle einer Pflichtenkollision zur faktisch unmöglichen Rettung beider Patienten (und damit zu Unmöglichem) zu verpflichten:[45]

> Let us consider being one of the individuals behind the Rawlsian veil of ignorance, trying to find an agreement on how to treat such a collision once the veil is lifted. I would propose the following: since there is, first of all, the possibility of me becoming a doctor who receives an emergency call to come to the scene of an accident, I would reject the proposition of a solution bearing the possibility of me being legally 'trapped' (I do not like the idea of law demanding me to square the circle while two guns are lawfully pointed towards me). This is a strong argument against those who prefer law demanding the impossible.[46]

Unter Berücksichtigung der Position von C verengt sich das Spektrum möglicher Verhaltensanweisungen also auf die Möglichkeiten „Bleibe untätig" oder „Rette *einen* der Patienten".

Hinsichtlich der Folgefrage, welchen der Patienten C (im Falle ihres Tätigwerdens) retten sollte, dürften in der Person der Ärztin regelmäßig keine Interessen von nennenswertem Gewicht gegeben sein, die als Argument für eine Präferenz von A oder B gelten könnten. Eine Ausnah-

---

[45] Dafür aber *Fischer*, StGB, 67. Aufl. 2020, Vor § 32 Rn. 11a; NK-StGB-*Paeffgen/Zabel*, 5. Aufl. 2017, Vor § 32 Rn. 174.

[46] *Zimmermann*, Journal of Criminal Law 78 (2014), 263, 274.

me besteht lediglich dann, wenn einer der Patienten C in besonderer Weise nahesteht, bspw. B ihr Kind ist. In dieser Situation dürfte es eine inakzeptable Forderung gegenüber C darstellen, von der Rettung Bs abzusehen.[47]

2. Die Position der Patienten

Ex ante (d.h. hinter dem Schleier des Nichtwissens) muss jeder, der den Gesetzen der Logik verpflichtet ist, anerkennen, in der Triage-Situation in die Verliererposition geraten zu können, d.h. die Position desjenigen Patienten einzunehmen, der infolge des Ressourcenmangels nicht versorgt werden kann.[48] Es geht daher ausschließlich um eine irgendwie geartete Chancenoptimierung. Im Folgenden wird dabei allein von der praxisrelevanten Standardsituation ausgegangen, in der keinem der Patienten eine besondere Verantwortlichkeit für die Knappheitssituation vorzuwerfen ist.[49]

---

[47] Das bedeutet nicht notwendigerweise, C eine *Erlaubnis* zur Rettung von B zu gewähren. Erforderlich ist es lediglich, die Ärztin für diesen Fall von jeglichen Sanktionen freizustellen (d.h. zu entschuldigen), m.a.W. ihr anheimzustellen, sich „gewissermaßen aus der Hintertür von der bürgerlichen Gesellschaft [wieder] in den Naturzustand [zu] verabschieden", *Renzikowski*, JRE 11 (2003), 269, 280. Näher dazu *Zimmermann* (Fn. 5), 231 ff.

[48] Zur Problematik des gedankenexperimentellen Sich-Hineinversetzens in die Rolle des Opfers bei Tötungen (Stichworte: Tod als Übel; Erfahrbarkeitsbedingung) *Zimmermann*, ARSP-Beiheft 128 (2012), 195, 202 ff.

[49] Sofern einer der konkurrierenden Patienten vorwerfbar für die Situation verantwortlich ist (Musterbeispiele: Patient A hat Patient B zuvor in maliziöser Absicht infiziert; Corona-Leugner A hat sich unter bewusster Missachtung von Schutzmaßnahmen auf einer sog. Querdenker-Demonstration angesteckt, B hingegen alle Schutzvorkehrungen beachtet), erscheint es gerechtigkeitstheoretisch plausi-

a) Dringlichkeitsregel

Zunächst ist es vernünftig, hinter dem Schleier eine Dringlichkeitsregel zu vereinbaren: Kann bei Patient A mit der indizierten Intensivversorgung mit akzeptablem Risiko noch zugewartet werden (seine heutige Überlebenswahrscheinlichkeit von 50 % liegt auch morgen noch bei 30 %), während B mit sofortiger Behandlung dieselbe Chance wie A hat, ohne jene aber bis morgen sicher verstirbt, verbessert die Dringlichkeitsregel die Gesamt-Überlebenschance desjenigen, der nicht weiß, ob er in die Rolle von A oder B geraten wird, ohne dass dabei eine inakzeptabel chancenlose *worst case*-Position geschaffen würde.[50]

b) Zuteilungsentscheidung in Patt-Situationen

Schwieriger zu finden ist eine Lösung bei gleicher Dringlichkeit. Unter Klugheitsaspekten ausgeschlossen erscheint zunächst die (unter Egalitaristen durchaus diskutierte)[51]

---

bel, den Verantwortlichen nachrangig zu behandeln (vgl. *Sternberg-Lieben*, MedR 2020, 627, 633 f. mit Fn. 99; *Merkel/Augsberg*, JZ 2020, 704, 709 in Fn. 43). Eine solche Vorzugsregel lässt sich kontraktualistisch damit begründen, dass die Individuen hinter dem Unwissenheitsschleier im Glauben an ihren freien Willen von der vollständigen Vermeidbarkeit der Position des Schlechtergestellten ausgehen können (vgl. *Zimmermann* [Fn. 5], 87 f. in Fn. 289 [zur Vereinbarung einer Tötungsbefugnis in Notwehr]). Allerdings dürfte das Verantwortlichkeitskriterium in der Praxis unbrauchbar sein, da die auswählende Ärztin „in der konkreten Situation kaum in der Lage sein wird, hinreichend sichere Feststellungen zum ‚Vorverschulden' zu treffen", *Sternberg-Lieben*, a. a. O., 634.

[50] Dazu *Reiß*, EthikJournal 6 (2020), 1, 17 ff. Diese Lösung entspricht auch dem geltenden Recht, *Engländer/Zimmermann*, NJW 2020, 1398, 1401; *Taupitz*, MedR 2020, 440, 444.

[51] Vgl. *Lübbe*, in: dies. (Hrsg.), Tödliche Entscheidung, 2004, 7 ff., 10.

Variante, C zur Untätigkeit zu verpflichten. Unter *rational choice*-Gesichtspunkten ist diese Lösung zu verwerfen:

> Die von Buridans Esel gewählte Lösung des Problems maximiert das Sterbensrisiko beider Lebensrettungsinteresseinhaber auf 100% und minimiert die Rettungschance auf 0%. Dies ist auch aus Sicht eines jeden einzelnen eine extrem unvernünftige Lösung. Eine Rettungschancenmaximierung bzw. Minimierung des Sterbensrisikos ließe sich allerdings erzielen, indem der Pflichtenadressat [hier: C] zur Rettung wenigstens des einen verpflichtet wird. Im Falle der Kollision zweier Lebensrettungsinteressen wäre damit die Rettungschance jedes einzelnen auf immerhin 50% Wahrscheinlichkeit gesteigert, das Risiko, infolge der Nichtrettung sterben zu müssen, auf 50% Wahrscheinlichkeit minimiert. Die Verpflichtung zur Rettung wenigstens des einen ist somit für die Vertragsparteien hinter dem Schleier des Nichtwissens individuell vorteilhaft gegenüber der Untätigkeitslösung. Es ist dies eine ‚vernünftige' Lösung.[52]

Nach dieser Vorentscheidung stellt sich sodann die Gretchenfrage nach weiteren, rational begründeten Zuteilungskriterien. Die Spanne an Diskussionsvorschlägen ist dabei auch innerhalb kontraktualistischer Begründungsansätze weit. Konsens herrscht allein darüber, dass eine willkürliche Bevorzugung oder Benachteiligung bestimmter Gruppen aus Klugheitsgründen nicht in Betracht kommt (denn man könnte selbst der diskriminierten Gruppe angehören).[53] Ernsthaft diskutiert werden hingegen folgende Kriterien:

---

[52] *Zimmermann* (Fn. 5), 147.

[53] Vorschläge zur Umsetzung eines prozedural fair gestalteten Triage-Auswahlverfahrens (Ausschluss bei Befangenheit, Transparenz, Mehraugenprinzip etc.) skizziert *v. d. Meden*, Kontrolle in der Ausnahmesituation, LTO v. 27.3.2020.

aa) Erfolgsaussicht (Maximierungsprinzip)

Sehr verbreitet – sowohl in der (Medizin-)Ethik[54] als auch in der Rechtswissenschaft[55] – ist die Forderung, Patienten mit größerer Erfolgsaussicht prioritär zu behandeln:[56] Übersteht A die Infektion bei sofortiger Behandlung mit einer 80%igen Wahrscheinlichkeit, B hingegen nur mit einer 50%igen, soll A behandelt werden, während B sterben gelassen wird. Zentrales Argument für dieses Kriterium ist seine Gesamtnützlichkeit („Ressourceneffizienz"). Das Kriterium der Erfolgsaussicht mutet utilitaristisch an, ist aber auch einer kontraktualistischen Begründunglogik zugänglich: „Da das Kriterium bei einer Ex-ante-Betrachtung statistisch die Überlebenswahrscheinlichkeit jedes

---

[54] *Harris*, Der Wert des Lebens, 1995, 52f.; *Daugherty Biddison et al.*, Contemporary Rev. in Critical Care Medicine 155/4 (2019), 848, 850; *Schöne-Seifert*, Wen soll man sterben lassen?, FAZ-online v. 31.3.2020. S.a. Deutsche Interdisziplinäre Vereinigung für Intensiv- und Notfallmedizin (DIVI) u.a., Entscheidungen über die Zuteilung von Ressourcen in der Notfall- und der Intensivmedizin im Kontext der COVID-19-Pandemie – Version 2 v. 17.4.2020, 6f.

[55] *Witte*, MedR 2015, 491, 493f.; *Brech* (Fn. 6), 252; *Ast*, ZIS 2020, 268; *Gaede et al.*, medstra 2020, 129, 133f.; *Hong*, Corona-Triage und Menschenwürde, Verfassungsblog.de v. 29.3.2020; *Jäger/Gründel*, ZIS 2020, 151; *Taupitz*, MedR 2020, 440, 445f. S.a. Scheid, Grund- und Grenzfragen der Pflichtenkollision beim strafrechtlichen Unterlassungsdelikt, 2000, 62f.

[56] Der Begriff der „(klinischen) Erfolgsaussicht" ist mehrdeutig, s. *Engländer/Zimmermann*, NJW 2020, 1398 (1402). Er wird hier weder als Langzeitprognose (i.d.S. etwa DIVI u.a., Entscheidungen über die Zuteilung von Ressourcen in der Notfall- und der Intensivmedizin im Kontext der COVID-19-Pandemie, Vers. 1 v. 25.3.2020, Anhang auf S. 12 [in der 2. Fassung {Fn. 54} ist dieser Passus gestrichen]), noch im Sinne einer bloßen Minimalnutzenschwelle verstanden (dazu *Sternberg-Lieben*, MedR 2020, 627, 632), sondern als Aussicht, die Covid-19-Erkrankung zu überleben.

Einzelnen erhöhe, sei dieses auch aus einer individuellen Perspektive rational und zustimmungsfähig."[57] Damit ist freilich hinter dem Schleier des Nichtwissens noch gar nichts entschieden. Zwei Einwände bestehen:

Der erste Pferdefuß dieser Lösung besteht darin, dass – nach Lüftung des Schleiers – B in eine unzumutbar aussichtslose Situation geriete; trotz einer beachtlichen Überlebenschance von 50 % bei intensivmedizinischer Behandlung ist er aufgrund der noch besseren Erfolgsaussicht des A infolge des gewählten Zuteilungskriteriums zum Sterben verdammt. Da theoretisch auch eine signifikante Verbesserung dieser *worst case*-Position vereinbart werden könnte (z.B. durch Einführung eines Zufallsentscheids, die B in jedem Fall eine gewisse Überlebenschance sichert), ist das Kriterium der Erfolgsaussicht als Shylock-kontraktualistische Regel mit dem *Rawls*schen Maximin-Prinzip nicht vereinbar.[58] Befürworter dieses Zuteilungskriteriums sind daher gezwungen, das strikte Maximin-Prinzip zu relativieren. Dafür spricht immerhin eine gewisse Intuition: So plausibel der mit dem Maximin-Prinzip verbundene Unzumutbarkeitseinwand im Ausgangspunkt ist,[59] so brüchig wird diese Intuition beim Ansteigen der damit

[57] So diese Position zusammenfassend *Engländer/Zimmermann*, NJW 2020, 1398, 1402. Eine sorgfältige Ausbuchstabierung des Gedankens findet sich bei *Rakowski*, in: Lübbe (Hrsg.), Tödliche Entscheidung (Fn. 51), 158 ff., 164 ff. Vgl. auch *Ladiges*, Die Bekämpfung nicht-staatlicher Angreifer im Luftraum, 2007, 468; *Weigend*, ZIS 2017, 599, 601.

[58] So auch *Merkel/Augsberg*, JZ 2020, 704, 710; *Zimmermann* (Fn. 7).

[59] Vgl. *Hoven*, FS für Merkel, 857, 880 in Fn. 113: „Man wird [hinter dem Schleier des Nichtwissens] auf eine zusätzliche Lebenschance verzichten, wenn der Preis hierfür die Gefahr ist, jederzeit getötet werden zu können, um anderen eine Lebenschance zu eröffnen."

verbundenen kollektiven Wohlfahrtskosten; ab einer (schwer präzisierbaren) Grenze erscheint das strikte Festhalten am Maximin-Prinzip geradezu absurd.[60] Manche fordern deshalb für Katastrophenszenarien, das Maximin-Prinzip als solches zu verwerfen[61] oder zumindest einzuschränken[62]. Das ist m.E. aber weder notwendig noch sinnvoll; die von den nämlichen Autoren ins Auge gefassten Ausnahmen für Katastrophenszenarien – zu denen die Corona-Pandemie mangels unmittelbarer Lebensgefahr für Zigtausende Menschen und einer dramatischen Zuspitzung à la *ticking bomb*-Szenario sicher *nicht* gehört – lassen sich auf andere Weise in das kontraktualistische Modell unter Beibehaltung des strikten Maximin-Prinzips integrieren.[63]

Der zweite Einwand geht dahin, dass ein mit der Maximierung der Gesamtanzahl der Überlebenden begründeter *ex ante*-Konsens nur unter der Bedingung zustande kommen kann, „dass wir uns in der speziellen Wissenslage, in der über Art und Höhe des Bedarfs im Schadensfalle vor dessen Eintritt niemand etwas weiß, […] auch wirklich befinden."[64] Versteht man den Schleier des Nichtwissens

---

[60] Vgl. *Weigend*, ZIS 2017, 599, 601; *Lübbe* EthikMed 2001, 148, 157.

[61] Vgl. *Nida-Rümelin*, Cicero 2006, 80, 82: „Je extremer die Konsequenzen […] sind, desto eher ist es gerechtfertigt, die Prinzipien deontologischer Ethik abzuschwächen und zuzulassen, dass angesichts der horrenden Konsequenzen entgegen diesen Prinzipien gehandelt wird."

[62] Dafür *Fritze*, DZPhil 51 (2003), 213, 215ff.; *ders.* (Fn. 5), 74ff. Krit. dazu *Zimmermann* (Fn. 5), 94–99.

[63] Näher *Zimmermann* (Fn. 5), 87ff., 480ff.

[64] *Lübbe*, EthikMed 2001, 148, 158; ähnlich *dies.*, MedR 2020, 434, 439. Der Sache nach bereits *Taurek*, Philosophy & Public Affairs 6 (1977), 293, 315f.

(mit *Rawls*) in einem irrealen blickdichten Sinne, dürfte diese Voraussetzung erfüllt sein: Keine Person weiß, welche Erfolgsaussicht sie im Falle der Triage-Situation haben würde. Wird der Schleier realitätsnäher interpretiert, verhält es sich anders: „Im Allgemeinen sind ja immer schon viele auf vielerlei Weise krank oder haben erhöhte Risiken, manche von Geburt an. Man kann daher immer schon wissen, dass bestimmte Individuen bei einer effizienzorientierten Verteilung die Verlierer wären.“[65] Dieser Befund gilt auch und gerade für die Corona-Triage, da das Kriterium der klinischen Erfolgsaussicht *in praxi* eine manifeste (mittelbare) Diskriminierung älterer und vorerkrankter Personen bedeutet.[66]

Zusammengefasst: Das Zuteilungskriterium der Erfolgsaussicht würde hinter dem Nichtwissensschleier nur unter Aufgabe des Maximin-Prinzips und unter der Prämisse eines dicken Schleiers beschlossen werden können.

bb) Soziale Nützlichkeit

Als weiteres Zuteilungskriterium wird die Sozialnützlichkeit der bevorzugten Person diskutiert. Der Begriff der Sozialnützlichkeit ist vage und missbrauchsanfällig,[67] kann aber diskutabel konturiert werden – insbes. in Gestalt des

---

[65] *Lübbe*, Deutsches Ärzteblatt 103 (2006), A2362, A2366.

[66] *Engländer/Zimmermann*, NJW 2020, 1398, 1402; *Walter*, GA 2020, 656, 662; *Lübbe*, MedR 2020, 434, 439; *Fateh-Moghadam/Gutmann*, Rechtliche Rahmenbedingungen der Priorisierung von COVID-19-Patienten in der Intensivmedizin, verfassungsblog.de v. 30.4.2020; *Lob-Hüdepohl*, Tragische Entscheidungen in Zeiten von Corona, EthikJournal 6 (2020), 1, 16f. Dazu, dass fairnesstheoretisch sogar umgekehrt eine Bevorzugung vorgeschädigter Patienten angezeigt sein kann, s. *Merkel/Augsberg*, JZ 2020, 704, 709.

[67] Vgl. das von *Lübbe*, EthikMed 2001, 148, 151 in Fn. 4, angeführ-

Prinzips „Rettet die Retter". Danach sind Schlüsselfiguren des Gesundheitssystems (Ärzte, Pfleger) aufgrund ihrer Systemrelevanz prioritär zu behandeln.[68] Das ist keine unfaire, kontraktualistischer Begründung unzugängliche Status-Privilegierung.[69] Denn die Rettung der Retter bewirkt, *ex ante* betrachtet, auch eine Verbesserung der individuellen Rettungschancen aller: Eine genesene (zudem immunisierte) Ärztin erhöht die Behandlungskapazitäten. In bestimmten (hier aber nicht einschlägigen) Ausnahmefällen erscheint ein solches Prinzip tatsächlich kontraktualistisch problemlos begründbar.[70] Im Kontext der Corona-Pandemie ist das Modell indes denselben Einwänden ausgesetzt wie das Erfolgsaussichtskriterium. Insbesondere ist es mit dem Maximin-Prinzip unvereinbar, den (ggf. sogar mit einer deutlich besseren Überlebenschance ausgestatteten) Patienten B nur deshalb chancenlos unbehandelt zu lassen, weil sein Konkurrenzpatient A Mediziner ist.[71] Dasselbe gilt erst recht, soweit die Sozialnützlichkeit noch weiter verstanden wird und darunter bspw. auch die zur Aufrechterhaltung der Ordnung erforderlichen Polizistinnen gefasst werden.

---

te Beispiel des „Seattle God Committee". Krit. zur Vagheit des Begriffs auch *Sternberg-Lieben*, MedR 2020, 627, 633.

[68] Dafür *Walter*, GA 2020, 656, 671. S.a. *Witte*, MedR 2015, 491, 493; *Zimmermann* (Fn. 7).

[69] So aber wohl *Klafki*, in: Pünder/Klafki (Hrsg.), Risiko und Katastrophe als Herausforderung für die Verwaltung, 2016, 105 ff., 110.

[70] Beispiel: Im überfüllten Rettungsboot ist der einzige Steuermann von der Überlebenslotterie ausgenommen, da anderenfalls alle untergehen müssten (vgl. US v. Holmes, 1842; näher dazu *Zimmermann* [Fn. 5], 309 in Fn. 1197).

[71] Der Einwand verfängt aber nicht, sofern es um die Priorisierung von Impfstoffen geht. Denn nicht bzw. erst später geimpft zu werden, stellt keine *unzumutbare* Schlechterstellung dar.

cc) Lebenserwartung

Bei der Corona-Triage befürworten verschiedene medizinische Fachgesellschaften das Kriterium der Lebenserwartung: Patienten mit langer Lebensrestzeitprognose werden bevorzugt behandelt, Personen am Lebensende nachrangig. So werden etwa nach der schweizerischen Richtlinie Patienten mit einer Restlebenszeitprognose von unter 24 Monaten grundsätzlich nicht behandelt.[72] Auch dieses Kriterium wird kontraktualistisch zu begründen versucht, etwa von *Hoven*:

> Im Lichte der *Rawls*schen Theorie könnte der Gesetzgeber [...] die Regel aufstellen, dass der Arzt im Notfall *ceteris paribus* verpflichtet ist, das zum Überleben notwendige Gerät dem Patienten mit der höheren Lebenserwartung zur Verfügung zu stellen.[73]

Das ist trotz der evidenten Ungleichbehandlung verschiedener Menschengruppen[74] wenigstens im Ausgangspunkt diskutabel: Geht man nämlich davon aus, dass die Personen hinter dem Unwissenheitsschleier um das Konzept des Alterns wissen bzw. ein langes Leben wünschen[75] und fer-

---

[72] Schweizerische Akademie der Medizinischen Wissenschaften (SAMW), Covid-19-Pandemie: Triage von intensivmedizinischen Behandlungen bei Ressourcenknappheit, 3. Version v. 4.11.2020, S. 8. Zur – vergleichbaren – Richtlinie der italienischen Gesellschaft für Anästhesie, Analgesie, Reanimations- und Intensivmedizin (SIAARTI) *Lübbe*, Corona-Triage, verfassungsblog.de v. 15.3.2020.

[73] *Hoven*, JZ 2020, 449, 453. *Hoven* weist aber (a.a.O. in Fn. 44) ausdrücklich darauf hin, dass „[d]as Modell nicht zwingend zu einer Berücksichtigung der Lebenserwartung als Entscheidungskriterium führt."

[74] *Merkel/Augsberg*, JZ 2020, 704, 710 sprechen von der „ausgesprochen eigenwilligen These [*Hovens*], mit der Zunahme des Alters nehme der Anspruch auf Weiterleben ab".

[75] Dazu *Daniels* (Fn. 6), 95.

ner, dass im Lebensplan des Durchschnittsmenschen „each moment of life is equally valuable and must not be discounted merely because it comes at one point in our lives rather than another“,[76] so erscheint es zunächst durchaus rational, eine Regelung zu treffen, die im Großen und Ganzen zu einer Bewahrung von mehr (Rest-)Lebenszeit führt.[77] Der Schmerz der Grenze, der mit einer solchen Regelung unvermeidlich verbunden wäre – denn zu klären wäre, „[a]b welcher Differenz in der Lebenserwartung die Bevorzugung eines Patienten legitim [ist]“[78] – ist m. E. kein valider Gegengrund.[79] Allerdings greifen auch hier wieder

[76] *Daniels* (Fn. 6), 104 f. Diese Annahme schließt freilich (nach Lüftung des Schleiers) nicht die Möglichkeit des Einzelnen aus, bezogen auf das eigene subjektive Empfinden einen späten Lebensabschnitt (etwa aufgrund gesundheitsbedingt geminderter Lebensqualität) für weniger „wertvoll“ zu erachten – und ggf. auf intensivmedizinische Behandlung per se (vgl. *Engländer/Zimmermann*, NJW 2020, 1398 f.) oder zumindest in Knappheitsfällen freiwillig zugunsten eines anderen zu verzichten (dazu *Schmidt/Wolfslast/Kretschmer/Lewandowski/Verrel*, medstra 2020, 195 ff. [mit dem Musterformular einer dieser Situation entsprechenden Patientenverfügung]).

[77] Das Kriterium bedürfte – zumindest im Hinblick auf die ex post-Triage – aber noch der Ergänzung, da es ohne eine zusätzliche Berücksichtigung des erforderlichen Ressourcenaufwandes pro Person zu ineffizienten Ergebnissen führen kann. Am Beispiel: Angenommen, die durchschnittliche Intubationszeit beträgt 14 Tage; dann wäre es ineffizient, den (bereits fast wieder genesenen) 70-Jährigen am Tag 13 tödlich zu extubieren, um das Gerät für einen 60-Jährigen frei zu machen, nur um diesen wiederum nach 13 Tagen für einen neu eingelieferten 50-jährigen Patienten … usw. Krit. zur Vernachlässigung des (Zusatz-)Kriteriums der Ressourcenintensität einer Behandlung *Walter*, GA 2020, 656, 663 f.; *Lübbe*, MedR 2020, 434, 436 f.

[78] *Hoven*, JZ 2020, 449, 451.

[79] So aber *Merkel/Augsberg*, JZ 2020, 704, 710. Das Grenzschmerzproblem als Anwendungsfall der Haufenparadoxie begegnet im

dieselben starken Einwände, die bereits gegen das Erfolgsaussichtskriterium geltend gemacht worden sind: Zum einen wäre eine solche Regelung mit dem Maximin-Prinzip unvereinbar, da sie von rettbaren Personen mit geringerer Restlebenszeitprognose die Erfüllung eines Shylock-Versprechens abfordert (Hinnahme des eigenen Todes trotz faktischer Rettungsmöglichkeit).[80] Zum anderen funktioniert das Gedankenexperiment auch hier nur bei entsprechender Dichte des Unwissenheitsschleiers; echte Menschen kennen ihr Alter und die (ungefähre) Restlebenszeitprognose.

dd) Lebensalter

Ein weiterer Vorschlag geht dahin, jüngere Menschen älteren vorzuziehen (ohne dass es dabei auf die prognostizierte Restlebenszeit ankäme).[81] „Wer würde es", fragt *Hoven* (37 J.), „selbst bei identischen Behandlungschancen nicht als ungerecht empfinden, das letzte Beatmungsgerät einem

---

Recht aber allenthalben (Wahlrecht, Strafmündigkeit usw.) und ist trotz einiger dezisionistischer Willkür hinzunehmen.

[80] *Merkel/Augsberg*, JZ 2020, 704, 711. An anderer Stelle (FAZ v. 4.4.2020, S. 11) äußert *Merkel* allerdings Sympathie für diese Lösung: „Selbstverständlich gibt es gute moralische Gründe, die dreißigjährige Mutter und nicht den fünfundachtzigjährigen multimorbiden Großvater anzuschließen. [...] Kommen beide zugleich auf die Station, sollte aus moralischen Gründen und mit rechtlicher Billigung die Dreißigjährige angeschlossen werden." Diese Gründe werden dann aber nicht weiter erläutert.

[81] Das Kriterium des (kalendarischen) Alters kann daher zu anderen Ergebnissen führen als dasjenige der Restlebenszeit: Gesunde Ältere können eine größere Restlebenszeitprognose aufweisen als ein kranker jüngerer Mensch. Die Kriterien werden indes in unklarer Weise vermischt bei *Hoven*, JZ 2020, 449, 451 f., und *Sternberg-Lieben*, MedR 2020, 627, 633.

90-Jährigen zuzuteilen und dafür ein 5-jähriges Kind sterben zu lassen.“[82]

Hinter derartigen Erwägungen steht (auch bei *Hoven*[83]) in der Regel das Argument der fairen Lebenszeit *(fair innings argument).*[84] *Harris* formuliert es wie folgt:

> Das Argument der fairen Lebenszeit gründet in der Ansicht, daß es eine gewisse Zeitspanne gibt, eine bestimmte Anzahl von Jahren, die wir für ein anständiges Leben veranschlagen würden – eine faire Lebenszeit. Gehen wir einmal davon aus, daß eine Zeitspanne von 70 Jahren einen fairen Anteil am Leben darstellt. Wer keine 70 erreicht, hat dieser Sichtweise zufolge die Ungerechtigkeit zu erleiden, von seinem Leben in seiner Blüte abgeschnitten worden zu sein. [...] Diejenigen, die 70 werden, müssen keine solche Ungerechtigkeit erleiden, sie haben nicht verloren, sondern müssen im Gegenteil jedes zusätzliche Jahr als eine Art Bonus betrachten, der über das hinausgeht, was vernünftigerweise zu erhoffen war. Das Argument der fairen Lebenszeit verlangt, daß jeder Person die Chance gegeben wird, die angemessene Schwelle zu erreichen; hat sie diese Schwelle jedoch erreicht, so hat sie erhalten, was ihr zusteht. Der Rest ihres Lebens stellt den Bonus dar, der gestrichen werden kann, wenn dies nötig ist, um anderen dabei zu helfen, die Schwelle zu erreichen.[85]

---

[82] *Hoven*, JZ 2020, 449, 451. Sinngem. mit „ich“ antwortet *Sternberg-Lieben* (69 J.), MedR 2020, 627, 633.

[83] Vgl. *Hoven*, Auch auf das Alter kommt es an, FAZ Einspruch v. 31.3.2020: „Wer empfände es nicht als ungerecht, den 90jährigen, *der schon viele Jahrzehnte auf dieser Welt verbringen durfte*, einem 19jährigen vorzuziehen, der all das noch vor sich hat?“ (*Hervorhebung* von mir, T.Z.).

[84] Grdl. *Harris*, Wert des Lebens, 1995, 139ff. Vorsichtig sympathisierend *Hörnle/Wohlers*, GA 2018, 12, 28. *Merkel/Augsberg*, JZ 2020, 704, 712 in Fn. 62, attestieren dem Argument immerhin „einen Gerechtigkeitsbezug“. Abl. *Rivlin*, BMC Medical Ethics 2000, 1:1.

[85] *Harris* (Fn. 84), 139.

Von der Warte eines radikalen Egalitarismus aus betrachtet hat das Argument eine gewisse Plausibilität, obgleich es bereits an einigen binnensystematischen Schwächen leidet, nämlich: Wer legt mit welcher Legitimation anhand welcher Kriterien fest, wie viele Jahre einem Menschen fairerweise zustehen und was hingegen „gestrichen werden kann"?[86] Weshalb soll das unterschiedliche Alter *unterhalb* der festgelegten Schwelle keinen Unterschied machen (sodass bei der Konkurrenz eines 30-Jährigen mit einer 60-Jährigen das Alter keinen Ausschlag geben darf)?[87] Unabhängig von diesen Problemen bereitet es jedenfalls Schwierigkeiten, das Argument kontraktualistisch zu rekonstruieren. Denn anders als das Lebenserwartungskriterium ist das *fair innings*-Argument nicht prospektiv, sondern retrospektiv ausgerichtet: Es argumentiert mit der Vergangenheit. Durch eine entsprechende Vereinbarung können die Parteien hinter dem Unwissenheitsschleier also nichts gewinnen, jedenfalls keine Chance auf ein Mehr an offener Lebenszeit (denn es geht um gehabte, also im Zeitpunkt der Schleierlüftung bereits vergangene Lebenszeit). Hier ließe sich allenfalls der den Verhandlungspartnern zugeschriebene Sinn für Fairness aktivieren, indem über diesen intuitive Präferenzen (für die vom Leben im *Harris*schen Sinne ungerecht behandelten Jüngeren) in die zu beschließenden Zuteilungskriterien hineintransportiert werden. Aber selbst wenn man dies akzeptiert, greifen auch in Bezug auf das Altersargument die zwei bekannten Einwände: Es handelt sich um Shylock-Kontraktualismus (Ältere sind im Wettstreit mit Jüngeren gänzlich chancen-

[86] Vgl. *Taupitz*, MedR 2020, 440, 448; *Walter*, GA 2020, 656, 670.

[87] *Harris*' Entkräftungsversuch (*Harris* [Fn. 84], 142) überzeugt nicht.

los), der zudem einen dichten Schleier des Nichtwissens (Unkenntnis des eigenen Alters) voraussetzt.

ee) Verpflichtung für andere

Im (medizin-)ethischen Schrifttum finden sich Plädoyers für die Bevorzugung von Menschen mit Angehörigen. *Glover* meint:

> Wenn es um das Leben zweier Personen geht und wir nur eine von ihnen retten können, so sollte der Anzahl der Menschen, die von ihnen abhängen, großes Gewicht beigemessen werden. Wenn die beiden Personen – unter sonst gleichen Umständen – dadurch voneinander unterschieden sind, daß die eine keine Familie besitzt und die andere Mutter mehrerer kleiner Kinder ist, so gibt es starke Gründe, die Entscheidung zwischen ihnen nicht aufgrund des Zufallsprinzips zu treffen. [...] Wenn jemand darauf beharrt, auf der Basis des Zufallsprinzips zu entscheiden, obwohl er von der Existenz der Angehörigen weiß, so heißt das, daß er der Vermeidung des zusätzlichen Elends, das den Kindern zugefügt wird, wenn ihre Mutter nicht diejenige ist, die gerettet wird, keinen Wert beimißt.[88]

In Bezug auf die Corona-Triage hat sich etwa *Hoven* (ohne Rückgriff auf eine bestimmte ethische Theorie) für eine Berücksichtigung der familiären Verantwortung von Patienten ausgesprochen.[89] Von einer kontraktualistischen Perspektive betrachtet erscheint das Kriterium zunächst kontraintuitiv, da es *prima facie* dem zweifellos hinter dem Schleier des Nichtwissens zu beschließenden Grundsatz der Nichtdiskriminierung zu widersprechen scheint.[90] Al-

---

[88] *Glover*, Causing Death and Saving Lives, 1977 (zit. nach der Übersetzung bei *Harris* [Fn. 84], 156, der diese Position i. E. ablehnt).

[89] *Hoven*, FAZ Einspruch v. 31.3.2020.

[90] Vgl. *Walter*, GA 2020, 656, 671.

lerdings müssen die Verhandlungspartner auch mit der Möglichkeit rechnen, in die unglückliche Position desjenigen zu geraten, der nahe Angehörige zu verlieren (und damit eine erhebliche Beeinträchtigung der eigenen altruistischen Interessen zu erleiden) droht. Besteht also die theoretische Möglichkeit, in die Position des Patienten A, des Patienten B oder der Tochter von B zu geraten, erscheint es insgesamt durchaus vorteilhaft, eine Vorzugsbehandlung kinderreicher Personen zu beschließen. Indes dürfte (jedenfalls unter Zugrundelegung des Maximin-Prinzips) die intrapersonale Interessenabwägung hinter dem Unwissenheitsschleier letztlich auch hier dazu führen, die Schaffung gänzlich aussichtsloser Positionen (im Beispiel: diejenige des kinderlosen A) zu vermeiden: Es ist schlimm, den Vater (hier: B) zu verlieren. Aber es ist noch schlimmer, das eigene Leben (hier: in der Position des A) aufgeben zu müssen. Die Vereinbarung einer Vorrangregel für Personen mit zusätzlicher familiärer Verantwortung erscheint daher nicht plausibel.

ff) Zufallsentscheid

Das in *tragic choice*-Fällen im Allgemeinen[91] und auch in der Triage-Situation[92] am häufigsten erörterte Kriterium

[91] Exemplarisch *Hoerster*, Ethik und Interesse, 26; *Lübbe*, FS für Robert Spaemann, 2002, 312, 327 ff.

[92] *Walter*, Lasst das Los entscheiden!, Zeit-online v. 2.4.2020; *Lindner*, MedR 2020, 723, 727. Vorgesehen war ein Zufallsentscheid auch in den Covid-19-Triage-Empfehlungen der belgischen intensivmedizinischen Fachgesellschaft (SIZ), Ethical principles concerning proportionality of critical care during the 2020 COVID-19 pandemic in Belgium v. 20.3.2020, 3 (unter Berufung auf *Winsor et al.*, Healthcare Quarterly 17/2 [2014], 44); in der aktuellen Fassung v. 26.3.2020 ist diese Passage getilgt.

ist dasjenige einer Zufallsentscheidung. Aus kontraktualistischer Perspektive (jedenfalls unter Zugrundelegung des Maximin-Prinzips) ist dies unmittelbar einleuchtend, da es „aus einer ex ante-Perspektive betrachtet hinsichtlich individueller Chancenmaximierung und gleichzeitiger Risikominimierung den optimalen Auswahlmodus zur Verfügung [stellt]".[93] Denn selbst in der schlechtestmöglichen Position – derjenigen einer der konkurrierenden Patienten – besteht zumindest eine faire Chance, durch Zufall die lebensrettende Ressource zugeteilt zu bekommen. Es liegt daher auf der Hand, dass die Individuen hinter dem Schleier des Nichtwissens in Patt-Situationen den Zufallsentscheid als Auswahlmethode bestimmen.[94]

Stellungnahmen gegen Zufallsentscheide bei Triage-Entscheidungen sind entweder (buchstäblich) unbegründet[95] oder gehen jedenfalls insoweit an der Sache vorbei, als diese die „Hilflosigkeit" des Kriteriums und den Mangel an sachlicher Differenzierung kritisieren.[96] Der Einwand, beim Zufallsentscheid unterbleibe eine Entscheidung anhand von Sachkriterien, trifft zwar zu, aber er verkennt (oder leugnet) schlicht die zugrunde liegende Prämisse, dass Sachkriterien (wie z.B. eine unterschiedliche Dringlichkeit der Behandlung) eben nicht zur Verfügung stehen.

---

93 *Zimmermann* (Fn. 5), 419 (zum Losverfahren in Karneades-Fällen).

94 *Bernsmann* (Fn. 5), 341 ff.; *Timmermann*, Analysis 64 (2004), 106, 110 f.; *Zimmermann*, JCL 78 (2014), 263, 274 f.; *Coninx* (Fn. 29), 186 ff.; *Klafki* (Fn. 69), 109 f.

95 Exemplarisch *Rau*, in: Schmidt (Hrsg.), Rechtsfragen zur Corona-Krise, 2. Aufl. 2020, § 19 Rn. 42–45; vgl. auch die Triage-Richtlinie der Schweizerischen Akademie der Medizinischen Wissenschaften (SAMW), 3. Version v. 4.11.2020, S. 4, die Zufallsentscheide (ohne Begründung) kategorisch verbietet.

96 Zahlr. Nachw. bei *Brech* (Fn. 6), 297.

Gehaltvoller sind interessenbezogene Einwände. *Kubiciel* meint (in Bezug auf den Losentscheid), „ein solches Verfahren [entspräche] kaum dem Selbstverständnis der Mediziner und wäre auch Angehörigen kaum zu vermitteln".[97] Gemeint ist damit offenbar das (psychologisch einleuchtende) Bedürfnis von Ärzten und Angehörigen, nicht damit konfrontiert zu werden, Akteur bzw. Leidtragende einer tödlichen Auswahlentscheidung auf Zufallsbasis geworden zu sein.[98] Eine solches Bedürfnis nach Verdrängung der Tatsache, dass andere Entscheidungskriterien unglücklicherweise nicht zur Verfügung stehen, ist zwar irrational,[99] aber menschlich – und somit prinzipiell ernst zu nehmen. „Übersetzt" in die Verhandlungssituation hinter dem Unwissenheitsschleier ist demnach die Frage zu beantworten, auf was die Verhandlungspartner in Bezug auf Triage-Situationen eher zu verzichten bereit sind: Auf eine faire (d.h. an den Zufallsentscheid gekoppelte) Zuteilungschance für den Fall, dass nach Schleierlüftung die Patientenposition eingenommen wird, oder darauf, im Falle der Ärztinnen- oder Angehörigen-Rolle nicht mit der unangenehmen Realität des Nichtvorhandenseins inhaltlich begründeter Entscheidungskriterien konfrontiert zu werden. Da (nur) Letzteres keine inakzeptabel unzumutbare Position bedeutet (man kann mit der unangenehmen Tatsache, einen Menschen auf der Basis einer Zufallsentschei-

---

[97] *Kubiciel*, ZfmE 66 (2020), 509, 515f.; ähnlich *Hörnle*, Dilemmata bei der Zuteilung von Beatmungsgeräten, verfassungsblog.de v. 4.4.2020 („würde Ängste auslösen").

[98] Vgl. *Duxbury*, Random Justice, 1999, 13.

[99] Zutr. *Brech* (Fn. 6), 301: „Es kann durchaus ein Beweis zivilisatorischer wie psychologischer Reife sein, den Egalitarismus eines Zufallsprinzips zu verfolgen, statt sich durch fragwürdige Differenzierungskriterien Rationalität vorzutäuschen."

dung sterben gelassen zu haben, immer noch gut leben), werden die Interessen „ärztliches Selbstverständnis“ und „Ängste der Angehörigen“ hintangestellt werden.

Es bleibt die Frage nach der inhaltlichen Ausgestaltung des randomisierten Verfahrens. Dies kann hier nur grob skizziert werden. Vieles spricht zunächst dafür, dass hinter dem Schleier des Nichtwissens aufgrund der besonderen Praxistauglichkeit und seiner psychologischen Bequemlichkeit[100] das zeitliche Zufallsprinzip („Los der Natur“) beschlossen werden würde: Wer hat, der hat![101] Ein solches moralisches Trägheitsprinzip *(principle of moral inertia)* – wie es auch dem deutschen Strafrecht in Gestalt der Vorschrift über den rechtfertigenden Notstand zugrunde liegt[102] – bedeutet eine Bevorzugung des (zufällig zustande gekommenen) Status quo im Zeitpunkt des Erkennens der Interessenkollision; in normtheoretischer Hinsicht folgt daraus ein genereller Vorrang von Unterlassungspflichten gegenüber ansonsten gleichwertigen Handlungspflichten.[103] In Bezug auf die ex post-Triage folgt da-

---

[100] Dazu *Birnbacher*, Tun und Unterlassen, 1995, 112f., 159ff.

[101] Näher *Zimmermann* (Fn. 5), 160 mit Fn. 577; i.E. ebenso *Rönnau/Wegner*, JuS 2020, 403, 406; *Sowada*, NStZ 2020, 452, 458; *Spiegel*, Die Allokation von Rettungsmitteln, 2019, 296ff. Abl. *Thomson*, Monist 59 (1976), 204, 209.

[102] Vgl. *Coninx* (Fn. 29), 176 und 180: „Das Institut des rechtfertigenden Notstands ist Ausdruck des Bestrebens, zufällige Ereignisse in das Rechtssystem zu inkludieren und eine Regelung für die Verteilung von Rechten und Pflichten in Unglückssituationen aufzustellen. […] Auf diese Weise kann verhindert werden, dass der Ausgang einer Gefahrenlage einem spontanen, kopflosen Prozess, einer eigentlichen Überlebenslotterie zugeschrieben wird.“

[103] Dies wird verkannt von *Hoven*, JZ 2020, 449, 453, die meint, der (deutsche) Gesetzgeber habe keinen Vorrang der Unterlassungspflicht geregelt. Aus den im Text genannten Gründen ergibt sich überdies, dass die Regelung über den rechtfertigenden Notstand eine

raus ein grundsätzliches Verbot der Re-Allokation bei fortbestehender Erfolgsaussicht des bereits behandelten Patienten.[104] Der hiergegen vorgebrachte Einwand, eine auf dem Prioritätsprinzip beruhende Bevorzugung sei doch bloß den Zufälligkeiten des Lebens (bzw. der technischen Apparatur) geschuldet,[105] beschreibt zwar die Situation zutreffend, aber wer ihn erhebt, verkennt entweder den Witz des auf Zufall beruhenden moralischen Trägheitsprinzips, oder müsste dieses konsequenterweise *in toto* für ungeeignet erklären (und für eine Notstandsrechtfertigung generell ein Gleichgewicht der kollidierenden Interessen ausreichen lassen).[106]

In bestimmten Fallkonstellationen – namentlich bei der Ex-ante-Triage – steht das Trägheitsprinzip nicht zur Verfügung (die Patienten treffen zeitgleich auf der Intensivstation ein). In dieser Situation bleibt nichts anderes übrig als

---

möglichst trennscharfe und deshalb naturalistisch-orientierte Abgrenzung von Tun und Unterlassen voraussetzt, vgl. *Zimmermann* (Fn. 5), 205.

[104] S. *Engländer/Zimmermann*, NJW 2020, 1398, 1401; *Rönnau/Wegner*, JuS 2020, 403, 405 f.; *Gerson*, in: Esser/Tsambikakis (Hrsg.), Pandemiestrafrecht, 2020, § 3 Rn. 58 ff. I.E. ebenso Deutscher Ethikrat, Solidarität und Verantwortung in der Corona-Krise. Ad-hoc-Empfehlung v. 27.3.2020, 4; *Sowada*, NStZ 2020, 452, 458; *Sternberg-Lieben*, MedR 2020, 627, 636; *Merkel/Augsberg*, JZ 2020, 704, 711 ff.

[105] *Gaede et al.*, medstra 2020, 129, 135; *Hoven*, JZ 2020, 449, 453; *Jäger/Gründel*, ZIS 2020, 151, 156; *Taupitz*, MedR 2020, 440, 447 mit Fn. 114; *Hörnle* (Fn. 97).

[106] Widersprüchlich argumentiert jedenfalls, wer – wie *Hoven* – einerseits in *Trolley*-Dilemmata dem Status quo auch unter Inkaufnahme von erheblichen Wohlfahrtskosten den Vorrang einräumen will (*Hoven*, FS für Merkel, 857, 878 – unter Inanspruchnahme von *Rawls*), andererseits aber unter Verweis auf die bloß „zufälligen zeitlichen Umstände“ auf der Zulässigkeit der ex post-Triage beharrt (*dies.*, JZ 2020, 449, 453 f. – ebenfalls unter Berufung auf *Rawls*).

die Herbeiführung einer künstlichen (d.h. menschengemachten) Zufallsentscheidung. Gerechtigkeitstheoretisch denkbar ist zunächst ein auf subjektiver Willkür (hier: der Ärzte) beruhendes Auswahlverfahren.[107] Dieses „Durchwurschteln“[108] eignet sich indes praktisch nur für singuläre Not-Entscheidungen (Rettungsboot-Fälle usw.) und wäre im Rahmen institutionalisierter Entscheidungsprozesse bereits aufgrund seiner mangelnden Transparenz und besonderen Missbrauchsanfälligkeit wenig geeignet. Es verbleibt nurmehr die Möglichkeit von Losverfahren oder einem erweiterten Prioritätsprinzip.[109]

IV. Zusammenfassung

Die Argumentationsfigur des hypothetischen Kontraktualismus stellt ein Normerzeugungsverfahren zur Verfügung, das trotz des Einbezugs konsequenzialistischer Elemente auf dem anti-kollektivistischen Boden des normativen Individualismus steht. Es bietet sich daher an, unter Rückgriff auf diese Figur Regeln für tragische Allokationsentscheidungen wie die Corona-Triage zu erzeugen. Herzstück kontraktualistischer Theorien ist ein Urzustands-Szenario, das die Vertragsparteien infolge einer Informationsbeschränkung („Schleier des Nichtwissens“) zu Fairness und Unparteilichkeit zwingt. Die nähere Modellierung des Urzustands – namentlich das Maß der den Verhandlungspartnern unterstellten Risikoaversion und die Informationsdurchlässigkeit des Unwissenheitsschleiers –

---

[107] Dazu *Merkel*, Forschungsobjekt Embryo, 2002, 153 mit Fn. 202; *Zimmermann* (Fn. 5), 149 mit Fn. 550.

[108] *Schöne-Seifert* (Fn. 54).

[109] Ausf. dazu der Beitrag von *Engländer* in diesem Band.

haben erhebliche Auswirkungen darauf, welche Regeln für den Fall der Corona-Triage vereinbart würden. Eine am klassischen, anti-utilitaristischen *Rawls* orientierte Modellierung führt in Situationen gleicher Dringlichkeit der Behandlung zu einer Zurückweisung von Gesamtnützlichkeits-orientierten Auswahlkriterien wie der klinischen Erfolgsaussicht, des Lebensalters oder des Kinderreichtums; in Betracht kommt ausschließlich eine gänzlich statusblinde randomisierte Entscheidung, die jedem Behandlungsbedürftigen eine faire Chance einräumt. Demgegenüber führt ein durch Preisgabe des *Rawls*schen Maximin-Prinzips in die Nähe des Utilitarismus gerückter Shylock-Kontraktualismus zur Präferenz solcher Auswahlkriterien, bei denen der gesellschaftliche Gesamtnutzen im Vordergrund steht und der Einzelne im Interesse Vieler notfalls gegen seinen Willen geopfert werden darf.

Effizienter Ressourceneinsatz in einer Pandemie und das Kriterium der klinischen Erfolgsaussicht

Prämissen und Fehlschlüsse

Weyma Lübbe

I. Mehr Behandlungserfolg, also mehr Erfolg: Der klinisch-ethische Fehlschluss

Das Kriterium der klinischen Erfolgsaussicht, auch „Prognose“ genannt, ist in der Literatur über Zuteilungskriterien bei medizinischer Ressourcenknappheit seit langem präsent. In einschlägigen Praxiskontexten wird es auch angewendet, zumeist freilich in Kombination mit anderen Kriterien, die verbreiteten ethischen Bedenken gegen eine allein an der Höhe der Erfolgschancen orientierte Zuteilung Rechnung tragen sollen.[1] Um wohldefiniert zu sein, bedarf das Kriterium stets einer Angabe dessen, was im konkreten Kontext als angestrebter Erfolg bzw. „medizinischer Nutzen“[2] zählen soll. Ein triviales, unumstrittenes

[1] Das bekannteste Beispiel ist die Verpflichtung auf eine Zuteilung nach dem Kriterium der sogenannten Dringlichkeit, zusätzlich zur Prognose, im deutschen Transplantationsgesetz (§ 12 Abs. 3 TPG).

[2] Die Formulierung „erwarteter medizinischer Nutzen“ statt Prognose wird verwendet in: Zentrale Ethikkommission bei der Bundesärztekammer, Priorisierung medizinischer Leistungen im System

Kriterium für Zuteilungsentscheidungen unter Knappheit ist es unabhängig von der jeweils vorgenommenen Konkretisierung nicht.

In Deutschland haben Kliniker die Anwendung dieses Kriteriums für Knappheitslagen im Kontext der COVID-19-Pandemie in sogenannten klinisch-ethischen Empfehlungen angeraten.[3] Die vorgeschlagene Priorisierung, so heißt es in dem Dokument, erfolge „ausdrücklich nicht in der Absicht, Menschen oder Menschenleben zu bewerten, sondern aufgrund der Verpflichtung, mit den (begrenzten) Ressourcen möglichst vielen Patienten eine nutzbringende Teilhabe an der medizinischen Versorgung unter Krisenbedingungen zu ermöglichen."[4] „[D]eshalb" solle die Priorisierung sich „am Kriterium der klinischen Erfolgsaussicht orientieren". Der klinische Erfolg sei im Kontext der für diese Pandemie relevanten Knappheit an intensivmedizinischen Ressourcen, namentlich an Beatmungsgeräten, im Sinne des „Überlebens der Intensivtherapie" zu verstehen.

---

der Gesetzlichen Krankenversicherung (GKV), 2007, 22, https://www.zentrale-ethikkommission.de/fileadmin/user_upload/downloads/pdf-Ordner/Zeko/LangfassungPriorisierung.pdf (zuletzt abgerufen am 18.8.2020).

[3] Entscheidungen über die Zuteilung von Ressourcen in der Notfall- und der Intensivmedizin im Kontext der COVID-19-Pandemie: Klinisch-ethische Empfehlungen, zugänglich über https://www.divi.de/register/aktuelle-informationen unter dem Link „COVID-19 Ethik-Empfehlung 1.0 (26.3.2020)" (zuletzt abgerufen am 24.8.2020). Ich beziehe mich, soweit die zweite Fassung – ebd. unter dem Link „COVID-19 Ethik-Empfehlung 2.0 (16.4.2020)" – keine relevanten Veränderungen enthält, auf die erste Fassung des Dokuments.

[4] Fassung 2.0 schreibt „Zielsetzung" statt „Verpflichtung" und lässt das Adjektiv „nutzbringende" weg.

Die Empfehlungen fordern für Situationen der Ressourcenknappheit ausdrücklich „transparente, medizinisch und ethisch gut begründete Kriterien für die dann notwendige Priorisierung". Der einzige Satz, der als Versuch einer Begründung für das im Dokument empfohlene Kriterium zählen kann, wurde oben zitiert: Man sei verpflichtet, mit den knappen Ressourcen möglichst viele Patienten erfolgreich zu versorgen. Eine konsequente Priorisierung nach dem Kriterium der Erfolgsaussicht ist auf der Basis dieser Verpflichtung jedoch nicht ableitbar. Unter bestimmten Umständen verlangt sie vielmehr, von diesem Kriterium abzuweichen. Die Unterstellung, die als Begründung vorgetragene Verpflichtung generiere das vorgeschlagene Vorgehen, ist fehlschlüssig. Aus Gründen, die im Folgenden noch deutlicher werden, bezeichne ich diese Unterstellung als klinisch-ethischen Fehlschluss.

Bei der im Dokument benannten Verpflichtung handelt es sich um ein Maximierungsgebot, das sich auf die Anzahl der Nutzenempfänger richtet. Der Individualnutzen, um den es gehe, das Überleben der Intensivtherapie, wird nicht nach zeitlicher Dauer oder anderen quantitativen Parametern (etwa Maßen für gesundheitliche Lebensqualität) differenziert. Die klassische Form dieses Maximierungsgebots lautet „Rette möglichst viele!". An dieser Regel hat man sich in der Tradition der katastrophenmedizinischen Triage orientiert.[5] Die Verfasser der Empfehlungen berufen sich beiläufig auf diese Tradition, unterscheiden aber im Weiteren nicht zwischen außeralltäglichen („katastro-

[5] *Winslow*, Triage and Justice, 1982; *Baker/Strosberg*, Kennedy Institute of Ethics Journal 1992, 103; *Schmidt*, Zeitschrift für Soziologie 1996, 419; *Brech*, Triage und Recht, 2008; speziell zu Form und Ausmaß, aber auch Grenzen der Orientierung an der Maximierungsregel *Lübbe*, Ethik in der Medizin 2001, 148.

phalen") und alltagsmedizinischen Knappheiten, wie sie zum Beispiel in der Transplantationsmedizin zu verwalten sind. Die katastrophenmedizinische Maximierungsregel scheint als generelle Verpflichtung für den Umgang mit existentiellen Knappheiten vorzuschweben. Eine konsequente Orientierung an dieser Regel in der Transplantationsmedizin zwänge freilich zu Zurückstellungen, die in der Praxis nicht akzeptiert sind und deren Unterstützung man auch den Verfassern der Empfehlungen nicht ohne weiteres unterstellen möchte. Es müssten, unter anderem, Patienten mit mehrfachem Transplantatbedarf (etwa Herz und Leber) von den Wartelisten gestrichen werden, weil man mit denselben Ressourcen mehrere Patienten mit einfachem Bedarf retten kann. Auch in nichtmedizinischen Situationen existentieller Knappheit ergäben sich Zuteilungsformen, die anstößig wirken. So müsste man etwa beim Besteigen von Rettungsbooten im Knappheitsfall nach Körpergewicht prozedieren (die Beleibten zuletzt), weil dann mehr Personen hineinpassen. Auch in der juristischen Literatur und Spruchpraxis zu Dilemmafällen wird die Maximierungsregel nicht als verbindlich behandelt.[6] Trivial ist sie also jedenfalls nicht.

Auf mögliche Begründungen für die Maximierungsregel kommen wir in den folgenden Abschnitten zurück. Im vorliegenden Abschnitt geht es um die Frage, ob man aus der Regel die Empfehlung ableiten kann, sich an das Kriterium der klinischen Erfolgsaussicht zu halten. Das Beispiel der Mehrfachtransplantation (wie auch das Rettungsbootbeispiel) zeigt, was bei der Ableitung übersehen wurde. Die Anzahl der Überlebenden variiert bei Zuteilungen in

[6] *Roxin/Greco*, StrafR AT I, 2020, Rn. 118–125c, bes. Rn. 124 i. V. m. Rn. 33 f., m. w. N.

Knappheitslagen nicht nur mit den Überlebenswahrscheinlichkeiten der Betroffenen, sondern auch mit der Höhe ihres Ressourcenbedarfs. Wer effizient verteilen, d.h. die knappen Ressourcen so einsetzen möchte, dass die vorab definierte Zielgröße maximiert wird (hier: die Anzahl der Überlebenden), der muss erkennbare Unterschiede im Ressourcenbedarf beachten. Für den Fall der Versorgung beatmungspflichtiger COVID-19-Patienten bedeutet das: Wenn der Maximierungsregel gefolgt wird, ist ein Patient, der mit einer trotz schweren Befalls der Lunge insgesamt guten Erfolgsaussicht (jung, keine Vorerkrankungen) voraussichtlich drei Wochen beatmet werden muss, gegebenenfalls zurückzustellen gegenüber einem Patienten, der mit einer trotz leichteren Befalls der Lunge insgesamt geringeren Erfolgsaussicht (betagt, mehrere Vorerkrankungen) voraussichtlich nur eine Woche beatmet werden muss. Denn die verbleibenden zwei Wochen kann man für Erfolge bei weiteren Patienten nutzen. Wenn dagegen konsequent dem Zuteilungskriterium der Erfolgsaussicht gefolgt werden soll, müsste ungeachtet des Ressourcenbedarfs stets der Patient mit der besseren Prognose priorisiert werden.[7]

Es lohnt sich, detaillierter zu betrachten, wie die beiden Regeln – die unterstellte Verpflichtung („Rette möglichst viele Beatmungspflichtige!“) und die Empfehlung der Kliniker („Priorisiere die Beatmungspflichtigen nach Erfolgsaussicht!“) – sich zueinander verhalten. Dazu hilft es zunächst festzuhalten, dass auch effizienzorientierte Verteilungsregeln, wenn sie zum Zuteilungszeitpunkt anwendbar sein sollen, auf Erwartungen („Aussichten“) Bezug nehmen müssen, sofern über die tatsächlichen Erfolge noch

[7] So bereits *Lübbe*, MedR 2020, 434, 436f.; im vorliegenden Abschnitt wird der Einwand ausgearbeitet.

Unsicherheit herrscht. Das Gebot der Rettung möglichst vieler Beatmungspflichtiger kann zum Zuteilungszeitpunkt allenfalls verlangen, dass man die *voraussichtliche* Anzahl Überlebender unter den Beatmungspflichtigen, d.h. den Erwartungswert dieser Anzahl maximiert. Was, wenn nicht diesen Wert, maximiert man bei konsequenter Priorisierung nach dem Kriterium der Erfolgsaussicht? Tatsächlich maximiert man hier eine kompliziertere Größe mit geringem intuitivem Appeal, nämlich das *Verhältnis* des Erwartungswerts der Anzahl Überlebender zum Erwartungswert der Anzahl Versterbender unter den *beatmeten* (nicht unter den beatmungspflichtigen) Patienten. In Fortführung des obigen Beispiels wird im Folgenden erläutert, was das bedeutet und welche ethischen Rückfragen es aufwirft. Die dabei verwendeten exakten Zahlen sind natürlich fiktiv. Aber an dieser Stelle geht es nicht um Praxisnähe, sondern um die Explikation des logischen Verhältnisses von postulierter Verpflichtung und ausgegebener Empfehlung. Für die Praxisrelevanz genügt die Korrektheit der Annahme, dass Prognose und Ressourcenbedarf, wie in anderen medizinischen Bereichen, auch in der Intensivmedizin nicht stets gegenläufig (höhere Erfolgsaussicht, geringerer Bedarf) variieren.

Nehmen wir an, dass ein Patient mit guter Erfolgsaussicht unter Behandlung (70 %) voraussichtlich drei Wochen beatmet werden müsste (Option A). Alternativ können drei Patienten mit schlechterer Erfolgsaussicht (je 50 %) versorgt werden, die voraussichtlich jeweils eine Woche beatmet werden müssten (Option B). Wer sich für verpflichtet hält, den Erwartungswert der Anzahl Überlebender *unter den Beatmungspflichtigen* zu maximieren (dieser Wert berechnet sich als Summe der Überlebenswahrscheinlichkeiten der vier Betroffenen nach Vornahme der Zuteilung), wird Option B (1,5) gegenüber Option A (0,7) vorziehen. Die abgewiesenen Patienten, so sei hier vereinfachend angenommen, versterben mit Sicherheit und tragen daher bei der Summierung keine positiven Überlebenswahrscheinlichkeiten bei. Der Erwartungswert der Anzahl der Überlebenden *unter den Beatmeten* stimmt dann bei beiden Optionen mit den gerade angegebenen Werten überein, so dass auch hier Option B Vorrang hätte. Ebenfalls beim Vorrang für Option B bleibt es, wenn man das *Verhältnis* des Erwartungswerts der Anzahl Überlebender zum Erwartungswert der Anzahl Versterbender *unter den Beatmungspflichtigen* maximieren möchte: Bei Option A beträgt dieses Verhältnis 0,7 (wie oben) zu 3,3 (die drei abgewiesenen Patienten versterben mit Sicherheit, der behandelte Patient mit einer Wahrscheinlichkeit von 30 %). Das ergibt rund 0,21. Bei Option B beträgt dasselbe Verhältnis 1,5 (wie oben) zu 2,5 (die drei behandelten Patienten versterben mit einer Wahrscheinlichkeit von je 50 %, der abgewiesene Patient verstirbt mit Sicherheit). Das ergibt 0,6 – also den höheren Wert für Option B. Die Präferenz für die Optionen kehrt sich erst um, wenn man das *Verhältnis* des Erwartungswerts der Anzahl Überlebender zum Erwartungswert der Anzahl Versterbender *unter den Beatmeten* maximiert: Bei Option A beträgt dieses Verhältnis 0,7 zu 0,3, denn die Sterbewahrscheinlichkeiten der drei nichtbeatmeten Patienten gehen hier nicht in die Rechnung ein. Das ergibt rund 2,3. Bei Option B beträgt dasselbe Verhältnis 1,5 zu 1,5 (die Sterbewahrscheinlichkeiten der drei beatmeten Patienten sind gleich groß wie ihre Überlebenswahrscheinlichkeiten). Das ergibt 1 – also den niedrigeren Wert für Option B.

Die Verengung des Blicks auf die Schicksale der beatmeten Patienten hat keinen spontanen ethischen Appeal, denn grundsätzlich erscheinen die Schicksale aller behandlungsbedürftigen Patienten beachtlich. Diese Fokussierung hat aber, zumindest unbewusst, einen klinischen Appeal. Intensivmediziner – wie vermutlich alle Ärzte mit Ausnahme von Palliativmedizinern – erleben die unter ihrer Behandlung eintretenden Todesfälle eher als Misserfolge als die Todesfälle, zu denen es kommt, weil die Betroffenen zur Behandlung nicht angenommen wurden. Im Blick auf die Schicksale der Ersteren, nicht der Letzteren, wird die klinische Performance von Behandlern bzw. ihren Einrichtungen gewöhnlich auch evaluiert. Mit gewissen, hier nicht zu diskutierenden Einschränkungen ergibt das auch Sinn, denn an Personen, die ein Arzt nicht behandelt, kann die Qualität seiner Behandlung jedenfalls nicht abgelesen werden. Bei Zuteilungsentscheidungen unter Knappheit geht es aber nicht um die Qualität der Behandlung. Es geht um die Frage, welchen Patienten eine indizierte Behandlung bestimmter Qualität zugutekommen soll. Wer empfiehlt, die Patienten nach Erfolgsaussicht zu priorisieren, richtet den Blick, wie erläutert, allein auf die zu erwartenden *Behandlungs*erfolge und -misserfolge. Die unter Nichtbehandlung eintretenden Todesfälle werden als Misserfolge nicht gebucht.[8] Man kann verstehen, dass der Intensivmediziner, der nach Erfolgsaussicht priorisiert, also Option A ergreift und den jungen, ansonsten gesunden Patienten mit dem schweren Krankheitsverlauf nach drei Wochen Beatmung in stabiler Verfassung aus der Station

[8] Das gilt grundsätzlich auch für Todesfälle, die infolge von Nicht*weiter*behandlung eintreten. Gemäß den in diesem Punkt besonders umstrittenen Empfehlungen der Kliniker sollen auch bereits beatmete Patienten in die Priorisierung einbezogen werden, d.h. ihre Behandlung soll abgebrochen werden, wenn Beatmungspflichtige mit höherer Erfolgschance auftauchen.

entlässt, sich erfolgreicher fühlt als der Kollege, der Option B gewählt und in derselben Zeit drei Patienten beatmet hat, aber nur einen davon in stabiler Verfassung entlassen konnte, während die anderen beiden ihm unter der Beatmung verstorben sind. Aber der erste Mediziner ist nicht erfolgreicher. Auch aus der von ihm gewählten Option resultieren drei Todesfälle. Es ist lediglich so, dass sie alle drei nicht unter seiner Behandlung verstorben sind.

Man kann nur spekulieren, auf welche Seite die Kliniker sich geschlagen hätten, wenn sie sich (und ihren Lesern) die Differenz zwischen ihrem Priorisierungsvorschlag und der von ihnen benannten Verpflichtung bewusst gemacht hätten. Es kann sein, dass im Fall der COVID-19-Pandemie der praktische Effekt einer konsequenten Beachtung der voraussichtlichen Dauer der Beatmung gering wäre, weil *de facto* die bessere Erfolgsaussicht eben doch überwiegend mit dem geringeren Ressourcenbedarf verknüpft ist.[9] Das müsste freilich nicht bei jeder Pandemie so sein und ganz sicher ist es nicht bei jeder existentiellen Knappheit an medizinischen Ressourcen so. Um die Größe des praktischen Effekts geht es an dieser Stelle aber auch gar nicht. Es geht um die Explikation der ethischen Grundlagen. Wenn in der medizinischen Profession, analog etwa zum in der Praxis ja auch nicht häufigen Beispiel der Doppeltransplantation, Widerstände gegen eine konsequente Beachtung der Höhe des Ressourcenbedarfs vorhanden

[9] Vgl. jedoch die Reflexion auf chronisch beatmungspflichtige Patienten mit hinzukommendem akutem intensivmedizinischem Behandlungsbedarf in den detaillierten, noch vor der COVID-19-Pandemie erarbeiteten „Ventilator Allocation Guidelines“ der New York State Task Force on Life and the Law, 2015, 40ff., https://www.health.ny.gov/regulations/task_force/reports_publications/docs/ventilator_guidelines.pdf (zuletzt abgerufen am 24.8.2020).

sind, sind das nun einmal zugleich Widerstände gegen die Verpflichtung, möglichst viele zu retten. Dann sollte die ethische Quelle der Widerstände expliziert werden und die angebliche Verpflichtung müsste dann in einer damit konsistenten Weise umformuliert werden. Es lohnt sich meines Erachtens, über die Intuition, die Schicksale der nicht unter seiner Behandlung Verstorbenen seien dem Intensivmediziner nicht ebenso zuzurechnen wie die Schicksale der von ihm behandelten Patienten, weiter nachzudenken. Normativ lässt sich mit diesem Punkt aber nur argumentieren, wenn die Kliniker ihre spezifische Kompetenz in der Auswahl der optimalen Behandlung für angenommene Patienten verorten und ihre professionelle Zuständigkeit und Verantwortung auf diese Behandlungsentscheidungen beschränken. Wenn dagegen, wie in dem hier diskutierten Dokument, die effizienzorientierte Patientenauswahl unter Knappheit als ärztliche Verpflichtung begriffen wird, dann gehört die konsequente Beachtung der Opportunitätskosten dazu.

II. Jedes Leben zählt, also zählen zwei Leben mehr als eines: Der Aggregationsfehlschluss

Der positiven Berufung auf die Maximierungsregel geht in den klinisch-ethischen Empfehlungen, wie anfangs zitiert, eine betont ablehnende ethische Stellungnahme voraus. Der Priorisierungsvorschlag ergehe „ausdrücklich nicht in der Absicht, Menschen oder Menschenleben zu bewerten“. Bei Verwendung dieser in Deutschland allgegenwärtigen Abwehrformel wird nur selten klargestellt, was genau gemeint ist. Verwahrt man sich gegen den Vorwurf, man bewerte Menschenleben unterschiedlich, also einige höher als andere? Oder verwahrt man sich gegen die Unterstellung, man bewerte Menschenleben überhaupt? Die zweite Deutung trifft zwar den Wortlaut der Abwehrformel besser, aber es ist nicht offensichtlich, worin genau hier die Kliniker einen abzuwehrenden Vorwurf gesehen haben könnten. Sollte es Medizinern nicht erlaubt sein, Menschenleben und damit auch das Überleben von Menschen positiv zu bewerten, sofern sie jedes Leben unterschiedslos positiv bewerten?

Etwas später im Text findet sich ein „Hinweis" dazu, aus welcher Richtung der befürchtete Vorwurf kommt: „Aus verfassungsrechtlichen Gründen" dürften „Menschenleben nicht gegen Menschenleben abgewogen werden." Wer von diesem verfassungsrechtlichen Verdikt gehört hat, weiß normalerweise, dass es sich nicht nur auf die Abwägung eines Lebens gegen ein anderes, sondern auch auf die Abwägung eines Lebens gegen mehrere andere bezieht.[10] Hier sitzt die ethisch relevante Differenz zwischen den beiden Deutungen der Abwehrformel: Die erste Deutung richtet sich gegen unterschiedliches Bewerten im paarweisen Vergleich. Dass zwei Menschenleben für doppelt so wertvoll erklärt werden wie eines, ist damit nicht ausgeschlossen, denn beim aggregierenden Abwägen behält jedes einzelne Menschenleben sein gleiches Gewicht. Die zweite Deutung lehnt auch das aggregierende Abwägen ab.

---

[10] Im öffentlichen Diskurs wird hierzu oft auf die Entscheidung zum Luftsicherheitsgesetz (BVerfGE 115, 118) Bezug genommen. Zu Recht wird demgegenüber darauf verwiesen, dass es in diesem Fall um eine staatliche Ermächtigung zum Töten der kleineren Anzahl zugunsten der größeren ging. Die Übertragung auf Fälle, in denen nicht die Eingriffsabwehrfunktion der Grundrechte, sondern ausschließlich die Schutzpflichtfunktion involviert ist, ist in der Tat nicht zwingend.

Wer sich zur Rettung möglichst vieler verpflichtet glaubt, mag sehr wohl befürchten, dass er ein Verdikt gegen aggregierendes Abwägen nicht unterschreiben kann.

Einer Diskussion dieses Punkts haben die Autoren der klinisch-ethischen Empfehlungen sich mit der knappen Bemerkung entzogen, eine „abschließende juristische Stellungnahme" sei nicht Gegenstand ihres Dokuments. Die Verpflichtung, möglichst viele Patienten zu retten, wird im Text als Selbstverständlichkeit präsentiert; jedenfalls wird sie nicht weiter kommentiert und auch nicht begründet. Bei kontextfreier Äußerung haftet diesem Gebot im alltagsmoralischen Diskurs auch tatsächlich die Anmutung des Selbstverständlichen an: Wer wollte bestreiten, dass es (sc. unter sonst gleichen Umständen) besser ist, Frau Meier und Frau Müller zu retten anstatt nur Frau Meier? In diesem Fall bezieht sich die Verpflichtung allerdings nicht auf eine Konfliktlage. Es gilt nicht zu entscheiden, ob Frau Meier und Frau Müller zu retten sind oder Frau Schmidt. Aber kann es sein, dass die ethische Selbstverständlichkeit, mit der man anscheinend außerhalb von Konfliktlagen aggregierend urteilt, im Hinblick auf das moralisch Richtige in Konfliktlagen schlicht keine Bedeutung hat?

Ohne das basale Werturteil, dass es unter sonst gleichen Umständen besser ist, eine (sc. mutmaßlich lebenswillige) Patientin zu retten als sie nicht zu retten – im Folgenden „Rettungsprämisse" genannt –, scheinen die Pflichten von Ärzten überhaupt nicht verständlich zu sein. Dieses basale Werturteil wird gewöhnlich für alle Patienten vorausgesetzt. Die Folgerung, dass es unter sonst gleichen Umständen besser ist, die Patientin Meier und die Patientin Müller zu retten anstatt nur die Patientin Meier, scheint dann ebenso zwingend wie die Folgerung, dass eine mit einem Kilogewicht beladene Waagschale, der ein zweites Kilogewicht aufgeladen wird, unter ansonsten konstanten Bedingungen schwerer beladen ist als zuvor. Beim Abwägen von Gewichten gilt das nun aber unabhängig davon, ob vor dem Hinzufügen des zweiten Gewichts nur diese eine Schale der Waage beladen war oder ob sich auch auf der anderen Schale der Waage ein Kilogewicht befand. In diesem Fall war die Waage vor dem Hinzufügen des zusätzlichen Gewichts im Gleichstand, aber danach ist sie es jedenfalls nicht mehr. Sollte nicht analog auch beim moralischen Abwägen eine Waage, die sich zwischen der Option der Rettung von Frau Meier und der Option der Rettung von Frau Schmidt im Gleichstand befindet, zugunsten der Rettung von Frau Meier ausschlagen, wenn zusätzlich zu ihr, aber nicht zusätzlich zu Frau Schmidt, auch noch Frau Müller gerettet werden kann? Kurz: Folgt aus dem Urteil, dass für jeden Patienten gilt, es sei besser, ihn zu retten als ihn sterben zu lassen, nicht schon aus mathematischen Gründen ganz generell, dass es besser ist, zwei Patienten zu retten als einen?[11]

Tatsächlich folgt das nicht. Das ist nicht nur aus dem naheliegenden Grund so, dass die Beurteilung als „besser", ebenso wie die Beurteilung als „schwerer", lediglich ordinal vergleicht und damit nichts dazu sagt, wie viel jedes einzelne Item zählt (zwei kleine Gewichte können leichter sein als ein großes). Die Gleichheit der Einzelgewichte hatten wir im mechanischen Beispiel mit der Rede von Kilo-

---

[11] Von großem Einfluss in der angelsächsischen Ethik *Parfit*, Philosophy and Public Affairs 1978, 285, 301: "Each counts for one. That is why more count for more"; *Harris*, The Value of Life, 1985, 21: "Precisely because each person's life is valuable, two lives are more valuable than one." Mit Bezug u. a. auf *Harris* auch *Brech*, Triage und Recht, 2008, 247; ohne Diskussion zustimmend übernommen von *Taupitz*, MedR 2020, 440, 445.

gewichten vorausgesetzt; ohne diese Voraussetzung hätte vom Gleichstand beim paarweisen Vergleich nicht die Rede sein können. Um klarzustellen, dass es um die mögliche Infragestellung der patientenbezogenen Gleichgewichtungsannahme – etwa seitens der Befürworter von Kriterien, die nach der erwartbaren Dauer des Überlebens und gegebenenfalls auch der erwartbaren Lebensqualität der Betroffenen differenzieren – hier nicht geht, setzen wir im Folgenden das Urteil, dass unter sonst gleichen Umständen die Rettung eines jeden Patienten der Rettung eines jeden anderen Patienten moralisch gleichsteht, ausdrücklich voraus (im Folgenden „Gleichgewichtungsprämisse"). Die Frage lautet dann, ob man aus diesen beiden Prämissen – der Rettungsprämisse und der Gleichgewichtungsprämisse – folgern kann, dass es unter sonst gleichen Umständen besser ist, zwei Patienten zu retten als einen.

Die Meinung, man könne dies folgern, nenne ich den Aggregationsfehlschluss, denn tatsächlich kann man es nicht. Der Schluss funktioniert nur mit einer zusätzlichen Prämisse, einer Unabhängigkeitsannahme, die im Fall des mechanischen Abwägens erfüllt ist, im Kontext moralischen Bewertens jedoch nicht.[12] Am Beispiel der mechanischen Gewichte ist rasch erläutert, worum es geht: Dass beim Hinzufügen eines zweiten Kilogewichts die Waagschale unter ansonsten konstanten Bedingungen nach unten geht und dass das unabhängig davon ist, was zu diesem Zeitpunkt auf der anderen Waagschale liegt oder ob dort überhaupt etwas liegt, beruht darauf, dass die Gewichts-

[12] Die folgenden Überlegungen fassen auf sehr knappem Raum ein Argument zusammen, das ich in Auseinandersetzung mit der philosophischen und der für die Konsequentialismusdiskussion einschlägigen wohlfahrtsökonomischen Literatur monographisch entwickelt habe; siehe *Lübbe*, Nonaggregationismus, 2015, bes. Kap. 3 und 4.

kraft, die ein Körper auf eine Waagschale ausübt, durch das Vorhandensein oder Nichtvorhandensein anderer Gewichte auf der Waage nicht verändert wird. Sie bleibt stets konstant. Die Übertragung dieser Voraussetzung auf den Kontext des Bewertens von Rettungshandlungen würde verlangen, dass der moralische Wert des Rettens bzw. der moralische Unwert des Sterbenlassens eines Patienten nicht davon abhängt, ob noch weitere Betroffene im Spiel sind (im Folgenden „Separabilitätsprämisse"). Der moralische Unwert des Sterbenlassens von Frau Müller in einem Fall (a), in dem der Arzt nur Frau Müller retten oder sie sterben lassen konnte und sich für das Letztere entschieden hat, müsste unter sonst gleichen Umständen gleich groß sein wie der moralische Unwert des Sterbenlassens von Frau Müller in einem Fall (b), in dem der Arzt nur entweder Frau Müller oder Frau Meier retten konnte und sich entschieden hat, Frau Meier zu retten.

Es scheint, dass mit der Separabilitätsprämisse etwas nicht stimmt. Aber es ist nicht trivial, genau zu sagen, was es ist. Offensichtlich ist jedenfalls, dass das Verhalten des Arztes in den beiden Fällen strafrechtlich, und ganz ebenso moralisch, verschieden zu bewerten ist. Garantenstellung des Arztes gegenüber den beteiligten Patienten vorausgesetzt, würde ihm im Fall (a) ein Totschlag durch Unterlassen zur Last gelegt; im Fall (b) liegt dagegen eine sogenannte Pflichtenkollision[13] vor und den Arzt träfe kein Vorwurf. Die Separabilitätsprämisse scheint allerdings nicht zwingend darauf hinauszulaufen, dass diese Wertungsdifferenz bestritten werden muss. Invariant ist gemäß der Prämisse

[13] Meist als rechtfertigende, teils – m.E. passender – als strafunrechtsausschließende (sogenannte) Pflichtenkollision bezeichnet; vgl. MüKoStGB-*Schlehofer*, 3. Aufl., Vor § 32, Rn. 237–247, m.w.N.

im Blick auf die beiden Fälle die Bewertung des Sterbenlassens der Patientin Müller – nicht die Gesamtbewertung des Verhaltens des Arztes. Da gemäß derselben Prämisse auch die Rettung der Patientin Meier einen konstanten moralischen Wert hat, kann ein Vertreter der Prämisse urteilen, dass im Fall (b) der negative moralische Wert des Sterbenlassens von Frau Müller durch den positiven moralischen Wert des Rettens von Frau Meier aufgewogen wird, während es im Fall (a) kein ausgleichendes Positivgewicht gibt. Daher sei es ganz richtig, dass in der Gesamtbewertung dem Arzt im Fall (a) ein Vorwurf gemacht wird, im Fall (b) dagegen nicht. Die Separabilitätsprämisse unterstelle die Konstanz der Bewertung des Verhaltens des Arztes nur im Hinblick auf den jeweils benannten Aspekt. Zeige das bewertete Verhalten in einem konkreten Fall weitere moralisch relevante Aspekte (wie etwa den, dass auch eine Patientin gerettet wurde), seien die Bewertungen der Aspekte in der Gesamtbewertung nach Analogie der Gewichte auf der Balkenwaage zusammenzusetzen.

So verstanden läuft die Separabilitätsprämisse auf die These hinaus, dass das moralische Bewerten des ärztlichen Verhaltens eine aggregierende Funktion seiner unabhängig voneinander moralisch bewertbaren Aspekte ist. In den diskutierten Fällen wurden die Aspekte mittels sogenannter Erfolgsverben („retten“, „sterben lassen“) beschrieben. Wer ein Erfolgsverb verwendet, anstatt schlicht vom Tod oder Überleben eines Patienten zu sprechen, drückt aus, dass er das betreffende Ereignis einem Akteur zurechnet. Ohne solche Zurechnung kann man ein Ereignis zwar als tragisch und als schlimm für die Betroffenen, aber nicht als moralisch schlecht bewerten (man denke an einen Todesfall aufgrund einer Krankheit, gegen die es keine Therapie gibt). Das Problem der Voraussetzung der Separabilitätsprämisse besteht nun im Hinblick auf den Dilemmafall (b) in Folgendem: Die Prämisse verlangt, dass dem Arzt, was auch immer er tut, jeder resultierende Todesfall – also mindestens ein Todesfall – zugerechnet wird, obgleich er genau dies: dass mindestens ein Todesfall eintritt, auf keine Weise vermeiden kann. Wegen dieser Unvermeidbarkeit – und nicht deshalb, weil er zusätzlich zum Schlechten auch Gutes tat – bleibt der Arzt, der eine der kollidierenden Pflichten erfüllt, ohne Vorwurf. Der Todesfall, der resultiert, wenn der Arzt tut, was er soll (nämlich eine der beiden Patientinnen retten), kann weder strafrechtlich noch moralisch negativ bewertet werden.

Im Falle einer knappheitsbedingten Entscheidung zwischen zwei Patientinnen (Frau Müller und Frau Meier) auf der einen Seite und einer dritten Patientin (Frau Schmidt) auf der anderen Seite (c) ist die Lage im relevanten Punkt nicht anders. Bei Voraussetzung der Separabilitätsprämisse steht das Verhalten eines Arztes, der allein Frau Schmidt rettet, dem Verhalten eines Arztes, der allein Frau Müller rettet, in der Gesamtbewertung moralisch gleich. In beiden Fällen resultieren ein Überlebensfall und zwei Todesfälle. Aber nur dem Arzt, der allein Frau Müller rettet, ist einer der Todesfälle auch zurechenbar – nämlich der Tod von Frau Meier, da der Arzt sie zusätzlich zu Frau Müller hätte retten können. Zusätzlich zu Frau Schmidt konnte niemand gerettet werden, weshalb hier beide resultierenden Todesfälle nicht vorwerfbar sind. Wer die Maximierungsregel *voraussetzt*, also unterstellt, dass der Arzt, der Frau Schmidt gerettet hat, verpflichtet gewesen wäre, stattdessen die Patientinnen Müller und Meier zu retten, kann natürlich dem Arzt diese beiden Todesfälle moralisch und rechtlich zurechnen. Aber dann wird eben die Maximierungsregel vorausgesetzt und nicht, wie beansprucht, aus vorgängig bewertbaren Aspekten seines Verhaltens gefolgert. An der Separabilitätsprämisse kann auch unter dieser Voraussetzung nicht festgehalten werden. Denn wer den Arzt im Fall (c) als verpflichtet betrachtet, die Patientinnen Müller und Meier zu retten, kann ihm, falls er der Verpflichtung nachkommt, das Sterben der Patientin Schmidt nicht zurechnen. Einen moralischen Unwert kann dieser Todesfall dann nicht haben.

Die Separabilitätsprämisse ist also im Kontext moralischen Bewertens nicht akzeptabel. Aus ärztlichen Entscheidungen resultierende Todesfälle haben keinen situationsunabhängigen moralischen Unwert. Moralische Bewertungen von Priorisierungsentscheidungen können daher keine aggregierenden Funktionen moralischer Bewertungen der resultierenden Überlebens- und Todesfälle sein. Aus demselben Grund sind auch die analogen juristischen Bewertungen keine aggregierenden Funktionen von Unrechtsgehalten, die mit resultierenden Todesfällen als solchen verknüpft wären. Das schließt nicht aus, dass es vertretbar oder sogar verpflichtend sein könnte, in Fällen existentieller medizinischer Ressourcenknappheit die katastrophenmedizinische Maximierungsregel zu befolgen. Aber mit der schlichten These, dass jedes Leben zählt und „daher" zwei Leben mehr zählen als eines, lässt sich das nicht begründen.

III. Vorgezogen, also höher bewertet: Der konsequentialistische Fehlschluss

Die Autoren der klinisch-ethischen Empfehlungen hatten sich gegen die Unterstellung verwahrt, dass ihr Priorisierungsvorschlag in der Absicht erfolge, „Menschen oder Menschenleben zu bewerten". Nach Auffassung der Kliniker scheint man also das eine (die Priorisierung) vom anderen (der Bewertung von Menschenleben) trennen zu können. Der Deutsche Ethikrat sieht das anders. In seiner Ad-hoc-Empfehlung zur Corona-Krise hat er die These, menschliches Leben dürfe nicht bewertet werden, spezifisch mit Bezug auf staatliche Instanzen vertreten und behauptet, der Staat dürfe „deshalb" auch „nicht vorschreiben, welches Leben in einer Konfliktsituation vorrangig zu retten ist".[14] Damit unterstellt der Rat, dass, wer priorisiert, *eo ipso* Menschenleben bewertet. Die These, dass das in jedem Falle so sei, haben an der Ad-hoc-Empfehlung beteiligte Juristen inzwischen ganz explizit vorgetragen: Wer in einer tragischen Entscheidungssituation solche Vorgaben mache, „implizier[e] notwendig eine qualifizierende, also bewertende Einordnung von Menschenleben".[15]

Diese These ist falsch. Den Irrtum, der ihr zugrunde liegt, nenne ich den konsequentialistischen Fehlschluss. Wer ihn begeht, nimmt an, dass Urteile über das richtige Handeln oder Unterlassen stets mit Urteilen über den Wert der resultierenden Zustände einhergehen. Die Auszeichnung einer Handlung oder Unterlassung als richtig zeige an, dass diese Alternative nach Auffassung dessen, der urteilt, unter den verfügbaren Optionen den wertvollsten, „besten" Zustand generiert. Das ist zwar im Rahmen einer konsequentialistischen Ethik der Fall, aber nicht jeder, der Urteile zum richtigen Handeln fällt, ist ein Konsequentialist. Der Konsequentialismus wird in der philosophischen Ethik ganz überwiegend mithilfe der

[14] Deutscher Ethikrat, Solidarität und Verantwortung in der Corona-Krise. Ad-hoc-Empfehlung, 4, https://www.ethikrat.org/fileadmin/Publikationen/Ad-hoc-Empfehlungen/deutsch/ad-hoc-empfehlung-corona-krise.pdf (zuletzt abgerufen am 18.8.2020).

[15] *Merkel/Augsberg*, JZ 2020, 704, 705.

begrifflichen Unterscheidung von Handlungen und Handlungsfolgen (resultierenden Zuständen) charakterisiert.[16] Konsequentialistische Ethiker wissen, dass der moraltheoretische Konsequentialismus keine logische Trivialität, sondern eine kontrovers diskutierte ethische These ist, und begehen den Fehlschluss daher gewöhnlich nicht selbst. Am ehesten findet er sich bei Autoren, deren normwissenschaftlicher Hintergrund nicht in der Ethik, sondern in der Rational- und Sozialwahltheorie liegt, also bei Ökonomen und gelegentlich auch bei Angehörigen anderer Disziplinen.[17] Das hängt mit der komplizierten Geschichte des Nutzenbegriffs zusammen, der im Zuge seiner Übernahme aus dem Utilitarismus in die ökonomische Nutzentheorie mehrfach die Bedeutung gewechselt hat, was bis heute Verwirrung stiftet.[18]

---

[16] Vgl. *Sinnott-Armstrong*, in: Stanford Encyclopedia of Philosophy, https://plato.stanford.edu/entries/consequentialism/ (zuletzt abgerufen am 18.8.2020): "Consequentialism = whether an act is morally right depends only on *consequences* (as opposed to the circumstances or the intrinsic nature of the act or anything that happens before the act)." Die Unterscheidung zwischen Handlungen und ihren Konsequenzen ist freilich analysebedürftig und umstritten, mit erheblichen Auswirkungen auf den Verlauf der Konsequentialismusdebatte, insbesondere auch im Hinblick auf das Verhältnis des moraltheoretischen zum entscheidungstheoretischen Konsequentialismus; Näheres bei *Lübbe*, Zeitschrift für philosophische Forschung 2016, 325.

[17] Der Fehlschluss liegt zum Beispiel der gesundheitsökonomischen Befragungsmethode des *Person Trade-Off* zugrunde. Bei solchen Befragungen schließen die Forscher aus Präferenzen der Befragten zur medizinischen Versorgung von unterschiedlich großen Gruppen in verschiedener Weise Erkrankter, etwa Asthmapatienten vs. Migränepatienten, auf Urteile der Befragten über den relativen („sozialen") Wert der resultierenden Gesundheitseffekte; Belege und Diskussion bei *Lübbe*, Nonaggregationismus, 2015, bes. 78–80.

[18] *Mongin/d'Aspremont*, in: Barberà/Hammond/Seidl (Hrsg.),

Diese verbreitete Quelle des Fehlschlusses wird im Folgenden kurz erläutert. Zunächst sei anhand von Beispielen verdeutlicht, wie wenig plausibel die zitierte These ist. In der Transplantationsmedizin ist es, wie erwähnt, trotz langer Wartelisten Usus und entspricht den gesetzlichen Kriterien, auch Patienten mit doppeltem Transplantatbedarf zu versorgen, wenn sie nach den sonstigen Regeln an der Reihe sind. Impliziert diese Praxis das Urteil, dass ein solcher ressourcenintensiver Patient für wertvoller gehalten wird als die beiden Patienten mit einfachem Bedarf, die man stattdessen hätte retten können, zusammen? Ganz sicher würden die beteiligten Ärzte sich gegen die Unterstellung, sie nähmen implizit solche Bewertungen vor, verwahren. Auf die Frage, warum sie den ressourcenintensiven Patienten versorgt haben, könnten sie einfach antworten, dass das Recht eines Menschen auf gleichen Zugang zu medizinischer Behandlung nicht ende, weil er mehr Ressourcen braucht als andere, und dass sie das auch für richtig halten. Auch Medizinern, die in Situationen existentieller Knappheit der Priorisierungsregel *first come, first served* folgen, kann man schwerlich unterstellen, dass sie früher eintreffende Patienten für wertvoller halten als später eintreffende. Entscheider, die in solchen Lagen zu Losentscheiden greifen und die jeweiligen Gewinner versorgen, halten die Gewinner ebenfalls nicht für wertvoller als die Verlierer. Wohl halten sie sie vermutlich für berechtigter. Auf irgendeiner anderen „Qualifikation“ als der, dass sie im gewählten Zufallsprozedere gewonnen haben, beruht das nicht, und diese Qualifikation impliziert keine Bewertung der betroffenen Menschenleben. Auf die Frage,

---

Handbook of Utility Theory, Bd. 1, 1998, 371, bes. 379–388; knapp und lohnend *Broome*, Economics and Philosophy 1991, 1.

ob nicht immerhin die katastrophenmedizinische Maximierungsregel eine Bewertung von Menschenleben (nämlich die im vorangegangenen Abschnitt diskutierte aggregierende Bewertung) impliziert, kommen wir im nächsten Abschnitt zurück. Jedenfalls gibt es aber Priorisierungsregeln, die ohne Werturteile über die betroffenen Menschenleben angewendet werden können und natürlich auch ohne solche Urteile staatlicherseits vorgeschrieben werden könnten. Tatsächlich ist nicht einmal die Unterstellung erforderlich, dass das Überleben eines Menschen einen „positiven Wert" hat. Die Unterstellung, dass die betroffenen Patienten mutmaßlich weiterleben wollen, reicht aus.

Die für den Konsequentialismus konstitutive Unterscheidung zwischen Urteilen zum Richtigen und Urteilen zum Wertvollen (traditionell: zum Guten) hat in der Philosophie eine wechselvolle Geschichte. Disjunkt ist sie nur, wenn man die Rede vom Guten – abweichend vom Sprachgebrauch, der eine breitere Verwendung zulässt – auf Urteile über das sogenannte außermoralische Gute beschränkt.[19] Als im außermoralischen Sinne gut beurteilt man Zustände oder Ereignisse, sofern man sie ungeachtet dessen, ob sie einem Akteur zurechenbar und daher moralisch bewertbar sind, als wünschenswert beurteilt. Dass es wünschenswert sei, dass ein Patient überlebt, kann man auch sagen, wenn mangels Behandlungsmöglichkeit zu seinem Überleben nichts getan werden kann (man denke erneut an den Fall der unbehandelbaren Krankheit). Der Bezug auf das außermoralische Gute setzt also – anders als die Rede vom moralisch Guten oder Wertvollen, auf deren

[19] Vgl. *Frankena*, Ethics, 1963, 10. In Abschnitt 2 hatte ich die Rede vom „Besseren" konstant im Sinne des moralisch Vorzugswürdigen, also nicht im außermoralischen Sinne verwendet.

zwingender Verknüpfung mit der Zurechnung zu einem Akteur wir im letzten Abschnitt bestanden haben – keine Zurechenbarkeit voraus. Den frühen Utilitarismus, insbesondere den *Jeremy Benthams*, kennzeichnet es, in Abgrenzung vom noch im 18. Jahrhundert vorherrschenden tugendethischen Diskurs die Trennung des moralischen vom außermoralischen Guten konsequent vollzogen zu haben. *Pars pro toto* ist das daran erkennbar, dass *Bentham* die „Freuden des Übelwollens", also die Freude am Leid eines Anderen (traditionell ein Laster), ganz ebenso zum Wünschenswerten zählt wie die Freude am Wohlergehen eines Anderen, also die traditionelle Tugend des Wohlwollens.[20] Es handle sich eben in beiden Fällen, qua Freude, um Gutes. Ob es *richtig* (moralisch vorzugswürdig) ist, den einen oder den anderen Habitus zu entwickeln, richtet sich nach *Bentham* danach, welches von beidem langfristig und unter Beachtung aller zur Freude befähigten Wesen die größere Quantität an Freude verspricht. Traditionelle Tugenden und Normen bleiben damit grundsätzlich begründbar, aber sie geraten in die Rolle eines reinen Mittels zum Zweck der effizienten Beförderung des seinerseits ungeachtet moralischer Bewertungen konzipierten Guten. Die Beschränkung der Rede vom Guten auf außermoralisch Gutes dient damit auch der Gewinnung eines *Kriteriums* des Richtigen, dessen Kennzeichnung als in sich wünschenswert Bentham für nicht ernsthaft bestreitbar hielt.

Benthams Auszeichnung von „pleasure" als des einzigen in sich Wünschenswerten ist in der frühen ökonomischen Rezeption des Utilitarismus mitübernommen worden, wird aber im Laufe der weiteren Theorieentwicklung als

---

[20] *Bentham*, An Introduction to the Principles of Morals and Legislation, 1970 ([1]1789), 42, 44.

nichttriviales Werturteil eliminiert. Tatsächlich können Menschen zum Beispiel bewusst leidvolle Erfahrungen auf sich nehmen, um etwa Täuschungen über die Vertrauenswürdigkeit eines Partners zu entgehen. Mit dem Kommentar, dass sie das tun, weil diese Alternative aus ihrer Sicht mit höheren Quantitäten von Freude verbunden ist, ist das phänomenologisch nicht richtig erfasst. Der in der Ökonomie zur Dominanz gelangte Präferenzialismus trägt dem durch Subjektivierung und Entsubstantialisierung des Nutzenbegriffs Rechnung. Besser oder wertvoller *für ein Subjekt* ist, dass sich der Zustand verwirklicht, den dieses Subjekt, wenn es die Wahl hätte, konsistent vorziehen würde – aus welchen egoistischen, moralischen oder sonstigen Gründen auch immer. Dieses Konzept des Individualnutzens *(individual utility, subjective utility)* beansprucht nicht mehr zu erfassen, was das Subjekt zur Wahl einer Option bewegt oder vernünftigerweise bewegen sollte. Es zeigt lediglich an, dass das Subjekt eine bestimmte Option einer anderen konsistent vorzieht. Im Sinne des sogenannten repräsentationstheoretischen Nutzenkonzepts hat die vom Subjekt konsistent präferierte Option schließlich *per definitionem* den höheren subjektiven Nutzen.[21] Das gilt der Idee nach für den Transplantationsmediziner, der eine Doppeltransplantation vornimmt, und für Kliniker, die nach der Regel *first come, first served* priorisieren oder nach Losentscheid zuteilen, nicht anders als für ärztliche oder staatliche Entscheider, die das Kriterium der Erfolgsaussicht anwenden oder vorschreiben.[22]

---

[21] *Broome*, Economics and Philosophy 1991, 1, 3: "So 'utility' acquired the meaning: *the value of a function that represents a person's preferences*. This is by now the official definition of utility in economics."

[22] Für die Herleitung von Nutzenfunktionen sind allerdings Prä-

Diese in den ideengeschichtlichen Details komplizierte Geschichte wurde hier auf knappem Raum zusammengefasst, um eine klassische Quelle des konsequentialistischen Fehlschlusses deutlich zu machen. Der Fehlschluss beruht auf der Verwechslung von substantiellen Nutzenkonzepten, die den Individuen – wie *Bentham* es mit der *quantity of pleasure* tat – Urteile über den Wert bestimmter resultierender Zustände unterstellen und ihre Wahlhandlungen dadurch zu *deuten* beanspruchen, mit einem Nutzenkonzept, das Präferenzen lediglich *abbildet* und zu den Gründen des Vorziehens an sich überhaupt nichts mehr mitteilt oder impliziert. Natürlich wäre es nicht hilfreich, auf den Unterschied zwischen der bloßen Repräsentation von Präferenzen und ihrer konsequentialistischen Deutung hinzuweisen, wenn man nichts Plausibles dazu sagen könnte, wie, wenn nicht durch Unterstellung von Werturteilen über die resultierenden Zustände, man Präferenzen zur Patientenauswahl stattdessen deuten kann. Bei den oben genannten Beispielen sind alternative Deutungen aber recht naheliegend. Wer zum Beispiel mittels Losverfahren priorisiert und anschließend den Gewinner versorgt, wird das vermutlich tun, weil er dieses Vorgehen für gleichachtend hält. Wer sich im Fall der Doppeltransplantation auf das Postulat des gleichen Zugangs zu Gesundheitsleistungen beruft, scheint ebenfalls ein Gerechtigkeitspostulat im Sinn zu haben. Gerechtigkeitskonzepte sind bekanntlich

missen erforderlich, die gewöhnlich als Rationalitätserfordernisse gedeutet werden, aber nicht unumstritten sind. Es ist daher nicht ausgemacht, dass Präferenzen, die die Annahmen verletzen, als irrational zu bewerten sind. Speziell mit Bezug auf den Effekt bestimmter Standardannahmen für die ethische Bewertung von Dilemmafällen kommentiert das *Lübbe*, Zeitschrift für philosophische Forschung 2016, 325.

strittig und damit explikationsbedürftig. Mit dem Versuch, dieser Strittigkeit mithilfe des Vorschlags zu entkommen, dass das Gebot der Gerechtigkeit (wie alle moralischen Gebote) lediglich instrumentellen Wert im Dienste der Maximierung eines außermoralischen Guten habe, ist der Utilitarismus allerdings gescheitert.[23]

In den normwissenschaftlichen Diskursen des zwanzigsten Jahrhunderts gewinnt die Idee an Zulauf, dass Gerechtigkeit – von Ökonomen zumeist als Gleichverteilung verstanden[24] – ein Aspekt der Bewertung des Handelns von Amtsträgern *(policy makers)* neben und zusätzlich zum Aspekt der Effizienz sei.[25] Um das vertreten zu kön-

---

[23] In jüngerer Zeit hat der Versuch, den Utilitarismus als rationale Moraltheorie zu präsentieren, die die Divergenzen zwischen den Vertretern lediglich „intuitiv" basierter moralischer Überzeugungen zu überwinden geeignet sei, wieder an Zulauf gewonnen. Neurowissenschaftlich untersuchte und gedeutete Urteile zu klassischen existentiellen Dilemmafällen *(trolleyology)* haben dabei eine besondere Rolle gespielt. Breit rezipiert insbesondere *Greene*, Moral Tribes, 2014 ([1]2013); siehe auch *Singer*, Journal of Ethics 2005, 331. *Singer* (ebd., 351) gibt immerhin ausdrücklich zu, dass auch der Utilitarismus darauf angewiesen ist, dass bestimmte Prämissen als evident einleuchten, und verweist hierzu auf den klassischen Utilitarismus, namentlich auf *Sidgwick*, The Methods of Ethics, 7. Aufl., 1907, 382. Auch *Sidgwick* unterliegt freilich an dieser Stelle dem Aggregationsfehlschluss.

[24] *Williams/Cookson*, in: Culyer/Newhouse (Hrsg.), Handbook of Health Economics, Bd. 1B, 2000, 1863 1865: "In economics the term 'equity' is usually taken to refer to fairness in the distribution of a good (in this case 'health'), and 'fairness' is taken almost unthinkingly to mean *reducing inequalities.*"

[25] Klassisch *Okun*, Equality and Efficiency: The Big Trade-Off, 1975. Mit Bezug auf gesundheitspolitische Allokationen exemplarisch *Schöffski/Schumann*, in: Schöffski/Graf v.d. Schulenburg (Hrsg.), Gesundheitsökonomische Evaluationen, 2007, 158: „Je mehr Gerechtigkeitsaspekte bei der Prioritätensetzung beachtet werden,

nen, ist es erforderlich, Gerechtigkeitskonzepte zu supponieren, deren axiomatische Grundlagen den axiomatischen Grundlagen der Idee der interpersonellen Nutzenmaximierung nicht widersprechen. Eine Auseinandersetzung mit diesem keineswegs trivialen Projekt ist nicht Gegenstand des vorliegenden Beitrags. Im Hinblick auf die Einschätzung der katastrophenmedizinischen Maximierungsregel sollen aber auch zur Frage des Verhältnisses von Effizienz und Gerechtigkeit im Folgenden noch einige Punkte festgehalten werden.

IV. Die Maximierungsregel und die Forderung der Gleichachtung

Im vorangegangenen Abschnitt hatten wir Priorisierungsregeln benannt, zu deren Begründung es natürlich erschien, auf Forderungen der Gerechtigkeit zurückzugreifen anstatt auf die konsequentialistische These, es sei der Wert der resultierenden Zustände zu maximieren. Die dabei konkret benannten Konzepte – die Forderung des gleichen Zugangs zu Gesundheitsleistungen und (im Falle von Losentscheiden oder der Anwendung des Prinzips *first come, first served*) die Idee der Chancengleichheit – gelten als Priorisierungskonzepte, die mit effizientem Zuteilen nicht vereinbar sind. Um zu prüfen, ob diese beiden Gerechtigkeitskonzepte auch nur miteinander vereinbar sind, müsste man wissen, was die Forderung des gleichen Zugangs im Falle von existentiellen Knappheitslagen überhaupt bedeutet. Im Falle ausreichender Ressourcen bedeutet sie, dass jeder Pa-

---

desto ineffizienter wird das Allokationsergebnis." Kritisch zur Idee eines solchen *Trade-off Le Grand*, Ethics 1990, 554.

tient Zugang zum medizinisch Notwendigen haben soll. Gerade das kann aber ja in existentiellen Knappheitslagen nicht gefordert werden. In solchen Lagen kann, wer sich auf das Konzept beruft, offenbar nur gerechte, „faire" Formen der Verwaltung der Knappheit verlangen. Dass es ein abstraktes Recht auf die Zuteilung der benötigten medizinischen Ressource in Knappheitslagen nicht geben kann, hindert nicht daran, wie oben geschehen davon zu sprechen, dass der Patient mit dem doppelten Transplantatbedarf ein Recht darauf habe, versorgt zu werden, wenn er nach den ansonsten geltenden Regeln an der Reihe ist, oder dass der Gewinner eines Losverfahrens, wenn ein solches eingerichtet wurde, zum Erhalt der benötigten Ressource berechtigt sei. Solche konkreten Rechtspositionen sind Ergebnisse, nicht Maßstäbe von Verteilungsverfahren. Nicht die resultierenden Rechtspositionen, sondern die Verteilungsverfahren sind am Maßstab der Gerechtigkeit zu messen. Die dafür wesentliche moralische und rechtliche Basis kann nur das Recht, als ein Gleicher geachtet zu werden (Art. 3 GG), sein.

In den klinisch-ethischen Empfehlungen sind keine Reflexionen auf die Frage zu finden, ob die als Begründung für das empfohlene Priorisierungsverfahren benannte Verpflichtung, die Anzahl der erfolgreich Behandelten zu maximieren, mit dem Gleichachtungsgrundsatz vereinbar ist. Nach Protesten, die sich um gleiche Zugangsrechte für Personengruppen mit erfolgsaussichtsmindernden Merkmalen, namentlich Alter und Vorerkrankungen, besorgt gezeigt haben, wurde ein Statement veröffentlicht, das die Beibehaltung des vorgeschlagenen Kriteriums mit der Versicherung kombiniert, man posteriorisiere Vorerkrankte (darunter Personen mit erblichen Beeinträchtigungen und andere chronisch Kranke) nicht aufgrund ihrer Vorerkrankung, sondern – wie alle anderen Patienten – gegebenenfalls aufgrund ihrer geringeren klinischen Erfolgsaussicht.[26] Diese Reaktion zeigt dieselbe diskriminierungstheoretische Unbedarftheit, die aus Reaktionen auf den Vorwurf bekannt ist, dass das Priorisierungskriterium der qualitätsadjustierten Lebensjahre (QALYs) altersdiskriminierend sei: Es hebe ja nicht auf das Merkmal des Lebensalters, sondern auf die erwartbaren qualitätsadjustierten Lebensjahre ab.[27] In der Stellungnahme des Deutschen Ethikrats wird das Gleichachtungsgebot immerhin ausdrücklich als Gehalt des „verbindlichen Rahmens" („auch für die ärztliche Ethik") benannt, innerhalb dessen sich ein Priorisierungsgeschehen zu halten habe. Als „selbstverständlich" wird entsprechend nicht die Verpflichtung bezeichnet, möglichst viele Leben zu retten, sondern die Verpflichtung, „alles Zulässige zu unternehmen, um so viele Leben wie mög-

[26] Siehe https://www.divi.de/aktuelle-meldungen-intensivmedizin/triage-bei-covid-19-wir-entscheiden-nicht-nach-alter-oder-behinderung-intensiv-und-notfallmediziner-aktualisieren-klinisch-ethische-entscheidungsempfehlungen. In die aktualisierte zweite Version der Empfehlungen wurde bei der Erläuterung der Einschätzung der Erfolgsaussicht ein kurzer Einschub aufgenommen mit dem Kernsatz: „Vorerkrankungen sind nur dann relevant, wenn sie die Überlebenswahrscheinlichkeit hinsichtlich der aktuellen Erkrankung beeinflussen" (wie Fn. 3, Version 2.0, 6).

[27] *Schöffski/Schumann*, in: Schöffski/Graf v.d. Schulenburg (Hrsg.), Gesundheitsökonomische Evaluationen, 2007, 161: Es ergebe sich „nach dem Prinzip der Wohlfahrtstheorie eigentlich keine Notwendigkeit zu handeln, da das QALY-Konzept, wie erwähnt, altersneutral ist […]. Außerdem erfolgt eine Diskriminierung sowohl junger als auch alter Menschen […], da nicht das Alter per se, sondern die Lebenserwartung – ceteris paribus – ergebnisrelevant ist." Differenziert, auch zur als Form der Diskriminierung längst anerkannten indirekten Diskriminierung, *Gardner*, Oxf. J. Leg. Stud. 1998, 167.

lich zu retten".[28] Dennoch verweist der Rat verblüffenderweise ohne Prüfung der Frage, ob die klinisch-ethischen Empfehlungen vor dem Gleichachtungsgebot bestehen, auf das Dokument der Kliniker als Orientierungshilfe für die staatlich angeblich nicht regelbaren Entscheidungen der mit Knappheiten konfrontierten Praktiker.

Falls es zur Umsetzung der klinisch-ethischen Empfehlungen und zu diesbezüglichen Klagen käme, würde diese Prüfung von den Gerichten nachgeholt werden müssen. Die dazu erforderlichen gerechtigkeits-, insbesondere auch diskriminierungstheoretischen Überlegungen sind nicht Gegenstand des vorliegenden Beitrags. Aber ein für die ethische Einordnung der katastrophenmedizinischen Maximierungsregel wichtiger Punkt ist noch anzufügen. Die Deutung der Rede vom gleichen Zugang zu Gesundheitsleistungen in dem Sinne, dass in Fällen existentieller Ressourcenknappheit faire Verteilungsverfahren zu etablieren sind, zeigt bereits an, dass gerechtes Zuteilen mit im Ergebnis ungleichem Zuteilen vereinbar sein muss. In existentiellen Knappheitslagen besteht der einzige Weg, die Betroffenen buchstäblich gleich zu versorgen, darin, sie alle sterben zu lassen. Daraus ist vereinzelt geschlossen worden, ein Verbot der Verrechnung von Menschenleben („Quantifizierungsverbot") könne schon deshalb nicht bestehen, weil man einer „strengen Gleichbehandlung" in Fällen existentieller Knappheit sonst nichts entgegenzusetzen habe.[29] Zwar ist es völlig richtig, dass im Vergleich

[28] Wie Fn. 14, 3. Dieser zustimmungsfähigen Formulierung folgt leider prompt auch die nicht eingeschränkte Behauptung einer staatlichen „Pflicht, möglichst viele Menschenleben zu retten" (ebd., 4).

[29] *Taupitz*, MedR 2020, 6: „Von daher ist nicht von einem Quantifizierungsverbot, sondern von einem Quantifizierungs*gebot* auszugehen. Aus einem strengen Gebot der Gleichbehandlung aller Patien-

zu einer allgemeinen Nichtbehandlung die Adoption eines Verfahrens, das wenigstens einige zu retten erlaubt, effizienter ist; wir pflegen aber durchaus nicht zu sagen, dass ein solches Verfahren – etwa ein Losentscheid oder die Anwendung des Prinzips *first come, first served* – nicht mehr gleichachtend sei, weil die Betroffenen am Ende ungleich versorgt werden. Eine *Abwägung* zwischen zwei Kriterien – Effizienz und Gerechtigkeit – findet, mit anderen Worten, nicht statt. Eine solche Abwägung wird von Knappheitslagen nicht erzwungen. Das moralische oder verfassungsrechtliche Gebot oder Ziel, an dem sich eine solche Abwägung zu orientieren hätte, hat auch noch nie jemand expliziert. Was von Knappheitslagen tatsächlich erzwungen wird, ist eine *Konkretisierung* oder Spezifizierung der Idee der Gleichachtung. Diese Konkretisierung muss auf den Umstand Rücksicht nehmen, dass an Verteilungsverfahren, deren Akzeptanz die Chancen des Überlebens für

---

ten könnte sonst folgen, dass *niemand* das knappe Gut erhält"; mit Verweis auf *Stoecker*, 2020, 5, zugänglich unter https://www.aem-online.de/fileadmin/user_upload/Ralf-Stoecker-Ethischer-Hintergrundkommentar-zur-Stellungnahme-der-Fachverbaende-und-AEM-1.pdf (zuletzt abgerufen am 24.8.2020). Tatsächlich werden Konzepte, die Gerechtigkeit auf ein Gebot des Bewirkens von Gleichheit reduzieren, ausschließlich innerhalb der utilitaristischen Tradition, d. h. als möglicher *zusätzlicher* Bewertungsaspekt im Rahmen eines konsequentialistischen Ansatzes vertreten. Hier kann (und muss dann auch) das sogenannte *levelling* down – die Angleichung nach unten – durch entsprechende Gewichtung des Aspekts der Nutzenmaximierung im rechnerischen Ergebnis verhindert werden. Aus der Literatur siehe nur *Parfit*, Equality or Priority? 1995; *Broome*, in: Murray/Salomon/Mathers/Lopez (Hrsg.), Summary Measure of Population Health, 2002, 135. Bei nonkonsequentialistischen Gerechtigkeitsverständnissen gibt es kein *levelling* down-Problem und entsprechend auch keine Notwendigkeit, kompensatorisch auf Nutzenmaximierung zurückzugreifen.

alle Beteiligten erhöht, normalerweise auch ein von allen Beteiligten geteiltes Interesse besteht. Die Beachtung dieses geteilten Interesses widerspricht nicht der Idee der Gleichachtung; vielmehr bringt sie den Unterschied zwischen gleicher Achtung und gleicher Missachtung zur Geltung.

Der Fall des Losentscheids ist dafür nur das schlichteste Beispiel.[30] Wie jedes Verteilungskonzept, das die Idee der Chancengleichheit implementiert, verlangt es die Unterscheidung eines Zeitpunkts *ex ante*, zu dem Chancengleichheit herrscht, und eines Zeitpunkts *ex post*, zu dem „die Würfel gefallen sind". Das geteilte Effizienzinteresse besteht zum *ex ante*-Zeitpunkt, auf den man sich zur Rechtfertigung berufen muss. Dass sich auch die Praxis

[30] Auffällig ist die heftige, jedoch ohne eigentliche Argumente vorgetragene Abwehr von Losentscheiden seitens medizinisch ausgebildeter Diskussionsteilnehmer; vgl. aus der Mitschrift eines Webinars zur COVID-19-Triage, https://gruene-europa.de/files/doc/docs/890899b2c778046003cc2b419e8912b3.pdf (zuletzt abgerufen am 24.8.2020), *Marckmann*: „Das würde riesige Konflikte in mir auslösen […]. Bei mir würde das dazu führen, dass ich sofort meine Approbation zurückgeben würde, wenn ich vom Staat dazu gezwungen werde, meine Entscheidungen nach dem Los zu treffen. […] Sie werden erleben, dass viele Ärzte da nicht mitgehen. […] Und viele würden fragen, wie kann es sein, dass der Staat uns das noch auferlegt? Wofür wir nicht studiert haben. Dass wir alles dafür tun, dass so etwas nicht eintritt. Das möchte ich hier emotionaler zu Papier geben." Mit dem Abstellen auf Zufallsentscheide, einschließlich der Regel *first come, first served*, geht in der Tat eine deutliche Entwertung der Priorisierungskriterien einher, deren Anwendung spezifisch ärztliche Kompetenzen voraussetzt. Ein ethisch relevanter Einwand ist das für sich genommen allerdings nicht. M.E. ist die Frage der ethischen Dignität der Widerstände der ärztlichen Profession gegen Implementationen des Grundsatzes der Chancengleichheit ein Punkt, der dringend expliziter thematisiert und gemeinsam diskutiert werden muss.

der katastrophenmedizinischen Triage im Sinne eines solchen geteilten *ex ante*-Interesses an einem effizienten Vorgehen deuten lässt, habe ich mehrfach erläutert.[31] Diese Möglichkeit beruht darauf, dass die Idee der Chancengleichheit gegenüber der Unterscheidung von veranstaltetem und natürlichem Zufall grundsätzlich neutral ist: Wer aus dem ICE-Unfall, dem Erdbeben oder dem Terroranschlag als ein Patient mit guter oder schlechter Prognose und mit unterdurchschnittlichem oder überdurchschnittlichem Ressourcenbedarf hervorgeht, weiß man vor der Katastrophe nicht. In solchen Fällen erhöht die Einrichtung eines Losverfahrens die Gerechtigkeit der Ressourcenzuteilung nicht.

Notwendig impliziert wird eine Minderbewertung von Menschenleben mit geringerer Erfolgsaussicht und/oder höherem Ressourcenbedarf also auch von Anwendern der katastrophenmedizinischen Maximierungsregel nicht. Daran, dass Zuteilungsentscheide in Pandemielagen sich unter diese katastrophenmedizinische Variante der Chancengleichheit ohne weiteres subsumieren lassen, bestehen allerdings ernstzunehmende Zweifel. Die überwiegend skandalfreie Akzeptanz der katastrophenmedizinischen Triage hängt an der in typischen Katastrophenlagen gegebenen Unberechenbarkeit der Schadensverteilung. An diese Tradition sollte daher in Pandemielagen nicht ohne sorgfältige Prüfung der Analogiefähigkeit angeschlossen werden.

---

[31] Zuerst *Lübbe*, Ethik in der Medizin, 2001. Ausführlich zu den Grundlagen gleichachtungsbasierter Formen der Effizienzorientierung *Lübbe*, Nonaggregationismus, 2015, Kap. 6.1: Effizienz und allgemeines Interesse. Zum Konzept des hypothetischen Konsenses im Kontext des Rationierungsthemas *Menzel*, Strong Medicine, 1990; im Hinblick auf existentielle Dilemmata *Rakowski*, Col. L. Rev. 1993, 1063, m. w. N.

Gleichheit vor der Triage

Rechtliche Rahmenbedingungen der Priorisierung von Covid-19-Patienten in der Intensivmedizin*

Bijan Fateh-Moghadam und Thomas Gutmann

I. Der Ausgangspunkt

Die Frage, ob, und wenn ja, nach welchen Kriterien Covid-19-Patient/innen in der Intensivmedizin hinsichtlich des Zugangs zu lebensrettenden Beatmungsplätzen bevorzugt oder benachteiligt werden dürfen, ist eine rechtliche. Es ist das über die einschlägigen medizinischen Fakten aufgeklärte Recht, das hier den Rahmen zulässigen, weil rechtmäßigen Handelns setzt und die wesentlichen normativen Prinzipien vorgibt, und nicht ein präterlegaler ethischer Diskurs oder die Einstellungen, moralischen Intuitionen oder institutionellen Interessen der handelnden Ärztinnen und Ärzte. Es gibt keine rechtsfreien Räume. Die bei der Priorisierung von Covid-19-Patient/innen in der Intensivmedizin verhandelte Frage, wer eine Überlebenschance erhält und wen man sterben lässt, betrifft den „Ordnungsanspruch der Verfassung".[1]

---

* Überarbeitete und stark erweiterte Fassung unseres gleichnamigen Verfassungsblog-Beitrags, *VerfBlog,* 2020/4/30, https://verfassungsblog.de/gleichheit-vor-der-triage/, DOI: 10.17176/20200430-133550-0.

[1] *Heinig/Kingreen/Lepsius/Möllers/Volkmann/Wißmann*, JZ 2020, 861, 862.

Dabei sind die materiellen Vorgaben des Grundgesetzes denkbar klar: Wenn jedes Leben gleich wertvoll und jedes Lebensrecht gleich stark ist und gleichen Schutzanspruch genießt, ist diesbezüglich *jede* materielle Differenzierung zwischen Personen untersagt.

Diejenigen Ärztinnen und Ärzte, die den Horror einer kollabierenden Intensivmedizin unmittelbar erlebt haben, warnen zu Recht vor der irrigen Vorstellung, den gesundheitlichen Folgen von exponentiell wachsenden Infektionszahlen in der Corona-Pandemie könne man medizinisch-therapeutisch begegnen.[2] International führende Intensivmediziner und Epidemiologen fordern daher frühzeitige und effektive Präventionsmaßnahmen, um den Eintritt eines Gesundheitsnotstands in der Corona-Pandemie zu verhindern.[3] Medizinische Fachgesellschaften und die diese flankierenden medizinisch-ethischen Akademien betrachten Verteilungsfragen über medizinische Ressourcen indes auch als Machtfragen.[4] Mit den kurzfristig ausgearbeiteten Empfehlungen zur „Triage“ von Covid-19-Patient/innen in der Intensivmedizin erheben die Fachgesellschaften den Anspruch, für die normativen Folgeprobleme des Ressourcennotstands selbst zuständig zu sein. Für Deutschland sind dies v.a. die Empfehlungen der *Deutschen Interdisziplinären Vereinigung für Intensiv- und Notfallmedizin*

---

[2] *Nocoti/Cioppa/Noconi et al.*, New England Journal of Medicine Catalyst online, 21 March 2020, DOI: 10.1056/CAT.20.0080.

[3] Vgl. hierzu das historische „The John Snow Memorandum“: *Alwan/Ann Burgess/Ashworth/Beale/Bhadelia/Bogaert et al.*, The Lancet, published online 14 October 2020, https://doi.org/10.1016/S0140-6736(20)32153-X [19.12.2020]; ferner: *Saracci*, American Journal of Public Health (AJPH) 2020, published online 12 November 2020 (“Prevention is a strategic principle, not an option”).

[4] Für den Bereich der Organallokation vgl. *Schmidt*, Politik der Organverteilung, 1996; *ders.*, Zeitschrift für Soziologie 25 (1996), 419.

(DIVI) zur intensivmedizinischen Behandlung von Covid-19-Patienten,[5] für die Schweiz die von der *Schweizerischen Akademie der Medizinischen Wissenschaften* (SAMW) vorgelegten Richtlinien zur Triage von intensivmedizinischen Behandlungen bei Ressourcenknappheit.[6]

Die von den medizinischen Fachgesellschaften vorgelegten Texte haben keine Rechtsqualität.[7] Über die Angemessenheit der dort aufgestellten Kriterien wird eine kontroverse Debatte zwischen Ethiker/innen,[8] klinischen Intensivmediziner/innen[9] und zunehmend auch Jurist/innen geführt. Die inhaltlichen „ethischen" Dissense zwischen den (überwiegend) *outcome*-orientierten Positionen der klinischen Medizinethik und den (überwiegend) rechteorientierten Ansätzen der Rechtswissenschaft lassen sich jedoch nicht im Sinne eines „Richtig" oder „Falsch" beantworten. Vielmehr geht es zunächst darum, die Kompetenz-

---

[5] *Deutsche Interdisziplinäre Vereinigung für Intensiv- und Notfallmedizin* (DIVI) *et al.*, Entscheidungen über die Zuteilung intensivmedizinischer Ressourcen in der Covid-19-Pandemie, 2. überarb. Fassung vom 17.4.2020; https://www.divi.de/register/aktuelle-informationen [20.11.2020]; zuvor Version vom 25.3.2020, https://www.divi.de/register/aktuelle-informationen [20.11.2020].

[6] SAMW, Covid-19-Pandemie: Triage von intensivmedizinischen Behandlungen bei Ressourcenknappheit, 3., aktualisierte Version vom 4.11.2020, https://www.samw.ch/de/Ethik/Themen-A-bis-Z/Intensivmedizin.html [20.11.2020]; zuvor Version 1 vom 20.3.2020 (https://www.samw.ch/de/Ethik/Themen-A-bis-Z/Intensivmedizin/Chronologie-Richtlinien-Triageentscheidungen.html [20.11.2020]). Die unmittelbar vor Drucklegung publizierte Version 3.1. der Richtlinien der SAMW vom 17.12.2020 konnte nicht mehr berücksichtigt werden.

[7] Für die DIVI-Empfehlungen (Fn. 5) so auch *Engländer/Zimmermann*, NJW 2020, 1398, 1400.

[8] Z.B. *Lübbe*, https://verfassungsblog.de/corona-triage/ [20.11.2020]; *Schöne-Seifert*, FAZ vom 31.3.2020.

[9] Z.B. *Heller/Schubert/Schuler*, FAZ vom 19.4.2020.

verteilung zwischen Medizin, medizinischer Ethik und Recht bei der Regelung der Priorisierung von Patienten zu klären. Dass die Allokation knapper Gesundheitsressourcen nicht im rechtsfreien Raum erfolgt, ist eine Erkenntnis, die sich im Kontext der Organtransplantation nach heftigen Kontroversen zwischen Medizin und Recht inzwischen allgemein durchgesetzt hat. Obgleich die DIVI-Richtlinien die Frage nach den rechtlichen Grenzen ärztlichen Handelns gar nicht erst in den Blick nehmen und die SAMW angesichts zunehmender öffentlicher Kritik darauf hinweist, dass ihr Triage-Diskurs ohnehin „nicht für medizinische Laien" bestimmt sei,[10] stehen die in existentieller Weise grundrechtsrelevanten Entscheidungen über die Priorisierung von Covid-19-Patient/innen doch ebenso wenig wie die Kriterien der Zuteilung von Organen zur Transplantation zur freien Disposition professioneller oder „ethischer" Selbstregulierung der Medizin.

II. Rechtliche Grenzen medizinischer Ethik

Die Möglichkeiten einer „Steuerung durch Ethik" sind schon durch die enormen theoretischen Dissense in der Moralphilosophie begrenzt. In der ethischen Diskussion wird alles vertreten. Das Spektrum[11] reicht von einer Betonung der radikalen Gleichwertigkeit jedes menschlichen

---

[10] SAMW Newsletter, Triageentscheidungen auf Intensivstationen: eine Zwischenbilanz, http://createsend.com/t/d-C8C339283F353DA12540EF23F30FEDED [20.11.2020].

[11] Zum Überblick: *Schöne-Seifert* (Fn. 8); *Emanuel et al.*, The New England Journal of Medicine 382 (2020), 2049; *Harris*, in: Singer/Kuhse (Eds.), A Companion to Bioethics, 2. Aufl. 2009, 335.

Lebens[12] über Positionen, die die Zahl der zu gewinnenden *Lebensjahre* maximieren wollen und deshalb offen eine Diskriminierung Älterer fordern,[13] bis hin zu gesundheitsutilitaristischen Positionen, die eine Maximierung des erwartbaren „medizinischen Gesamtnutzens"[14] (gemessen z. B. in qualitätskorrigierten Lebensjahren) im Patientenkollektiv, die Maximierung eines breit verstandenen „sozialen Gesamtnutzens" des Ressourceneinsatzes oder ganz anderes[15] anstreben. Es sind die Pluralität und mangelnde Konsensfähigkeit der in der Gesellschaft vorfindlichen Moralprogramme, die es nötig machen, dass das Wichtigste durch das Recht geregelt wird. Die den medizinethischen Diskurs dominierende Leerformel „Triage" suggeriert, dass sich aus dem Umstand, dass knappe lebensrettende Ressourcen zugeteilt werden müssen, Sondernormen nicht nur im Hinblick darauf ergeben, *wie* zu entscheiden ist, sondern auch darauf, *wer* zu entscheiden hat. Ein solches Denken in Kategorien eines Ausnahmezustands ist in beiden Hinsichten falsch. Tragische Knappheitssituationen in der medizinischen Versorgung tragen die normativen Kriterien zu ihrer Bewältigung weder in sich noch verleihen sie den behandelnden Ärzt/innen eine besondere Legitimation. Vor allem liegt die Zuteilung knapper lebensrettender Ressourcen nicht außerhalb der Prinzipien

---

[12] *Lübbe* (Fn. 8).

[13] *Emanuel et al.* (Fn. 11).

[14] *British Medical Association* (BMA), COVID-19 – ethical issues. A guidance note (April 2020), https://www.bma.org.uk/media/2360/bma-covid-19-ethics-guidance-april-2020.pdf [20.11.2020], 4: "Medical utility: The focus of health professionals' attention during triage will be on delivering the greatest medical benefit to the greatest number of people".

[15] Zur Übersicht *Harris* (Fn. 11).

des die Grundrechte aller Bürger achtenden Rechtsstaats; sie ist vielmehr einer ihrer wichtigsten Anwendungsfälle.[16] Selbst dort, wo ärztlichen Körperschaften die Setzung berufsrechtlicher Normen ausdrücklich zugestanden ist, sind sie im Hinblick auf das Rechtsstaats- und das Demokratieprinzip nicht befugt, auf diesem Weg über die Verwirklichungschancen der Grundrechte ihrer Patient/innen zu bestimmen;[17] auch ansonsten gilt der Vorrang staatlichen Rechts, namentlich des Verfassungs- und des Strafrechts, vor den selbstgestrickten „Normen" des Medizinsystems.[18] Die moralischen Überzeugungen von Ärzt/innen vermitteln diesen auch dann keine Befugnis zum Eingriff in Grundrechte ihrer Patient/innen, wenn es sich um Gewissensentscheidungen handelt.[19]

III. Der Rechtsrahmen für die Priorisierung von hochdringlichen Covid-19-Patienten

1. Die Grundlagen

Das deutsche Grundgesetz geht, nicht zuletzt in Reaktion auf den Nationalsozialismus,[20] davon aus, dass „[j]edes menschliche Leben [...] als solches gleich wertvoll" ist[21] und gleiche Schutzwürdigkeit genießt.[22] Dieses Prinzip

---

[16] Ähnlich *Merkel/Augsberg*, JZ 2020, 704, 714.

[17] *Krekeler*, Berufsordnungen im Rahmen der Verfassung: Verfassungsrechtliche Grenzen des ärztlichen Berufsrechts, 2021 (i.E.).

[18] Vgl. *Sternberg-Lieben*, MedR 2020, 627, 629.

[19] BGHZ 163, 195, 200; *Sternberg-Lieben* (Fn. 18), 629.

[20] BVerfGE 39, 1, 36.

[21] BVerfGE 115, 118, 139; vgl. BVerfGE 39, 1, 59.

[22] *Schulze-Fielitz*, in: Dreier, GG, 3. Aufl. 2013, Art. 2 Abs. 2 Rn. 25; *Kunig*, in: v. Münch/Kunig, GG, 6. Aufl. 2012, Art. 2 Rn. 45.

der „Lebenswertindifferenz"[23] des Grundrechts auf Leben ist Ausdruck jener Basisgleichheit von Rechtspersonen, die unmittelbar durch den Würdesatz des Art. 1 Abs. 1 GG vermittelt wird.[24] Dieser Gleichheitsanspruch ist ebenso fundamental wie kategorial. Es handelt sich um jenen Bereich, in dem in den Worten *Ronald Dworkins* die Forderung, jeden „als Gleichen"[25] zu behandeln, nur dadurch realisiert werden kann, dass er gleich behandelt wird. Der strikt egalitäre Wert und Schutzanspruch des Lebens eines personalen Grundrechtsträgers besteht unabhängig vom Geistes- oder Gesundheitszustand des Einzelnen.[26] Mit Art. 2 Abs. 2 Satz 1 GG „wird die biologisch-physische Existenz jedes Menschen vom Zeitpunkt ihres Entstehens an bis zum Eintritt des Todes unabhängig von den Lebensumständen des Einzelnen, seiner körperlichen und seelischen Befindlichkeit [...] geschützt".[27] „Menschliches Leben und menschliche Würde genießen deshalb ohne Rücksicht auf die Dauer der physischen Existenz des einzelnen Menschen gleichen verfassungsrechtlichen Schutz";[28] die

[23] *Lübbe*, Anfang und Ende des Lebens. Normative Aspekte, Abhandlungen der geistes- und sozialwissenschaftlichen Klasse der Akademie der Wissenschaften und der Literatur Mainz, Heft 8–13, 1988, 11.

[24] *Gutmann*, Angewandte Philosophie/Applied Philosophy 1 (2014), 49, 50, 52; *Höfling*, in: Sachs, GG, 8. Aufl. 2018, Art. 1 Rn. 35; *Enders*, Die Menschenwürde in der Verfassungsordnung, 1997, 391. Siehe zur Bedeutung dieser elementaren Gleichheit für Rettungskonfliktsituationen *Rücker*, Die Allokation von Lebenschancen, 2014, 162 ff.; *Sternberg-Lieben* (Fn. 18), 631.

[25] *Dworkin*, Taking Rights Seriously, 1977, 227.

[26] Dreier/*Schulze-Fielitz* (Fn. 22), Rn. 25

[27] BVerfGE 115, 118, 139; *Lorenz*, in: BK GG, Art. 2 Abs. 2 Satz 1 GG Rn. 429; *Sternberg-Lieben* (Fn. 18), 631.

[28] BVerfGE 115, 118, 152, 158; *Gutmann/Fateh-Moghadam*, in: Gutmann u. a. (Hrsg.), Grundlagen einer gerechten Organvertei-

„Dauer" bezeichnet hier sowohl die bisherige als auch die künftige Lebenszeit des Betroffenen. Weil auch die verbleibende Lebenserwartung des Grundrechtsträgers kein zulässiges Unterscheidungskriterium ist,[29] gibt es keinen Spielraum für unmittelbare oder mittelbare Altersrationierung. Auch ein alter und/oder schwerbehinderter Mensch hat kein weniger starkes Lebensrecht und kein weniger schutzwürdiges Interesse an seinem Leben als ein junger und gesunder.[30] Es kann auch keine gleichsam vorwirkende Entwertung des Lebens durch dessen wahrscheinlich oder gar unausweichlich nahe bevorstehendes Ende, etwa bei unheilbaren Kranken, geben;[31] ein menschliches Leben verliert seinen egalitären Schutzanspruch auch dann nicht, wenn es fragil wird.[32] Damit geht ein radikaler normativer Individualismus einher, der klarstellt, dass kein Leben ersetzbar ist. Die staatliche Schutzpflicht für das Leben ist vielmehr in unverrechenbarer Weise „auf das je einzelne

---

lung, 2003, 59, 78ff.; *Sternberg-Lieben* (Fn. 18), 631 („Eigenschaftsbewertungsverbot").

[29] *Lorenz* (Fn. 27), Rn. 429f.; *Sternberg-Lieben* (Fn. 18), 631 („Dauerbewertungsverbot"). In den Worten des Deutschen Ethikrats: „Jede unmittelbare oder mittelbare staatliche Unterscheidung nach Wert oder Dauer des Lebens und jede damit verbundene staatliche Vorgabe zur ungleichen Zuteilung von Überlebenschancen und Sterbensrisiken in akuten Krisensituationen ist unzulässig. Jedes menschliche Leben genießt den gleichen Schutz. […] Auch eine Klassifizierung anhand des Alters, der sozialen Rolle und ihrer angenommenen ‚Wertigkeit' oder einer prognostizierten Lebensdauer muss seitens des Staates unterbleiben", *Deutscher Ethikrat*, Ad-hoc-Empfehlung: Solidarität und Verantwortung in der Corona-Krise, 27.3.2020, 3, https://www.ethikrat.org/publikationen/ [20.11.2020].

[30] Vgl. auch *Sternberg-Lieben* (Fn. 18), 632; *Bader*, Organmangel und Organverteilung, 2010, 450; *Brech*, Triage und Recht, 2008, 267 f.

[31] *Lorenz* (Fn. 27), Rn. 429 f.

[32] *Merkel/Augsberg* (Fn. 16), 712.

Leben“[33] und nicht auf das Aggregatsrecht eines Kollektivs (also beispielsweise auf die Zahl geretteter Leben) bezogen. Dies ist Ausdruck jener „Getrenntheit der Personen“, auf der die Logik subjektiver Rechte im Gegensatz zu jener der Maximierung von Gütern beruht.[34] Die je individuelle Rechtsposition aus Art. 2 Abs. 2 Satz 1 Alt. 1 GG ist in ihrer Absolutheit deshalb keiner relativierenden quantitativen Aufrechnung zugänglich:[35] „Der Schutz des einzelnen Lebens darf nicht deswegen aufgegeben werden, weil das an sich achtenswerte Ziel verfolgt wird, andere Leben zu retten. Jedes menschliche Leben [...] ist als solches gleich wertvoll und kann deshalb keiner irgendwie gearteten unterschiedlichen Bewertung oder gar zahlenmäßigen Abwägung unterworfen werden.“[36] Daran, dass es untersagt ist, einer Person die Gleichheit im Schutz ihres Lebens vorzuenthalten, „ändert es nichts, dass dieses Vorgehen dazu dienen soll, das Leben anderer Menschen zu schützen und zu erhalten“.[37]

Dieses würdebasierte Prinzip der Lebenswertindifferenz und radikalen Gleichheit des Lebensrechts ist fundamentaler als die Ausdifferenzierung der Grundrechtsfunktionen; es gilt dort, wo es um staatliche Schutzpflichten[38] oder individuelle Teilhabe an lebensrettenden Ressourcen geht, nicht weniger als in der abwehrrechtlichen[39] Dimension

---

[33] BVerfGE 39, 1, 59 und BVerfGE 88, 203, 252.

[34] *Rawls*, Eine Theorie der Gerechtigkeit, 1975, 40ff., 214, und *Hart*, Essays in Jurisprudence and Philosophy, 1983, 198ff.

[35] *Lorenz* (Fn. 27), Rn. 430; *Sternberg-Lieben* (Fn. 18), 634. Nonchalant a. A. *Taupitz*, MedR 2020, 440, 445.

[36] BVerfGE 39, 1, 59 und BVerfGE 88, 203, 252.

[37] BVerfGE 115, 118, 160.

[38] BVerfGE 88, 203, 252; BVerfGE 46, 160, 164.

[39] BVerfGE 115, 118, 151.

des Lebensgrundrechts. Es würde auch den Gesetzgeber binden. Diese normative Grundentscheidung der Verfassung hat die Interpretation der bestehenden (Straf-)Gesetze und die zu ihrer Interpretation entwickelten dogmatischen Institute und Figuren anzuleiten; zugleich sind auch alle „einfachrechtlichen" Rechtsverhältnisse wie z.B. die der behandlungsvertraglichen Beziehungen zwischen Arzt bzw. Krankenhaus und Patient im Lichte der egalitären Grundrechtspositionen der Patienten zu interpretieren. Die Horizontalwirkung der Grundrechte im Verhältnis von Arzt und Patient greift insbesondere bei dilemmatischen Allokationsentscheidungen wie der Triage.[40]

Amartya Sen hat darauf hingewiesen, dass normative Prinzipien sich in ihren *informational constraints* unterscheiden, also in der Art der Informationen, die sie als relevant zulassen.[41] Der distributive Egalitarismus des Rechtssystems im Bereich der Zuteilung von Überlebenschancen ist ein informationell rigoros beschränkter Ansatz, der normative Gründe dafür hat, sich konkurrierenden normativen Prinzipien gerade nicht mehr zu öffnen: Wenn jedes Leben gleich wertvoll und jedes Lebensrecht gleich stark ist, sind alle Personen insoweit gleich zu behandeln. Es gibt dann kein zulässiges materielles Differenzierungskriterium mehr. Konkurrierende Positionen müssen sich deshalb fragen lassen, welchen Teil des Wortes „gleich" sie nicht verstehen.

---

[40] *Lindner*, MedR 2020, 723, 725ff. (726: „Der Staat hat sich schützend vor die Gleichwertigkeit jedes Lebens zu stellen, indem er unmittelbar oder mittelbar nach dem Lebenswert differenzierende Allokationskriterien und deren Anwendung durch den Arzt für rechtswidrig und ggf. strafbar erachtet"), mit Verweis auf BVerfGE 148, 267.

[41] *Sen*, The Journal of Philosophy 82 (1985), 169.

2. Die Operationalisierung

In Knappheitssituationen, in denen es für jeden Patienten um Leben und Tod geht, gibt es keine sachlichen, an die konkreten Eigenschaften der betroffenen Person anknüpfenden Gründe mehr, die es ermöglichen, bei der Auswahl von Patientinnen für den Zugang zur intensivmedizinischen Behandlung auf rechtmäßige Weise zu differenzieren. Das Grundgesetz setzt wegen der antikonsequentialistischen Stoßrichtung des Würdesatzes[42] nicht nur utilitaristischem Denken an dieser Stelle harte Grenzen;[43] es sperrt vielmehr *jede* materielle Differenzierung, auch eine solche, deren Herleitung zumindest auf den ersten Blick mit der deontologischen Logik eines würdebasierten Grundrechtsschutzes kompatibler erscheint. Übrig bleiben nur Prinzipien, die sich als formale Ableitungen aus dem übergeordneten Prinzip der Lebenswertindifferenz ergeben.

Aus der kategorialen Gleichheit des Lebensrechts ergibt sich zunächst die Antwort auf die Frage, wer in Situationen knapper lebensrettender Ressourcen Ansprüche erheben kann. Dies sind alle Patienten, deren Leben konkret bedroht ist und denen mit der Ressource geholfen werden könnte. Das Verfassungsrecht garantiert deshalb allen bedürftigen Patienten einen individuellen grundrechtlichen Anspruch auf *chancengleiche Teilhabe* an den intensivmedizinischen Behandlungskapazitäten.[44] Bedürftig sind alle Patienten, für die eine Intensivpflege bzw. Beatmung individuell – also unabhängig von der Ressourcensituation –

---

[42] *Gutmann* (Fn. 24), 49.

[43] Vgl. auch *Sternberg-Lieben* (Fn. 18), 629; *Deutscher Ethikrat* (Fn. 29), 3.

[44] Siehe hierzu grundlegend *Gutmann/Fateh-Moghadam* (Fn. 28), 59, 78 ff.

medizinisch indiziert ist. Indikation in diesem Sinn ist ein Rechtsbegriff, der auf medizinische Evidenz nur Bezug nimmt; indiziert in diesem Sinn ist die intensivmedizinische Maßnahme bei jedem Patienten, für den sie „geeignet" und „notwendig"[45] ist, um seine Überlebenschancen zu verbessern. Als initiales Ausschlusskriterium für diesen Teilhabeanspruch kommt deshalb (abgesehen davon, dass der Patient die Intensivtherapie ablehnt) von Rechts wegen nur in Frage, dass die intensivmedizinische Behandlung für den konkreten Patienten bereits *aussichtslos* ist, dem Patienten also (nach evidenzbasierter ärztlicher Einschätzung) nicht mehr geholfen werden *kann*.[46] Dies heißt umgekehrt: Alle Patienten, bei denen wenigstens eine geringe Wahrscheinlichkeit besteht, dass die intensivmedizinische Behandlung bzw. Beatmung ihr Leben retten könnte, haben *gleichermaßen* Anspruch auf Berücksichtigung. Bedürftigkeit in diesem Sinn ist eine binäre Bereichseigenschaft. Hier lässt sich kein engerer Eingangstrichter rechtfertigen, insbesondere kein solcher, durch den bereits der Schutzbereich des Grundrechts auf radikal gleiche Berücksichtigung des je individuellen Lebensrechts durch Gesamtnutzenüberlegungen verkürzt würde. Der grundrechtliche Anspruch auf chancengleiche Teilhabe an den intensivmedizinischen Behandlungskapazitäten kann des-

[45] Die Begriffe sind § 630e Abs. 1 BGB entnommen.

[46] Vgl. *Sternberg-Lieben* (Fn. 18), 629 (es „sind auch bei der Triage-Entscheidung nur aussichtslos Erkrankte zurückzustellen"); *Engländer/Zimmermann* (Fn. 7), 1402 („annähernd aussichtslose Kandidaten"); *Lindner* (Fn. 40), 728 („realistische Chance"). Siehe in diesem Sinn DIVI *et al.* (Fn. 6), 3: „Eine Intensivtherapie ist nicht indiziert, wenn der Sterbeprozess unaufhaltsam begonnen hat, die Therapie als medizinisch aussichtslos eingeschätzt wird, weil keine Besserung oder Stabilisierung erwartet wird oder ein Überleben an den dauerhaften Aufenthalt auf der Intensivstation gebunden wäre".

halb nicht vom Mehr oder Weniger der „klinischen Erfolgsaussichten für die unmittelbar anstehende Intensivbehandlung",[47] dem „Vergleich zur Erfolgsaussicht der Intensivtherapie für andere Patienten"[48] oder gar von den „mittelfristige[n] Erfolgsaussicht[en]"[49] abhängen.[50]

3. Dringlichkeit vor Erfolgsaussicht – auch im Pandemiefall

Chancengleichheit ist, dies ist der zweite Gedankenschritt, *grundrechtsspezifisch* zu gewährleisten. Weil das *lebenswertindifferente* Grundrecht auf Leben und körperliche Unversehrtheit, wie gezeigt, in besonderer Weise egalitär ist, ist dies auch der ihm zugehörige Begriff der Chancengleichheit. Zulässig und geboten kann *allein* das Kriterium der Dringlichkeit sein[51]: In einer Situation, in der eine intensivmedizinische Behandlung bei mehreren Patient/innen angezeigt ist, alle Patient/innen denselben Anspruch auf egalitäre Berücksichtigung ihrer Überlebensinteressen haben, die Kapazitäten aber nicht für alle reichen, darf und muss denjenigen Patient/innen Vorrang eingeräumt werden, die ohne Beatmung

[47] *Sternberg-Lieben* (Fn. 18), 632 (bereits „Risiken", die ein Nichtüberleben der Intensivbehandlung befürchten lassen, sollen als Kontraindikation zu berücksichtigen sein); vgl. *Engländer/Zimmermann* (Fn. 7) 1402; DIVI *et al.* (Fn. 5), 4 ff. In der Tat brechen gerade die Vertreter einer ausnahmslosen Basisgleichheit im Lebensrecht mit den eigenen Prämissen, wenn sie die klinischen Erfolgsaussichten als legitimes Auswahlkriterium anerkennen, so zutreffend *Hoven*, JZ 2020, 449, 451.

[48] DIVI *et al.* (Fn. 5), 7.

[49] *Taupitz* (Fn. 35), 446.

[50] A. A. *Gaede/Kubiciel/Saliger/Tsambikakis*, medstra 2020, 129, 133 f.

[51] Siehe hierzu grundlegend *Gutmann/Fateh-Moghadam* (Fn. 28), 59, 78 ff.; *Engländer/Zimmermann* (Fn. 7), 401 f.

mit höherer Wahrscheinlichkeit sterben würden, sofern die intensivmedizinische Behandlung für sie nicht bereits individuell aussichtslos ist. Die Dringlichkeit der Behandlung bemisst sich nach der Art des betroffenen Rechtsguts des Patienten und dem Grad der diesem Rechtsgut drohenden Gefahren.[52] Anders als *Gaede et al.* meinen,[53] rechtfertigt dies gerade nicht, den Grad der *Rettungschance* in die Interessenabwägung einzubeziehen. Vorausgesetzt, dass der Patient überhaupt noch eine realistische Rettungschance hat, ändert der Grad seiner Überlebenswahrscheinlichkeit nichts an der *Dringlichkeit* seiner Behandlung. Im Gegenteil sind die hochdringlichen Patienten nicht immer, aber doch häufig zugleich diejenigen mit den schlechteren Erfolgsaussichten.[54] Der Vorrang der Dringlichkeit vor der Erfolgsaussicht gilt unabhängig davon, ob man die Erfolgsaussicht in geretteten Lebensjahren (Prognose der Gesamtüberlebenszeit eines Patienten) oder in den Erfolgsaussichten der Intensivtherapie[55] misst: Dass bei Herrn Müller die Beatmung nur mit einer Wahrscheinlichkeit von 30 % erfolgreich verlaufen wird, bei Herrn Meier dagegen mit einer Wahrscheinlichkeit von 50 %, ist kein legitimer Grund dafür, Herrn Müller von vornherein den Zugang zur Intensivtherapie zu verweigern. Für beide geht es gleicherweise um alles. Erst recht darf es keine Rolle spielen, ob Herr Müller aufgrund bestimmter Vorerkrankungen oder seines Alters eine geringere Restlebenserwartung hat.

---

[52] *Gutmann/Fateh-Moghadam* (Fn. 28), 92.

[53] *Gaede et al.* (Fn. 50), 134.

[54] Bei näherem Hinsehen konfundieren *Gaede et al.* (Fn. 50) die patientenbezogenen Kriterien Dringlichkeit und Erfolgsaussicht, indem sie vom individuellen Patienten abstrahieren und nach der Wahrscheinlichkeit der Rettung von „Leben“ fragen.

[55] So DIVI *et al.* (Fn. 5), 4.

Im Unterschied zur Organallokation geht es bei der Priorisierung in der Intensivmedizin regelmäßig um die Auswahl zwischen vergleichbar hochdringlichen Patienten, sodass der Vorrang der Dringlichkeit allein nicht weiterhilft. Die intensivmedizinische Indikation impliziert eine vergleichbare (Hoch-)Dringlichkeit der Behandlung, die eine weitere Differenzierung nach Dringlichkeit verbietet. Die entscheidende Frage lautet hier also, ob zumindest für die Auswahl zwischen vergleichbar hochdringlichen Patienten auf das Kriterium der relativ besseren Erfolgsaussicht zurückgegriffen werden darf. Jenseits der genannten Minimalnutzenschwelle (keine Aussichtslosigkeit) darf die relative Erfolgsaussicht indes richtigerweise auch dann keine Beachtung finden, wenn für vergleichbar dringliche Patienten nicht mehr ausreichend Beatmungsgeräte zur Verfügung stehen. *Jedes* Abstellen auf die „Erfolgsaussicht" des Einsatzes knapper medizinischer Ressourcen *muss* vulnerable Patientengruppen diskriminieren – Menschen, die zu alt, zu krank und komorbid, zu behindert[56] oder zu „fragil"[57] sind, um als „Gefäße" für den gesuchten Erfolg dienen zu können. Ansätze, die auf Erfolgsaussicht der Behandlung zielen, unterscheiden sich nur in der Radikalität, in der sie diese Diskriminierung einfordern. Dies auf dem Gebiet des Lebensschutzes schon im Ansatz zu verhindern, ist Sinn und Ziel des Verfassungsgrundsatzes, dass jedes menschliche Leben als solches gleich wertvoll ist und gleiche Schutzwürdigkeit genießt.

---

[56] Hierzu exemplarisch für viele die Leitlinien der BMA (Fn. 14), 4, die davon ausgehen, dass zur Nutzenmaximierung durch Triage zwar nicht „ausschließlich", aber primär alte, komorbide und behinderte Patienten auszuschließen sind.

[57] Siehe näher bei Fn. 63.

4. Nur formale Kriterien für die Auswahl zwischen gleichberechtigten Grundrechtsträgern

Die Kriterien, die in der Situation einer nötigen Auswahl zwischen gleichermaßen dringlichen Patienten noch zur Verfügung stehen, sind, weil normative Differenzierungen zwischen den individuellen Patient/innen und ihren Ansprüchen verfassungsrechtlich gesperrt sind, notwendigerweise *formaler* Natur, d.h. Kriterien, die „ohne Ansehen der Person“ funktionieren. In Frage kommen ein Prioritätsprinzip und ein Zufallsprinzip. Der Lebensschutz fordert, lebensrettende Ressourcen nicht ungenutzt zu lassen. Deshalb ist, solange es Kapazitäten gibt, zunächst jeder neu hinzukommende dringliche Patient zu versorgen. Sind die Kapazitäten erschöpft, ist es möglich, die Auswahl unter den gleich dringlichen Fällen beispielsweise in der Reihenfolge ihrer Aufnahme in die Klinik oder ihrer „Anmeldung“ zur Beatmung zu entscheiden. Ein solches Prioritätsprinzip wird sowohl durch Zufall als auch durch Kontingenz gesteuert. Alternativ sind formalisierte Losverfahren denkbar,[58] deren Nachteil nicht normativer, sondern sozialpsychologischer Natur ist – sie lassen sich den Betroffenen und dem Publikum schwer vermitteln. Entscheidend ist jedoch, zu sehen, dass formale Verteilungskriterien dieser Art gar nicht den Anspruch erheben, als Kriterien der *iustitia distributiva* besondere materielle Dignität zu besitzen. Ihre Funktion beruht alleine darauf, dass sämtliche materielle Kriterien für eine

[58] *Engländer/Zimmermann* (Fn. 7), 1400. Für die Vorzugswürdigkeit formalisierter Losverfahren gegenüber dem Prioritätsprinzip *Persad/Wertheimer/Emanuel*, The Lancet 373 (2009), 423, 424 und *Emanuel et al.* (Fn. 11), 2053; für die Vorzugswürdigkeit des Prioritätsprinzips *Brech* (Fn. 30), 302f.

wertende Selektion von Patient/innen wegen des übergeordneten normativen Prinzips der Lebenswertindifferenz gesperrt sind und deshalb nur formale übrig bleiben. Hinzu kommt, dass sie gerade deshalb, *weil* sie nur formale Kriterien, d.h. Instrumente formaler Chancengleichheit und reiner Verfahrensgerechtigkeit darstellen, die radikale materielle Gleichheit der Ansprüche der Betroffenen auf Berücksichtigung ihrer Überlebensinteressen operationalisieren und zugleich symbolisch zum Ausdruck bringen.[59]

IV. Medizinische Prognose und Diskriminierung

Die Empfehlungen der DIVI bekennen sich ebenso wie die Schweizer Richtlinien nur vordergründig zum Prinzip der Lebenswertindifferenz. Genau für den Fall, auf den es ankommt, nämlich für die Situation, dass die intensivmedizinischen Ressourcen knapp werden, stellen die Richtlinien konsequent von Dringlichkeit auf Erfolgsaussicht um: Nunmehr sollen diejenigen Patienten systematisch vom Zugang zur Intensivmedizin ausgeschlossen werden, die entweder eine schlechtere medizinische Rettungsprognose[60] oder eine geringere mittelfristige Lebenserwartung und -qualität aufweisen. Es geht ihnen also darum, genau diejenigen (Risiko-)Patient/innen negativ zu selektieren, die die Gesellschaft nicht ausreichend durch präventive Maßnahmen zur Eindämmung der Pandemie zu schützen in der Lage oder bereit war.

---

[59] Siehe hierzu *Gutmann/Fateh-Moghadam* (Fn. 28), 59, 78ff.; *Sternberg-Lieben* (Fn. 18), 634, 636; *Brech* (Fn. 30), 302; *Engländer/Zimmermann* (Fn. 7), 1401; i.E. auch *Rönnau/Wegner*, JuS 2020, 403, 406; grds. *Voßkuhle* Verwaltung 1999, 21, 37f.

[60] DIVI *et al.* (Fn. 5), 7.

Während die Empfehlungen der deutschen intensivmedizinischen Fachgesellschaften es vermeiden, klar auszusprechen, was Orientierung an „der individuellen Erfolgsaussicht des Patienten, also der Wahrscheinlichkeit, die aktuelle Erkrankung durch Intensivtherapie zu überleben“[61] in der klinischen Praxis bedeutet, formulieren die Schweizer Richtlinien transparente und konkrete „Nicht-Aufnahmekriterien“ für die Triage. Die im November 2020 aktualisierten Schweizer Richtlinien verschärfen die Diskriminierung von Menschen, die alt, krank oder behindert sind, für den Zugang zur Intensivmedizin nochmals auf systematische Weise.[62] Maßgeblich für die generalisierte Operationalisierung der kurzfristigen medizinischen Prognose soll nunmehr vor allem eine Kombination von Lebensalter und Gebrechlichkeit *(frailty)* des Patienten sein.[63] In diese gehen unterschiedliche Parameter zugeschriebener mangelnder Lebensqualität (Krankheit, Behinderung, Hilfsbedürftigkeit, Lebenserwartung) ein. „Fragilität“ (in die auch Demenz eingerechnet wird) wird so zum Sammelbegriff für jene Leben, die unter Knappheitsbedingungen nicht rettenswert erscheinen. Je mehr

---

[61] DIVI *et al.* (Fn. 5), 7.

[62] Zur Kritik an der ursprünglichen Fassung der Richtlinien, die ein Alter von über 85 Jahren als absolutes Ausschlusskriterium vorgesehen hatten, vgl. *Schwestermann/Tobler*, Jusletter 14.4.2020, https://ius.unibas.ch/fileadmin/user_upload/ius/08_Upload_News/Dokumente/200414_ius_coronae_Jusletter_altersdiskriminierun_fe88314128_de.pdf [5.12.2020].

[63] SAMW (Fn. 6), 4 f. Siehe zur *Clinical Frailty Scale Rockwood et al.*, Canadian Medical Association Journal 30 [2005], 489 sowie zu ihrer Verwendung zu Allokationszwecken *Rockwood et al.*, Canadian Geriatric Journal 23 [2020], 254. Auch die deutschen Empfehlungen der DIVI ([Fn. 5], 7) legen eine Orientierung an der CFS nahe, leiten daraus aber keine konkreten Nichtaufnahmekriterien ab.

ein Patient in seinem Lebensalltag auf Unterstützung durch Dritte angewiesen ist und je älter er ist, desto geringer sind seine Chancen, bei einer lebensbedrohlichen Erkrankung intensivmedizinisch behandelt zu werden. Das Abstellen auf das Kriterium der Abhängigkeit von der Hilfe Dritter führt notwendig dazu, dass Menschen mit Behinderungen sowohl in der ersten als auch in der zweiten Pandemiestufe weit überdurchschnittlich häufig von der Behandlung ausgeschlossen werden.[64] Abhängig vom Ausmaß der Ressourcenknappheit gelten verschiedene Kombinationen von jeweils einem – willkürlich festgelegten – Lebensalter und einer bestimmten Stufe der sogenannten *Clinical Frailty Scale*[65] (CFS). Sobald die intensivmedizinischen Ressourcen ausgeschöpft sind, werden etwa bereits Patienten, die 65 Jahre oder älter sind, „nicht mehr auf die Intensivstation eingewiesen",[66] wenn sie zugleich „moderat gebrechlich" *(moderately frail)* gemäß Stufe 6[67] der CFS sind. Ab einem Lebensalter von 75 Jahren genügt bereits eine leichte Gebrechlichkeit *(mildly frail)* nach Stufe 5[68] der CFS. Für die Chance, behandelt zu werden, macht es also

---

[64] So auch das Kurzgutachten des Dachverbandes der Behindertenorganisationen der Schweiz *Inclusion Handicap* vom 9. November 2020.

[65] *Rockwood et al.* 2005 (Fn. 63). Zu den einzelnen Stufen der CFS vgl. https://www.dal.ca/sites/gmr/our-tools/clinical-frailty-scale.html [8.12.2020].

[66] So die ausdrückliche Formulierung der Richtlinien der SAMW (oben Fn. 6), 8.

[67] Personen in dieser Kategorie (6) benötigen nach der Definition der CFS Hilfe bei allen außerhäuslichen Tätigkeiten und bei der Haushaltsführung.

[68] Personen in dieser Kategorie (5) sind nach der Definition der CFS offensichtlich in ihren Aktivitäten verlangsamt und benötigen Hilfe bei anspruchsvollen Alltagsaktivitäten.

bei gleicher allgemeiner Gesundheitsverfassung einen entscheidenden Unterschied, ob man 74 oder 75 Jahre alt ist. Selbst dann, wenn die Ressourcen noch nicht ausgeschöpft sind, aber die Gefahr besteht, dass während der nächsten Tage keine Intensivbetten mehr verfügbar sein werden, werden Patienten ab 85 Jahre und CFS Stufe 6 bzw. alle „schwer gebrechlichen" Patienten, die vollständig auf persönliche Fremdbetreuung angewiesen sind (= CFS Stufe 7) und mindestens 65 Jahre alt sind, von der Intensivtherapie ausgeschlossen. Als ernsthaft gebrechlich *(severely frail)* gelten danach auch schwer geistig behinderte oder demente Menschen, die sich nicht selbst versorgen können, und zwar unabhängig von ihrer sonstigen gesundheitlichen Konstitution und Lebenserwartung.[69]

Das von der SAMW vorgelegte System von Alters/Gebrechlichkeitskombinationen erzeugt den Eindruck eines objektiven medizinischen Zusammenhangs zwischen genau diesen Kombinationen und der kurzfristigen medizinischen Prognose als (vorgeblich) maßgeblichem Triage-Kriterium. Tatsächlich fehlt es hierfür aber an medizinischer Evidenz. Der allgemeine Hinweis auf Studienergebnisse, die einen Zusammenhang zwischen Gebrechlichkeit und Überlebenswahrscheinlichkeit nahelegen,[70] trägt keinesfalls das von der SAMW vorgelegte konkrete Triage-System. Namentlich weist die von der SAMW angeführte Studie selbst darauf hin, dass die Rolle der CFS für Patienten mit Behin-

[69] „Angeborene und posttraumatische Behinderungen" werden von den Richtlinien der SAMW ausdrücklich nur für den Fall der Ressourcenknappheit (Stufe A), nicht aber bei ausgeschöpften Ressourcen (Stufe B) berücksichtigt.

[70] Die SAMW (Fn. 6) verweist auf eine Studie von *Hewitt et al.*, Lancet Public Health 8 (2020), August, e444-51.

derungen nicht untersucht wurde.[71] Nach wie vor sehen die Schweizer Richtlinien, anders als ihr deutsches Pendant, keine individuelle Prognosestellung vor, sondern verlangen eine pauschale Anwendung der Nicht-Aufnahmekriterien.[72]

Aus rechtlicher Sicht kommt es indes gar nicht darauf an, ob die jeweilige Operationalisierung des Kriteriums der kurzfristigen medizinischen Prognose wissenschaftlich plausibel ist oder nicht. Vielmehr darf, wie oben gezeigt (III.2.), das Kriterium der kurzfristigen Prognose aus normativen Gründen *per se* nicht zur Anwendung gelangen. Patienten trotz einer realistischen Rettungschance aufgrund einer nur relativ geringeren Überlebenswahrscheinlichkeit vom Zugang zur Intensivmedizin auszuschließen („Nicht-Aufnahmekriterien"), verletzt deren Recht auf chancengleiche Teilhabe an den Gesundheitsressourcen. Der im Kern würdevermittelte Rechtsanspruch auf gleiche Teilhabe an der intensivmedizinischen Versorgung wird über die von der SAMW formulierten Nicht-Aufnahmekriterien für Angehörige von sogenannten Risikogruppen nicht nur abgeschwächt, sondern faktisch auf Null reduziert. Sobald der Schwellenwert für eine Ressourcenknappheit im Sinne der beiden Pandemiestufen überschritten ist, wissen ältere Menschen mit bestimmten Vorerkrankungen oder Behinderungen *positiv*, dass sie *keine* Chance haben, intensivmedizinisch behandelt zu werden.[73] Aus verfassungsrechtlichen Gründen muss aber

---

[71] *Hewitt et al.* (Fn. 70), e444.

[72] Zur Kritik vgl. bereits *Schwestermann/Tobler* (Fn. 62).

[73] Dass die *Schweizerische Gesellschaft für Intensivmedizin* (SGI) ihren Hinweis auf die vollständige Auslastung der Intensivbettenkapazitäten am 17.11.2020 mit der Empfehlung verbindet, Angehörige von Risikogruppen sollten sich Gedanken dazu machen, ob sie im Falle einer schweren Erkrankung lebensverlängernde Maßnahmen

jeder bedürftige Patient auch bei akuter Ressourcenknappheit zumindest die Chance auf eine intensivmedizinische Behandlung behalten. Chancengleichheit verlangt daher auch, dass „schicksalhafte Nachteile“, wie eine seltene Blutgruppe bei der Nierenallokation oder eine bestimmte Vorerkrankung oder Behinderung bei der Priorisierung in der Intensivmedizin möglichst ausgeglichen – und nicht verstärkt (!) – werden sollen.[74] Hinzu kommt, dass, wie gezeigt, auch das neue Triagesystem der SAMW nachteilige Konsequenzen direkt an bestimmte Lebensalter, Vorerkrankungen und Behinderungen knüpft und damit gegen allgemein anerkannte völker- und verfassungsrechtliche Diskriminierungsverbote verstößt.[75]

V. Medizinethische Kriterien ohne ethische Begründung

1. Ethik und Recht

Die analytische Moralphilosophie hat bisweilen einen genaueren und weiteren Blick als die Rechtswissenschaft.

---

erhalten möchten oder nicht, ist daher ebenso konsequent wie zynisch. Vgl. SGI, Stellungnahme COVID-19: Vollständige Auslastung zertifizierter und anerkannter Intensivbettenkapazitäten, Basel, 17.11.2020.

[74] Siehe am Beispiel der Nierentransplantation *Bundesärztekammer*, Richtlinien zur Organtransplantation gem. § 16 Abs. 1 Satz 1 Nrn. 2 u. 5 TPG, Allgemeiner Teil – Niere, II.1.f. und II.4.3 und 4.6 und dazu *Gutmann/Fateh-Moghadam* (Fn. 28), 99.

[75] Vgl. insb. Art. 5 und 25 der UN-Behindertenrechtskonvention; zu Recht kritisch auch *United Nations*, Policy Brief: The Impact of COVID-19 on older persons, May 2020, 5 (https://www.un.org/development/desa/ageing/wp-content/uploads/sites/24/2020/05/COVID-Older-persons.pdf) [10.12.2020]. Ausführlich zum Aspekt der Altersdiskriminierung *Schwestermann/Tobler* (Fn. 62).

Dies bedeutet aber gerade nicht, dass sich der ethische Diskurs (oder eine seiner vielen Richtungen) einfach an die Stelle des rechtlichen setzen könnte. Über die Anschlussfähigkeit ethischer Argumente an das Recht entscheidet das Recht nach Maßgabe der Kohärenz seiner eigenen normativen Strukturen. Aus der Sicht der Praktischen Philosophie ist deshalb die Naivität jener Ethiker/innen schwer zu verstehen, die glauben, sie könnten für die (und mit der) Medizin Handlungsanweisungen für Fragen auf Leben und Tod von Bürger/innen aufstellen und dabei die Regelungsebene des Rechts und die damit verbundenen auch strafrechtlichen Haftungsrisiken der Ärzt/innen einfach ausblenden. Mangelnde Reflexion erzeugt hier schlechte Wissenschaft, gerade auch in ihrer „angewandten“ Dimension.

Die „ethisch“ angeleiteten Empfehlungen und Richtlinien der medizinischen Fachgesellschaften in Deutschland und der Schweiz ermangeln nicht nur einer angemessenen Reflexion auf den rechtlichen Rahmen, in dem sie sich bewegen. Auch die Wahl der in Anschlag gebrachten ethischen Prinzipien erfährt so gut wie keine Begründung. Den mit Hilfe des Vereins „Akademie für Ethik in der Medizin“ formulierten DIVI-Empfehlungen[76] fehlt bereits jede Auskunft darüber, welche normativen Prinzipien ihnen überhaupt zugrunde gelegt wurden; sie markieren diskursives Niemandsland und unternehmen nicht einmal den Versuch, ihre evaluativen Prämissen als plausibel auszuweisen.[77] Die von der SAMW vorgelegten Richtlinien

[76] Siehe dort (Fn. 5), 1. Fassung, die eigenartige Fußnote 1: „Der Vorstand der Akademie für Ethik in der Medizin unterstützt mit einem Mehrheitsvotum die genannten Empfehlungen“. Mehrheitsentscheidungen gehören zum politischen System, nicht zum Wissenschaftssystem.

[77] So auch *Lübbe*, MedR 2020, 434, 436 f.

begnügen sich mit einem Globalverweis auf die „vier weitgehend anerkannten medizin-ethischen Prinzipien" des Standardlehrbuchs von *Beauchamp & Childress* (Gutes tun, nicht schaden, Respekt vor der Autonomie und Gerechtigkeit), die viel zu unspezifisch sind, als dass sich aus ihnen Kriterien für eine „Triage" hinsichtlich Aufnahme und Verbleib von Covid-19-Patientinnen auf der Intensivstation ergeben könnten; die konkreten normativen Vorgaben werden nur dekretiert.

2. Das Ziel, im Verlauf einer Pandemie „die grösstmögliche Anzahl von Leben zu retten"

Das Ziel, im Verlauf einer Pandemie „die grösstmögliche Anzahl von Leben zu retten" (SAMW[78]), scheint intuitiv hoch plausibel zu sein, wenngleich es korrekt formuliert „die größtmögliche Anzahl von Leben auf Kosten bestimmter Leben zu retten" lauten müsste. Es hat internationale Vorbilder.[79] Seine Verfolgung scheint dem Leben der Menschen, die von dieser Politik negativ betroffen sind, auf den ersten Blick nicht weniger Wert zuzumessen als dem der zu rettenden Personen: Hat man bei der Vergabe des Beatmungsplatzes zwischen einem 75-jährigen Patienten mit Vorerkrankungen und einem jüngeren Patienten ohne Vorerkrankungen zu wählen und entscheidet sich für den älteren Patienten, so steigt hierdurch in der Tat das Risiko, dass beide Patienten sterben. Zudem würden auch die

[78] Siehe für den Bereich der Allokation lebensrettender Organe auch *Dannecker/Streng*, JZ 2012, 444, 447f.; ähnlich *Brech* (Fn. 27), 238f.

[79] Vgl. *Liddell et al.*, Journal of Medical Ethics 46 (2020), 421 und *Jöbges/Vinay/Luyckx/Biller-Andorno*, Bioethics (online first 25 September 2020), https://doi.org/10.1111/bioe.12805.

prognostisch längeren Beatmungszeiten älterer Patient/innen zu einer insgesamt größeren Sterblichkeit führen, sodass die Anwendung der Triage-Richtlinien tatsächlich die Anzahl der durch den Einsatz der intensivmedizinischen Ressourcen geretteten „Leben" maximieren könnte.[80]

Gleichwohl stellt sich die Frage, ob der so verstandene Gesichtspunkt der Ressourceneffizienz auch normativ einen Unterschied begründet, der es rechtfertigt, ältere und erkrankte Menschen mit weniger guter Prognose systematisch vom Zugang zur Intensivmedizin auszuschließen. Die Antwort lautet: Nein. Herrn Müller darauf zu verweisen, er werde deshalb nicht intensivmedizinisch behandelt, weil die Behandlung von Herrn Meier eine größere Erfolgsaussicht habe und hierdurch langfristig und in Summe mehr Menschen gerettet werden könnten, verletzt Herrn Müllers individuellen grundrechtlichen Anspruch auf chancengleiche Teilhabe an den intensivmedizinischen Ressourcen „jetzt und hier". Die den Triage-Empfehlungen und -Leitlinien zugrunde liegende Gegenauffassung verlangt von älteren Menschen und Menschen mit Vorerkrankungen hingegen ein unzumutbares Sonderopfer und führt zu einer faktischen Entleerung ihrer Grundrechtspositionen. Sie „stellt das Leben mancher Betroffener über das Leben anderer"[81] und verkennt, dass sich „juristische Gerechtigkeit" im Rechtsstaat an individuellen Rechtspositionen orientiert und nicht an einem zu erwartenden medizinischen Kollektivnutzen. Der grundgesetzlich garantierte Lebensschutz ist auf das je einzelne Leben und nicht auf das Aggregatsrecht eines Kollektivs, also auch nicht auf die Zahl geretteter Leben bezogen. Das Lebensrecht ist

---

[80] Vgl. etwa *Heller/Schubert/Schuler* (Fn. 9).

[81] Dies verneinend *Dannecker/Streng* (Fn. 78), 449.

nonaggregativ[82]: Der Wert eines Lebens darf nicht gegen ein anderes abgewogen und auch nicht mit mehreren anderen möglicherweise zu rettenden Leben verrechnet werden. Wie ein Triage-Kriterium der Maximierung der geretteten Lebensjahre würde auch das Kriterium, die Anzahl der geretteten Leben um jeden Preis zu maximieren, nicht nur eine „krasse Abstandnahme vom eingeübten Blick auf die medizinische Bedürftigkeit"[83] fordern, es würde in seiner Operationalisierung auch notwendigerweise gegen das Prinzip verstoßen, dass jedes menschliche Leben gleich wertvoll ist und gleiche Schutzwürdigkeit genießt. Der deutsche Ethikrat hat deshalb recht, wenn er knapp anmerkt, dass eine „bloß[e] Maximierung von Menschenleben"[84] (!) mit den Vorgaben der Verfassung nicht vereinbar sei. Der Art. 2 Abs. 2 Satz 1 i.V.m. Art. 1 Abs. 1 GG zugrunde liegende normative Individualismus, demzufolge kein Leben ersetzbar ist, mutet niemandem, auch nicht dem Alten und Kranken zu, sein Leben für das Gesamtwohl opfern zu müssen.

Dieses Grundprinzip des deutschen Rechts kann auch nicht mit dem zweifelhaften[85] (und vor allem: außerrechtlichen) kontraktualistischen Argument ausgehebelt werden, eine Regel zur Maximierung der Anzahl der Überlebenden und damit der Opferung Einzelner könne auch aus einer individuellen Perspektive rational und zustimmungsfähig sein, weil sie bei einer Ex-ante-Betrachtung statistisch die

---

[82] *Lübbe* (Fn. 8).

[83] *Lübbe* (Fn. 8).

[84] *Deutscher Ethikrat* (Fn. 29), 3.

[85] *Merkel/Augsberg* (Fn. 16), 710. Siehe bereits die Debatten zwischen *Rawls* und *Harsanyi* sowie *Roemer* (Theories of Distributive Justice, 1996, 147 ff.) zum „utilitarianism from behind the veil of ignorance".

Überlebenswahrscheinlichkeit aller Einzelnen erhöhe.[86] Überlegungen dieser Art geben, falls sie überzeugen, Anlass zum Verfassungsdesign; auf dem Boden einer Verfassung, die sich dafür entschieden hat, bei der Verteilung knapper lebensrettender Ressourcen *jede* Ungleichbehandlung von Personen zu untersagen, sind sie unerheblich. Zugleich stößt auch das gerechtigkeitstheoretische Argument, eine Altersrationierung könne kontraktualistisch bzw. in intrapersonaler Klugheitsperspektive gerechtfertigt werden, weil wir alle altern,[87] von Verfassung wegen jedenfalls an seine Grenze, wenn es wie in der Triage-Situation um die Rettung altersunabhängig gleichberechtigter Patienten aus unmittelbarer Lebensgefahr geht.

Bei näherer Analyse ist das Ziel, „die größtmögliche Anzahl von Leben zu retten", überdies ein inkonsistentes Scheinkonstrukt. Es ist ein analytisches Urteil, dass „Leben" – insbesondere wenn es in aggregativen Zusammenhängen verwendet wird – einen Zeitindex hat. Man kann nur Minuten, Stunden, Tage, Jahre, Jahrzehnte leben. Der Ausdruck „die größtmögliche Anzahl von Leben retten" ist normativ sinnlos, wenn nicht auf die Dauer dieser „Leben" Bezug genommen wird; ein „Leben" ohne Dauer ist keine mögliche Mess- und Aggregationseinheit. Deshalb ist der in der klinischen (d. h. der von der medizinischen Praxis geprägten) Ethik überwiegend vertretene Ansatz, demzufolge es in Triagesituationen um die Maximierung der Zahl der durch den Ressourceneinsatz zu rettenden *Lebensjahre* gehe,[88] zwar nicht mit den „lebenswert-" und „lebensdauer-indifferenten" und insoweit antikonsequentialistischen

[86] Vgl. *Lübbe* (Fn. 77), 439 und *Gaede et al.* (Fn. 50), 133 mit Fn. 41.

[87] *Huster*, MedR 2010, 369; grundlegend *Daniels*, Just Health Care, 1985, 86 ff.

[88] *Emanuel et al.* (Fn. 11), 2054 („consensus value").

Vorgaben des Grundgesetzes für den Lebensschutz vereinbar, aber zumindest ein in sich kohärentes Konzept (wenngleich es zu der Anschlussfrage führt, ob man auf nackte Lebenszeit oder mit dem utilitaristisch geprägten gesundheitsökonomischen *mainstream* zumindest auf „qualitätskorrigierte" Lebensjahre oder *disability-adjusted life-years* abstellen sollte). Auf das Ziel, „die grösstmögliche Anzahl von Leben zu retten", trifft dies nicht zu. Konsistent wird dieses Ziel erst, wenn die „Leben" ihre Zeitdimension erhalten, also mit ihren Lebensjahren multipliziert werden und damit die utilitaristisch-aggregative Logik[89] dieses Ziels zu Ende gedacht wird. Man kann also nur entweder „lebensdauerindifferent" verteilen oder (ggf. „qualitätskorrigierte") *Lebensjahre* aggregativ maximieren. Alle dazwischen liegenden Vorschläge[90] zur Beantwortung der Frage, „[a]b welcher Differenz in der Lebenserwartung […] die Bevorzugung eines Patienten legitim ist"[91] – das in den DIVI-Empfehlungen propagierte Abstellen nur auf „die Wahrscheinlichkeit, dass der Patient die aktuelle Erkrankung mithilfe der Intensivtherapie überleben wird" („klinische Erfolgsaussicht"),[92] die Berücksichtigung „mittel-

---

[89] *Emanuel et al.* (Fn. 11), 2052 m. w. N. („In the context of a pandemic, the value of maximizing benefits [produced by scarce resources] is most important"); BMA (Fn. 14), 4; *Christian et al.*, Chest 146 (2014), e61S, e69S; i. E. auch (kritisch) *Deutscher Ethikrat* (Fn. 29), 3.

[90] Im europäischen Vergleich von Triage-Richtlinien wird hinsichtlich der Frage, ob für die Triage auf Kurz- oder Langzeitüberleben der Patienten abzustellen ist, insoweit alles vertreten, vgl. *Jöbges/Vinay/Luyckx/Biller-Andorno* (Fn. 79).

[91] *Hoven* (Fn. 47), 451.

[92] *Marckmann*, Triage bei COVID-19, 23.4.2020, https://www.divi.de/aktuelle-meldungen-intensivmedizin/triage-bei-covid-19-wir-entscheiden-nicht-nach-alter-oder-behinderung-inten-

fristiger Erfolgsaussicht"[93] bzw. Überlebenszeiten, eine Restlebenszeitprognose von mindestens 12 Monaten,[94] 24 Monaten[95] oder länger[96] – sind als normative Kriterien weder Fisch noch Fleisch; sie sind willkürliche,[97] konzeptionell nicht lebensfähige Hybride zweier inkompatibler normativer Logiken, von denen in der Triage-Situation nur eine mit den Grundentscheidungen der deutschen Verfassung kompatibel ist.

VI. „Ethische" Kriterien ohne rechtliche Relevanz

Auch Jurist/innen haben moralische Intuitionen, und moralische Kritik am Recht bleibt immer möglich. Nur folgt daraus, wie *Niklas Luhmann* trocken anmerkt, nicht schon, dass entsprechende Argumente rechtlich überzeugen, oder dass eine Moral, die sich gegen das Recht stellt, Konsens

---

siv-und-notfallmediziner-aktualisieren-klinisch-ethische-entscheidungsempfehlungen [10.11.2020]; DIVI *et al.* (Fn. 5), 6.

[93] *Taupitz* (Fn. 35), 446.

[94] *Christian et al.* (Fn. 89), e63S.

[95] Richtlinie der SAMW (Fn. 6), 8.

[96] SIAARTI (Italien), Klinisch-ethische Empfehlungen für den Einsatz und das Aussetzen intensivmedizinischer Behandlungen unter den außergewöhnlichen Umständen/Bedingungen eines Ungleichgewichts zwischen Bedürfnissen/Nachfrage und Ressourcen (7.3. 2020), http://www.siaarti.it/SiteAssets/News/COVID19%20-%20documenti%20SIAARTI/SIAARTI%20-%20Covid-19%20-%20Klinisch-ethische%20Empfehlungen.pdf [10.11.2020]: „Es könnte notwendig werden, eine Altersgrenze für die Aufnahme auf Intensivstationen zu bestimmen. Dabei geht es darum, primär Ressourcen zu sparen für Patienten die erstens die höchsten Überlebenschancen haben und zweitens bei denen die meisten Lebensjahre gerettet werden können."

[97] Vgl. *Merkel/Augsberg* (Fn. 16), 709.

finden wird.[98] So kann man natürlich „auf der Basis privat-moralischer Fairnessvorstellungen“,[99] statt sich „blind an vermeintliche Dogmen“ des Verfassungsrechts zu halten, eine „konsequentialistische Betrachtung“[100] der Triage-Situation und das Abstellen auf die (statistisch) verbleibende Lebensdauer der Patienten (also auf geringes Lebensalter und fehlende Komorbidität) fordern, um „einer irrationalen Verschwendung von Ressourcen“ entgegenzutreten.[101] Man kann sich auch einfach weigern, die norm-, wert- und grundrechtstheoretischen Debatten über das Verhältnis von Gleichheit und Nutzenmaximierung überhaupt zur Kenntnis zu nehmen und „Erfolgsaussicht“ bzw. „zwecktauglichen Ressourceneinsatz“ in voranalytischer Naivität als Leitprinzip für die Patiententriage präsentieren.[102] Über die Anschlussfähigkeit solcher Vorschläge an die Vorgaben des Rechts ist damit aber noch nichts ausgesagt. Ein ethisches Prinzip der Priorisierung jüngerer Patienten, die noch kein „vollständiges Leben“ gelebt haben, lässt sich auch eklektisch[103] oder prioritaristisch[104] herleiten, und selbst das (zumindest auf den ersten Blick) nichtkonsequentialistische, gerechtigkeitstheoretische Argument, dass jüngere Menschen, im Gegensatz zu alten, ihre Lebenschancen noch nicht (bzw. in der Regel erst weniger qualitätskorrigierte Lebensjahre[105]) hatten, kann da-

---

[98] *Luhmann*, Das Recht der Gesellschaft, 1993, 78f.

[99] So kritisch *Engländer/Zimmermann* (Fn. 7) 1400.

[100] *Hoven* (Fn. 47), 452.

[101] *Hoven* (Fn. 47), 452.

[102] So *Gaede et al.* (Fn. 50), 136. Siehe zur Kritik *Merkel/Augsberg* (Fn. 16), 707ff., 712f.

[103] *Persad/Wertheimer/Emanuel* (Fn. 58), 428 ff („the complete lives system“).

[104] *Ottersen*, Journal of Medical Ethics (39) 2013, 175.

[105] *Ottersen* (Fn. 104), 175.

für herangezogen werden.[106] Diesen kontrovers diskutierten *lifetime priority view*,[107] der Lebensspannen als Zurechnungssubjekt für Fragen der Verteilungsgerechtigkeit vorschlägt, kann man „ethisch" mehr oder weniger gut und richtig finden; seine Übertragung auf die rechtliche Normierung der Triage in der Bundesrepublik ist jedoch ein grundrechtsdogmatischer Kategorienfehler. Das Prinzip der „Lebenswertindifferenz" ist ein *rechtebasiertes* Konzept. Subjektive Rechte, jedenfalls die des Grundgesetzes, sind nunczentrisch;[108] ihr Zurechnungssubjekt ist der jeweilige Grundrechtsträger *hier und jetzt*, nicht seine von seinen je gegenwärtigen („synchronen"[109]) Interessen abgelöste biographische Existenz insgesamt. Gegenstand lebenswertindifferenter Gleichheit sind die je individuellen Ansprüche von Personen im Moment der Allokationsentscheidung, nicht „Lebensdauer"[110] oder aggregierte biogra-

---

[106] Auch *Hörnle/Wohlers*, GA 2018, 12, 28 sprechen sich in anderem Zusammenhang (autonomes Fahren) für eine grundsätzliche Berücksichtigungsfähigkeit der Lebenserwartung aus.

[107] Hierzu *McKerlie*, Canadian Journal of Philosophy 27 (1997), 287; *Williams*, Health Economics 6 (1997), 117; *Nord*, Social Science and Medicine 60 (2005), 257; *Adler*, Well-being and fair distribution: Beyond cost-benefit analysis, 2012, 405 ff.; *WHO*, Making fair choices on the path to universal health coverage: Final report of the Consultative Committee on Equity and Universal Health Coverage, 2014, 15; *Herlitz*, Medicine, Health Care and Philosophy 21 (2018), 517. Zum verwandten, aber engeren *fair innings*-Argument zugunsten der Zurücksetzung derjenigen, die schon ein hinreichend langes Leben (einen „fairen Schwellenwert" an Leben) hatten, *Harris*, The Value of Life, 1985, 91; *Bognar*, Bioethics 29 (2015), 251 und kritisch *Rivlin*, BMC Medical Ethics 1 (2000), 1.

[108] *Gutmann*, in: Schmücker/Siep (Hrsg.), Die zeitliche Dimension der Gerechtigkeit, 2020, 11.

[109] *Wagland*, in: Lesser (Ed.), Justice for Older People, 2012, 161, 170.

[110] So aber *Hoven* (Fn. 47), 451 („Jeder Mensch hat denselben Wert

phische Lebenschancen. Dasselbe gilt für jene Argumente für den Rettungsvorrang von Menschen mit höherer Restlebenserwartung, die im ethischen Diskurs (mehr oder weniger erfolgreich) auch auf nichtkonsequentialistischer Grundlage entwickelt werden:[111] Keines von ihnen ist mit dem „Dauerbewertungsverbot“[112] für menschliche Leben vereinbar, das Art. 2 Abs. 2 Satz 1 i. V. m. Art. 1 Abs. 1 GG zugrunde liegt; keines von ihnen ist an das *rechtliche* Leitprinzip anschlussfähig, demzufolge das *Lebensrecht* jedes Grundrechtsträgers zu jedem Zeitpunkt, unabhängig von seinem Alter und seiner Restlebenserwartung, radikal gleich ist. Gerade hier wird nochmals der oben[113] erwähnte Umstand deutlich, dass der distributive Egalitarismus des Rechtssystems im Bereich der Zuteilung von Überlebenschancen ein informationell rigoros beschränkter Ansatz ist, der normative Gründe dafür hat, sich konkurrierenden normativen Prinzipien gerade nicht mehr zu öffnen: Wenn jedes Leben gleich wertvoll und jedes Lebensrecht gleich stark ist, sind alle Personen insoweit gleich zu behandeln. Der Umstand, dass es *von Rechts wegen* kein zulässiges materielles Differenzierungskriterium mehr gibt, zieht die Recht/Ethik-Grenze an dieser Stelle in besonderer Schärfe. Die Rechtswissenschaft täte gut daran, sich das vor Augen zu halten.

– die Dauer seines Lebens hingegen nicht. Die Frage lautet also nicht: ‚Ist ein 90-Jähriger mehr oder weniger ‚wert‘ als ein 5-Jähriger?‘, sondern: ‚Ist eine zu erhaltende Lebensdauer von 5 Jahren mehr oder weniger wert als eine Lebensdauer von 90 Jahren?‘“).

[111] *Kamm*, Social Philosophy and Policy 26 (2009), 161; *Kerstein*, Journal of Applied Philosophy 34 (2017), 635.

[112] *Sternberg-Lieben* (Fn. 18), 631.

[113] Bei Fn. 41.

VII. Zwischen Notstand und Pflichtenkollision: Lebenswertindifferenz im Strafrecht

Die vorstehenden Überlegungen zu den rechtsphilosophischen und verfassungsrechtlichen Rahmenbedingungen der Priorisierung von Patienten in der Intensivmedizin adressieren primär die Normsetzung. Welche Grenzen für individuelle Auswahlentscheidungen von Ärzten unter den Bedingungen eines „Gesundheitsnotstands" gelten, richtet sich mangels spezialgesetzlicher Regulierung nach dem allgemeinen Strafrecht.[114] Der Grundsatz der Gleichwertigkeit allen menschlichen Lebens wird im geltenden Strafrecht geradezu exemplarisch durch das Verhältnis von rechtfertigendem Notstand (§ 34 StGB) und rechtfertigender Pflichtenkollision abgebildet. Im Rahmen strafrechtlicher Rechtfertigung dürfen Menschenleben nicht gegen Menschenleben abgewogen werden. Dies ist kein „Dogma" der Strafrechtswissenschaft,[115] sondern Ausdruck der „strafrechtsgestaltenden Macht des Grundgesetzes"[116]. Alle Versuche, die anerkannten Grenzen der Notstandsrechtfertigung über eine Ausweitung der rechtfertigenden Pflichtenkollision zu unterlaufen, zielen daher explizit[117] oder implizit[118] auf die Desavouierung bzw. Relativierung des verfassungsrechtlichen Grundsatzes der Lebenswertindifferenz.

---

114 *Lindner* (Fn. 40), 723; vgl. dazu die Beiträge von *Engländer* und *Hörnle*, in diesem Band, S. 111 ff., 149 ff.

115 So aber *Hoven* (Fn. 47), 450.

116 *Roxin*, in: Häberle (Hrsg.), Jahrbuch des öffentlichen Rechts der Gegenwart. Neue Folge, 2011, 1, 28.

117 *Hoven* (Fn. 47), 450 f.

118 *Gaede et al.* (Fn. 50); Hörnle, https://verfassungsblog.de/dilemmata-bei-der-zuteilung-von-beatmungsgeraeten/ [20.11.2020] sowie *dies.*, in diesem Band, S. 149 ff.

1. Grenzen der Notstandsrechtfertigung im Kontext der Triage

Für eine Rechtfertigung der Nichtaufnahme eines Patienten auf die Intensivstation scheiden zunächst alle strafrechtlichen Rechtfertigungsgründe aus, die auf dem Gedanken des überwiegenden Interesses beruhen. Dass das menschliche Leben im Rahmen der für die Notstandsrechtfertigung nach § 34 StGB maßgeblichen Interessenabwägung einer saldierenden Abwägung nicht zugänglich ist, gehört zum Kernbestand des deutschen Strafrechts.[119] Eine qualitative Bewertung der Überlebensinteressen von Patienten abhängig von ihrem Lebensalter, der zu erwartenden Lebensqualität oder des Grades der Überlebenswahrscheinlichkeit ist deshalb ausgeschlossen, solange sie noch eine realistische Rettungschance haben.[120] Stehen sich in einem Interessenkonflikt die Leben *verschiedener* Menschen gegenüber, scheidet nach h.M. eine auf das Überwiegen eines Interesses gestützte Rechtfertigung darüber hinaus auch dann aus, wenn durch die Tötung eines Menschen mehrere andere gerettet werden.[121] Somit kann die Zurückweisung eines Risikopatienten, der eine intensivmedizinische Behandlung wünscht, nicht mit dem Hinweis darauf gerechtfertigt werden, dass durch die vorrangige Behandlung von Patienten mit besserer kurzfristiger Prognose insgesamt mehr Menschenleben in der Pandemie gerettet werden könnten.[122] § 34 StGB kommt daher nach

---

[119] Statt aller: *Fischer*, StGB, 68. Aufl. 2021, § 34 Rn. 14; *Roxin/Greco*, Strafrecht. Allgemeiner Teil. Band I, 5. Aufl. 2020, § 16 Rn. 33; *Sternberg-Lieben* (Fn. 18), 630 ff.; a. A. *Hoven* (Fn. 47), 450 f.

[120] Dazu ausführlich *Sternberg-Lieben* (Fn. 18), 630 ff.

[121] *Fischer* (Fn. 119), § 34 Rn. 15 m. w. N.

[122] So i. E.: auch *Sternberg-Lieben* (Fn. 18), 633; *Merkel/Augsberg* (Fn. 16), 708.

bislang allgemeiner Auffassung[123] in der Strafrechtswissenschaft als Rechtfertigung für Triage-Entscheidungen nicht in Frage.

2. Grenzen der rechtfertigenden Pflichtenkollision im Kontext der Triage

Da § 34 StGB wegen der Unabwägbarkeit von Menschenleben keine Antwort für die in einer Situation ausgelasteter Intensivstationen unvermeidbaren, tragischen Auswahlentscheidungen bereithält, avanciert der übergesetzliche Rechtfertigungsgrund der Pflichtenkollision zum maßgeblichen Institut für die strafrechtliche Bewältigung von Triage-Situationen.[124]

a) Pflichtenkollision bei der Aufnahmetriage

Nach der rechtfertigenden Pflichtenkollision handelt gerechtfertigt, wer von zwei *gleichwertigen* kollidierenden *Handlungs*pflichten nur eine von beiden erfüllt. Darüber hinaus wird in der Literatur eine rechtfertigende Pflichtenkollision auch dann angenommen, wenn zwei ungleichwertige Handlungspflichten kollidieren und der Täter die höherrangige Pflicht erfüllt.[125] Der Grundsatz der Lebenswertindifferenz verbietet es insoweit, die Triage von Co-

---

[123] Für eine explizite Aufgabe des Grundsatzes der Unabwägbarkeit von Leben gegen Leben im Strafrecht aber nunmehr *Hoven* (Fn. 47), 450 ff. Die von *Hoven* vorgeschlagene Berücksichtigung der statistischen Lebenserwartung des Patienten zielt auf eine – verfassungsrechtlich offensichtlich unzulässige – direkte Altersrationierung bei der Allokation lebensrettender medizinischer Ressourcen.

[124] *Gaede et al.* (Fn. 50), 132.

[125] *Roxin/Greco* (Fn. 119), § 16 Rn. 125.

vid-19-Patienten als eine Kollision von *nicht gleichwertigen* Handlungspflichten zu verstehen.[126] Die Gegenansicht[127] impliziert, dass der Arzt nur dann gerechtfertigt wäre, wenn er den fachmedizinischen Empfehlungen folgen und den Patienten mit der besseren Erfolgsaussicht behandeln würde. Dies ist nicht haltbar, weil die Unabwägbarkeit menschlichen Lebens für die Pflichtenkollision in gleichem Maß gilt wie beim rechtfertigenden Notstand.[128] Wenn es um die Kollision von Lebensrettungspflichten bei der Priorisierung von Patienten geht, zwingt der Grundsatz der Lebenswertindifferenz dazu, die kollidierenden Handlungspflichten als normativ gleichwertig zu qualifizieren. Der Rückgriff auf die rechtfertigende Pflichtenkollision dient der Gegenansicht ersichtlich allein dazu, die für § 34 StGB anerkannten Grenzen der Notstandsrechtfertigung zu umgehen. Der von ihnen reklamierte Fall einer höherrangigen Handlungspflicht zur Rettung eines bestimmten Lebens würde indes ohne Weiteres von § 34 StGB erfasst.[129] Eine auf typische Notstandskonstellatio-

---

[126] So aber *Gaede et al.* (Fn. 50), 133. Die Autoren bezeichnen die Erfolgsaussicht zwar zunächst lediglich als „zulässiges" Kriterium bei der Aufnahmetriage, diskutieren dies aber im Hinblick auf die Frage der Gleichwertigkeit der Handlungspflichten bei der Pflichtenkollision. Wie hier auch *Fischer* (Fn. 119), Vor § 32 Rn. 11a zur Pflichtenkollision in der Triage („So ändert etwa die bloße Differenz von Chancengrößen an der Pflicht nichts, denn aus der Sicht des jeweils Betroffenen besteht die Handlungspflicht auch bei ganz geringen Chancen").

[127] Wie oben (Fn. 126).

[128] *Roxin/Greco* (Fn. 119), § 16 Rn. 124.

[129] *Fischer* (Fn. 119), Vor § 32 Rn. 10. Da der rechtfertigende Notstand im Schweizer Strafrecht (Art. 17 CH-StGB) die Wahrung „höherwertiger Interessen" genügen lässt, sieht *Stratenwerth* keinen Raum für die Anwendung der Pflichtenkollision auf die Kollision ungleichwertiger Handlungspflichten und behandelt diese nach dem

nen ausgeweitete Pflichtenkollision wäre kein übergesetzlicher Rechtfertigungsgrund, sondern eine Rechtfertigung *contra legem*, weil sie ohne Notwendigkeit die gesetzlichen Voraussetzungen der Notstandsrechtfertigung umginge.

Bei der Priorisierung von Covid-19-Patienten handelt es sich mithin um den eigentlichen Anwendungsfall der rechtfertigenden Pflichtenkollision, indem von zwei *gleichwertigen* Handlungspflichten praktisch nur eine erfüllt werden kann. Dieser Rechtfertigungsgrund unterscheidet sich nach seiner *ratio* und inhaltlichen Begründung kategorial von der Notstandsrechtfertigung. Die rechtfertigende Pflichtenkollision relativiert nicht die Unabwägbarkeit von Menschenleben, sondern trägt dem Umstand Rechnung, dass die Rechtsordnung von niemandem Unmögliches verlangen kann *(impossibilium nulla est obligatio)*.[130] Da der Arzt in einer echten Triage-Situation aber gleichzeitig nicht einfach untätig bleiben darf, sondern versuchen muss, zumindest einen Patienten zu retten, lässt die Pflichtenkollision die alternative Erfüllung einer der beiden Handlungspflichten genügen. Dass die Rechtfertigung in diesem Fall nicht auf einer Interessenabwägung – und gleichfalls nicht auf einer unterschiedlichen Bewertung von Verpflichtungsgründen[131] – beruht, lässt sich daran ablesen, dass es nicht darauf ankommt, welche der beiden Handlungspflichten erfüllt wird. In einer echten Triage-Situation ist es daher strafrechtlich gleichgültig, welchen Patienten der Arzt auf die Intensivstation einweist.[132] Knüpft man die

---

rechtfertigenden Notstand (Art. 17 CH-StGB) (*Stratenwerth*, Schweizerisches Strafrecht, Allgemeiner Teil I, 4. Aufl. 2011, § 10 N 65).

[130] *Sternberg-Lieben* (Fn. 18), 630.

[131] Zur Neukonstruktion der Pflichtenkollision als Kollision von Verpflichtungsgründen vgl. *Villa*, ZStW 2018, 959.

[132] Entgegen *Lindner* (Fn. 40), 726f. handelt der Arzt sogar dann

rechtfertigende Pflichtenkollision wie hier streng an das Vorliegen von gleichwertigen Handlungspflichten und an die Möglichkeit, sich zwischen diesen Pflichten frei entscheiden zu können, so ist sie nicht nur mit dem Grundsatz der Lebenswertindifferenz vereinbar, sondern vielmehr deren Ausdruck.

Ebenfalls nicht vereinbar mit dem Grundsatz der Lebenswertindifferenz ist die bereits praktizierte[133] „vorsorgliche" Anwendung von Triage-Kriterien, wie dies die Schweizer Triage-Richtlinien vorsehen.[134] Danach sollen die Kriterien für die Nichtaufnahme von Risikopatienten bereits dann angewendet werden, wenn Betten für die Intensivpflege zwar verfügbar, aber die Kapazitäten begrenzt sind und die Gefahr besteht, dass während der nächsten Tage keine Intensivpflegebetten verfügbar sein werden.[135] Aus strafrechtlicher Sicht fehlt es in einer Situation, in der zum Zeitpunkt der Aufnahmeentscheidung noch Intensivbetten verfügbar sind, bereits objektiv an einer Rechtfertigungslage. Der Rechtfertigungsgrund der Pflichten-

---

gerechtfertigt, wenn er sich von diskriminierenden Motiven leiten lässt, da das bloße Diskriminierungsunrecht nicht als Tötungsunrecht erfasst werden kann (vgl. dazu *Engländer*, in diesem Band, S. 138 f.). Eine Sanktionierung der Diskriminierung bei der Patientenauswahl erforderte einen spezialgesetzlichen Straftatbestand wie in Art. 68 Abs. 1g i. V. m. Art. 17 und 21 Abs. 2 sowie Art. 18 CH-TPG (Transplantationsgesetz vom 8.10.2004 [1.1.2020]).

[133] So wurde Ende Oktober im Kanton Wallis ein 80-jähriger Patient trotz intensivmedizinischer Indikation abgewiesen, um die letzten Betten für Fälle freizuhalten, in denen mehr Hoffnung bestehe, obwohl zu diesem Zeitpunkt schweizweit noch mind. 402 (Quelle: icumonitoring.ch [8.12.2020]) Intensivbetten verfügbar waren (*Kučera*, Patienten müssen im Schockraum behandelt werden: Sittener Krankenhaus am Anschlag, NZZ am Sonntag vom 1.11.2020.).

[134] SAMW (Fn. 6), 6 (sogenannte Triage-Stufe A).

[135] SAMW (Fn. 6), 6.

kollision greift nur dann ein, wenn zum Zeitpunkt der Tathandlung zwei *aktuell bestehende* gleichwertige Handlungspflichten kollidieren. Eine bloß prognostisch zu erwartende und mithin hypothetische Ausschöpfung der Ressourcen in der Zukunft konstituiert keine aktuellen Handlungspflichten gegenüber individualisierbaren Personen und muss daher unberücksichtigt bleiben. Nach der hier vertretenen Ansicht gibt es zudem schon deshalb keinen *legitimen* Grund für eine vorsorgliche Rationierung von Intensivressourcen, weil die in Zukunft zu erwartenden Patienten kein höherrangiges Interesse an einer Behandlung geltend machen können als die aktuell lebensbedrohlich erkrankten Patienten. Die Triage-Richtlinien der SAMW zum vorausschauenden „Ressourcenmanagement" empfehlen ein strafbares Verhalten.

b) Pflichtenkollision bei der nachträglichen Triage durch Behandlungsabbruch?

Die strafrechtlichen Grundsätze der rechtfertigenden Pflichtenkollision dürfen richtigerweise nicht in Konstellationen angewendet werden, in denen eine Handlungspflicht mit einer gleichwertigen Unterlassungspflicht kollidiert.[136] Damit ist insbesondere die im Kontext der Corona-Pandemie umstrittene „nachträgliche Triage" durch Behandlungsabbruch angesprochen, bei der die Pflicht, einen neu eintreffenden Patienten zu behandeln, mit der Unterlassungspflicht kollidiert, nicht in die Rechtsgüter des bereits behandelten Patienten einzugreifen. Die Richt-

[136] *Deutscher Ethikrat* (Fn. 29), 4; *Merkel/Augsberg* (Fn. 16), 710 ff.; *Engländer/Zimmermann* (Fn. 7), 1400; *Roxin/Greco* (Fn. 119), § 16 Rn. 117; *Sternberg-Lieben* (Fn. 18), 635 f.; a. A. *Gaede et al.* (Fn. 50), 134 f.; *Hoven* (Fn. 47), 452 ff. und *Jäger/Gründel*, ZIS 2020, 151, 156.

linien der SAMW und die Empfehlungen der DIVI verlangen indes beide auch nach der einmal aufgenommenen intensivmedizinischen Behandlung eine regelmäßige Anwendung von prognoseorientierten Triage-Kriterien im Wege des Abbruchs laufender Behandlungen.[137] Nach den Richtlinien der SAMW soll bei ausgeschöpften Intensivkapazitäten eine Therapie etwa bereits dann beendet werden, wenn sich der – täglich zu prüfende – Zustand des Patienten auf der Intensivstation zwar stabilisiert, aber nicht verbessert hat.[138] Den betroffenen Patienten wird damit das genommen, was für das Überleben eines schweren Verlaufs von Covid-19 entscheidend ist: ausreichend Zeit, damit sich erweisen kann, ob das körpereigene Immunsystem in der Lage ist, die Krankheit zu überwinden.[139]

Es ist richtig, dass es für die strafrechtliche Bewertung der nachträglichen Triage nicht auf die bloß phänomenologische Unterscheidung von Tun und Unterlassen ankommen kann,[140] sondern vielmehr auf materielle Kriterien. Der inhaltliche Grund für den von der h. M. für diesen Fall statuierten Vorrang der Unterlassungspflicht vor der Handlungspflicht liegt erneut im Grundsatz der Gleichwertigkeit menschlichen Lebens. Denn aktiv in eine bereits laufende potenziell lebensrettende Behandlung einzugreifen, impliziert notwendig, dass das Überlebensinteresse des neu aufzunehmenden Patienten *höher* gewichtet wird als dasjenige des bereits behandelten Patienten. Ge-

---

137 DIVI *et al.* (Fn. 5), 4.

138 SAMW (Fn. 6), 9: „Keine Verbesserung der respiratorischen oder hämodynamischen Bedingungen (Stabilisierung reicht nicht aus)".

139 Nach der S2k-Leitlinie – Empfehlungen zur stationären Therapie von Patienten mit Covid-19 beträgt die durchschnittliche Verweildauer auf der Intensivstation bei invasiver Beatmung 18 Tage.

140 *Hörnle*, in diesem Band, S. 166 ff.

nau dies ist aber bei der Pflichtenkollision, nicht anders als im Kontext von § 34 StGB, schlechthin unzulässig.

Akzeptiert man die Gleichwertigkeit allen menschlichen Lebens, so stellt das Hinzukommen eines weiteren behandlungsbedürftigen Patienten keinen von der Rechtsordnung gebilligten Grund dafür dar, eine medizinisch sinnvolle Behandlung abzubrechen. Die rechtfertigende Pflichtenkollision reagiert allein auf die faktische Unmöglichkeit, zwei Handlungspflichten gleichzeitig zu erfüllen. Im Falle der „nachträglichen Triage" ist die Entscheidung zwischen den beiden Patienten jedoch bereits durch Zeitablauf erfolgt; ein aktuelles Entscheidungsdilemma liegt hier nicht vor. Dass es im Übrigen nicht nur dann, wenn man mit der Verfassung von der Gleichwertigkeit der Überlebensinteressen der Patienten ausgeht, sondern auch unter praktischen Gesichtspunkten keinen Sinn ergeben würde, die einmal erfolgten Aufnahmeentscheidungen mit jedem neu eingelieferten Patienten wieder zur Disposition zu stellen, steht auf einem anderen Blatt.

Schließlich ist es auch nicht überzeugend, die Unterlassungspflicht gegenüber dem bereits behandelten Patienten in eine Weiterbehandlungspflicht und den Abbruch der Behandlung in ein Unterlassen umzudeuten, um so den Anwendungsbereich der Pflichtenkollision zu eröffnen.[141] Im Kontext der früher sogenannten passiven Sterbehilfe erfolgte die Umdeutung der aktiven Beiträge des Arztes in ein Unterlassen aus dem normativen Gesichtspunkt der Durchsetzung des Selbstbestimmungsrechts des Patienten.[142] Der Bundesgerichtshof hat klargestellt, dass es eines

[141] So etwa *Gaede et al* (Fn. 50), 135; zustimmend *Hoven* (Fn. 47), 453 f. und *Taupitz* (Fn. 35).

[142] Zum „technischen Behandlungsabbruch" vgl. *Roxin*, in: Roxin/

solchen „Kunstgriffs" der Umdeutung aktiven Tuns in normatives Unterlassen gar nicht bedarf, sondern vielmehr unmittelbar auf das materielle Kriterium des Willens des Patienten abzustellen ist.[143] Im vorliegenden Zusammenhang entspricht der Behandlungsabbruch indes gerade nicht dem Willen des Patienten, weshalb das Abschalten des Beatmungsgeräts in den Organisationskreis des Patienten eingreift. Für eine Umdeutung der aktiven Tatbeiträge in ein Unterlassen besteht daher aus *normativen* Gründen kein Anlass. Es ist mit anderen Worten der Vorrang des Autonomieprinzips gegenüber dem Solidarprinzip, der einer nachträglichen Anwendung von Triage-Kriterien entgegensteht. Das Autonomieprinzip impliziert, mit *Villa*, eine Trennung von Rechtssphären und verlangt, „dass nicht zurechenbare Übel grundsätzlich derjenige ertragen muss, den sie treffen, ohne dass es möglich wäre, unverdiente Übel auf einen Dritten zu verlagern (*casum sentit dominus*)".[144] Ein Patient, der in einer Situation vollständig ausgeschöpfter Intensivkapazitäten nicht mehr aufgenommen werden kann, muss dieses unverdiente Übel deshalb hinnehmen, weil seine Rettung nur im Wege eines Eingriffs in die Rechtssphäre eines anderen Patienten mit *gleichwertigen* Überlebensinteressen möglich wäre. Die aus der Garantenstellung des Arztes folgende Garantenpflicht ist nicht nur durch das faktisch Mögliche, sondern auch durch das rechtlich Erlaubte begrenzt.[145] Daher ist

---

Schroth (Hrsg.), Handbuch des Medizinstrafrechts, 4. Aufl. 2010, 75, 92 ff.; *ders.*, NStZ 1987, 350.

[143] BGHSt 55, 191, 202 f.; i. E. zustimmend *Roxin/Greco* (Fn. 119), § 18 Rn. 25 f.

[144] *Villa* (Fn. 131), 980 m. w. N.

[145] Vgl. *Roxin*, Strafrecht. Allgemeiner Teil, Band II, 2003, § 31 Rn. 14.

der Kapitän eines Rettungsbootes, dessen Aufnahmekapazität vollständig ausgeschöpft ist, weder berechtigt noch verpflichtet, einen seiner Passagiere über Bord zu werfen, um einen anderen Passagier aufzunehmen; für den Verantwortlichen einer Intensivstation kann insoweit nichts anderes gelten. Im Ergebnis sind die genannten Richtlinien und Empfehlungen deshalb mit elementaren verfassungsrechtlichen und strafrechtlichen Vorgaben unvereinbar. Sie leiten Ärztinnen und Ärzte zu strafbarem Handeln an.

VIII. Die Unvermeidbarkeit tragischer Entscheidungen

Die vorstehende Kritik an den Richtlinien der medizinischen Fachgesellschaften soll nicht suggerieren, dass sich tragische Auswahlentscheidungen bei einer weiteren Zuspitzung der Covid-19-Pandemie vermeiden lassen. Von dem deutschen Virologen *Christian Drosten* wurde die Pandemie als „Naturkatastrophe in Zeitlupe" beschrieben. Die Trauer über die Opfer eines Erdbebens ist unvermeidlich, es handelt sich – ungeachtet der gesellschaftlichen Verursachungsbeiträge für sogenannte Naturkatastrophen[146] – um ein tragisches Unglück. Wenn wir aber beginnen, diejenigen, die wir lebend aus den Trümmern bergen, nach Alter und relativer medizinischer Prognose zu selektieren, opfern wir zugleich die Fundamente unseres Rechtsstaats; aus dem Unglück wird Unrecht. Dies gilt es zu vermeiden, indem wir die Ressourcenallokation konse-

---

[146] Vgl. *Davis*, Ecology of Fear. Los Angeles and the Imagination of Disaster, 1999 (Erdbeben) und *ders.* (für Epidemien), Vogelgrippe. Zur gesellschaftlichen Produktion von Epidemien, 2005; sowie umfassend *Snowden*, Epidemics and Society: From the Black Death to the Present, 2020.

quent am Kriterium der Dringlichkeit orientieren und zwischen gleichermaßen dringlichen Patienten ohne Ansehen der Person, also etwa nach dem Zufallsprinzip oder nach dem Prioritätsprinzip differenzieren. Es gilt, mit anderen Worten, dem Blick, der aufs Grauen geht, standzuhalten[147] statt zu versuchen, dieses Grauen über die instrumentelle Vernunft gesundheitsökonomisch motivierter, vorgeblich medizinischer Triage-Richtlinien zu verwalten und dadurch zu perpetuieren. Es ist eine keineswegs zynische Haltung des Rechts, wenn es den in der Tat besonders belasteten Pflegenden und Ärzt/innen auf den Weg gibt, dass die nicht von ihnen zu verantwortende Ressourcenknappheit von ihnen nicht verlangt, sich selbst in Unrecht zu verstricken.

[147] *Adorno*, Minima Moralia, 2003 (1951), 26.

Berücksichtigung von Lebensalter und Lebenserwartung

Elisa Hoven

I. Einführung

Steigende Patientenzahlen und knapper werdende Ressourcen in Krankenhäusern erhöhen auch in Deutschland das Risiko von Triage-Situationen. Für Ärztinnen und Ärzte stellt sich die Frage, nach welchen Kriterien lebensrettende Behandlungsressourcen verteilt werden sollen, als ethische Herausforderung dar. Die Rechtswissenschaft kann sich dieser Diskussion nicht entziehen – weder durch eine floskelhafte Tabuisierung[1] („Jedes Leben ist gleich viel wert") noch durch einen Rückzug auf unbelegte Dammbruchargumente („Die Berücksichtigung des Lebensalters ist der Beginn gesellschaftlicher Altersdiskriminierung") oder allgemeine Lehrsätze, die für eine zwingend zu treffende Auswahlentscheidung keine Antwort bereithalten („Leben kann nicht gegen Leben abgewogen werden").

In der Covid-19-Pandemie wird besonders kontrovers diskutiert, ob das Lebensalter für die Entscheidung zwischen mehreren Patienten eine Rolle spielen darf.[2] Mit die-

---

[1] Zu den Gefahren pauschalisierender und emotionalisierender Argumentation sehr treffend *Hörnle*, in: Pieper (Hrsg.), Grenzen staatlicher Gewalt, 2012, 71 ff., 73.

[2] Ich habe mich mit diesen Fragen bereits in JZ 2020, 449 befasst.

ser grundlegenden Frage gerechter Ressourcenverteilung beschäftigt sich der folgende Beitrag. Dabei wird zunächst die Sicht der Bevölkerung auf das Lebensalter als Auswahlkriterium vorgestellt (II.), anschließend sollen grundlegende Einwände gegen das Lebensalter als Differenzierungskriterium erörtert (III.) und die medizinische Praxis (IV.) dargelegt werden. Kern des Beitrages bildet die Argumentation für die Einbeziehung des Lebensalters in die ärztliche Entscheidung (V.); dabei werden zwei Ansatzpunkte behandelt: die verbleibende Lebenserwartung und die bereits gelebten Jahre. Abschließend sollen Vorschläge für eine gesetzliche Ausgestaltung von Triage-Regeln skizziert werden, die das Lebensalter als Kriterium berücksichtigen.

II. Die Sicht der Bevölkerung

Die Sicht der Bevölkerung muss für den Gesetzgeber nicht notwendig handlungsleitend sein. Es kann gewichtige verfassungsrechtliche, rechtsdogmatische oder -systematische Gründe dafür geben, von den Überzeugungen der Bevölkerungsmehrheit abzuweichen. In der Diskussion um eine faire Verteilung öffentlicher Ressourcen sollten die Gerechtigkeitsvorstellungen der Menschen allerdings nicht ohne Weiteres ausgeblendet werden. Entscheidungen in

---

Der vorliegende Beitrag stellt eine Vertiefung meiner dort angestellten Überlegungen dar – und teilweise auch eine Abkehr, nachdem ich mich mit vielen KollegInnen zu diesen Fragen austauschen konnte. Ein besonderer Dank gilt *Tatjana Hörnle*, *Thomas Weigend*, *Frauke Rostalski*, *Eric Hilgendorf*, *Wolfgang Mitsch* und – trotz oder gerade wegen unserer unterschiedlichen Sichtweisen – *Reinhard Merkel*, mit dem jede fachliche Diskussion eine Bereicherung ist.

der Triage entziehen sich regelmäßig einer eindeutigen Beurteilung als „richtig“ oder „falsch“; wem im Zweifelsfall die lebensrettende Behandlung zuteilwerden soll, ist eine grundlegende ethische Frage, die in einer Gesellschaft verhandelbar ist.

Im Rahmen einer repräsentativen Bevölkerungsbefragung[3] im Juni 2020 wurden über 1000 Bürgerinnen und Bürgern im Alter von 16–70 Jahren mit Wohnort in Deutschland sechs verschiedene Triage-Konstellationen vorgelegt.[4] Die Befragten mussten entscheiden, welchem von zwei Patienten sie das lebensrettende Beatmungsgerät zuteilen würden oder ob die Wahl zufällig erfolgen sollte. Mit einem der Szenarien wurde die Bedeutung des Lebensalters von Patienten untersucht:

Eingeliefert werden der 80-jährige Patient A und der 5-jährige Patient B. Beide würden ohne Beatmungsgerät nicht überleben. Beide Patienten haben keine Vorerkrankungen und die Erfolgsaussichten einer intensivmedizinischen Behandlung sind bei beiden gleich gut. Im Krankenhaus ist allerdings nur noch ein Beatmungsgerät vorhanden.

Wie soll das ärztliche Personal entscheiden? Es soll ... das Beatmungsgerät geben.

[3] Die Befragung wurde von der Forschungsgruppe g/d/p durchgeführt und in Zusammenarbeit mit dem Max-Planck-Institut zur Erforschung von Kriminalität, Sicherheit und Recht konzipiert.

[4] Die Quotierung erfolgt bundesweit repräsentativ nach Alter und Geschlecht und nach geographischer Verteilung (Nielsen-Gebiete und Bundesländer). Die Daten wurden im Anschluss nach der amtlichen Statistik gewichtet. Die Befragung erfolgte als Online-Interview (CAWI) per Accesspanel.

Eine deutliche Mehrheit von 77 Prozent der Befragten entschied sich dafür, den 5-Jährigen an das Beatmungsgerät anzuschließen, 20 Prozent wählten das Los *(Abb. 1)*.

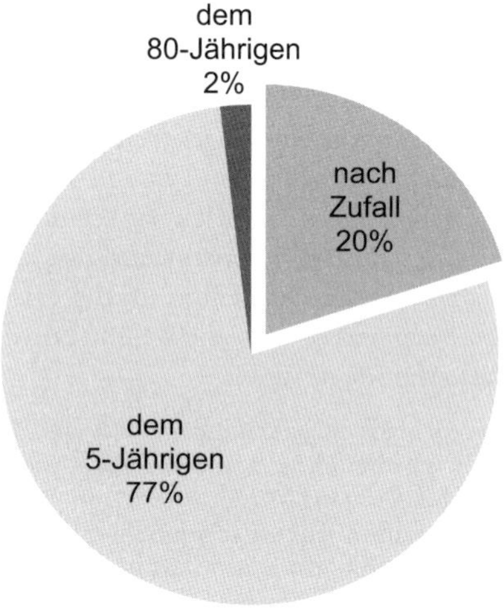

Abb. 1: Entscheidung der Befragten bezüglich des Kriteriums Alter/Lebenserwartung der (um einen Beatmungsplatz konkurrierenden) Patienten

Für die Entscheidung spielten sowohl das Alter als auch die familiäre Situation der Befragten eine Rolle *(Abb. 2)*: Personen mit zwei oder mehr Kindern wählten deutlich häufiger den 5-Jährigen (87 Prozent), Personen über 60 Jahre seltener (69 Prozent entschieden sich für den 5-Jährigen, 30 Prozent für das Los).

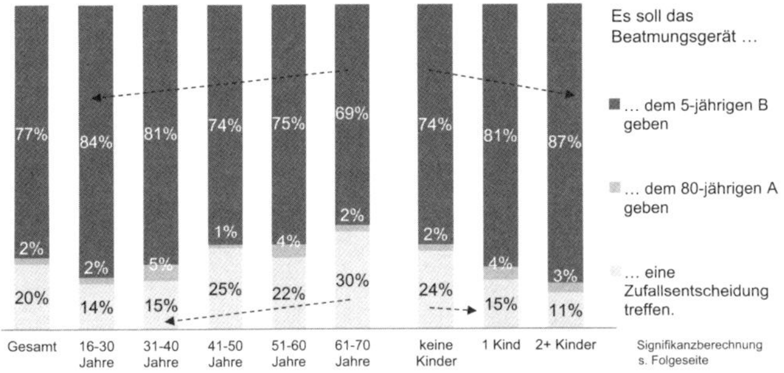

Abb. 2: Entscheidung bezüglich des Kriteriums Alter/Lebenserwartung in Abhängigkeit vom Alter der Befragten und der Anzahl ihrer Kinder (Fall 1)

Auch wenn die eigene Lebenssituation Einfluss auf die Entscheidung hat, belegen die Ergebnisse, dass eine persönliche Betroffenheit für die Mehrheit der Befragten nicht handlungsleitend ist; auch in der Gruppe der 61–70-jährigen sprechen sich lediglich 2 Prozent für eine Bevorzugung des älteren Patienten aus, eine noch immer erhebliche Mehrheit entscheidet sich für die Rettung des Kindes.

Wer sich in der Befragung für die Bevorzugung des Kindes ausgesprochen hatte, erhielt im Anschluss weitere Konstellationen vorgelegt, in denen die Altersdivergenz immer weiter reduziert wurde. Unter diesen Befragten sprachen sich noch 56 Prozent dafür aus, einen 30-jährigen einem 60-jährigen Patienten vorzuziehen. Bei einem Altersunterschied von nur noch 10 Jahren stimmten nur noch 23 Prozent von ihnen der Rettung des Jüngeren (anstelle einer Losentscheidung) zu *(Abb. 3)*.

Befragte, die sich in Frage 1 für den 5-jährigen Patienten entschieden haben		Ja, für jüngeren Patienten B		Nein, für den älteren Patienten A oder nach Zufall	
N=824		N=	% *	N=	% *
A)	A 60 J. und B 30 J.	463	56%	361	44%
B)	A 50 J. und B 30 J.	348	42%	114	14%
C)	A 40 J. und B 30 J.	185	23%	163	20%
D)	immer für den Jüngeren	172	21%	13	1%

*) Prozentwerte von n=824

Abb. 3: Entscheidung der Befragten bezüglich des Altersunterschieds zwischen den (um einen Beatmungsplatz konkurrierenden) Patienten (Fall 1b)

75 Prozent der Befragten, die sich in der Eingangskonstellationen für die Rettung des 5-Jährigen entschieden hatten, wollten grundsätzlich einem Kind den Vorrang vor einem Erwachsenen geben *(Abb. 4)*.

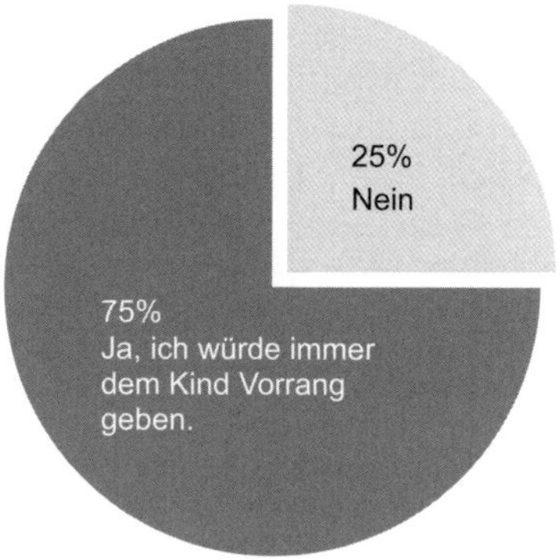

Abb. 4: Antworten auf die Frage, ob einem Kind grundsätzlich der Vorrang gegenüber einem erwachsenen Patienten gegeben werden sollte (Fall 1c)

Die Ergebnisse der Bevölkerungsbefragung zeigen – über alle Altersgruppen hinweg – eine klare Zustimmung zur Berücksichtigung des Lebensalters in der Triage. Dies gilt insbesondere für deutliche Altersunterschiede sowie für die vorrangige Behandlung von Kindern. Erwartungsgemäß entscheiden sich mit abnehmender Altersdivergenz immer weniger Befragte für eine Priorisierung des jüngeren Patienten. Dies legt nahe, dass die Einbeziehung des Lebensalters für die Mehrheit der Bürgerinnen und Bürger nicht das Ergebnis einer mathematischen Berechnung von Lebenszeiten ist, sondern Ausdruck von Gerechtigkeitsvorstellungen, die erst bei merklichen Unterschieden zwischen den Patienten zum Tragen kommen.

In einer Folgebefragung wurde Probandinnen und Probanden[5] ein abgewandelter Fall vorgelegt, um konkret die Bedeutung der Lebenserwartung zu erfragen:

Eingeliefert werden der 50-jährige Patient A und der 50-jährige Patient B. Aufgrund einer Grunderkrankung hat A – unabhängig von der Infektion mit Covid-19 – noch etwa 5 Jahre zu leben.

B hat eine Lebenserwartung von noch etwa 30 Jahren. Beide würden ohne Beatmungsgerät nicht überleben. Die Erfolgsaussichten einer intensivmedizinischen Behandlung sind bei beiden gleich gut. Im Krankenhaus ist allerdings nur noch ein Beatmungsgerät vorhanden.

Wie soll das ärztliche Personal entscheiden?

55 Prozent der Befragten wählten den Patienten mit der höheren Lebenserwartung; 40 Prozent wollten den Zufall entscheiden lassen. Eine knappe Mehrheit der Probanden zog die verbleibende Lebensdauer bei gleichaltrigen Patienten also als Entscheidungskriterium heran *(Abb. 5)*.

---

[5] Die Probanden wiesen gegenüber der ersten Studie vergleichbare soziodemographische Daten auf.

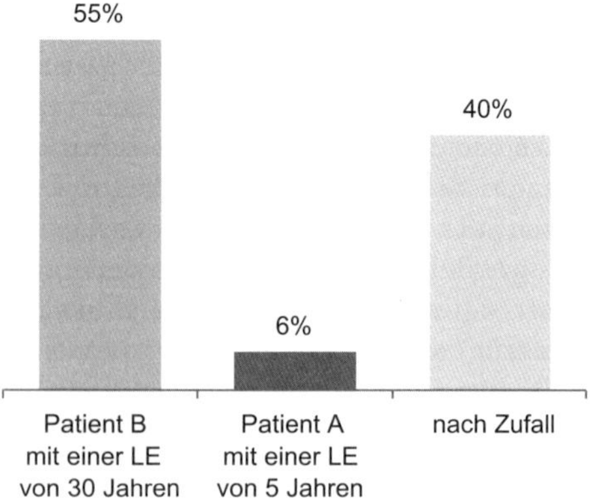

Abb. 5: Entscheidung der Befragten bei unterschiedlicher Lebenserwartung des Patienten

Zudem wurde den Teilnehmenden die folgende Aussage vorgelegt, der sie entweder zustimmen oder nicht zustimmen konnten:

Ich finde es fair, wenn im Notfall ein 20-Jähriger bei der intensiv-medizinischen Behandlung einem 70-Jährigen vorgezogen wird, weil der 20-Jährige noch nicht die Chance hatte, die Lebenserfahrungen zu machen, die der 70-Jährige machen durfte.

65 Prozent der Befragten stimmten der Aussage zu. Unter den 16–40-Jährigen sowie bei Menschen mit zwei oder mehr Kindern lag die Zustimmung sogar bei 75 Prozent. Auch bei der Gruppe der 61–70-Jährigen stimmte noch eine knappe Mehrheit (51 Prozent) der Aussage zu.

III. Grundlegende Einwände gegen eine Berücksichtigung des Alters

Für eine Berücksichtigung des Lebensalters ist nur Raum, wenn ihr keine überzeugenden – insbesondere verfassungsrechtlichen – Erwägungen entgegenstehen. Daher soll zunächst auf einige zentrale Argumente eingegangen werden, die gegen eine Einbeziehung des Alters in die Triage-Entscheidung vorgebracht werden. Vorweg sei darauf hingewiesen, dass das Grundgesetz keine ausdrücklichen Vorgaben zum Umgang mit der Triage macht. Damit besteht die Gefahr, eben die Aussagen in das Grundgesetz hineinzulesen, die man ihm entnehmen möchte.

1. Berücksichtigung des Lebensalters als Verletzung der Menschenwürde

Teilweise wird vorgebracht, dass die Priorisierung eines Patienten mit geringerem Lebensalter die Menschenwürde des nicht behandelten, älteren Patienten verletze.[6] Da der Aspekt der Menschenwürde in diesem Band ausführlich an anderer Stelle behandelt wird,[7] beschränke ich mich hier auf einige knappe Ausführungen. Wer sich in seiner Argumentation auf die Menschenwürde berufen kann, der beendet die Diskussion. Schließlich gilt die Menschenwürde als das „tragende Konstitutionsprinzip und oberster Verfassungswert“[8] und soll jeder Abwägung mit anderen

---

[6] *Brech*, Triage und Recht, 2008, 281; *Merkel/Augsberg*, JZ 2020, 704, 705; *Gaede/Kubiciel/Saliger/Tsambikakis*, medstra 2020, 129, 132; *Taupitz*, in: Kern/Lilie (Hrsg.), Jurisprudenz zwischen Medizin und Kultur, 2010, 521 ff., 532.

[7] *Poscher*, in diesem Band, S. 41 ff.

[8] BVerfGE 109, 279, 311; 115, 118, 152.

Grundrechten entzogen sein. Während die Regelung des gesellschaftlichen Miteinanders ansonsten auf einem stetigen Ausgleich kollidierender Rechtspositionen beruht, soll sich die Menschenwürde immer und ausnahmslos gegen die übrigen Verbürgungen des Grundgesetzes durchsetzen – eine Prämisse, die in anderen Rechtsordnungen keineswegs selbstverständlich ist.[9]

Misst man der Menschenwürde diese überragende Bedeutung zu,[10] müssen höchste Anforderungen an die Annahme einer Würdeverletzung gestellt werden; anderenfalls droht die Gefahr, dass die Menschenwürde für die Durchsetzung bestimmter ethischer oder rechtspolitischer Forderungen missbraucht wird.[11] Wenn die Würde sogar noch über dem Leben stehen soll,[12] so kann ihre Verletzung nur bei einer besonders gravierenden Missachtung des Wertes des betroffenen Menschen angenommen wer-

---

[9] *Schulze-Fielitz*, in: FS für Peter Häberle, 2004, 355 ff., 364 ff.; Dreier-*Dreier*, Bd. I, 3. Aufl. 2013, GG Art. 1 Abs. 1 Rn. 37 ff. m. w. N.

[10] Kritisch etwa *Herdegen*, der den Siegeszug des absoluten Würdeschutzes mit der „menschlichen Sehnsucht nach einfachen Gewissheiten" erklärt, Maunz/Dürig-*Herdegen*, 91. EL Februar 2020, GG Art. 1 Rn. 47. *Dreier* beschreibt die Menschenwürde als eine „Art zivilreligiösen Anker", der ein „Absolutum in einer zutiefst relativistischen Welt" biete, Dreier-*Dreier* (Fn. 9), Art. 1 Abs. 1 Rn. 43.

[11] Hierzu ausführlich *Hilgendorf*, in: FS für Ingeborg Puppe, 2011, 1653 ff.

[12] An dieser Prämisse wird in Deutschland kaum gezweifelt. In anderen Ländern findet die Idee einer Absolutheit der Würde allerdings kaum Entsprechung; siehe ausführlich dazu *Schulze-Fielitz* (Fn. 9), 364 ff. Und das Primat der Würde – aber das soll hier nicht vertieft werden – ist zumindest nicht auf den ersten Blick plausibel, bildet das Leben doch die notwendige Bedingung für alle menschlichen Freiheiten und auch seine Würde.

den und muss damit auf eine „willkürliche Missachtung“ und „verächtliche Behandlung“[13] beschränkt sein.[14]

Eine Besonderheit der Triage-Situation liegt darin, dass zwischen den Patienten notwendig eine Entscheidung getroffen werden muss.[15] Der nicht behandelte Patient muss keinen Eingriff in seine Rechtsposition dulden, ihm wird eine Leistung versagt. Eine gesetzliche Regelung berührt daher kein Abwehrrecht, sondern das Teilhaberecht des Patienten. Damit stellt sich zum einen die Frage, ob eine Zufallsentscheidung – etwa per Los – die Würde der Patienten besser wahren würde. Zum anderen liegt in der Entscheidung für die Rettung des 5-jährigen Patienten – wie sie immerhin dem Gerechtigkeitsempfinden der Bevölkerungsmehrheit entspricht – offenkundig keine Missachtung des 80-Jährigen, sondern der Versuch, in einer ethischen Grenzsituation eine gerechte Wahl zu treffen.[16]

---

[13] BVerfGE 30,1, 26.

[14] Die gängige Objektformel ist nicht nur denkbar unbestimmt, sie trägt auch der Gemeinschaftsgebundenheit des Menschen nicht hinreichend Rechnung; *Becker*, Das ‚Menschenbild des Grundgesetzes‘ in der Rechtsprechung des Bundesverfassungsgerichts, 1996, 58.

[15] Der Hinweis auf die Entscheidung des BVerfG zu § 217 StGB ist daher nicht überzeugend (so *Merkel/Augsberg*, JZ 2020, 704, 705). Das BVerfG hat hier lediglich etwas Selbstverständliches wiederholt; niemand wird bestreiten, dass dem Menschen in jedem Stadium seines Lebens Würde zukommt, natürlich auch am Lebensende. Zu der Frage, ob die Berücksichtigung des Lebensalters in einer notwendigen Entscheidungssituation gegen die Menschenwürde verstößt, sagt die Entscheidung nichts aus.

[16] So auch überzeugend *Hörnle*, die sich zu Recht für „etwas mehr Zurückhaltung bei der Diagnose ‚Missachtung der Menschenwürde‘“ ausspricht, *Hörnle*, https://verfassungsblog.de/dilemmata-bei-der-zuteilung-von-beatmungsgeraeten/ (zuletzt abgerufen am 13.11. 2020).

2. Berücksichtigung des Lebensalters als unzulässige Diskriminierung?

Gegen die Berücksichtigung des Lebensalters im Rahmen der ärztlichen Auswahlentscheidung wird ferner eingewandt, dass eine Bevorzugung jüngerer Patienten nicht mit dem allgemeinen Gleichheitssatz in Art. 3 GG vereinbar sei.

Mit guten Gründen verbieten Recht und Ethik eine „qualitative" Beurteilung von Menschen, etwa nach Herkunft, Geschlecht oder sexueller Orientierung.[17] Die Unterscheidung nach bereits gelebten Jahren oder der verbleibenden Lebenserwartung stellt die Basisgleichheit von Menschen hingegen nicht in Abrede. Die Berücksichtigung der Lebenszeit richtet sich nicht gegen eine bestimmte Gruppe von Menschen und stellt daher auch keine „vergleichende Abwertung einer oder mehrerer bedürftiger Personen" dar.[18] Das Lebensalter ist kein „feste[s] Unterscheidungsmerkmal abgrenzbare[r] Gruppen",[19] sondern ein dynamischer Faktor im Alterungsprozess eines jeden Menschen.[20] Der Philosoph *Norman Daniels* spricht sich daher für einen Perspektivenwechsel bei der Allokation medizinischer Ressourcen aus: "Justice between age groups

---

[17] Sachs-*Höfling*, 8. Aufl. 2018, GG Art. 1 Rn. 35; BVerfGE 144, 20, 207 f. Rn. 539 ff. (zur „elementaren Rechtsgleichheit").

[18] *Gaede/Kubiciel/Saliger/Tsambikakis*, medstra 2020, 129, 132; Deutscher Ethikrat, Solidarität und Verantwortung in der Corona-Krise, 2020, 4.

[19] *König*, in: FS für Manfred Zuleeg, 2005, 341 ff., 345.

[20] "[T]reating people differently by age need not generate objectionable inequalities across the whole lives of persons of the sort created by treating people differently by race or gender, provided we do so over the lifespan – the whole life – of all people.", Daniels, Journal of Political Philosophy, 16 (2008), 475, 475.

[...] is a problem best solved if we stop thinking of the old and the young as distinct groups. We age. The young become the old."[21] Es gehe nicht um einen „Wettkampf zwischen Altersgruppen", sondern darum, faire Entscheidungen für die verschiedenen Stadien des menschlichen Lebens zu treffen.[22]

Auch wenn man in der Berücksichtigung des Lebensalters eine nach Art. 3 Abs. 1 GG relevante Ungleichbehandlung (von im Wesentlichen Gleichem) sieht, so ist die Rechtswidrigkeit bei Differenzierungen nach dem Alter – anders als bei den in Art. 3 Abs. 3 GG genannten Merkmalen – nicht indiziert;[23] sachliche Gründe können eine Priorisierung nach Lebensalter also legitimieren.

IV. Die Berücksichtigung des Lebensalters in der medizinischen Praxis

Die klinischen Erfolgsaussichten werden zwar nicht ausnahmslos, aber doch überwiegend – und auch von den medizinischen Fachgesellschaften[24] – als legitimes Aus-

---

[21] *Daniels*, Am I my parents' keeper?, 1989, 18.

[22] "The basic idea is that, since we all age, we should take as a model for what is fair between age groups what is prudent for us to do for ourselves at each stage of life. [...] The lifespan account involves a fundamental shift of perspective. Rather than seeing distinct groups in competition with each other [...] we must view each group as *representing* a stage of our lives." (Hervorh. im Orig.), *Daniels*, Just Health: Meeting Health Needs Fairly, 2008, 162 und 172.

[23] *König* (Fn. 19), 352; *Schlachter*, in: GS für Wolfgang Blomeyer, 2004, 355 ff., 367; vgl. ausführlich *Brech* (Fn. 6), 278 ff.

[24] Entscheidungen über die Zuteilung intensivmedizinischer Ressourcen im Kontext der COVID-19-Pandemie – Klinisch-ethische Empfehlungen der Deutschen Interdisziplinären Vereinigung für

wahlkriterium in der Triage anerkannt.[25] Das Alter kommt dabei als Sekundärmerkmal zum Tragen, wenn die Prognoseabschätzung nach den zentralen Kriterien des Akutzustandes (akute Organeinschränkungen bestimmen das kurzfristige Überleben) und der vorbestehenden Komorbiditäten (bestimmen das langfristige Überleben) bei zwei oder mehr intensivpflichtigen Patienten gleich ist.[26] In diesem Fall wird auf das Lebensalter als Marker der physiologischen Reservekapazität zurückgegriffen. Das Alter korreliert mit der biologischen Reservekapazität – und dadurch mit der Chance auf Heilung –, da die funktionellen Einheiten der Organe (Nephrone in der Niere, Alveolen der Lunge etc.) etwa ab dem 30. Lebensjahr weniger werden (ca. 1 Prozent pro Jahr). Für die normale „Alltagstätigkeit" sind die Organfunktionen bis ins hohe Alter absolut

Intensiv- und Notfallmedizin (DIVI), der Deutschen Gesellschaft für Interdisziplinäre Notfall- und Akutmedizin (DGINA), der Deutschen Gesellschaft für Anästhesiologie und Intensivmedizin (DGAI), der Deutschen Gesellschaft für Internistische Intensivmedizin und Notfallmedizin (DGNI), der Deutschen Gesellschaft für Neurointensiv- und Notfallmedizin (DGNI), der Deutschen Gesellschaft für Pneumologie und Beatmungsmedizin (DGP), der Deutschen Gesellschaft für Palliativmedizin (DGP) und der Akademie für Ethik in der Medizin (AEM), Fassung vom 17.4.2020, 4.

[25] *Lübbe*, in diesem Band, S. 257 ff.; so auch *Gaede/Kubiciel/Saliger/Tsambikakis*, medstra 2020, 129, 133 f.; NK-StGB-*Neumann*, 5. Aufl. 2017, StGB § 34 Rn. 80; Schönke/Schröder-*Perron*, 30. Aufl. 2019, StGB § 34 Rn. 29; *Taupitz* (Fn. 6), 530; *Tiedemann*, https://www.fr.de/kultur/gesellschaft/corona-pandemie-triage-ethik-entscheidung-leben-tod-13668836.html; *Zimmermann*, https://www.lto.de/recht/hintergruende/h/corona-triage-tod-strafrecht-sterben-krankenhaus-entscheidung-auswahl/ (beide zuletzt abgerufen am 13.11.2020).

[26] Für die nachfolgenden Informationen danke ich herzlich Priv.-Doz. Dr. med. *Markus Wehler* vom Universitätsklinikum Augsburg.

ausreichend, aber nicht bei schwerwiegenden Organschäden durch eine Infektion.

Es ist erstaunlich, dass ein in der medizinischen Ressourcenverteilung bekanntes und etabliertes Entscheidungskriterium[27] in der Rechtswissenschaft überwiegend empörten Widerspruch ausgelöst hat.[28] Dass die Diskussionen in Medizin und Recht derart getrennt voneinander verlaufen und sich wechselseitig kaum zu beeinflussen scheinen, sollte Anlass für einen intensiveren interdisziplinären Austausch sein. Anderenfalls bleiben unsere straf- und verfassungsrechtlichen Erwägungen ohne praktische Resonanz.

V. Argumente für eine Berücksichtigung des Lebensalters

Das Alter fließt also keinesfalls nur indirekt in die Prognose ein,[29] sondern wird aus letztlich utilitaristischen Erwägungen – bei welchem Patienten werden die Behandlungsressourcen am effektivsten eingesetzt? – ausdrücklich für die Auswahlentscheidung herangezogen.

Die nachfolgenden Überlegungen sollen sich jedoch mit der Frage auseinandersetzen, ob das Lebensalter nicht als Bestandteil einer medizinischen Erfolgsprognose, sondern

---

[27] *Daugherty Biddison et al.*, CHEST 155 (2019), 848, 850; *Schoch-Spana et al.*, Journal of Participatory Medicine 12 (2020), e18272; *White et al.*, Annals of Internal Medicine 150 (2009), 132, 135.

[28] *Engländer/Zimmermann*, NJW 2020, 1398, 1401 f.; *Merkel/Augsberg*, JZ 2020, 704, 709 f.; *Rönnau/Wegner*, JuS 2020, 403, 405; *Sternberg-Lieben*, ZJS 2018, 130, 133; *Windhöfel*, JZ 2020, 455, 456 f.

[29] So aber *Gaede/Kubiciel/Saliger/Tsambikakis*, die damit begründen, dass keine „Diskriminierung" von Patienten vorliegen soll, *Gaede/Kubiciel/Saliger/Tsambikakis*, medstra 2020, 129, 133.

aus eigenständigen, grundlegenden Gerechtigkeitserwägungen Berücksichtigung in der Triage-Entscheidung finden darf und sollte. Dabei sind grundlegend zwei Ansatzpunkte denkbar: die verbleibende Lebenserwartung (1.) und die bereits gelebten Jahre (2.).

1. Die verbleibende Lebenserwartung: Rettung von mehr Lebensjahren

Da das menschliche Leben endlich ist, hat es zwingend eine quantitative Komponente. Könnten wir uns weitere Lebenszeit erkaufen, so würden wir für 50 Jahre einen höheren Preis zahlen als für 5 Jahre. Dass die Dauer der verbleibenden Lebenszeit einen unterschiedlichen Wert hat, wird deutlich, wenn die Abwägung mit Blick auf einen einzelnen Menschen zu treffen ist. Steht er vor der Wahl, noch 5 Jahre oder noch 50 Jahre gesund leben zu dürfen, fällt die Antwort eindeutig aus: 50 Jahre haben für ihn einen größeren Wert als 5.[30] Hieraus ließe sich folgern, dass der Arzt in einer Triage-Situation versuchen sollte, so viele Lebensjahre wie möglich zu erhalten; die rettende Behandlung würde damit grundsätzlich dem Patienten mit der höheren Lebenserwartung zuteil.

a) Die Entscheidung hinter dem „Schleier des Nichtwissens"

Gegen dieses Ergebnis werden verschiedene Einwände erhoben. So spricht sich der Ethikrat in seiner Stellungnahme

---

[30] Auch *Hörnle/Wohlers* sprechen sich für eine Berücksichtigung der Lebenserwartung aus. Sie weisen darauf hin, dass Kindern nicht die Möglichkeit genommen werden solle, Lebenserfahrungen zu machen, die ältere Personen bereits machen durften, *Hörnle/Wohlers*, GA 2018, 12, 28.

gegen einen „utilitaristischen Modus des Abwägens im Sinne einer bloßen Maximierung von Menschenleben oder Lebensjahren" aus; stattdessen müsse es „es um die Garantie fundamentaler Prinzipien des Rechts durch den Staat" gehen.[31] Die Verwendung des Wortes „bloß" ist in diesem Kontext erstaunlich. Das Ziel der Rettung möglichst vieler Menschen für eine möglichst lange Zeit auf diese Weise zu relativieren und es bedenkenlos zugunsten abstrakter Prinzipien zu opfern, erscheint wenig human. In der Aussage des Ethikrats schwingt eine grundsätzliche Skepsis gegenüber konsequentialistischen und utilitaristischen Ideen mit, die in Deutschland – anders als in anderen Staaten[32] – weit verbreitet ist.[33] Die deontologische Ethik kann jedoch in der Konfliktsituation der Triage, bei der den Arzt gleichrangige Pflichten treffen, keine Antworten geben.

Den zweiten Einwand hat *Merkel* formuliert, wenn er meint, dass es bei der Bewertung der Lebenserwartung als Entscheidungskriterium nicht auf die höhere Wertigkeit einer längeren Lebensdauer für den Einzelnen ankommen

---

[31] Deutscher Ethikrat (Fn. 18), 3.

[32] *Hare*, Moral thinking: its levels, method, and point, 1981; *Hooker*, Ideal code, real world: a rule-consequentialist theory of morality, 2000; *Portmore*, Pacific Philosophical Quarterly 86 (2005), 95; *Sen*, Philosophy & Public Affairs 12 (1983), 113; *Singer*, Practical Ethics, 1993.

[33] Siehe hierzu *Höffe*, Einführung in die utilitaristische Ethik: Klassische und zeitgenössische Texte, 1992; *Nida-Rümelin*, Kritik des Konsequentialismus, 1993. Zur Diskussion siehe *Scheffler* (Hrsg.), Consequentialism and Its Critics, 1988; *Birnbacher*, Analytische Einführung in die Ethik, 2013, 173 ff. Andere Ansichten etwa bei *Gesang*, Eine Verteidigung des Utilitarismus, 2003; *Hoerster*, Utilitaristische Ethik und Verallgemeinerung, 1971. Eine ausgewogene Darstellung findet sich bei *Greco*, Lebendiges und Totes in Feuerbachs Straftheorie: Ein Beitrag zur gegenwärtigen strafrechtlichen Grundlagendiskussion, 2009, 111 ff.

könne: „Dass für den Einzelnen fünfzig Jahre ‚mehr wert' sind als fünf, heißt nicht, dass irgendjemandem die fünfzig Jahre eines anderen ebenfalls mehr wert sein müssten als die fünf, die ihm selbst noch verbleiben. Und *a fortiori* nicht, dass er deshalb schon aus Vernunftgründen in den eigenen Tod einzuwilligen hätte, wenn nur dadurch das Leben jenes anderen zu retten wäre." *Merkel* kritisiert sodann, dass der Rückgriff auf den *Rawlsschen* „Schleier des Nichtwissens" hier nicht weiterhelfe, um ein „Alterskriterium für Triage-Entscheidungen plausibel zu machen".[34]

Diese Einwände verkennen allerdings die Zielrichtung meiner Argumentation. Mit der Fokussierung auf die Perspektive des individuellen Patienten wird an die Bewertung der Triage-Entscheidung ein falscher Maßstab angelegt.[35] *Merkel* ist darin zuzustimmen, dass dem älteren Patienten die 50 verbleibenden Jahre des ihm unbekannten, jüngeren Patienten häufig nicht „mehr wert" sein werden als die eigenen 5. Einige Patienten würden vielleicht nicht einmal wenige Stunden geben, um andere zu retten. Das zeigt jedoch nur, dass die – zulässigerweise egoistische – Perspektive eines konkret Betroffenen nicht maßgeblich für die Formulierung allgemeiner Regeln sein kann. Für die Frage, nach welchen Kriterien in der Triage-Situation zu entscheiden ist, kann es nicht darauf ankommen, unter welchen Voraussetzungen einer der Patienten bereit wäre, freiwillig auf eine Behandlung zu verzichten. In einem Konflikt zwischen den nachvollziehbaren Lebenserhaltungsinteressen zweier Patienten würde anderenfalls eine unauflösbare Patt-Situation entstehen.

---

[34] *Merkel/Augsberg*, JZ 2020, 704, 710.

[35] Hierzu *Hörnle*, in: FS für Rolf Dietrich Herzberg, 2008, 555 ff., 559.

Eine allgemeingültige rechtliche Lösung muss daher auf anderer, von individueller Betroffenheit unabhängiger Basis getroffen werden. Den überzeugenden Weg für die Auflösung solcher Konfliktlagen hat *John Rawls* beschrieben.[36] Eine rationale Entscheidung für oder gegen eine Handlungsalternative kann nur in Unkenntnis der eigenen Betroffenheit gefällt werden: "If a knowledge of particulars is allowed, then the outcome is biased."[37] Eine objektive Würdigung der Situation muss von Person und Situation abstrahieren und hinter dem „Schleier des Nichtwissens"[38] erfolgen. Die richtige Frage lautet also nicht: „Ist Patient A mit einer Lebenserwartung von 5 Jahren bereit, sein Leben für Patient B mit einer Lebenserwartung von 90 Jahren zu geben?", sondern: „Wie würde eine vernünftige Person entscheiden, die nicht weiß, ob sie Patient A oder Patient B sein wird?". Erst wenn aktuelle Partikularinteressen ausgeblendet werden, kann eine allgemeine Regel entstehen, die *alle* involvierten Rechtsgüter in einen gerechten Ausgleich bringt.[39] Durch die erzwungene Unparteilichkeit wird hinter dem Schleier des Nichtwissens die Entscheidung getroffen, die in der Notsituation den größtmöglichen Nutzen bringt und den geringsten Schaden verursacht.[40]

Damit ist, anders als es die Kritik nahelegt, noch nichts über den *Inhalt* der Entscheidung gesagt; vorgegeben wird allein, auf welche Weise sie zu treffen ist. *Merkel* wendet nun ein, dass die im Urzustand Beratenden nach *Rawls*

---

[36] Hierzu ausführlich mit Blick auf Notstandstötungen *Hoven*, in: FS für Reinhard Merkel, 2020, 878ff.

[37] *Rawls*, A Theory of Justice, 1971, 141.

[38] *Rawls* (Fn. 37), 136: „veil of ignorance".

[39] *Bognar*, Bioethics 29 (2015), 251, 256; *Daniels* (Fn. 22), 173f.

[40] *Weigend*, ZIS 2017, 599, 601.

„risiko-averse Schadensminimierer" seien, die „gewiss keine Entscheidungsregel wählen, nach der über Personengrenzen hinweg Lebenszeit maximiert und den dabei Schlechtestgestellten, denen mit der jeweils geringeren Lebenserwartung, der sichere Tod zugewiesen würde". Ich halte diese Annahme für nicht überzeugend. In der Triage-Situation, wie wir sie hier erörtern, sind beide Patienten auf die lebensrettende Behandlung angewiesen; es ist also unumgänglich – und taugt daher zur Dramatisierung der Diskussion nicht – dass einem der beiden Patienten der „sichere Tod" zugewiesen wird. Geht man davon aus, dass für den Einzelnen 50 Jahre mehr wert sind als 5 Jahre, dann würde der „rational egoistische"[41] Entscheider – der nicht weiß, welcher der Patienten er sein wird – dem Patienten mit der längeren Lebenserwartung den Vorzug geben.

So geht auch *Daniels* davon aus, dass der „kluge Entscheider" hinter dem „Schleier des Nichtwissens" die Summe der über eine gesamte Lebensspanne zur Verfügung stehenden Gesundheitsressourcen so verteilen würde, dass sie den höchsten persönlichen lebensphasenspezifischen Durchschnittsnutzen erzielen.[42] So wird aus der Ressourcenallokation keine interpersonale Verteilungsproblematik, sondern eine intrapersonale Klugheitswahl.[43] *Daniels* bildet hier das folgende Beispiel: In einer Stadt gibt es zwei Krankenhäuser. In dem ersten wird in einem Rettungskonflikt das Beatmungsgerät – bei identischer klinischer Erfolgsaussicht – ausschließlich an Personen vergeben, die die durchschnittliche Lebenserwartung noch nicht erreicht

---

[41] *Merkel*, in: Institut für Kriminalwissenschaften Frankfurt a. M. (Hrsg.), Vom unmöglichen Zustand des Strafrechts, 1995, 171 ff., 185.

[42] *Daniels* (Fn. 21), 73 ff.

[43] *Huster*, in: Schmitz-Luhn/Bohmeier (Hrsg.), Priorisierung in der Medizin, 2013, 215 ff., 219.

haben. Im zweiten Krankenhaus hingegen entscheidet unter gleichen Umständen altersunabhängig das Los. Ein Patient, der sein Alter nicht kennt, würde – so *Daniels* – klugerweise in das erste Krankenhaus gehen, da Patienten dort eine höhere Chance haben, das durchschnittliche Lebensalter zu erreichen.[44] Diese individuell rationale Entscheidung des Einzelnen könne und müsse dann Grundlage für eine allgemeine Allokationspolitik sein.[45]

Letztlich kann es in der Debatte aber nicht darum gehen, über *Rawls*' Sicht auf Ablehnung oder Befürwortung von Kriterien in der Triage-Entscheidung zu spekulieren. Ein Konsequentialist wird hinter dem Schleier des Nichtwissens eine andere Wahl treffen als ein Vertreter der deontologischen Ethik. Will man keiner der beiden Grundhaltungen ihre Rationalität absprechen, so muss man zu dem Ergebnis gelangen, dass eine eindeutige Vernunftentscheidung nicht möglich ist. Wenn jedoch keine rational überlegenen Einsichten existieren, dann müssen – dies entspricht dem demokratischen Gedanken – die tatsächlich bestehenden Gerechtigkeitsvorstellungen maßgeblich sein. In Abwandlung von *Rawls*' Gedankenexperiment meine ich, dass es hier darauf ankommen muss, welche Entscheidung von der Gesellschaft als richtig erkannt wird, wenn – und hier kommt *Rawls*' Konzept zum Tragen – niemand weiß, wie er selbst betroffen sein wird.

An dieser Stelle lassen sich die Ergebnisse der Bevölkerungsbefragung nutzbar machen. Im Zeitpunkt der Befragung ist die Situation der Teilnehmer mit der eines Entscheiders hinter dem Schleier des Nichtwissens vergleich-

---

[44] *Daniels* (Fn. 21), 87 f.; siehe auch *Huster* (Fn. 43), 219 f. und *Friedrich/Schöne-Seifert*, in: Schmitz-Luhn/Bohmeier (Hrsg.), Priorisierung in der Medizin, 2013, 225 ff., 226.

[45] Hierzu *Huster* (Fn. 43), 220.

bar: Sie müssen ihre Wahl zwischen zwei Patienten treffen, ohne zu wissen, ob eines Tages sie selbst, ihre Angehörigen oder Freunde auf der einen oder der anderen Seite stehen könnten. Unabhängig von der eigenen Lebenssituation hat sich eine klare Mehrheit der Befragten für eine bevorzugte Behandlung des deutlich jüngeren Patienten ausgesprochen. Dieses Ergebnis könnte damit Grundlage für eine allgemeingültige Regelung sein.

b) Quantitative Bestimmung von Wertigkeit

Der Bevorzugung von Patienten mit höherer Lebenserwartung liegt eine quantitative Bemessung der verbleibenden Lebensdauer zugrunde. Die zahlenmäßige Lebenserwartung als Entscheidungskriterium blendet qualitative Faktoren wie die Zufriedenheit mit der eigenen Lebenssituation sowie die körperliche und geistige Gesundheit des Patienten aus; wie viel dem Einzelnen die weiteren Lebensjahre tatsächlich wert sind, wird also nicht berücksichtigt. Dass die Betrachtung losgelöst von persönlichen Lebensumständen erfolgen muss, spricht nicht per se gegen die Anerkennung der Lebenserwartung als Entscheidungskriterium. Da das individuelle Glücksempfinden weder für die Zukunft verlässlich prognostizierbar noch interpersonal vergleichbar ist, kann eine Unterscheidung nach qualitativen Merkmalen nicht gelingen.[46] Jedes Lebensjahr bietet dem Betroffenen die Chance auf Glück.

---

[46] Eine Ausnahme bildet der Fall, in dem damit zu rechnen ist, dass ein Patient zwar überlebt, aber in einem Zustand verbleibt, in dem er die Welt nicht mehr wahrnimmt; hier geht es nicht um Lebensqualität, sondern um die Möglichkeit, überhaupt zu „er"-leben. Siehe hierzu ausführlich und überzeugend *Merkel*, Früheuthanasie: rechtsethische und strafrechtliche Grundlagen ärztlicher Entschei-

Bei einer generalisierenden Betrachtung lässt sich jedoch nicht vermeiden, dass Ausnahmesituationen existieren, in denen die Anwendung der Regel zu ungerechten oder zumindest zweifelhaften Ergebnissen führen würde. Wie verhält es sich etwa bei einem 10-jährigen Kind, das aufgrund einer schweren Vorerkrankung nur noch 10 Jahre zu leben hat – im Vergleich zu einem 60-Jährigen, dem statistisch noch über 20 Jahre bleiben?[47]

Eine Möglichkeit zur Korrektur sieht in diesen Fällen der sogenannte QALY-Index vor.[48] Maßgeblich sei nicht nur die Anzahl der verbleibenden Lebensjahre, sondern auch deren Qualität.[49] Vertreter des QALY-Indexes stützen sich auf Studien, nach denen Menschen früheren Lebensabschnitten vergleichsweise mehr Beitrag zum Ge-

---

dungen über Leben und Tod in der Neonatalmedizin, 2001, 560 und *ders.*, Forschungsprojekt Embryo: verfassungsrechtliche und ethische Grundlagen der Forschung an menschlichen embryonalen Stammzellen, 2002, 135 ff. und 146.

[47] Lebensjahre in unterschiedlichen Gesundheitszuständen (d. h. mit unterschiedlicher gesundheitsbezogener Lebensqualität) werden im QALY-Ansatz unterschiedlich bewertet. Jedem Gesundheitszustand wird ein Morbiditätsgewicht zwischen 0 (Tod) und 1 (maximale subjektive gesundheitsbezogene Lebensqualität) zugeordnet. QALYs ergeben sich aus der Multiplikation der Bewertung eines Gesundheitszustands mit der darin verbrachten Zeit. Ein QALY entspricht dann rechnerisch einem Lebensjahr bei vollständiger gesundheitsbezogener Lebensqualität. Ein QALY ergibt sich aber z. B. auch, wenn eine mit 0,5 bewertete subjektive Lebensqualität über 2 Jahre realisiert wird; *Icks et al.*, Gesundheitsweisen 72 (2010), 917, 923; Deutscher Ethikrat, Nutzen und Kosten im Gesundheitswesen, 2011, 38; *Bognar*, Bioethics 29 (2015), 251, 260.

[48] Siehe etwa *Williams*, Health Economics 6 (1997), 117, 118 ff.; *Friedrich/Schöne-Seifert* (Fn. 44), 227 ff.

[49] *Giordano*, Cambridge Quarterly of Healthcare Ethics 14 (2005), 83, 85 sowie dort Fn. 30.

samtlebensglück beimaßen als späteren Phasen.[50] Für die Triage-Entscheidung würde hiernach die Anzahl der Jahre, die durch eine medizinische Behandlung gewonnen wird, mit dem qualitativen Nutzen der dadurch gewonnenen Lebenszeit multipliziert. Studien aus Schweden sprechen für eine intuitive Akzeptanz des QALY-Konzepts. In Schweden ergab eine Befragung, dass ein weiteres Lebensjahr einer 30-jährigen Person als ebenso wichtig angesehen wurde wie 10 Lebensjahre eines 70-Jährigen.[51]

c) Relative Restlebenszeit

Das QALY-Konzept hat im Schrifttum nicht nur methodische Kritik erfahren,[52] es vermag auch das Kernproblem der verbleibenden Lebensdauer als Entscheidungskriterium nicht zu lösen. Denn ungeachtet der möglichen Korrekturen benachteiligt das Abstellen auf die Lebenserwar-

---

[50] *Busschbach/Hessing/Charro*, Social Science & Medicine 37 (1993), 153, 155.

[51] *Johannesson/Johansson*, Journal of Health Economics 16 (1997), 589, 596.

[52] So werden die Resultate der Nutzenmessungen maßgeblich durch die Gruppenzugehörigkeit der Testpersonen beeinflusst. Nichtbetroffene schätzen hypothetische Krankheitszustände häufig schlechter ein als tatsächlich erkrankte Patienten. Bei ihnen wird eher die allgemeine Furcht vor einem ungünstigeren Gesundheitszustand, wie z. B. einer Querschnittslähmung (oder den Langzeitfolgen einer künstlichen Beatmung), als die subjektiv erlebte Lebensqualität eines tatsächlich Betroffenen erfasst. Durch Anpassungsprozesse kann sich diese aber im Laufe der Zeit verbessern. Wieder andere Lebensqualitätswerte erhält man bei der Befragung von medizinischem Fachpersonal. Deutscher Ethikrat (Fn. 47), S. 38 f.; *Brügger*, Bioethica Forum 6 (2013), 44, 48; *Icks et al.*, Gesundheitsweisen 72 (2010), 917, 923; *Schöffski/Greiner*, in: Schöffski/Schulenburg (Hrsg.), Gesundheitsökonomische Evaluationen, 2012, 71 ff., 93 m. w. N.

tung solche Patienten, die von Geburt an oder etwa durch chronische Erkrankungen weniger Lebensjahre zu erwarten haben.

Zunächst beruht die Einschätzung der Lebenserwartung bei Patienten mit Vorerkrankungen auf ungewissen Prognosen. Angesichts des medizinischen Fortschritts lässt sich die Lebenserwartung von Personen mit chronischen oder schweren Erkrankungen kaum verlässlich bewerten. So sind etwa Krankheiten wie Multiple Sklerose oder eine HIV-Infektion durch verbesserte Medikamente mittlerweile gut behandelbar. Während HIV-Infizierte in den achtziger Jahren noch eine Lebenserwartung von allenfalls wenigen Jahren hatten, ermöglichen moderne Therapien heute nahezu das Erreichen des Durchschnittssterbealters.[53]

Unabhängig von Ungenauigkeiten in der Prognose führt die unterschiedslose Berücksichtigung der Lebenserwartung zu einer ethisch wie rechtlich kaum zu rechtfertigenden Diskriminierung von Menschen mit Vorerkrankungen. Dem Vorwurf, dem Leben von Menschen mit schweren Erkrankungen durch das Abstellen auf eine absolute Restlebensdauer einen grundsätzlich geringeren Wert beizumessen,[54] lässt sich wenig entgegenhalten. Die oben angestellte Überlegung, dass für den Einzelnen 50 Jahre einen höheren Wert haben als 5, geht von der Vorstellung einer identischen Gesamtlebensdauer aus.

---

[53] Ein 20-Jähriger, der sich nach 2008 mit dem HIV-Virus infiziert und eine Behandlung begonnen hat, hat eine statistische Lebenserwartung von 73 Jahren; The Antiretroviral Therapy Cohort Collaboration, The Lancet 2017, e349.

[54] So kritisiert von *Frister*, in: Hilgendorf/Hoven/Rostalski (Hrsg.), Triage in der (Strafrechts-)Wissenschaft, 2020 (im Entstehen); *Taupitz* (Fn. 6), 530 f.

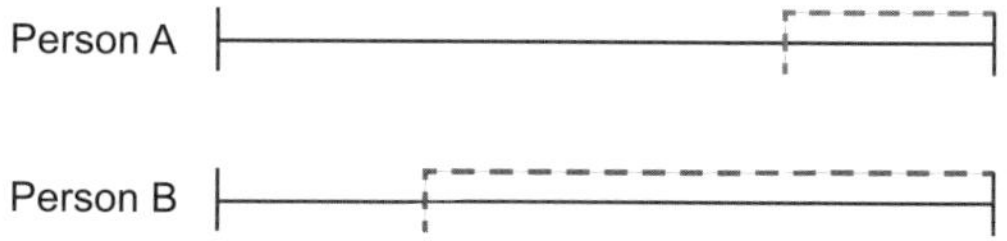

Abb. 6: Zwei Personen können die gleiche Lebensspanne haben, aber unterschiedlich alt sein

Sie lässt sich aber bei einem interpersonalen Vergleich nicht aufrechterhalten, wenn Menschen über unterschiedliche absolute Lebenserwartungen verfügen. Die Wertigkeit von Lebensjahren bestimmt sich auch mit Blick auf die eigene Gesamtlebenszeit.

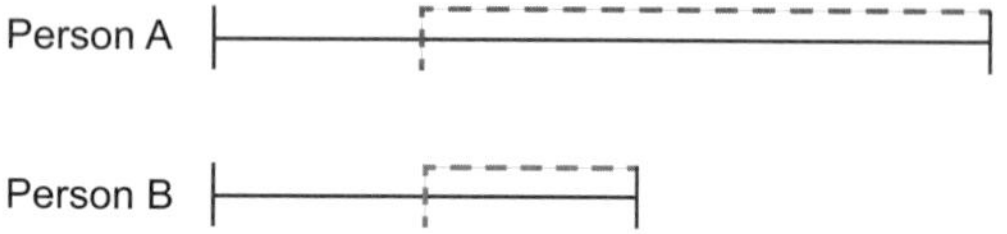

Abb. 7: Beide Personen sind gleich alt, haben jedoch eine unterschiedliche Restlebensdauer

Der Vergleich 50 Jahre gegen 5 Jahre funktioniert also nur, wenn die Patienten auf einem einheitlichen Zeitstrahl unterschiedlich weit fortgeschritten sind *(Abb. 6)*; nicht aber, wenn dieser unterschiedlich lang ist *(Abb. 7)*. Kann es daher nicht auf eine absolute, sondern nur auf eine relative Restlebenszeit ankommen, spielt das erreichte Lebensalter eine wichtige Rolle für die Abwägung zwischen zwei Patienten.

2. Die bereits gelebten Jahre: Gerechte Verteilung von Lebenszeit

a) Gleiche Chancen auf Lebenserfahrungen

Die Berücksichtigung des kalendarischen Lebensalters beruht auf dem Gedanken einer gerechten Verteilung von Lebenszeit. In der US-amerikanischen Medizinethik wird diese Frage unter dem Stichwort *fair innings* diskutiert.[55] Dahinter steht die Vorstellung, dass jeder Mensch „Anspruch" auf eine bestimmte Lebensdauer hat;[56] wer sie nicht erreicht, wurde um Lebenszeit betrogen, wer länger lebt, hat einen „Bonus" erhalten.[57] Muss bei der Verteilung medizinischer Ressourcen zwischen zwei Patienten entschieden werden, so ist vorrangig der Anspruch auf die „Mindestlebenszeit" zu sichern als einen „Bonus" zu gewähren.[58] Entwickelt wurde das fair innings-Argument maßgeblich von *John Harris*:

Each person's desire to stay alive should be regarded as of the same importance and as deserving the same respect as that of anyone else, irrespective of the quality of their life or its expected duration. This would hold good in all cases in which we have to

---

[55] *Harris*, The Value of Life – An Introduction to Medical Ethics, 1985, 101 f.; *Williams*, Health Economics 6 (1997), 117; *Tsuchiya*, Health Economics 9 (2000), 57; *Nord*, Social Science & Medicine 60 (2005), 257; *Farrant*, Journal of Medical Ethics 35 (2009), 53; *White et al.*, Annals of Internal Medicine 150 (2009), 132, 135; *Bognar*, Bioethics 29 (2015), 251; *Hazra/Gulliford/Rudisill*, Health Economics, Policy and Law 13 (2018), 209.

[56] Sie wird häufig auf 70 Jahre festgelegt ("three score years and ten"), wobei diese Zahl keinesfalls zwingend erscheint, *Harris* (Fn. 55), S. 91; *Williams*, Health Economics 6 (1997), 117, 119; *Hazra/Gulliford/Rudisill*, Health Economics, Policy and Law 13 (2018), 209, 211.

[57] *Harris* (Fn. 55), 91; *Williams*, Health Economics 6 (1997), 117, 119.

[58] *Harris* (Fn. 55), 91.

choose between lives, except one. And that is where one individual has had a fair innings and the other not. In this case, although there is nothing to choose between the two candidates from the points of view of their respective will to live and both would suffer continue, only one would suffer the further injustice of being deprived of a fair innings – a benefit the other has received. […] The fair innings argument points to the fact that the injustice done to someone who has not had a fair innings when the lose out to someone who has is significantly greater than in the reverse circumstances. It is for this reason that in the hopefully rare circumstances where we have to choose between candidates who differ only in this respect we should choose to give as many as possible the chance of fair innings.[59]

Aus Fairnessgründen sollte die Behandlung dem jüngeren Patienten zukommen, der sein Leben noch vor sich hat. Dies muss gerade deshalb gelten, weil das Leben mehr ist als ein mathematischer Zählposten. Das Leben bietet die Chance, zu lieben, zu lernen, zu reisen, vielleicht Kinder zu bekommen, sich beruflich oder künstlerisch zu verwirklichen. Der 80-Jährige hatte die Möglichkeit, all diese Erfahrungen zu machen, der 5-Jährige noch nicht.[60]

Dem Jüngeren die Chance auf etwas zu nehmen, das der Ältere schon erleben durfte, wird von der Mehrheit der Bevölkerung als ungerecht empfunden. Die Priorisierung des Jüngeren ist hier nicht nur eine „Intuition“[61] (auch wenn verbreitete Gerechtigkeitsvorstellungen in diesen Fragen einen hohen Wert haben, schließlich sollten Recht und Rechtsempfinden gerade in grundlegenden ethischen Fra-

[59] *Harris* (Fn. 55), 101 f.

[60] “Although, arguably, all people stand to lose the same thing should they die – the rest of their lives – younger people have had less of an opportunity to experience different stages of life.”, *Daugherty Biddison et al.*, CHEST 155 (2019), 848, 851.

[61] So die Kritik von *Merkel/Augsberg*, JZ 2020, 704, 710.

gen nicht divergieren), sie ist konsequente Folge fairer Güterverteilung. Denn in der Triage-Entscheidung geht es nicht nur um eine gerechte Allokation von Ressourcen, sondern auch des zu schützenden Rechtsguts Leben. Gerecht ist es, wenn jeder Mensch die gleichen Chancen auf Lebenserfahrungen erhält. Damit ist derjenige vorrangig zu behandeln, dem das Rechtsgut Leben noch nicht in demselben Umfang zur Verfügung stand wie dem anderen.

b) Fairness gegenüber Angehörigen

Dass das erreichte Lebensalter in der Triage-Entscheidung nicht unberücksichtigt bleiben kann, zeigt der Umgang mit dem Tod in verschiedenen Lebensphasen. Wir trauern um den Tod eines jungen Menschen anders als um den Tod eines alten. Der Tod eines 80-Jährigen wird für seine Angehörigen schmerzvoll sein, aber er lässt sich akzeptieren, so wie wir akzeptieren müssen, dass das Leben endlich ist. Für den Tod eines jungen Menschen findet sich hingegen kaum Trost – gerade weil mit dem Menschen all das stirbt, was noch vor ihm hätte liegen können.

Der Aspekt der Trauer um den Verlust von Angehörigen ist auch für die Frage nach einer gerechten Verteilung von Lebenszeit von Gewicht. „Wie kann man einen Menschen beweinen, der gestorben ist? Diejenigen sind zu beklagen, die ihn geliebt und verloren haben.“, schrieb *Helmuth von Moltke* in seinen 1902 veröffentlichten Briefen.[62] Eine gerechte Allokationsentscheidung kann und muss die Bedeutung des Lebensalters der Patienten auch für die Angehörigen berücksichtigen.

---

[62] *Moltke*, Graf von Moltke in seinen Briefen, 1902, 84.

In der internationalen medizinethischen Diskussion wird das Ziel einer Leidensminimierung für Dritte anerkannt.[63] So heißt es etwa im "Framework for the Allocation of Scarce Life-sustaining Medical Resources in a Catastrophic Public Health Emergency" für den Bundesstaat Maryland:

> [I]n the event that other criteria result in equivalent priority scores, equal and highest priority in this system is given to children and to adults age 49, whose death is most likely to impose hardship on other people whose well-being depends directly on their support (children, elderly relatives). Adults who have not yet lived a full life (age 50–69) are given next priority, followed by those who are approaching or have reached the high end of average life expectancy (age 70–84). Lowest priority is given to patients 85 and older.[64]

Eine Triage-Entscheidung, die weniger Leid auslöst, ist einer Entscheidung vorzuziehen, die zu mehr Leid führt. Diese Grundannahme stützt insbesondere die – von einer großen Mehrheit der Bevölkerung getragene – Bevorzugung von Kindern und jungen Erwachsenen. Ihr Tod ist für die Eltern in aller Regel ein nicht zu überwindender Einschnitt in der eigenen Biographie, und die existentielle Verzweiflung, die das Ableben eines Kindes auslöst, mit kaum einem anderen Verlust zu vergleichen. Wer das Interesse an einer Verringerung von Leid als konsequentialistisch abtut, übersieht, dass nur die Einbeziehung der Fol-

---

[63] *Daugherty Biddison et al.*, Annals of the American Thoracic Society 11 (2014), 777, 782; *Frolic et al.*, Healthcare Quarterly 12 (2009), 56, 59; *Santos et al.*, Critical Care, 24 (2020), 582; *Schoch-Spana et al.*, Journal of Participatory Medicine 12 (2020), e18272.

[64] Maryland Framework for the Allocation of Scarce Life-sustaining Medical Resources in a Catastrophic Public Health Emergency, 24.8.2017, 13.

gen für Dritte eine humane und gesamtgesellschaftlich gerechte Triage-Entscheidung ermöglicht.

c) Einwände

Merkel/Augsberg haben die berechtigte Frage erhoben, welcher Altersunterschied für die Priorisierung eines Patienten ausreichen soll – „10, 20, 30, 40 (etc.) Jahre?“[65] Die Berücksichtigung der bereits gelebten Zeit ist nicht Folge einer rein rechnerischen Gegenüberstellung von Lebensjahren, sondern beruht auf grundlegenden Gerechtigkeitserwägungen. Ein für die Triage-Entscheidung relevanter Unterschied kann daher erst dann angenommen werden, wenn die erhaltenen Chancen auf Lebenserfahrung nicht mehr miteinander vergleichbar sind. Es kann also nicht darum gehen – wie es nicht selten in Diskussionen anklingt – einen 30-Jährigen dem 31-Jährigen vorzuziehen; die Patienten müssen sich in verschiedenen Lebensstadien befinden. Dass eine entsprechende Regelung – anders als *Merkel/Augsberg* meinen – nicht unmöglich ist, zeigt das Beispiel aus Maryland. Die Schwierigkeit einer Bestimmung von relevanten Altersdivergenzen spricht jedenfalls nicht gegen die Anerkennung des Kriteriums, sondern möglicherweise gegen eine gesetzliche Normierung fester Grenzen; dieser Aspekt soll im letzten Kapitel dieses Beitrags erörtert werden.

Andere Einwände zielen auf Grenzfälle ab, in denen die Einbeziehung des Lebensalters zu ungerechten Ergebnissen führen kann. Wie verhält es sich etwa mit einem zu Unrecht Verurteilten, der 20 Jahre unschuldig im Gefängnis saß und damit keine Chance auf selbstbestimmte Le-

---

[65] *Merkel/Augsberg*, JZ 2020, 704, 710.

benserfahrungen hatte?[66] Gleiches ließe sich mit Blick auf das Leid von Angehörigen anführen: Es gibt Kinder ohne Angehörige und ältere Menschen mit tiefen persönlichen Bindungen. Doch in einer medizinischen Notsituation muss der Arzt eine zügige Entscheidung treffen und sich dafür auf möglichst einfach zu erfassende Kriterien stützen können. Die Festlegung allgemeiner Merkmale ist daher alternativlos – und hierbei lässt sich nicht ausschließen, dass Konstellationen existieren, die mit den zugrunde liegenden Gerechtigkeitserwägungen nicht zu erfassen sind. Die Möglichkeit von Ausnahmen spricht jedoch nicht gegen die Anerkennung der Regel. Sie kann allenfalls ein Hinweis darauf sein, dass eine gesetzliche Regelung Ausnahmen zulassen muss.

VI. Normative Einordnung und Fazit

1. Die geltende Rechtslage mit Blick auf das Lebensalter

In der Ex-ante-Situation macht sich der Arzt aufgrund einer „rechtfertigenden Pflichtenkollision“ nicht strafbar, solange er einen der beiden Patienten behandelt.[67] Sind mehrere Patienten lebensbedrohlich erkrankt, so kann der Arzt grundsätzlich frei wählen, welchem Patienten er das Beatmungsgerät zuteilt. Dabei genügt es, dass der Arzt in dem Bewusstsein der bestehenden Pflichtenkollision han-

[66] Eine entsprechende Argumentation findet sich etwa bei *Brown/Francis/Tabery*, When Is Age Choosing Ageist Discrimination?, Hastints Center Report, 2020, 2.

[67] Schönke/Schröder-*Sternberg-Lieben* (Fn. 25), Vorbemerkungen zu den §§ 32 ff. Rn. 74; NK-StGB-*Neumann* (Fn. 25), § 34 Rn. 132a m. w. N.

delt. Aus welchen Motiven heraus er den einen Patienten dem anderen vorzieht, ist für die strafrechtliche Bewertung seines Handelns unerheblich. Nicht nur die Berücksichtigung des Lebensalters oder der Lebenserwartung sind damit nach geltendem Recht bereits zulässig – der Arzt bleibt selbst dann straflos, wenn er seine Entscheidung aus diskriminierenden – etwa ideologischen[68] oder rassistischen – Erwägungen trifft.[69]

Anders bewerten viele Stimmen im Schrifttum[70] den Fall der Ex-post-Konkurrenz.[71] Dies wird damit begründet, dass das Institut der rechtfertigenden Pflichtenkollision nur bei der Kollision von zwei Handlungspflichten[72] anwendbar sei. In der Ex-post-Konstellation kollidiere jedoch eine Handlungspflicht (hier: die Pflicht, einen Patienten zu behandeln) mit einer Unterlassungspflicht (hier: die Pflicht, das Beatmungsgerät nicht zu entziehen). Für diese Fälle solle jedoch allein § 34 StGB gelten, sodass eine Rechtfertigung bei gleichwertigen Gütern nicht möglich sei.[73] Ein Arzt, der die Behandlung eines 80-jährigen Pa-

---

[68] NK-StGB-*Neumann* (Fn. 25), § 34 Rn. 132a.

[69] *Jäger/Gründel*, ZIS 2020, 151, 161; *Rönnau*, JuS 2013, 113, 114; *Roxin/Greco*, Strafrecht Allgemeiner Teil 1, 2020, § 16 Rn. 121; Schönke/Schröder-*Sternberg-Lieben* (Fn. 25), Vorbemerkungen zu den §§ 32 ff. Rn. 77; anders NK-StGB-*Paeffgen/Zabel* (Fn. 25), Vorbemerkungen zu den §§ 32 Rn. 178.

[70] Schönke/Schröder-*Sternberg-Lieben* (Fn. 25), Vorbemerkungen zu den §§ 32 ff. Rn. 74; NK-StGB-*Neumann* (Fn. 25), § 34 Rn. 130.

[71] Dazu kritisch bereits *Hoven*, https://www.faz.net/einspruch/exklusiv/triage-entscheidungen-auch-auf-das-alter-kommt-es-an-16705931.html (zuletzt abgerufen am 13.11.2020); *dies.*, JZ 2020, 449, 452 ff.; ebenso *Gaede/Kubiciel/Saliger/Tsambikakis*, medstra 2020, 129, 143 f.; *Jäger/Gründel*, ZIS 2020, 151, 154 ff.

[72] Zur Anwendbarkeit auch bei der Kollision von zwei Unterlassungspflichten, siehe nur *Otto*, JURA 2005, 470, 472.

[73] MüKoStGB-*Erb*, 4. Aufl. 2020, § 34 Rn. 47; *Hilgendorf*, https://

tienten beendet, um den 5-jährigen zu retten, wäre danach wegen Totschlags zu bestrafen. Die unterschiedliche Behandlung der Ex-post-Triage wird im Schrifttum zunehmend bestritten.[74] Eine höhere Verwerflichkeit des aktiven Eingreifens im Vergleich zum Untätigbleiben sei ohne Rückgriff auf die metaphysische Vorstellung von einem die menschlichen Geschicke lenkenden Gott nicht überzeugend zu erklären.[75] Mit Blick auf die Gleichrangigkeit der betroffenen Rechtsgüter gebe es aus normativer Perspektive keinen Grund, vom Täter die Aufrechterhaltung eines – rechtsgutsverletzenden – Status quo zu verlangen und ihn bei einem aktiven Eingreifen zu bestrafen. Der Vorrang einer Unterlassungspflicht möge intuitiv naheliegen; rational zwingend sei er nicht.[76]

Das geltende Recht hält für den Umgang mit Triage-Situationen keine befriedigenden Lösungen bereit. Das Strafrecht bewertet mögliche Entscheidungskriterien nicht;

---

www.lto.de/recht/hintergruende/h/corona-triage-klinisch-ethische-empfehlungen-aerzte-pflichtenkollision-moeglichst-viele-nutzbringend-retten/ (zuletzt aufgerufen am 13.11.2020); *Kühl*, Strafrecht Allgemeiner Teil, 2017, 716; Lackner/Kühl-*Kühl*, 29. Aufl. 2018, StGB § 34 Rn. 15; *Merkel/Augsberg*, JZ 2020, 704, 710 ff.; NK-StGB-*Neumann* (Fn. 25), § 34 Rn. 126; *Rönnau/Wegner*, JuS 2020, 403, 405; *Roxin/Greco* (Fn. 69), § 16 Rn. 117; *Sowada*, NStZ 2020, 452, 456 ff.; Schönke/Schröder-*Sternberg-Lieben* (Fn. 25), Vorbemerkungen zu den §§ 32 ff. Rn. 71.

[74] *Hörnle*, in diesem Band, S. 166 ff; siehe auch *Ast*, ZIS 2020, 268; *Freund/Rostalski*, Strafrecht Allgemeiner Teil, 2019, § 3 Rn. 44; *Gaede/Kubiciel/Saliger/Tsambikakis*, medstra 2020, 129, 143 f.; *Hörnle* (Fn. 16); *Hoven*, JZ 2020, 449, 452 ff.; *Jäger/Gründel*, ZIS 2020, 151, 154 ff.; *Jescheck/Weigend*, Lehrbuch des Strafrechts: Allgemeiner Teil, 1996, 367; *Otto*, JURA 2005, 470, 474; NK-StGB-*Paeffgen/Zabel* (Fn. 25), Vorbemerkungen zu §§ 32 ff. Rn. 171.

[75] *Hörnle* (Fn. 16).

[76] *Hörnle* (Fn. 16); so auch *Hoven*, JZ 2020, 449, 453.

damit werden weder bestimmte Faktoren anerkannt noch ausdrücklich ausgeschlossen. Ob ein Arzt tatsächlich straflos Personen wegen ihres Geschlechts, ihrer Hautfarbe oder ihrer Religion benachteiligen darf, sollte diskutiert werden. In der Ex-post-Triage besteht für Ärzte wie für Patienten erhebliche Rechtsunsicherheit. Der Gesetzgeber sollte klären, ob ein Behandlungsabbruch gerechtfertigt sein kann, und wenn ja, nach welchen Kriterien.

2. Richtlinien für gesetzliche Regelungen

Die relative Lebenserwartung sowie das Lebensalter eines Patienten sind legitime Kriterien für die Entscheidung des Arztes in einer Triage-Situation. Einem Arzt, der den 20-jährigen Patienten einem 70-jährigen vorzieht, ist rechtlich wie ethisch kein Vorwurf zu machen. Gleiches gilt für die umstrittene Ex-post-Konstellation. Dem Arzt muss es möglich sein, sich aus den dargelegten Gerechtigkeitsgründen auch dann für die Rettung des jüngeren Patienten zu entscheiden, wenn die Behandlung des älteren bereits begonnen hat.

Ziel einer gesetzlichen Regelung sollte es sein, Strafbarkeitsrisiken für Ärzte zu vermeiden, die in einer ethischen Grenzsituation versuchen, eine faire Entscheidung zu treffen. Vor diesem Hintergrund möchte ich hier einige Vorschläge formulieren. Meine Überlegungen bedürfen der Vertiefung, sie sollen als Impulse für die notwendige Diskussion um eine normative Ausgestaltung der Triage verstanden werden.

(1) Es sind Merkmale zu normieren, die der Arzt nicht zur Priorisierung eines Patienten heranziehen darf; hierunter fallen etwa Geschlecht, Herkunft, Religion, sexuelle Orientierung, der Beruf oder die Zugehörigkeit zu einer

sozialen Schicht. Die Anwendung eines unzulässigen Kriteriums begründet allerdings kein Tötungs-, sondern ein Diskriminierungsunrecht und sollte daher als solches sanktioniert werden.

(2) Der Arzt muss seine Entscheidung in der Triage schriftlich begründen. Hierfür soll ein Gesetz Kriterien formulieren, die der Arzt in seiner Entscheidung zu berücksichtigen hat. Sie sind für den Arzt nicht verbindlich, er muss sie allerdings in Erwägung ziehen. Dies erlaubt ihm, in besonders gelagerten Fällen von den Kriterien abzuweichen – und trägt damit den Einwänden gegen die Schwierigkeit einer Grenzziehung sowie der Existenz von Ausnahmekonstellationen Rechnung. Relative Lebenserwartung und Lebensalter wären hier als Kriterien aufzunehmen, mit denen sich der Arzt – neben den klinischen Erfolgsaussichten[77] oder etwa einer Verantwortlichkeit für andere[78] – auseinandersetzen muss. Eine fehlende oder nicht vertretbare Begründung kann berufsrechtliche Folgen haben.

(3) Gleiches sollte für die Ex-post-Triage gelten. Dem Arzt muss es auch hier straflos möglich sein, eine begründete und auf die unter (2) genannten Kriterien gestützte Entscheidung für die Rettung des noch nicht behandelten Patienten zu treffen.

---

[77] Krit. *Gutmann/Fateh-Moghadam*, in diesem Band, S. 296ff.

[78] In der Bevölkerungsbefragung sprachen sich 60 Prozent der Befragten für die Bevorzugung einer Mutter von zwei minderjährigen Kindern gegenüber der kinderlosen Frau aus.

Teil 4

Die Entwicklung der Rechtslage seit 2021

Vom Bundesverfassungsgericht zum Gesetzgeber und wieder zurück

Stefan Huster/Tatjana Hörnle

I. Einleitung

Als die erste Auflage dieses Sammelbandes im Februar 2021 erschien, musste in Deutschland nicht triagiert werden und es existierte auch noch keine gesetzliche Regelung, wie in diesem Fall zu verfahren wäre. Während es – Gott sei Dank – so geblieben ist, dass die COVID-19-Pandemie hierzulande nicht zu einer Triage geführt hat, weil alle Patienten zumindest durch eine Verlegung in ein anderes Krankenhaus intensivmedizinisch versorgt werden konnten, blieb der „rechtlose" Zustand nicht erhalten: Zur allgemeinen Überraschung verpflichtete das Bundesverfassungsgericht Ende 2021 den Gesetzgeber zu einer gesetzlichen Regelung der Triage (II.). Dem Auftrag ist der Gesetzgeber mit dem Erlass des § 5c IfSG nachgekommen (III.), der allerdings (auch) in strafrechtlicher Hinsicht wesentliche Punkte offen lässt (IV.). Weil § 5c IfSG wiederum verfassungsrechtliche Fragen aufwirft, wird sich erneut das Bundesverfassungsgericht mit dem Thema zu beschäftigen haben (V.).

II. Die Entscheidung des Bundesverfassungsgerichts

In der regen rechtswissenschaftlichen und rechtsphilosophischen Diskussion vor und nach dem Erscheinen der Erstauflage dieses Sammelbandes[1] ist der Verfassungsbeschwerde, die im Jahr 2020 von Menschen mit Behinderungen erhoben wurde, zunächst wenig Aufmerksamkeit geschenkt worden. Auch in unserem Sammelband war in der Erstauflage lediglich auf dieses Verfahren und die Erfolglosigkeit eines entsprechenden Eilantrags hingewiesen worden.[2] Man hatte nicht damit gerechnet, dass das Verfassungsgericht den Gesetzgeber tatsächlich zu einer gesetzlichen Regelung verpflichten würde.

In dem Verfahren hatten die Beschwerdeführer kritisiert, dass in Deutschland zur Bewältigung einer Situation mit unzureichenden intensivmedizinischen Behandlungskapazitäten zunächst nur Handlungsempfehlungen und Leitlinien der medizinischen Fachgesellschaften, aber keine gesetzlichen Vorgaben existierten.[3] Auch in der rechtswissenschaftlichen Literatur wurde darauf hingewiesen, dass verfassungsrechtliche Vorgaben, nämlich der Vorbehalt des Gesetzes und die Wesentlichkeitstheorie, eine Re-

---

[1] Vgl. nur *Dufner*, Welche Leben soll man retten?, 2021, 218ff.; *Mannino*, Wen rette ich – und wenn ja, wie viele?, 2021; *Wolf*, Triage in der Pandemie, 2024; sowie die Beiträge in Hilgendorf/Hoven/Rostalski (Hrsg.), Triage in der (Strafrechts-) Wissenschaft, 2021; *Dietrich*, Ethik in der Medizin 35 (2023), 409ff.; *Wapler*, RPh 2021, 400ff.

[2] Vgl. S. XI mit Fn. 7 in der 1. Auflage.

[3] Die Begründung der Verfassungsbeschwerde ist abrufbar bei: *Kanzlei Menschen und Rechte*, Verfassungsbeschwerde und einstweilige Anordnung, 27.6.2020, https://www.menschenundrechte.de/uploads/media/Verfassungsbeschwerde_COVID_19_Triage_Az_1_BvR_1541_20_HP.pdf (zuletzt abgerufen am 9.3.2024).

gelung in einem vom Parlament zu verantwortenden Gesetz erforderlich machten und deshalb Leitlinien medizinischer Fachgesellschaften nicht genügten.[4] Es war allerdings stark umstritten, ob in einem solchen Gesetz positive Kriterien für die Auswahlentscheidungen aufgelistet werden dürften. Mehrfach, insbesondere auch in einer Stellungnahme des Deutschen Ethikrats, wurde auf den Grundsatz der Lebenswertindifferenz hingewiesen, verbunden mit der Folgerung, dass eine auf medizinische oder andere Sachkriterien gestützte Auswahl deshalb generell ausscheiden müsse.[5] Außerdem wurden gegen die Erfolgsorientierung Bedenken vorgebracht, also gegen das Kriterium, das die Leitlinien der medizinischen Fachgesellschaften prägte. Damit würden, so die Argumentation der Beschwerdeführer, Patienten mit Behinderungen oder Vorerkrankungen und ältere Patienten benachteiligt, weil bei ihnen die Erfolgschancen einer intensivmedizinischen Behandlung niedriger sein können.[6]

Der Erste Senat des Bundesverfassungsgerichts hat mit Beschluss vom 16. Dezember 2021 dem Gesetzgeber aufgegeben, eine aus Art. 3 Abs. 3 S. 2 GG abgeleitete Schutzpflicht gegenüber Menschen mit Behinderungen zu erfüllen. Es müsse verhindert werden, dass bei Auswahlentscheidungen in einer Lage, die eine Triage erfordert, Individuen aus dieser Personengruppe benachteiligt wer-

---

[4] S. z.B. *Gärditz*, ZfL 2020, 381, 384; *Dederer/Preiß*, JZ 2022, 170, 172f.

[5] Vgl. *Deutscher Ethikrat*, Ad-hoc-Empfehlung: Solidarität und Verantwortung in der Corona-Krise, 2020, 3, 4; *Augsberg*, in diesem Band, 17f., 21f. Krit. dazu *Wagner*, MK-BGB, 9. Aufl. 2023, § 630a Rn. 175.

[6] S. zu diesem Argument etwa *Engländer*, in diesem Band, 124f.; *Fateh-Moghadam/Gutmann*, in diesem Band, 301ff.

den.[7] Das Gericht nahm nicht eindeutig dazu Stellung, ob es zwingend einer gesetzlichen Festschreibung von Auswahlkriterien bedürfe. Die einschlägige Passage lautet: „Dass aufgrund der Achtung vor der Unantastbarkeit der Menschenwürde Leben nicht gegen Leben abgewogen werden darf, steht einer Regelung von Kriterien, nach denen zu entscheiden ist, wie knappe Ressourcen zur Lebensrettung verteilt werden, nicht von vornherein entgegen."[8] Man kann diese Passage so verstehen, dass eine Auflistung von Auswahlkriterien im Gesetz möglich, aber nicht unbedingt zwingend geboten ist. Zum Kriterium „Erfolgsaussicht" stellte der Senat fest (kurioserweise ohne auf die Argumente der Beschwerdeführer einzugehen), dass es ein zulässiges Kriterium sei, wenn es als Aussicht, die akute Erkrankung zu überleben, verstanden wird, d. h. wenn auf die aktuelle und kurzfristige Überlebenswahrscheinlichkeit abgestellt wird.[9] In der Entscheidung wird zur Zulässigkeit der Ex-post-Triage überhaupt nichts gesagt. Dies ist ebenfalls eine merkwürdige Unterlassung, da hiervon maßgeblich abhängt, wie in einer Pandemie die Zuteilungspraxis tatsächlich aussehen würde. Es ist damit zu rechnen, dass Patienten meist zeitversetzt eintreffen und nicht gleichzeitig vor Ort präsent sein werden. Insgesamt blieben im Beschluss des Bundesverfassungsgerichts wesentliche Fragen unbeantwortet.[10]

---

[7] BVerfG, Beschl. v. 16.12.2021 – 1 BvR 1541/20 = BVerfGE 160, 79 ff.

[8] BVerfGE 160, 79, 128.

[9] Vgl. BVerfGE 160, 79, 121 f., 125.

[10] Zur Kritik vgl. *Huster*, Much Ado about Nothing: Die Triage-Entscheidung des BVerfG ist eine einzige Enttäuschung, VerfBlog, 29.12.2021, abrufbar unter: https://verfassungsblog.de/much-ado-about-nothing/ (zuletzt abgerufen am 9.3.2024); *Taupitz*, MedR

III. Die Einführung von § 5c IfSG

1. Der Weg zum Gesetz

Mit dem Zweiten Gesetz zur Änderung des Infektionsschutzgesetzes (IfSG) vom 8. Dezember 2022[11] hat der Gesetzgeber auf die Entscheidung des Bundesverfassungsgerichts reagiert und mit § 5c IfSG eine Norm eingeführt, die Kriterien für die Zuteilung anführt, falls überlebenswichtige intensivmedizinische Behandlungskapazitäten nicht in ausreichendem Umfang vorhanden sind.[12] Dabei gab es auf dem Weg zu diesem Gesetz mancherlei Umwege, die insbesondere die sog. Ex-post-Triage betrafen. Die erste Entwurfsversion aus dem Bundesministerium für Gesundheit (BMG) vom Mai 2022 enthielt eine Bestimmung, die darauf hindeutete, dass auch eine Ex-post-Triage bei Beachtung bestimmter Verfahrensanforderungen zulässig sein sollte. Dagegen wurde heftige öffentliche Kritik laut. Diese Kritik fand Gehör: Der Gesundheitsminister erklärte daraufhin, dass Ex-post-Triage „ethisch nicht vertretbar" sei.[13] Die zweite Version vom Juni 2022 schrieb ausdrücklich fest, dass bereits zugeteilte Ressourcen bei

2022, 181 ff.; *Gutmann*, MedR 2022, 217 ff.; *Lehner*, Problem erkannt, Problem gebannt?, VerfBlog, 30.12.2021, abrufbar unter https://verfassungsblog.de/problem-erkannt-problem-gebannt/ (zuletzt abgerufen am 9.3.2024); *Merkel*, Philosophische Sphären des Rechts, 2023, 353 ff.; *Walter*, NJW 2022, 363 ff.

[11] BGBl. I, 2235.

[12] Zum Folgenden vgl. auch bereits *Huster/Köhler/Walther*, VSSAR 2024, 3 ff.; *Kubiciel*, VSSAR 2024, 27 ff.; *Gebhard*, VSSAR 2024, 45 ff.

[13] Ärzteblatt, Ärger um „Ex-Post"-Triage, Dementi von Lauterbach, 9.5.2022, abrufbar unter https://www.aerzteblatt.de/nachrichten/134018/Aerger-um-Ex-Post-Triage-Dementi-von-Lauterbach (zuletzt abgerufen am 9.3.2024).

Zuteilungsentscheidungen nicht mehr berücksichtigt werden dürfen.[14] Trotz deutlicher Kritik durch ärztliche Verbände und von einigen Juristen[15] am Verbot der Re-Evaluierung und Neuzuteilung wurden danach nur noch Details verändert. Im Bundestag wurde das Gesetz am 10. November 2022 angenommen.[16] Am 13. Dezember 2022 wurde die neue Regelung verkündet;[17] sie trat am 14. Dezember 2022 in Kraft.

[14] Referentenentwurf eines Gesetzes zur Änderung des Infektionsschutzgesetzes, abrufbar unter https://www.bundesgesundheitsministerium.de/fileadmin/Dateien/3_Downloads/Gesetze_und_Verordnungen/GuV/I/RefE_GE_AEnderung_IfSG.pdf (zuletzt abgerufen am 9.3.2024).

[15] S. die Stellungnahme der AWMF Taskforce COVID-19 Leitlinien zum Referentenentwurf, abrufbar unter https://www.awmf.org/fileadmin/user_upload/dateien/stellungnahmen/2022/20220722-awmf-taskforce-covid-19-leitlinien.pdf (zuletzt abgerufen am 9.3.2024) und die Stellungnahme des Marburger Bundes zum Referentenentwurf, 20.7.2022, abrufbar unter https://www.marburger-bund.de/sites/default/files/files/2022-07/2022-07-20_MB%20SN%20RefE%20Gesetz%20zur%20%C3%84ndrung%20des%20IfSG_%C2%A7%205c%20IfSG_0.pdf (zuletzt abgerufen am 9.3.2024). Aus juristischer Sicht zum Referentenentwurf *Hörnle/Hoven/Huster/Weigend*, Wer darf weiterleben? Warum die Ex-post-Triage erlaubt und geregelt werden muss, FAZ v. 28.7.2022, 6; *Hörnle*, medstra 2022, 273.

[16] BR-Drs. 577/22; der Bundesrat beschloss in seiner 1028. Sitzung am 25.11.2022, nicht den Vermittlungsausschuss gemäß Art. 77 Abs. 2 GG anzurufen, Bundesrat Umdruck 10/2022, 1028.

[17] BGBl. I, 2235.

2. Inhalte des § 5c IfSG

a) Anwendungsbereich

§ 5c IfSG ist nur anwendbar, wenn eine übertragbare Krankheit zur Knappheit an intensivmedizinischen Behandlungskapazitäten geführt hat, nicht im Falle anderer Notlagen nach Naturkatastrophen oder durch Menschen gemachte Katastrophen. Allerdings bleibt offen, in welchem Umfang die übertragbare Krankheit die Ursache der Ressourcenknappheit sein muss und ob auch Überlastungssituationen erfasst werden, die zu wesentlichen Teilen auf andere Ursachen zurückzuführen sind.[18]

§ 5c Abs. 1 S. 2 IfSG konkretisiert, unter welchen Umständen Knappheit von Behandlungskapazitäten im Sinne des Satz 1 vorliegt, damit wurde eine Forderung aus dem Bundesrat aufgegriffen.[19] § 5c IfSG ist nur anzuwenden, wenn eine Behandlung nicht anderweitig möglich ist, insbesondere weil eine Verlegung von Patienten in andere Krankenhäuser aus gesundheitlichen Gründen oder wegen Auslastung der überregionalen Kapazitäten nicht in Betracht kommt.

b) Kriterien für die Zuteilung

Der erste Absatz des § 5c IfSG enthält Diskriminierungsverbote, die klarstellen, dass bei den Zuteilungsentscheidungen niemand wegen einer Behinderung, des Grades der Gebrechlichkeit, des Alters, der ethnischen Herkunft, der Religion oder Weltanschauung, des Geschlechts oder der

[18] Zu der Frage vgl. *Gebhard*, Gesundheitsrecht.blog Nr. 18, 2023; *Palsherm*, GesR 2023, 279, 281; *Eckart*, in: BeckOK Infektionsschutzrecht, Stand: 10.1.2023, § 5c Rn. 9.

[19] Vgl. BR-Drs. 410/1/22, 2.

sexuellen Orientierung benachteiligt werden darf. Mit dem eindeutigen Verbot der Anknüpfung an eine Behinderung werden Vorgaben des Bundesverfassungsgerichts umgesetzt.

Von zentraler Bedeutung ist die Benennung eines positiven Kriteriums, das bei der Auswahl zwischen behandlungsbedürftigen Patienten anzuwenden wäre: Maßgeblich soll allein die „aktuelle und kurzfristige Überlebenswahrscheinlichkeit“ sein. Dies schließt an den Beschluss des Bundesverfassungsgerichts an. Es geht um die klinische Erfolgsaussicht, d.h. die zum Entscheidungszeitpunkt bestehende Aussicht, mit intensivmedizinischer Behandlung die aktuelle Krankheit zu überleben.[20] Satz 2 erlaubt es, „Komorbiditäten“, also Begleit- und Vorerkrankungen, zu berücksichtigen, sofern sich diese auf die aktuelle Überlebenswahrscheinlichkeit auswirken und diese „erheblich verringern“.

Kriterien, die sich auf die aktuelle und kurzfristige Überlebenswahrscheinlichkeit nicht auswirken, dürfen dagegen bei der Auswahlentscheidung nicht berücksichtigt werden, so § 5c Abs. 2 S. 3 IfSG; als Beispiele führt die Begründung des Gesetzentwurfs an „eine Behinderung, das Alter, die verbleibende mittel- oder langfristige Lebenserwartung, der Grad der Gebrechlichkeit und die Lebensqualität.“ Die ersten beiden Beispiele sind an der Aufzählung in § 1 Allgemeines Gleichbehandlungsgesetz (AGG) orientiert.[21] Die Begründung zum Entwurf des § 5c IfSG verweist darauf, dass für den Begriff der Behinderung an das Begriffsverständnis des Bundesverfassungsge-

---

[20] Vgl. BVerfGE 160, 79, 121.

[21] Auf die Rechtsprechung zum AGG kann zur Auslegung des § 5c IfSG zurückgegriffen werden, BT-Drs. 20/3877, 21.

richts zu Art. 3 Abs. 3 S. 2 GG angeknüpft werden könne.[22] Eine Behinderung liegt demnach vor, „wenn eine Person in der Fähigkeit zur individuellen und selbstständigen Lebensführung längerfristig beeinträchtigt ist. Gemeint sind längerfristige Einschränkungen von Gewicht; auf den Grund des Zustands kommt es nicht an."[23] Mit dem Begriff „Alter" wird auf das Lebensalter der Patienten verwiesen.[24] Gebrechlichkeit wird in der ärztlichen Praxis in Grade eingestuft, abhängig vom Assistenzbedarf bei der Bewältigung des täglichen Lebens.[25] Sonderlich klar ist der Bedeutungsgehalt von § 5c Abs. 2 S. 3 IfSG allerdings nicht. Wenn sich die angeführten Kriterien nicht auf die aktuelle und kurzfristige Überlebenswahrscheinlichkeit auswirken, versteht es sich eigentlich schon aus § 5c Abs. 2 S. 1 IfSG, dass sie ohne Belang sind. Die explizite mehrfache Aufzählung verbotener Kriterien ist überflüssig und stiftet lediglich Verwirrung.

Wenn es in der Zukunft erneut zu einer Pandemie kommen sollte, wird sich zeigen, dass die dann faktisch dominierende Zuteilungsregel in § 5c Abs. 2 S. 4 IfSG festgeschrieben wurde. Zum zeitgleichen Eintreffen der behandlungsbedürftigen Personen in der Notaufnahme wird es selten kommen. Praktisch vorstellbar ist der Fall einer Ex-ante-Triage dann, wenn bereits mehrere intensivpflichtige Patienten auf anderen Stationen eines Krankenhauses liegen und um den frei werdenden Platz auf der Intensivstation konkurrieren. In vielen Fällen wird sich jedoch die Frage, wer intensivmedizinisch behandelt wird, bei zeitlich nacheinander eintreffenden Patienten stellen. Wenn

---

[22] BT-Drs. 20/3877, 22.
[23] BVerfGE 160, 79, 111.
[24] Vgl. BT-Drs. 20/3877, 22.
[25] BT-Drs. 20/3877, 20.

überlebenswichtige intensivmedizinische Behandlungskapazitäten bereits zugeteilt wurden, dürfen diese im Verteilungsgeschehen nicht mehr berücksichtigt werden. § 5c Abs. 2 S. 4 IfSG hat eine „First come, first served"-Regel implementiert, d. h. eine in der Medizinethik vielfach kritisierte Regel.[26] Der Effekt ist, dass neu Ankommende mit sehr guter aktueller und kurzfristiger Überlebenswahrscheinlichkeit nicht behandelt werden dürfen, auch wenn bei bereits behandelten Patienten diese Überlebenschance viel niedriger ist. Dies gilt auch, wenn neu eintreffende Patienten nicht wegen des pandemischen Krankheitserregers erkrankt sind, sondern z. B. nach einem Herzinfarkt oder Unfall versorgt werden müssen.[27] Weil die Verteilung nicht mehr an neuen, aktuellen Bedarf angepasst werden darf, besteht die Gefahr einer nicht optimalen Ausnutzung der Ressourcen[28] und ein Gerechtigkeitsproblem, wenn etwa vorsichtige Personen, die erst später in einer Pandemie erkranken, das Nachsehen haben. Das in § 5c Abs. 2 S. 1 IfSG formulierte Grundprinzip, dass die aktuelle und kurzfristige Überlebenswahrscheinlichkeit der Behandlungsbedürftigen verglichen werden soll, wird durch das Verbot in § 5c Abs. 2 S. 4 IfSG weitgehend bedeutungslos werden. Erstaunlicherweise wird dieser Widerspruch in der Gesetzesbegründung nicht thematisiert, die zu § 5c Abs. 2 S. 4 IfSG fast nichts sagt.[29]

Zu erwarten ist außerdem, dass sich das Verbot in § 5c Abs. 2 S. 4 IfSG auch auf die Möglichkeit der sog. Thera-

---

[26] S. dazu *Vinay/Baumann/Biller-Andomo*, British Medical Bulletin 138 (2021) 5, 8.

[27] BT-Drs. 20/3877, 20.

[28] S. dazu *Heller* u. a., Die Anaesthesiologie 72 (2023) 385, 391; *Bartenschlager/Brunner*, medstra 2023, 152, 154.

[29] Vgl. BT-Drs. 20/3877, 23.

piezieländerung auswirken wird. Es ist nicht einfach, den erlaubten, im Patienteninteresse liegenden Wechsel zu palliativer Versorgung und würdigem Sterben immer klar von der Situation abzugrenzen, die in § 5c Abs. 2 S. 4 IfSG erfasst werden soll. Das könnte dazu führen, dass Mediziner sich scheuen werden, intensivmedizinische Interventionen rechtzeitig aufzugeben, obwohl diese sinnlos geworden sind, weil sie befürchten, dass ihnen eine Ex-post-Triage vorgeworfen werden könnte.[30]

c) Vorgaben für das Verfahren

Verfahrensvorschriften im IfSG verlangen, dass das Vier-Augen-Prinzip zum Einsatz kommt, und sie führen Qualifikationsanforderungen für die entscheidenden Ärzte ein. Bei Patienten mit einer Behinderung oder Komorbidität ist zusätzlich weitere Fachexpertise erforderlich (§ 5c Abs. 3 S. 4 IfSG). Unklar bleibt, was die Konsequenzen sind, wenn die verfahrensrechtlichen Vorgaben nicht eingehalten werden bzw. nicht eingehalten werden können.[31] Unter den tatsächlichen Bedingungen einer schweren Pandemie ist nicht damit zu rechnen, dass stets in jedem Krankenhaus und zu jeder Tageszeit eine ausreichende Zahl an Fachärzten mit mehrjähriger Berufserfahrung sowie weitere Experten einsatzbereit sind.

Weitere Vorschriften (§ 5c Abs. 6 u. 7 IfSG) regeln Anzeige- und Mitteilungspflichten der Krankenhäuser sowie die Evaluation des Gesetzes. Diese sind für konkrete Triagierungsentscheidungen nicht relevant.

---

30 Vgl. dazu *Zwissler*, Die Anaesthesiologie 72 (2023) 381, 383 f.

31 Vgl. dazu *Rosenau*, GA 2023, 121, 139 f.

IV. Strafrechtliche Konsequenzen

Wie würden strafrechtliche Bewertungen ausfallen, wenn es erneut zu einer Pandemie und schwierigen Zuteilungsentscheidungen kommen würde? Positiv hervorzuheben ist immerhin, dass in einer solchen Notsituation die genaue Beachtung der in § 5c IfSG formulierten medizinrechtlichen Vorgaben Rechtssicherheit bieten würde, weil es dann auch keiner Überlegungen zur Frage der Strafbarkeit bedarf.[32] Hier zu erörtern sind andere Konstellationen. Erstens könnten Situationen auftreten, in denen nicht klar ist, was genau eigentlich § 5c IfSG fordert. Zweitens müssen nach den verfassungsrechtlichen Vorgaben (Art. 103 Abs. 2 GG) Entscheidende wissen, ob ihnen im Fall der bewussten Missachtung einer Regel in § 5c IfSG gravierende strafrechtliche Konsequenzen drohen, nämlich eine Bestrafung wegen Totschlags durch Unterlassen. Dies hängt davon ab, ob nach wie vor die Pflichtenkollision rechtfertigende Wirkung hat, falls angesichts von Patienten, die alle dringlich intensivmedizinische Behandlung benötigen, Behandlungskapazitäten nicht so zugeteilt werden, wie es § 5c IfSG verlangt.

1. Folgen von Ex-ante-Triage

Vor der Einführung von § 5c IfSG hätten sich Behandelnde in Fällen einer Ex-ante-Triage (wenn z. B. im Krankenhaus bereits mehrere Patienten warten, die alle dringend inten-

[32] Dies gilt auch, wenn man davon ausgeht, dass § 5c IfSG nur eine berufsrechtliche, nicht strafrechtlich untermauerte Verhaltensnorm ist, s. unten. Entscheidend ist, dass der Rechtfertigungsgrund der Pflichtenkollision keine strengeren Anforderungen als § 5c IfSG stellt.

sivmedizinische Behandlung benötigen) auf eine rechtfertigende Pflichtenkollision berufen können. Zu diesem Punkt besteht in der strafrechtlichen Literatur weitgehend Einigkeit.[33] Die gewohnheitsrechtlich anerkannte rechtfertigende Pflichtenkollision ist für die Auswählenden günstig, da die Voraussetzungen relativ detailarm ausfallen. Es muss rettend eingegriffen werden (Passivität wäre strafbar), aber es genügt, eine von mehreren gleichwertigen Pflichten zu erfüllen. Die Gründe für die Auswahl unter den Gefährdeten sind nicht Gegenstand strafrechtlicher Prüfung.[34] Nach diesen allgemeinen strafrechtlichen Regeln würden Mediziner z.B. selbst dann nicht rechtswidrig handeln, wenn sie ihre Auswahl von den potentiell verbleibenden Lebensjahren abhängig machen und deshalb einem Kind statt der Seniorin den Behandlungsplatz zuweisen. Wenn nunmehr die strafrechtliche Beurteilung nicht mehr den allgemeinen Regeln folgen dürfte, sondern an die Details des § 5c IfSG angepasst werden müsste, wäre in diesem Beispielsfall der Tod der Seniorin als rechtswidriger Totschlag durch Unterlassen einzuordnen, da das Vorgehen nicht § 5c Abs. 1 S. 1 IfSG entspricht. Selbst wenn die Entscheidenden vorbringen könnten, unter extremem Stress nicht an die Regeln des § 5c IfSG gedacht zu haben, würde dies nicht zu Straffreiheit führen, weil es sich um einen vermeidbaren Verbotsirrtum (§ 17 S. 2 StGB) handeln würde.

---

[33] S. dazu *Engländer*, in diesem Band, 111, 116 ff.; *ders.*, medstra 2023, 142, 144; *Rosenau*, GA 2023, 121, 129.

[34] *Engländer*, in diesem Band, 111, 123; *Roxin/Greco*, Strafrecht AT, Bd. 1, 5. Aufl. 2020, § 16 Rn. 118, 121, s. für eine strafrechtstheoretisch gut durchdachte Konzeptualisierung *Coca-Vila*, ZStW 130 (2018) 959 ff.

Es macht deshalb einen großen Unterschied, ob Strafgerichte nach wie vor, *unabhängig von der Qualität der Auswahlentscheidung*, eine rechtfertigende Pflichtenkollision annehmen dürften oder ob ein Verstoß gegen medizinrechtliche Zuteilungsregeln womöglich die gravierende Konsequenz einer Verurteilung wegen Totschlags zur Folge hätte.

Der Text des IfSG selbst enthält keine klarstellende Aussage zum Verhältnis von § 5c IfSG und der strafrechtlichen Pflichtenkollision, wohl aber die Begründung des Gesetzentwurfs. Dort heißt es: „In strafrechtlicher Hinsicht bleibt es für die Bewertung einer Zuteilungsentscheidung, wem eine überlebenswichtige intensivmedizinische Behandlung bei nicht ausreichend vorhandenen Behandlungskapazitäten gewährt wird, bei den allgemeinen Regelungen, insbesondere den Vorgaben zur gewohnheitsrechtlich anerkannten rechtfertigenden Pflichtenkollision. … An diesen Vorgaben will und soll der Entwurf nichts ändern.“[35] Der gesetzgeberische Wille ist damit so eindeutig und so klar formuliert, dass man folgern muss: Die strafrechtliche Bewertung muss sich nach denselben Regeln richten wie vor der Einführung des § 5c IfSG.[36] Die Durchsetzung der medizinrechtlichen Vorgaben für die Patientenauswahl ist Sache des Berufsrechts, nicht des Strafrechts. Strafverfolgungsbehörden sollten kein Verfahren einleiten, wenn es in einer zukünftigen Pandemie zu einer unvermeidbaren Triagierung kommen sollte.

Leider ist es aber tatsächlich unvorhersehbar, wie ggf. in der Praxis entschieden würde, weil in der Strafrechtswis-

---

[35] BT-Drs. 20/3877, 20.

[36] So überzeugend *Kubiciel/Wachter*, medstra 2023, 86, 89; *Kubiciel*, VSSAR 2024, 27, 34 f.

senschaft unterschiedliche Ansätze zu finden sind. Im Kontrast zu der hier vertretenen Ansicht steht die Meinung, dass „Einheit der Rechtsordnung" wichtig sei und deshalb die Vorgaben in § 5c IfSG auch für die strafrechtliche Beurteilung gelten müssten.[37] Eine dritte, differenzierende Ansicht würde zwar einen Verstoß gegen § 5c Abs. 2 S. 1 IfSG als strafrechtlich relevant einordnen, nicht aber die Missachtung der Diskriminierungsverbote in § 5c Abs. 1 IfSG.[38] Dieser Meinungsstreit und die dadurch entstehende Unsicherheit für die Behandelnden hätte sich vermeiden lassen, wenn der Gesetzgeber, Art. 103 Abs. 2 GG entsprechend, in den Gesetzestext selbst statt nur in die Materialien zum Gesetz klarstellende Worte aufgenommen hätte.

Auch für andere Situationen entstünde ein erhebliches Maß an Unsicherheit wegen der unklaren Rechtslage, falls man davon ausgeht, dass § 5c IfSG auch die strafrechtliche Beurteilung geändert habe. Es gibt Konstellationen, in denen nicht offensichtlich ist, was § 5c IfSG verlangt, etwa wenn in der knappen zur Verfügung stehenden Zeit Prognosen nicht über einen sehr groben Eindruck hinaus zu verfeinern sind oder wenn nach diagnostischen Verfahren davon auszugehen ist, dass die kurzfristigen und aktuellen Überlebenschancen der um dieselbe Ressource konkurrierenden Patienten ähnlich sind. Muss dann zwingend ein Losverfahren stattfinden oder könnten sich die beteiligten Entscheider auf ein geteiltes, intuitives, d.h. nicht ganz klar begründbares Urteil stützen? Wäre es gerechtfertigt, sich in einer Pattsituation für die Bevorzugung einer behinderten Person zu entscheiden (was dem Wortlaut von

---

37 *Rosenau*, GA 2023, 121, 136.

38 *Engländer*, medstra 2023, 142, 145.

§ 5c Abs. 1 S. 1 IfSG, der nur Benachteiligung untersagt, nicht zuwiderläuft)?[39] Was soll getan werden, wenn zweite Fachärzte bzw. Experten bei behinderten Patienten (§ 5c Abs. 3 IfSG) in einer angespannten Pandemielage schlicht nicht mehr verfügbar sind?[40] Falls diese offenen Punkte im Medizinrecht auf die strafrechtliche Bewertung durchschlagen würden, würde dies für die Entscheidenden bedeuten, dass zu den gravierenden Belastungen in der akuten Pandemielage Unsicherheit wegen zukünftiger Strafverfahren hinzukäme. Dies ergibt ein weiteres Argument dafür, § 5c IfSG als Norm zu interpretieren, die Maßstäbe für Verteilungsgerechtigkeit und berufsrechtlich angemessenes Verhalten eingeführt hat, ohne zusätzlich den Anspruch zu verfolgen, sämtliche vorstellbaren Konstellationen in ihrer strafrechtlichen Relevanz zu erfassen.[41] Aber auch für diese Fälle gilt: Es ist nach der jetzigen Rechtslage unklar, wie ggf. Verfolgungsbehörden und Justiz entscheiden würden.

2. Folgen von Ex-post-Triage

Schon vor der Einführung von § 5c IfSG war stark umstritten, wie Ex-post-Triage, also die aktualisierende Feststellung von Überlebenschancen und ggf. eine darauf beruhende Neuzuteilung überlebenswichtiger intensivmedizinischer Ressourcen, strafrechtlich zu beurteilen wäre. Vor der Einführung von § 5c IfSG haben sich Rechtswissenschaftler dafür eingesetzt, nicht zwischen unterbliebe-

---

[39] S. dazu *Kubiciel/Wachter*, medstra 2023, 86, 88; *Ulrich/Greiff*, medstra 2023, 161, 166.

[40] Gegen Strafbarkeit wegen Missachtung der Verfahrensvorschriften *Engländer*, medstra 2023, 142, 146.

[41] So auch *Kubiciel*, VSSAR 2024, 27, 35.

ner Fortsetzung der Behandlung und unterbliebener Aufnahme einer Behandlung zu differenzieren und demgemäß Ex-post-Triage genauso wie Ex-ante-Triage wegen der rechtfertigenden Pflichtenkollision nicht zu bestrafen.[42] Andere gehen jedoch davon aus, dass eine Rechtfertigung auch schon vor Inkrafttreten des § 5c Abs. 2 S. 4 IfSG nicht in Betracht gekommen wäre.[43] Das Risiko strafrechtlicher Folgen hat sich weiter verschärft. Denn selbst wenn man sich für die alte Rechtslage der ersten Ansicht anschließt, ist heute zusätzlich unklar, ob diese strafrechtliche Bewertung durch die Einführung von § 5c IfSG überholt ist. § 5c Abs. 2 S. 4 IfSG untersagt medizinrechtlich die Neuzuteilung intensivmedizinischer Ressourcen.[44] Die Antwort auf die Frage, ob dieses Verbot ggf. auch eine nachfolgende strafrechtliche Bewertung prägen würde, hängt genauso wie bei einer Ex-ante-Triage (s. oben 1.) daran, ob man § 5c IfSG als auch im Strafrecht anwendbare Vorschrift einordnet. Auch für diese Konstellation spricht die Gesetzesbegründung dagegen. Dort wurde nicht zwischen Ex-ante-Triage und Ex-post-Triage differenziert, sondern der Vorrang der allgemeinen strafrechtlichen Regeln generell formuliert, und zwar in dem Teil der Gesetzesbegründung, der sich auf die Gesamtnorm und damit auch auf

---

[42] S. zu den Diskussionen vor Einführung von § 5c IfSG *Hörnle*, in diesem Band, 149 ff.; *Hoven*, in diesem Band, 335, 370; außerdem *Lehner*, DÖV 2021, 252, 261 f. Für eine Rechtfertigung nach § 34 StGB *Rosenau*, GA 2023, 121, 135.

[43] S. z.B. *Engländer*, in diesem Band, 111, 118 ff.; *Fateh-Moghadam/Gutmann*, in diesem Band, 291, 329 ff.; *Dederer/Preiß*, JZ 2022, 170, 179 f.

[44] Krit. dazu *Hörnle*, medstra 2022, 273 ff.; *dies.*, medstra 2023, 139 ff.; *Kubiciel/Wächter*, medstra 2023, 86, 88 f.; *Kubiciel*, VSSAR 2024, 27, 39 ff.

§ 5c Abs. 2 S. 4 IfSG bezieht.[45] Aber wie bei allen bisher angesprochenen Punkten ist kaum vorhersehbar, wie ggf. Staatsanwaltschaften und Gerichte entscheiden würden.

V. Verfassungsrechtliche Bedenken

Es zeigte sich in der rechtspolitischen und verfassungsrechtlichen Diskussion sehr schnell, dass der Erlass des § 5c IfSG die Kontroversen um die Triage ebenso wenig beenden konnte wie die Entscheidung des Bundesverfassungsgerichts. Interessanterweise kommt die Kritik nun aus unterschiedlichen Richtungen: Während manche vorbringen, dass die Betonung des Kriteriums der Erfolgsaussicht zu konsequentialistisch ausfalle, beklagen andere im Gegenteil, dass insbesondere das Verbot der Ex-post-Triage eine sinnvolle Ausrichtung an den Erfolgsaussichten verhindere. Die wesentlichen verfassungsrechtlichen Positionen werden im Folgenden kurz dargestellt (1., 2.).

Davon unabhängig bietet § 5c Abs. 1 S. 1 IfSG einen weiteren Angriffspunkt, weil der Anwendungsbereich der Triageregeln auf Situationen beschränkt ist, in denen die Ressourcenknappheit auf eine übertragbare Krankheit zurückgeht. Dies ist vor dem Hintergrund des allgemeinen Gleichheitssatzes (Art. 3 Abs. 1 GG) problematisch, da dadurch für unterschiedliche Triagesituationen unterschiedliche Regeln gelten.[46] Allerdings dürfte dies für den Erfolg einer Verfassungsbeschwerde nicht ausreichen, denn es handelt sich dabei nicht um eine personen-, sondern eine sachbezogene Differenzierung, die nach der Rechtspre-

---

[45] BT-Drs. 20/3877, 20.

[46] Vgl. dazu auch *Kubiciel*, VSSAR 2024, 27, 43 f.

chung des Bundesverfassungsgerichts keiner verschärften Kontrolle unterliegt.[47] Außerdem reagiert der Erlass des § 5c IfSG auf die Entscheidung des Verfassungsgerichts, die ausdrücklich auf die „Verteilung pandemiebedingt knapper intensivmedizinischer Behandlungsressourcen" abgestellt hat,[48] so dass sich daraus kaum durchgreifende verfassungsrechtliche Bedenken ergeben werden.

1. Das Kriterium der Erfolgsaussicht: Verstoß gegen Art. 3 Abs. 3 S. 2 und Art. 1 Abs. 1 GG?

Die erste Verfassungsbeschwerde aus dem Jahr 2020, erhoben von Menschen mit Behinderungen, richtete sich dagegen, dass die Leitlinien der medizinischen Fachgesellschaften das Kriterium der klinischen Erfolgsaussicht in den Vordergrund gestellt hatten. Das Bundesverfassungsgericht hat sich mit dieser Argumentation nicht auseinandergesetzt, sondern im Gegenteil und ohne weitere Begründung betont, dass es verfassungsrechtlich zulässig sei, auf das Kriterium der aktuellen und kurzfristigen Überlebenswahrscheinlichkeit abzustellen.[49] Da der Gesetzgeber diesen Maßstab übernommen hat, richtet sich nun der Einwand gegen § 5c Abs. 2 S. 1 IfSG, dass eine Fokussierung auf die klinische Erfolgsaussicht Menschen mit Behinderung benachteilige und deshalb nicht mit Art. 3 Abs. 3 S. 2 GG vereinbar sei oder dass sogar das Gebot der Achtung von Menschenwürde, Art. 1 Abs. 1 GG, missachtet wer-

---

[47] Zum Prüfungsmaßstab vgl. nur BVerfGE 88, 87, 96 f.; *Huster*, in: Friauf/Höfling, Berliner Kommentar zum GG, Art. 3 Rn. 87 ff.

[48] BVerfGE 160, 79, 129.

[49] Vgl. dazu bereits oben II.

de.[50] Die ursprünglichen Beschwerdeführer haben erneut Verfassungsbeschwerde erhoben.[51]

Es ist allerdings nicht damit zu rechnen, dass eine auf diese anhaltende Kritik gestützte erneute Verfassungsbeschwerde Erfolg haben könnte. Zum einen hat das Verfassungsgericht im Beschluss vom 16. Dezember 2022 die klinische Erfolgsaussicht bereits mit klaren Worten als „verfassungsrechtlich unbedenklich“ eingestuft. Das Gericht wird sich mit großer Wahrscheinlichkeit nicht kurze Zeit später von dieser eindeutigen Festlegung wieder distanzieren. Zum anderen bestehen in der Sache keine durchgreifenden Bedenken gegen das Kriterium der aktuellen und kurzfristigen Überlebenswahrscheinlichkeit.[52] Diesem kommt auch in anderen Bereichen des Medizinrechts zentrale Bedeutung zu,[53] und speziell in Katastrophenlagen ist das Anliegen besonders gut begründbar, die knappen Behandlungskapazitäten wenigstens so einzusetzen, dass möglichst viele Patienten davon profitieren können. Solange nicht an eine Behinderung als Auswahlkriterium angeknüpft wird, sondern sich lediglich mittelbare Nachteile für einzelne Personen ergeben, ist dies nicht als verfassungswidrige Diskriminierung anzusehen.[54] Die Alterna-

---

[50] In diesem Sinne insbesondere *Fateh-Moghadam/Gutmann*, Gleichheit vor der Triage, VerfBlog, 30.4.2023, abrufbar unter: https://verfassungsblog.de/gleichheit-vor-der-triage/ (zuletzt abgerufen am 9.3.2024); *dies.*, ZRP 2022, 130, 132.

[51] Sie hat das Az. 1 BvR 2311/23. Berichterstatterin ist die Richterin *Härtel*.

[52] So auch *Dederer/Preiß*, JZ 2022, 170, 176.

[53] Vgl. § 12 Abs. 3 TPG zur Organverteilung „insbesondere nach Erfolgsaussicht und Dringlichkeit“. S. dazu zuletzt *Horter*, medstra 2023, 10 ff.

[54] Gegen den Rückgriff auf die Menschenwürde *Poscher*, in diesem Band, 41, 73 ff.; s. auch *Dederer/Preiß*, JZ 2022, 170, 174.

tive, d.h. ein rein zufallsgesteuertes Verfahren der Zuteilung, wird in der Entscheidung des Bundesverfassungsgerichts nicht erwähnt und es ist nicht davon auszugehen, dass die Verfassung den Gesetzgeber darauf festlegt.

2. Die ärztliche Therapiefreiheit; Art. 103 Abs. 2 GG

Gleichzeitig ist die Kritik der ärztlichen Fachverbände an der jetzigen Rechtslage nicht verstummt. Das geltende Recht widerspricht teilweise Empfehlungen der Fachgesellschaften, die diese für die COVID-19-Pandemie entwickelt hatten,[55] weshalb es aus dieser Perspektive im Gesetzgebungsverfahren auch viele kritische Stimmen gab.[56] Mit dem für Intensivmediziner ebenso selbstverständlichen wie zentralen Grundanliegen, möglichst vielen Patienten ein Überleben der akuten Erkrankung zu ermöglichen und an diesem ärztlichen Ethos auch die Zuteilung von Ressourcen auszurichten, kollidiert die jetzige Rechtslage. Insbesondere würde das Verbot von Re-Evaluierungen und kontinuierlichen Anpassungen von Zuteilungsentscheidungen in § 5c Abs. 2 S. 4 IfSG in einer zukünftigen Pandemie dazu führen, dass eine Orientierung an der Erfolgsaussicht von Behandlungen weitgehend unmöglich wäre. Das Gesetz ist inkonsistent, konterkariert die eige-

---

[55] S. die S1-Leitlinie (AWMF-Registernummer 040-013) Entscheidungen über die Zuteilung intensivmedizinischer Ressourcen im Kontext der COVID-19-Pandemie, Version 3, 14.12.2021, abrufbar unter https://register.awmf.org/assets/guidelines/040-013l_S1_Zuteilung-intensivmedizinscher-Ressourcen-im-Kontext-der-COVID-19-Pandemie-Klinisch-ethische_Empfehlungen_2021-12_1.pdf (zuletzt abgerufen am 9.3.2024).

[56] S. oben Fn. 15.

nen Vorgaben und würde im Ernstfall für die Intensivmedizin eine unzumutbare Beeinträchtigung bedeuten.

Im Zentrum der verfassungsrechtlichen Überlegungen steht der Schutz der ärztlichen Therapiefreiheit, der sich aus dem Grundrecht der Berufsfreiheit (Art. 12 Abs. 1 GG) ergibt.[57] Außerdem kann auch ein Eingriff in die Gewissensfreiheit (Art. 4 Abs. 1 GG) angenommen werden, wenn die ethische Verpflichtung, möglichst viele Patienten vor dem Tod zu retten, als bindende sittliche Verpflichtung erlebt wird. Das Grundrecht der Gewissensfreiheit (Art. 4 Abs. 1 GG) schützt die „ernste sittliche, an den Kategorien von Gut und Böse orientierte Entscheidung".[58] Für ärztliches Handeln ist die ethische Einbindung besonders bedeutsam, s. dazu auch § 2 Abs. 1 der Musterberufsordnung der Ärzte mit dem Verweis auf den Zusammenhang von ärztlicher Berufsausübung und Gewissen. Verstärkt wird das Gewicht des Eingriffs in die Grundrechte der in einer Pandemie betroffenen Mediziner durch den Umstand, dass sich aus dem Gesetz nicht zweifelsfrei ergibt, was die Rechtsfolgen bei Zuwiderhandlungen wären. Dem Bestimmtheitsgebot nach Art. 103 Abs. 2 GG wird die jetzige Rechtslage nicht gerecht.[59] Vor Kurzem haben Intensivmediziner – einige mit Unterstützung des Marburger Bundes[60] – Verfassungsbeschwerde gegen § 5c IfSG erho-

---

[57] Vgl. *Lipp*, in: Laufs/Katzenmeier/Lipp, Arztrecht, 8. Aufl. 2021, II. Ärztliches Berufsrecht, Rn. 4; *Zuck*, in: Quaas/Zuck, Medizinrecht, 4. Aufl. 2018, § 2 Rn. 53.

[58] BVerfGE 12, 45, 55.

[59] *Kubiciel*, VSSAR 2024, 27, 41 ff.

[60] Auf entsprechenden Gutachten beruhen die Beiträge von *Huster/Köhler/Walther*, VSSAR 2024, 3 ff.; sowie *Kubiciel*, VSSAR 2024, 27 ff.

ben.[61] Die Triage-Problematik ist daher wieder zurück beim Bundesverfassungsgericht.

[61] Die Verfassungsbeschwerden haben die Az. 1 BvR 2284/23 und 1 BvR 2285/23. Berichterstatterin ist die Richterin *Meßling*.

Prof. Dr. *Elisa Hoven* ist Professorin für Deutsches und Ausländisches Strafrecht, Strafprozessrecht, Wirtschafts- und Medienstrafrecht an der Universität Leipzig und Richterin des Verfassungsgerichtshofs des Freistaates Sachsen.

Prof. Dr. *Stefan Huster* ist Professor für Öffentliches Recht, Sozial- und Gesundheitsrecht und Rechtsphilosophie an der Ruhr-Universität Bochum und Mitglied der Leopoldina – Nationale Akademie der Wissenschaften.

Prof. Dr. *Weyma Lübbe* ist Professorin für Praktische Philosophie an der Universität Regensburg.

Prof. Dr. *Ralf Poscher* ist Direktor des Max-Planck-Instituts zur Erforschung von Kriminalität, Sicherheit und Recht und Leiter der Abteilung Öffentliches Recht sowie Honorarprofessor an der Albert-Ludwigs-Universität Freiburg.

Prof. Dr. *Till Zimmermann* ist Inhaber des Lehrstuhls für Strafrecht und Strafprozessrecht an der Heinrich-Heine-Universität Düsseldorf und Direktor des Instituts für Rechtsfragen der Medizin Düsseldorf.

Autoren

Prof. Dr. *Steffen Augsberg* ist Professor für Öffentliches Recht an der Justus-Liebig-Universität Gießen und Mitglied des Deutschen Ethikrats.

Prof. Dr. Dr. h.c. *Dieter Birnbacher* ist Professor für Philosophie (im Ruhestand) an der Heinrich-Heine-Universität Düsseldorf und Mitglied der Leopoldina – Nationale Akademie der Wissenschaften.

Prof. Dr. *Armin Engländer* ist Professor für Strafrecht, Strafprozessrecht, Rechtsphilosophie und Rechtssoziologie an der Ludwig-Maximilians-Universität München.

Prof. Dr. *Bijan Fateh-Moghadam* ist Professor für Grundlagen des Rechts und Life-Sciences-Recht an der Universität Basel.

Prof. Dr. *Thomas Gutmann* ist Professor für Bürgerliches Recht, Rechtsphilosophie und Medizinrecht an der Westfälischen Wilhelms-Universität Münster.

Prof. Dr. *Tatjana Hörnle* ist Direktorin des Max-Planck-Instituts zur Erforschung von Kriminalität, Sicherheit und Recht und Leiterin der Abteilung Strafrecht, Honorarprofessorin an der Humboldt-Universität zu Berlin sowie Mitglied der Leopoldina – Nationale Akademie der Wissenschaften.